Guerra e Paz no Séc. XXI

Guerra e Paz no Séc. XXI

POLÍTICAS E DIREITO INTERNACIONAL

2018

Coordenadores

Roberto Correia da Silva Gomes Caldas
Jamile Bergamaschine Mata Diz
Manuel de Almeida Ribeiro
Isabel Cabrita

ALMEDINA

GUERRA E PAZ NO SÉC. XXI
POLÍTICAS E DIREITO INTERNACIONAL
COORDENADORES
Roberto Correia da Silva Gomes Caldas
Jamile Bergamaschine Mata Diz
Manuel de Almeida Ribeiro
Isabel Cabrita
EDITOR
EDIÇÕES ALMEDINA, S.A.
Rua Fernandes Tomás, nºs 76, 78 e 80
3000-167 Coimbra
Tel.: 239 851 904 · Fax: 239 851 901
www.almedina.net · editora@almedina.net
DESIGN DE CAPA
FBA.
PRÉ-IMPRESSÃO
EDIÇÕES ALMEDINA, S.A.
IMPRESSÃO E ACABAMENTO
Pentaedro, Lda.

Março, 2018
DEPÓSITO LEGAL
438269/18

ALMEDINA | GRUPOALMEDINA

Biblioteca Nacional de Portugal – Catalogação na Publicação

GUERRA E PAZ NO SÉCULO XXI

Guerra e paz no século XXI : políticas e direito internacional / coord. Roberto Correia da Silva Gomes Caldas... [et al.]. – (Obras colectivas)

ISBN 978-972-40-7335-4

I – CALDAS, Roberto Correia da Silva Gomes

CDU 341

ABERTURA

Conheci o Luís Fontoura quando, em 1983, o Manuel José Homem de Mello nos convidou a ambos para partilharmos um escritório de advogados que ia abrir em Lisboa. Não se tratava de uma sociedade: cada um fazia a sua própria advocacia, sem prejuízo de colaborações pontuais.

Descobrimos desde logo que tínhamos muitas coisas em comum. Tínhamos nascido os dois em Angola, mais precisamente em Moçâmedes, tínhamos ambos passado alguns anos no Rio de Janeiro após o 25 de Abril. Também éramos ambos docentes do ISCSP, os dois por convite de Adriano Moreira, e filiados no PSD: ele tinha até aí desempenhado as funções de secretário de Estado, primeiro da Comunicação Social e depois da Cooperação; eu tinha sido adjunto do Eng. Viana Baptista quando este fora ministro dos Transportes e das Comunicações e depois da Habitação, Obras Públicas e Transportes.

Não nos faltavam, assim, interesses comuns e temas de conversa. Passámos a falar praticamente todos os dias sobre a política, o direito, os livros.

O Luís Fontoura tinha tido uma vida muito diversificada que me foi contando ao longo do tempo. Dispenso-me de referir as muitas atividades a que se dedicou e os passos da sua vida que me contou, já que o seu filho os descreve pormenorizadamente num excelente texto que este livro também publica.

Nas últimas décadas de vida, dedicou-se com o maior entusiamo às áreas do saber que mais o interessavam: a geopolítica, a política internacional, as relações internacionais.

Comprava todos os livros disponíveis e que podia encomendar em Portugal, reunindo uma formidável biblioteca. Durante alguns anos passou parte dos verões em Londres a fotocopiar na biblioteca da London School of Economics artigos e capítulos de livros que não eram acessíveis de outro modo.

Depois mandava fazer CD, com esses textos digitalizados e oferecia-os a amigos e colegas que partilhavam, como eu, os mesmos interesses.

Quando me falaram no projeto de publicar uma obra coletiva com autores portugueses e brasileiros de homenagem a Luís Fontoura, disponibilizei-me de imediato para tudo fazer para ajudar a concretizar este projeto.

Sei o quanto o Luís Fontoura amava o Brasil, que, como eu, considerava sua segunda pátria.

Espero que este livro sirva, não para perpetuar a memória do Luís Fontoura, afinal tudo passa, mas pelo menos para transmitir a muitos que não o conheceram, em Portugal e no Brasil, a recordação da sua pessoa e do companheirismo que muitos dos autores desta obra guardam.

Lisboa, Novembro de 2017

Manuel de Almeida Ribeiro
Presidente da Direção da Sociedade Portuguesa de Direito Internacional

APRESENTAÇÃO
MEU PAI, O PROFESSOR ACIDENTAL

Paulo da Fontoura[1]

Já vão mais de três anos sobre o falecimento do Professor Luís Fontoura. A Sociedade Portuguesa de Direito Internacional (SPDI) patrocina agora a edição de um volume em sua homenagem onde se juntam trabalhos de autores portugueses e brasileiros sobre "Guerra & Paz". É difícil imaginar uma homenagem que mais pudesse orgulhar o meu Pai, que tantos anos dedicou ao estudo da Geopolítica e Estratégia; e para quem os livros e a Academia foram uma paixão constante.

Aceitei a honra de fazer uma breve introdução a este volume sem hesitações, mas sem me aperceber das dificuldades. Como médico, e não sendo "desse ramo de negócio", como ele diria, pensei que o melhor a fazer seria um sumário biográfico, com uma visão mais intimista sobre a sua vida e a sua personalidade. Espero que ele não se importe – como pessoa muito privada, falar de si mesmo era uma dificuldade, a não ser com a família e amigos próximos. É para ele, mas também para eles, que tentarei fazer jus à memória do Professor, meu Pai.

De todos os títulos que teve ao longo da vida, das várias profissões e cargos que desempenhou, tenho como certo que nenhum lhe foi tão importante

[1] Médico Neurologista e Doutor pela Universidade Nova de Lisboa. Pós-doutorado em neuroimunologia na Stanford University School of Medicine. Professor Visitante na Universidade da Basileia e na Universidade Nova de Lisboa, Professor Associado Convidado na Universidade de Aveiro. Vice-presidente e Director Global do grupo de Medicina Translacional e, atualmente, de Desenvolvimento Clínico em Neurociências na Roche Pharmaceuticals.

como o de Professor. Outros títulos usava-os com leveza, ou mesmo displicência – sobretudo os relacionados com a política e os seus cargos – mas insistiu que esse honorífico fosse usado até ao fim, mesmo nos últimos dias de Hospital, onde o cancro acabou por vencer o "Senhor Professor", mas sem lhe derrotar, no entanto, o espírito.

Porquê esta preferência, numa pessoa de vida tão rica e tão complexa, e que teve outros destaques para o mundo? Nas notícias depois do seu falecimento, chamaram-lhe "Um aristocrata da política"[2], "O negociador tranquilo"[3] e "Um histórico da direita liberal"[4]. Se lhe tivessem perguntado, acho que teria gostado da alusão à aristocracia (porém só do espírito), mas que teria preferido algo a ver com a Universidade. Costumava dizer que o feito de que mais se orgulhava era "ter dado dois filhos à Academia" – isto antes de eu e meu irmão termos abandonado a carreira universitária para engrossar os números da famosa diáspora portuguesa. O ideal de Homem a que almejava e para o qual trabalhou sempre (educado, civilizado, culto) correspondia a uma visão romântica, vitoriana, da vida académica. O meu Pai aderia inteiramente à concepção estética e moral Arnoldiana de cultura, definida como "the pursuit of our total perfection by means of getting to know, on all the matters which most concern us, the best which has been thought and said in the world"[5]. Na sua interpretação, esta visão era melhor conseguida dentro da Universidade, e personalizada na figura do professor.

Pensando em todo o percurso da sua carreira, acho que um título mais apropriado – não sei se ele aprovaria – seria algo como "O professor acidental", ao jeito de Anne Tyler[6], pela improbabilidade de ter conseguido chegar aos níveis mais altos da Academia, dadas as suas origens. Luís Fontoura nasceu em 1933 em Moçâmedes, de uma família sem grandes posses nem aspirações. O seu Pai era funcionário dos caminhos de ferro, a Mãe uma normal dona de casa, e viviam numa cidade pequena, pacata e isolada, encalhada entre o Atlântico Sul e o deserto do Namibe, sem condições especiais para o desenvolvimento de um futuro académico. Pelo contrário, a infância e juventude do "Lico" passaram-se entre as praias de areias quentes e o oceano infindo e rico de peixe, as aventuras com amigos e irmãos mais novos, e o gozar de uma

[2] *Público*, 30/6/2014
[3] *Visão*, 3/7/2014
[4] *Sol*, 4/7/2014
[5] Matthew Arnold (1822-1888), poeta e crítico literário inglês. *Culture and Anarchy* (1869), Prefácio.
[6] Anne Tyler (1941-), escritora e crítica literária norte-americana, vencedora do Prémio Pulitzer. Autora do livro *O Turista Acidental* (1985), vencedor do National Book Critics Circle Award.

vida livre, sem preocupações ou preconceitos. Essas experiências forjaram um carácter forte, livre, independente, capaz de resolver problemas e superar dificuldades. Buscou noutras influências familiares – o seu Tio Lourenço, que referia sempre com respeito e adoração – um modelo do que seria a vida para um homem "civilizado", mesmo perdido nos fins de Angola. A combinação dum carácter indómito, uma vontade férrea, e o objectivo de se superar a si e às suas condições explicariam muito – ou tudo – do que seria a sua carreira.

No princípio dos anos 1930 Moçâmedes era já o que viria a ser ao longo das décadas futuras. Uma cidade de média grandeza na imensa e rica Angola, e então sobretudo culturalmente muito distante do mundo exterior. A uma vida cultural sem sofisticação correspondia um sistema escolar com poucos atractivos e limitativo para um espírito assim livre, que encontrava na pesca e na vela a sua válvula de escape. Algo reservado, mas com naturalidade de líder, já na altura lia muito – o que lhe chegava na leva do correio, trazido de lugares mais cosmopolitas pelo barco mensal. Precoce, era um aluno bem acima da média, e demonstrava um talento natural para a pintura e desenho; findo o ensino primário, ingressou na Escola Prática de Pesca e Comércio, como era norma à época para todos os "cabeças de pungo"[7].

A separação dos pais causou a primeira de muitas divergências com o caminho que lhe estaria traçado pelas circunstâncias. Mudou-se com os dois irmãos mais novos, que também tinham ficado à guarda do Pai, para Sá da Bandeira (o actual Lubango) onde continuou o 1º ciclo do secundário no Liceu Diogo Cão. O ambiente colonial era uma mescla curiosa entre o conservadorismo dos costumes tradicionais portugueses e o liberalismo duma sociedade de fronteira, e o convívio com estudantes mais velhos despertou-lhe a veia aventureira, boémia e irreverente. Paradoxalmente, resolveu assumir, sem que lhe pedissem, um papel paternal substitutivo para os seus irmãos, cuidando deles, da sua educação, das suas necessidades – no que persistiu, aliás, durante toda a sua vida. Saiu da escola, a meio do terceiro ano, e empregou-se numa empresa de engenharia e construção. Depois, levado pela sede de aventura, frequentou um curso de Enfermagem em Luanda, do qual desistiu durante a parte prática e o contacto íntimo com o sangue e sofrimento dos outros – mas mais tarde usaria esse conhecimento teórico para intimidar médicos e enfermeiros que tivessem dificuldades em encontrar-lhe veias para flebotomia ou para administrar os medicamentos necessários para a sua luta terminal.

[7] Nome dado aos naturais de Moçâmedes, por referência ao peixe *Argyrosomus hololepidotus*, ou corvina, usado para fazer kalulu.

Regressado a Sá da Bandeira temporariamente, dedicou-se ao desenho e pintura, decorando o interior de cafés com cenas de Angola, ou pintando os panos de cena do cinema local. Este treino prático cimentou o talento natural de criança. O meu Pai pintava e desenhava muito bem, espantando-nos com a sua perícia, e deixou vários quadros com paisagens urbanas, usando um estilo muito geométrico e quase "maludiano"[8] que adoptou mais tardiamente. Era um grande admirador da técnica dos mestres da Renascença até ao Neo-classicismo; dizia em tom meio (só meio) jocoso que era pena Picasso ter "desaprendido a pintar" quando passou do seu estilo inicial mais impressionista para o cubismo. O seu habitual perfeccionismo, aliado à falta de tempo, levaram-no primeiro a deixar de praticar a pintura, depois a adiar para a reforma o seu retorno à arte, e finalmente a abandonar esse propósito quando percebeu que tal como a prática tinha desenvolvido o talento, o desuso tinha-o atrofiado. Nos últimos anos em Angola, e seguindo os seus interesses literários – ou outras pulsões que desconheço – entrou pela primeira vez para o mundo do jornalismo, trabalhando sucessivamente em várias publicações como o *Diário de Luanda*, *A Província de Angola* e o *Notícias de Lourenço Marques* onde fazia crónicas jornalísticas e radiofónicas. Ganhou nome, tarimba, assumindo progressivamente cargos de maior responsabilidade. Na Angola colonial, sedenta de talento, despreconceituosa e mais aberta do que Portugal, alguém como Luís Fontoura tinha encontrado campo aberto para desabrochar. Era jovem, bem parecido e talentoso, ganhava bom dinheiro, viajava pela África Austral, lia e escrevia muito, gozava a sua boémia, era livre de decidir o seu futuro. Ao fim de alguns anos de boa vida, no entanto, foi confrontado com o ideal que tinha criado para si mesmo, e forçado a uma escolha – aquele era o potencial máximo que poderia atingir em Angola, seria preciso ir para a Metrópole para aspirar a mais Vida.

De forma decidida e corajosa, pela segunda vez Luís Fontoura decidiu baralhar e lançar novamente as cartas. Abandonou tudo, e no final da década de 1950 veio num paquete para a Lisboa distante onde nunca tinha estado e onde não conhecia practicamente ninguém, decidido a estudar Direito em Coimbra. Diria mais tarde que a decisão por Direito não tinha sido motivada por nenhum gosto especial pela profissão jurídica, mas, sobretudo, pelas oportunidades que esta lhe poderia dar futuramente. Talvez com o benefício da experiência, garantia que, se pudesse, teria optado por Relações Internacionais, curso que à altura não existia. Mas, no Portugal do Estado Novo,

[8] Referência a Maria de Lourdes Ribeiro (1934-1999), pintora portuguesa natural de Goa.

Direito era um curso prestigiado, que abria as portas não só para a advocacia ou o Ministério Público, mas também para a vida empresarial e a política.

Determinado a recuperar o tempo perdido, chegado a Portugal em 1957 internou-se no Colégio Nun'Álvares, em Tomar, e completou os quatro anos do 2º e 3º ciclos do Liceu em apenas dois. De seguida, candidatou-se a uma bolsa de estudos e entrou para o curso de Direito na prestigiada e vetusta Universidade de Coimbra. Foi um feito enorme, para alguém fresco das colónias, mesmo tendo em conta a sua já então vasta experiência e cultura. Estas tinham sido criadas de forma desordenada, ao sabor do interesse e curiosidade, e não com base num *curriculum* ou orientadas para responder a exames. Nas provas de Latim e Alemão, que eram necessárias para a entrada, passou com os mínimos – o que provava que em algumas disciplinas não bastava talento natural, mas era preciso sobretudo trabalho, e também confirmava a sua habitual falta de jeito para línguas. Chegou em 1960 à Universidade como um verdadeiro *outsider* e lobo solitário, mais velho e muito mais experiente que a maioria dos seus colegas, sem os benefícios – mas também sem os vícios – de um percurso académico tradicional.

Os cinco anos de vida universitária – que recordava connosco amiúde – teriam sido uma mistura de rigor e disciplina, tanto quanto de farra e boémia coimbrã. As suas descrições das aulas para as quais era convocado aos toques da infame "Cabra", e dos exames na Faculdade, pareciam-nos quase felinianas pelos seus personagens surreais, professores terríveis de exigência e capricho ("o Pires"[9], ou "o Queiró"[10]), que não hesitavam em chumbar noventa por cento de uma classe. Orgulhava-se de ser do curso jurídico de 1960-1965 ao qual pertenceram os seus ilustres colegas Gomes Canotilho, Correia de Campos, Proença de Carvalho, Laborinho Lúcio e Pinto Monteiro[11], sendo dos poucos – menos de uma dúzia – que tinha conseguido fazer todo o curso sem perder uma cadeira. Foi um aluno bom e regular sem ser brilhante, não gostou da maioria das disciplinas e muito menos do estilo de ensino monacal, seco, pouco imaginativo, baseado na memorização dos tratados e das sebentas, das notas de pé-de-página com que os lentes se entretinham a mostrar erudição e a pregar rasteiras aos alunos. Aprendeu, apesar disso, o rigor e a exigência que continuaram sempre com ele ao longo da vida, que nos pedia nos nossos

[9] Fernando Andrade Pires de Lima (1906-1970), professor de Direito, político do Estado Novo.

[10] Afonso Rodrigues Queiró (1914-1995), professor de Direito, advogado e jurista.

[11] Nota explicativa: o autor não fará referências a personalidades públicas cuja biografia é facilmente consultável, mas apenas àquelas que possam não ser do conhecimento comum dos leitores.

estudos, tanto quanto exigiria dos seus futuros alunos. Para o Professor Fontoura não se sabia as coisas "mais ou menos", somente a compreensão completa dos assuntos era suficiente, uma cabeça cartesianamente "bem arrumada", com base numa indexação dos temas consoante um esquema bem definido. Passaria muito tempo, já Professor, a elaborar sumários para as suas aulas, esses esquemas conceptuais, para dar aos seus alunos o benefício da sua experiência e da sua própria aprendizagem auto-didacta de desbravamento das disciplinas de Geopolítica e Estratégia.

Acabado o curso, e recém-casado com uma jovem estudante de Filosofia, foi colocado como delegado do Procurador Geral da República em Angola, na comarca do Moxico, onde permaneceu durante dois anos (1966-67). Era o período quente da guerra colonial, e o Luso (hoje Luena), no planalto central, era longe de tudo e de todos – o lado angolano da família vivia em Luanda, Sá da Bandeira e Moçâmedes. Após dois anos de trabalho intenso, como o único representante do Ministério Público numa comarca duas vezes maior que todo o Portugal metropolitano, de noites mal dormidas, com armas à mesa de cabeceira, a nossa jovem família – o meu irmão Miguel nascera entretanto – regressou a Lisboa para uma sociedade que se estava a transformar. A transição de poder de Salazar para Marcelo Caetano abria novas esperanças, inclusive a de uma mudança na política colonial, que pudesse acabar com a guerra e garantir uma transição pacífica para novos modelos de cooperação. Meu Pai nunca mais voltou a viver em Angola, apesar de lá ter regressado numerosas vezes, mas nunca deixou de ser angolano. Como outros, foi um africano-português que se sentia bem nos dois continentes, e depois de nos deixar quis ir repousar em Angola. Lá está agora, na baía da Lucira, onde durante a meninice passou um verão solitário, a bordo de um navio mercante que fazia cabotagem entre Benguela e Moçâmedes.

De volta a Lisboa passou pelo funcionalismo público, primeiro em lugares que não entusiasmaram, e depois, nos seus primeiros contactos com os corredores do Poder, como secretário de Gonçalves de Proença[12] no Ministério das Corporações e Previdência, e chefe de gabinete de Moreira Baptista[13] no Secretariado Nacional da Informação e Turismo. De seguida regressou ao jornalismo, no princípio dos anos 70, como secretário da redacção do *Diário*

[12] José João Gonçalves de Proença (1924-2012), advogado, professor universitário, político do Estado Novo, Ministro das Corporações e Previdência Social 1961-1970.

[13] César Moreira Baptista (1915-1982), advogado, professor de Economia e político do Estado Novo, director do Secretariado Nacional de Informação entre 1958-68, Ministro do Interior 1973-74.

Popular, onde conheceu Baptista-Bastos[14]. Vem dessa altura a amizade e mútua admiração entre ambos e que durou até ao final da vida[15]; apesar de muito distantes politicamente, os dois comungavam da mesma visão crítica da sociedade portuguesa, e do mesmo amor pela literatura. Bastante mais tarde, Baptista-Bastos editaria e prefaciaria um dos dois únicos livros publicados pelo meu Pai, uma coletânea de artigos semanais no *Diário Económico* durante 1998-99, a sua última aventura jornalística[16]. Em 1971 entrou para presidente do conselho de administração do jornal *A Capital*, e conjuntamente com Homem de Melo[17] como director liderou a modernização deste diário[18]. A nova *Capital* deixou marca no jornalismo, mas durou pouco dada a sua independência do poder político. Durante este período privou com personalidades da vida cultural e jornalística de Lisboa, como Vera Lagoa[19] e Natália Correia[20], com quem manteria longas amizades. Como mais tarde na vida, o sector privado atraiu naturalmente o seu espírito dinâmico e fazedor, levando-o para colaborar como administrador nas empresas do grupo Queiroz Pereira. Tudo parecia estar encaminhado para o jovem licenciado que tinha vindo do além-mar namibiano; uma vida confortável na capital com a sua família (à qual eu me tinha, entretanto, juntado), contactos no mundo político, empresarial, cultural e jornalístico, o seu nome falado para futuros cargos de governo. Não iria ser assim tão simples, como se pode adivinhar pela cronologia; o regime entrava nos estertores de uma morte anunciada e desejada. Uma terceira vez, Luís Fontoura teve de confiar na sua boa estrela e na vontade de vencer, e pouco depois da revolução de Abril de 74 mudou-se connosco para o Rio de Janeiro. Como muitos com ligações ao regime, sob ameaça de perseguição e "saneamento", teve sob o sol tropical do Brasil um acolhimento amistoso. Para quem viera do sul de Angola, era o completar do triângulo lusófono Angola-Portugal-Brasil de que tanto se fala agora.

[14] Armando Baptista-Bastos (1934-), jornalista e escritor português.

[15] A propósito, leia-se o texto de Baptista-Bastos "Um amigo para a vida", *Diário de Notícias* 2/7/2014.

[16] Luís Fontoura, *Breviário dos Dias Comuns*, Universitária Editora, 2003.

[17] Manuel José Archer Homem de Melo (1930-), advogado, jornalista e empresário português.

[18] Daniel Ricardo, *A Capital* «Contestação pelo sensacionalismo», *Jornalismo&Jornalistas*, Jan/Mar 2009.

[19] Maria Armanda Pires Falcão (1917-1996), poetisa, jornalista, locutora, empresária.

[20] Natália de Oliveira Correia (1923-1993), intelectual, poetisa, activista social, fundadora e figura incontornável do bar *Botequim* onde durante os anos 70 e 80 se reuniam intelectuais e políticos lisboetas.

Foi através do mundo dos negócios que surgiram os primeiros contactos com o Brasil, e com Carlos Lacerda[21], que tinha encetado contactos em Lisboa para a criação de uma nova empresa, a Tricontinental, dentro do grupo Novo Rio, destinada à exploração de minérios na Bahia, Santa Catarina e Pará[22]. Entre ele e meu Pai estabeleceu-se uma aparente amizade que o puxou, tanto quanto o caos da revolução o empurrou, para o que foi seu "exílio voluntário". Como em muitas coisas na vida, há pequenas coincidências que podem ter grande impacte. O laço inicial entre os dois viria de Lacerda ter usado o pseudónimo "Luís Fontoura" em 1936, numa tradução dos *Caractères* de La Bruyère[23]. Apesar desse início promissor, a relação terminou mal; no ocaso da sua carreira política e ultrapassado pelos eventos políticos no Brasil, Lacerda continuava, no entanto, um conspirador imprevisível, empenhado em ascender ao poder. Inicialmente comunista, o "anti-Getúlio"[24] tinha enveredado pelo conservadorismo tradicionalista. Envolvido no falhado golpe de estado de 1955 contra Kubitschek[25], novamente envolvido no golpe militar de 1964, em 1974 Lacerda já fora "cassado" pelo regime, brevemente preso, e estava no limbo político. Brilhante e charmoso como era, não se criou entre os dois partilha de ideias políticas nem de confiança, e ao começo auspicioso seguiu-se uma tragicomédia de intrigas e enganos. As minhas primeiras memórias firmes são desse nosso exílio dourado na Avenida Atlântica, jogando futebol de praia com o meu Pai no calor da noite carioca de Copacabana. Insatisfeito com o lugar de prateleira em que tinha sido posto, passados nem dois anos o meu Pai viu-se pela quarta vez num ponto de divergência e perante uma escolha. Estava sem caminho evidente para continuar no Brasil, e em Portugal, após o Verão Quente e os eventos de Novembro de 75, havia a oportunidade de ajudar a construir um novo regime democrático.

Regressámos todos a Lisboa na Primavera de 1976. Com 43 anos, o meu Pai não tinha mais do que algumas antigas amizades e contactos, mas nenhum aforro ou segurança financeira. Como sempre ao longo da vida, sem vacilar atirou-se com toda a sua considerável energia à tarefa de criar um lugar para si na nova sociedade portuguesa. Valeu-lhe o curso de Direito; juntando-se

[21] Carlos Frederico Werneck de Lacerda (1914-1977), jornalista e político brasileiro.

[22] John W. F. Dulles. *Carlos Lacerda, Brazilian Crusader. Volume Two: The Years 1960-1977.* University of Texas Press, 1996

[23] Jean de La Bruyère (1645-1696), filósofo e moralista francês. Ver John Milton e Eliane Euzébio, *The political translations of Monteiro Lobato and Carlos Lacerda*, Meta 2004, XLIX; 3: 481-497.

[24] Getúlio Vargas (1882-1954), advogado e político brasileiro.

[25] Juscelino Kubitschek de Oliveira (1902-1976), médico e político brasileiro.

ao escritório de um amigo e ex-colega, fez barra durante vários anos tendo conseguido alguma fama como advogado. É certo que não tinha apreciado o Direito universitário, mas gostava da sua prática, do jogo de tribunal em que dois intelectos se defrontam e tentam superar o outro através da estratégia e argumentação. O que lhe faltava de treino académico sobrava-lhe de rapidez de intelecto, e o resto supria com a sua habitual capacidade de trabalho hercúlea. Abandonou definitivamente a advocacia cerca de uma década depois, quando partilhava escritório com Homem de Melo e Lucas Pires[26], para novamente se dedicar às empresas. Quando deixou a advocacia doou o recheio do seu escritório ao seu estagiário, incluindo toda uma biblioteca de Direito. Teve sempre esta paixão pelos livros e pela sua transmissão aos outros. Igualmente, o carácter decisivo que o levava, como Hernan Cortez, a "queimar os barcos" e partir para novos desafios sem olhar para trás quando achava que era altura. Nunca o ouvi dizer que se arrependera de nada, muito menos de ter deixado a advocacia.

Figura 1. Luís Fontoura: jornalista, estudante, político, advogado e professor.

Ao mesmo tempo em que estabilizava as finanças domésticas com a advocacia, ligou-se ao Partido Social Democrata (PSD), onde verdadeiramente

[26] Francisco Lucas Pires (1935-1988), advogado, político português.

iniciou a sua carreira política. Já conhecia Pinto Balsemão de antes da Revolução através dos jornais, e depois tornou-se também íntimo de Sá Carneiro, e da geração de políticos que construiram o PSD. A sua ligação à política foi sempre pela via intelectual e analítica, mais do que visceral e populista; nunca concorreu a um cargo público nem fez campanha eleitoral. Acho que esteve num ou noutro comício, mas francamente não o vejo a discursar para as massas, e se o fez deve ter-lhe sido muito penoso. Não era esse o seu estilo. Talvez por causa disso, estabeleceu-se como uma figura de bastidores, uma *eminence grise* que influencia e aconselha, mas não protagoniza. Foi Vice-Presidente do partido várias vezes (1978-83, 1985, 2007-2009), mas em poucas ocasiões teve um papel mais público. Presidente da Comissão de Relações Internacionais do PSD sob Sá Carneiro, foi mandatado para negociar secretamente a libertação dos pescadores do *Rio Vouga*, aprisionados pela frente Polisário no Sahara Ocidental. Houve, na altura, muita controvérsia à volta deste episódio – relatado na biografia de Sá Carneiro[27] – uma vez que o governo português não podia publicamente negociar com os rebeldes da Polisário, e o próprio Ministro dos Negócios Estrangeiros, Freitas do Amaral, era contra a estratégia. Regressou como herói, à frente dos quinze pescadores que assim foram devolvidos às suas famílias, demonstrada a sua capacidade de criar soluções pragmáticas para problemas difíceis, a sua coragem e iniciativa, e o seu espírito de *maverick* que não se importava de chocar sensibilidades e interesses. Ver o nosso Pai no papel de negociador secreto do governo, em reuniões com terroristas no meio do deserto, causou-nos a todos nós um *frisson* misto de orgulho, ansiedade e mistério. Há sempre uma altura durante a infância em que os nossos pais se transformam em seres humanos como todos os outros, com as suas qualidades e defeitos. Para mim, acho que foi por causa desta missão secreta que comecei a ver, para além da figura familiar, a personalidade que provocava admiração e cativava outros à sua volta.

Nos anos seguintes, foi por duas vezes Secretário de Estado nos governos de Pinto Balsemão, primeiro da Comunicação Social (1981) e depois da Cooperação e Desenvolvimento (1982-83). Conjuntamente com Walter Marques[28], Viana Baptista[29], e Faria de Oliveira[30], fundou o "Grupo dos 44" que disputou, e perdeu, a liderança do PSD em 1983, e esteve depois associado à "Nova

[27] Miguel Pinheiro, *Sá Carneiro*, Esfera dos Livros, 2010.

[28] Walter Valdemar Pego Marques (1936-2009), economista e político português,

[29] José Carlos Viana Baptista (1931-2004), engenheiro mecânico, gestor e político português.

[30] Fernando Faria de Oliveira (1941-), economista, gestor e político português.

Esperança", com Marcelo Rebelo de Sousa, Santana Lopes, Durão Barroso e José Miguel Júdice, durante a disputa entre João Salgueiro e Cavaco Silva. Nunca foi próximo deste último, e durante o longo período do cavaquismo distanciou-se, progressivamente, da política activa. Aceitou o mandato de presidente do Instituto de Comércio Externo de Portugal (ICEP) entre 1986 e 89, e empregou ali, uma vez mais, o seu talento incomum para catalisar uma mudança profunda naquela instituição. Após o final do cavaquismo, apoiou Fernando Nogueira durante o seu breve período à frente do partido, na que foi a última vez que teve uma oportunidade concreta de contribuir directamente para o governo da nação.

Como vários políticos e profissionais liberais da sua geração, Luís Fontoura pertenceu ao Grande Oriente Lusitano (GOL) – o que foi para nós, durante a adolescência, uma revelação surpreendente que confirmava haver profundidades no nosso Pai que desconhecíamos. Falava da maçonaria com a mesma abertura que de tudo o resto da sua vida: respeitava o seus ideais de liberdade, igualdade e fraternidade, mas não ligava muito aos rituais – confessava enganar-se neles frequentemente – ou ao secretismo. Foi Grão-Mestre Adjunto durante a liderança de António Arnaut[31] entre 2002 a 2005. Neste mandato a Ordem fez um esforço de abertura ao público, incluindo um convite para D. Duarte Pio[32] visitar o GOL, a primeira vez que um membro da Casa Real entrou no Grémio Lusitano desde a revolução republicana. Este evento, que chocou sensibilidades quer monárquicas, quer jacobinas, era por ele visto como uma mudança de rumo necessária para adequar a maçonaria à sociedade moderna e destruir os mitos e as teorias da conspiração acerca dela criadas.

Após Nogueira, esteve politicamente adormecido durante as sucessivas lideranças do PSD, até regressar à vice-presidência com Luís Filipe Menezes, e, finalmente, como um dos principais conselheiros de Pedro Passos Coelho. Esta sua última intervenção na política activa fê-la pela amizade genuína e retribuída que tinha com o jovem líder do partido. Promoveu vários encontros entre o novo Primeiro-Ministro e personalidades da vida política, tentando criar, infelizmente sem sucesso, consensos durante o período do resgate financeiro da *troika*. Em 2012 Passos Coelho convidou-o para coordenar uma comissão empossada pelo Governo para elaborar o novo conceito estratégico de segurança e defesa nacional. Como presidente, o meu Pai reuniu um grupo notável de professores, militares, diplomatas, políticos, e personalidades

[31] António Arnaut (1936-) advogado e político português.

[32] Duarte Pio de Bragança (1945-) pretendente ao trono português.

da vida pública (Adriano Moreira, Jaime Gama, Loureiro dos Santos, Nuno Severiano Teixeira, António Vitorino, Fátima Bonifácio, Ângelo Correia, Francisco Pinto Balsemão, Leonor Beleza, Luís Amado, Seixas da Costa, Leonardo Mathias, João Salgueiro, Gomes Canotilho, Eduardo Lourenço) que em poucos meses – apesar de, já doente, ter sido novamente operado durante este período, e nem duas semanas depois estar de volta ao trabalho – completaram a elaboração de uma análise e revisão profunda do tema[33]. A lista de nomes desta comissão é uma homenagem ao prestígio do Professor Luís Fontoura, à sua capacidade de mobilizar e congregar vontades, e aos seus dotes de liderança e diplomacia. Foi também o canto do cisne da sua carreira política, a sua derradeira contribuição para a causa pública[34]. Em Março de 2014, atrasado um ano pela sua doença, foi condecorado pelo Presidente da Républica com a Grã Cruz da Ordem do Mérito.

Depois do ICEP o meu Pai, novamente casado, regressou ao sector empresarial privado e público. Foi administrador, presidente de conselhos de administração e conselhos fiscais de uma extensa lista de empresas, nas quais cumpria rigorosamente as suas funções e ganhava a vida, mas que nunca ocuparam o seu espírito ou comandaram a sua imaginação. Convidavam-no frequentemente para ser comentador político na TV durante este período, mas recusou sempre – as suas opiniões, claras, lúcidas e a maior parte das vezes muito sarcásticas, reservava-as para um círculo restricto de amigos, colegas e confidentes. A sua paixão tinha-se orientado para a Academia, era a ela que dedicava o melhor do seu talento, e nela buscava a satisfação do seu ideal de perfeccionismo. Tudo começou por volta de 1984, quando foi chamado por Adriano Moreira para ser assistente convidado de Geopolítica no ISCSP. Adriano Moreira e Luís Fontoura conheciam-se há anos através do mundo político, mas curiosamente, o seu primeiro encontro aconteceu no próprio dia em que o meu Pai desembarcou de Angola em Setembro de 1957[35]. A amizade entre os dois foi sendo cimentada ao longo dos anos, e aprofundada mais tarde quando as famílias Moreira e Fontoura tinham estado ambas exiladas no Rio de Janeiro. Esses tempos difíceis criaram entre os dois uma cumplicidade de interesses e ideais, levando naturalmente a que Adriano Moreira, empenhado em reformar o ISCSP após um período de convulsão pós-revolucionário – que

[33] Luís Fontoura (coord.), *Segurança e Defesa Nacional. Um conceito estratégico*, Almedina, 2013.

[34] A esse propósito, veja-se uma das únicas entrevistas televisivas de Luís Fontoura, com Mário Crespo, no Jornal das 9 da *Sic Notícias* em 2012 <http://videos.sapo.pt/vzltkjAQeZ0DovWO16RF>

[35] Tal como revelou no discurso que proferiu na conferência de homenagem ao Professor Adriano Moreira no ISCSP, em Setembro de 2012.

tinha levado mesmo ao seu encerramento em 1976 –, e desejando trazer para o Instituto novas disciplinas para o recém-criado curso de Relações Internacionais, tivesse visto em Luís Fontoura alguém com a capacidade intelectual, a vontade criativa e a experiência prática necessárias à tarefa.

Até então o percurso do meu Pai não o fizera contactar com um ambiente escolar rico de experiências, ou com o exemplo de professores que tivessem favorecido o desenvolvimento de aptidões académicas tradicionais. Ninguém o ensinou a formular um projecto de investigação, a escrever um artigo ou um livro, e quanto a técnicas de ensino não foi aos intransigentes lentes da Faculdade de Direito que foi buscar inspiração ou modelo. Assim, em grande medida, Luís Fontoura inventou-se como professor, alicerçado na sua vasta cultura e experiência, no seu apetite insaciável pelo conhecimento dos temas de seu interesse (política, história, relações internacionais), na sua facilidade de comunicar e explicar conceitos difíceis, enfim, na velocidade e lucidez do seu intelecto. Tal como Kennan, acreditava que "The very concept of history implies the scholar and the reader. Without a generation of civilized people [...] history, too, would lose its meaning"[36]. Ser um *scholar* foi o ideal de académico que tentou sempre alcançar, até nas suas preferências sartoriais de final de vida.

Adriano Moreira foi a única figura que realmente foi seu Mestre académico, que orientou a sua entrada para a Academia, criou as oportunidades necessárias, apoiou e orientou o percurso, e sobretudo lhe deu um exemplo vivo a imitar. Aprendeu a ensinar praticando, num diálogo constante com várias gerações de estudantes, a quem se dedicava genuinamente e com quem aprendia muito também. Durante catorze anos foi regente da cadeira de "Geopolítica" no curso de Relações Internacionais; durante onze anos da cadeira de "Política Internacional" no curso de Gestão e Administração Pública; durante quinze anos de "Cooperação Euro-Africana" e "Associação entre Estados Europeus e Africanos" no Mestrado de Relações Internacionais. Ensinou "Direito Internacional Público", "Política Internacional" e "Diplomacia" em vários cursos de pós-graduação. Fez numerosas conferências, em universidades portuguesas e brasileiras e em instituições militares portuguesas, como o Instituto de Defesa Nacional[37]. Publicou alguns trabalhos ao longo dos anos, mas em boa verdade

[36] George F. Kennan (1904-2005), diplomata e historiador americano, citado no *New York Times*, 1984.

[37] A última das quais sobre o novo conceito de Segurança e Defesa Nacional, poucos meses antes do seu falecimento. *Segurança & Defesa*, nº25, Maio-Julho 2013.

a escrita académica não era a sua principal preocupação, nem se adaptava bem ao seu estilo natural, "um idioma subtilmente marcado por um traço clássico, com um belo perfume de modernidade"[38]. A prosa rápida, clara, de períodos curtos e imagens vivas tornava-se circular, hermética, densa, semelhante na forma às arguências e pareceres jurídicos, que aprendera em Coimbra e com que lidara como advogado e que – porventura inconscientemente – associava ao estilo académico. Apesar disso, publicou no ISCSP uma mão-cheia de trabalhos sobre Cooperação e Política Internacional[39].

Foi incentivado por Adriano Moreira, durante anos, a completar a formalidade do doutoramento, que legitimaria o percurso académico pouco convencional. Várias vezes iniciada, a tarefa revelou-se demasiado grande, ou foi por ele imaginada com demasiada grandiosidade. Propunha-se fazer uma tese verdadeiramente novecentista no conceito, que, partindo dos princípios básicos de Antropologia, Sociologia, História e Geografia, culminasse numa teoria da Geopolítica e Estratégia. Em suma, um tratado fundacional para as suas disciplinas, que reunisse e ordenasse o conhecimento necessário à sua plena compreensão. Era uma missão, como se compreende, impossível de cumprir – mas que lhe deixou um travo amargo e inusitado a insucesso, a ele e a nós que o apoiámos nessa aventura. Foi, por isso, uma enorme alegria o doutoramento *Honoris Causa* conferido pela Universidade Técnica de Lisboa em 2009, e o reconhecimento merecido pelas suas contribuições. O discurso que o vi fazer na cerimónia solene foi no estilo grandiloquente que usava para escritos académicos. Felizmente, tenho ainda nos meus arquivos o primeiro esboço, mais íntimo e, julgo eu, muito mais verdadeiro aos seus sentimentos. Nessa versão inicial – que divulgo sem sua autorização, mas para que se entenda melhor o seu carácter – dizia:

"Olhando para trás nesta altura da minha vida, posso, com sinceridade, lamentar não ter podido dedicar mais tempo à Universidade. De facto, a escolha de uma profissão, e mais tarde, de uma carreira política, desviaram-me, por demasiado tempo, daquela que, agora, reconheço ser, na verdade, a minha vocação mais profunda. Sem lamentações ou mágoas, posso afirmar, sem grande dúvida, que teria preferido ouvir o chamamento da Academia mais cedo, e dedicado a minha vida mais inteiramente ao estudo e à investigação. Apesar

[38] Armando Baptista-Bastos, no Prefácio ao *Breviário dos dias comuns*. Universitária Editora, 2003.
[39] Ver Luís Fontoura, *Cooperação – Destino Inevitável*; *O Novo Ciclo da Cooperação Luso-Africana*; *Da Cooperação Norte-Sul à Cooperação Horizontal*; *O Brasil e a Comunidade dos Países de Língua Portuguesa (CPLP)*; *A Cooperação para o Desenvolvimento*; *O Poder na Relação Externa do Estado. A Equação de Kline*; *O Pensamento Geopolítico do General Meira Mattos*. ISCSP.

de tudo, espero ter conseguido recuperar o atraso no começo com um empenho superior ao normal, justificando, assim, a honra que hoje me conferem".

Nos últimos poucos anos da sua vida, já Professor jubilado, continuava a ir com regularidade ao ISCSP, e foi eleito presidente do Conselho da Escola. Mantinha o seu gabinete, onde conversava com alunos e colegas, e dava ordem à sua extensa biblioteca, que tinha construído ao longo de duas décadas de estudo e investigação. O que, no início, era um instrumento de trabalho para as suas aulas e sua própria aprendizagem, tinha-se tornado primeiro num *hobby*, depois numa obsessão, e finalmente no legado que queria deixar ao Instituto, para usufruto das gerações futuras de estudantes que, na sua opinião, não tinham alternativas à altura em Portugal. A inauguração da Biblioteca de Geopolítica Professor Luís Fontoura, em abril de 2014, foi a sua última aparição pública e o coroar da sua carreira académica, o legado visível que deixou no ISCSP, para além de todas as gerações de jovens mentes que ajudou a crescer. Nem três meses depois, deixou-nos a todos mais pobres, e "o Céu ficou sorrindo e em festa", no dizer dos seus amigos da Academia brasileira.

Conviver com o Professor Fontoura, meu Pai, durante quarenta e quatro anos deixou-me infinitamente mais rico – de hábitos dele herdados, de exemplos do como bem agir, de memórias indeléveis. Era um homem de carácter forte e vincado, difícil, exigente, polarizador, carismático, fascinante, cativador, brilhante. Capaz de uma grande generosidade e de um grande egoísmo; de grandes impaciências, mas também de grande sentido de humor; possuidor de um sarcasmo vitriólico e de um charme irresistível.

Em casa trabalhava até às primeiras horas da madrugada, a escrever com a sua Parker 51 no papel timbrado de dimensões feitas à medida para a mancha perfeita de texto (26x18cm), ou sentado à máquina de escrever onde, como verdadeiro jornalista, teclava violentamente com os dois indicadores – e não mudou a intensidade com o advento dos teclados de computador. Depois parava e íamos juntos partilhar uma ceia muito tardia, ou um pequeno-almoço muito precoce. Lembro-me das mesas empilhadas com fotocópias e papéis, cobertos da sua bela letra corrida, e de sublinhados em cores fortes como pinturas fauvistas. E também da mesa de jantar que se partiu debaixo de tamanha carga. Do Verão de 2001 que passou comigo em Stanford, quando o deixava na Cecil H. Green Library todas as manhãs às oito, e o buscava às sete da tarde, e ele que não tinha a mais rudimentar capacidade de falar inglês (apesar de conseguir ler bem) aparecia deliciado com todas as preciosidades que tinha encontrado para a sua colecção. Dos seus incessantes pedidos de artigos para copiar e enviar-lhe, sempre "urgentemente", ou de livros para encomendar em *sites* de alfarrabistas de modo a construir a sua biblioteca. Do desvelo que tinha em mandar traduzir, às suas custas, trabalhos do inglês, alemão, russo, para depois os distribuir digitalizados aos seus alunos, porque "em português não há nada disto". Da sua dedicação em rever as quase oitocentas páginas da minha tese de doutoramento, apesar de não saber nada de Imunologia nem de Neurociências, "só para corrigir a linguagem", e do orgulho e ansiedade com que me acompanhou nas provas. Da sua persistência para que lesse os clássicos da língua portuguesa, "porque tens de saber mais do que dessa coisa da Medicina, tens de ser um homem culto", e de como no Camilo lhe resisti até hoje. Dos nossos almoços semanais na "Charcuterie" ou no "Magano" em Campo de Ourique, onde discutíamos de tudo como dois colegas e amigos, tanto quanto como Pai e Filho. Da sua insistência em que aceitasse a oportunidade que me levou de Portugal para a Suíça, apesar da sua doença, para que pudesse voar mais alto, e de como vibrava com os meus sucessos.

Lembro-me, sobretudo, e todos os dias, das saudades que tenho de alguém insubstituível, único. Do meu Pai.

Basileia, Novembro de 2016.

PREFÁCIO

A Guerra e a Paz como fenômenos complexos que são – determinados por uma multidisciplinariedade que abarca não só o Direito Internacional –, possuem claro e inequívoco diálogo com outros ramos do conhecimento inter-relacionando-se com os estudos realizados no âmbito da Ciência Política, das Relações Internacionais, da Segurança Estratégica, entre outros.

Neste contexto, o presente livro tem por objetivo delimitar os aspectos principais relativos à Guerra e à Paz, atualmente compreendidos em uma multiplicidade de acepções voltadas especificamente para a manutenção da paz como fundamento estruturante em que assenta o Direito Internacional da pós-modernidade.

Organizar uma obra que contemple as diversas dimensões da Guerra e da Paz exige uma profunda percepção sobre os instrumentos, mecanismos e regulação adotados pelas organizações internacionais e que resultaram em efeitos diferenciados quando incorporados pelos Estados.

A Guerra e a Paz, na perspectiva epistemológica, devem ser analisadas com base numa investigação de temas que se entrelaçam e conectam de forma a alcançar um único objetivo: a regulação de pressupostos intrínsecos a serem observados pelos Estados, organizações e, até mesmo, pelos indivíduos com o fim de fomentar e preservar as relações pacíficas entre os povos. Deve-se ponderar, portanto, que a escolha dos temas presentes nesta obra visou, justamente, abarcar a dialética permanente entre as forças que se conjugam como prementes para a manutenção da paz e segurança, da harmonia e da solidariedade internacionais conforme prescreve a própria Carta das Nações Unidas.

A presente obra resulta, ainda, de um esforço conjugado para homenagear os estudos e o pensamento formulado pelo Professor Doutor Luís de Oliveira Fontoura, cuja excelência acadêmica influenciou não só os portugueses, mas também os brasileiros. Os coordenadores da obra – em especial o Professor Doutor Roberto Correia da Silva Gomes Caldas e o Professor Doutor Manuel de Almeida Ribeiro – foram testemunhas *in loco* dos esforços constantes do Professor Fontoura para imbricar a Política, o Direito e as Relações entre os Estados num mundo cada vez mais globalizado, malgrado, ao mesmo tempo, marcado por uma complexa desigualdade e por uma interdependência ainda fragmentada e, muitas vezes, hostil.

Buscou-se organizar a presente obra em artigos que refletissem não só o pensamento do Professor Doutor Luís de Oliveira Fontoura – e seu legado intelectual, profissional e acadêmico –, mas também: a complexa relação entre o direito e as políticas assumidos pela comunidade internacional no respeitante à Guerra e à Paz; a consolidação de um acervo normativo buscando determinar um possível conceito de guerra; seu impacto na conformação do Direito Internacional Humanitário e nas catástrofes causadas pela guerra; as novas tendências do Direito Internacional nesta matéria, *e.g.*, a legítima defesa preventiva (*preemptive action*); e ainda, o papel da União Europeia como organização assente nos valores da solidariedade e cooperação internacional. Estes foram os temas objeto de análise na obra que ora se apresenta aos leitores.

Assim sendo, a intenção foi justamente adotar uma visão ampla, mas ao mesmo aprofundada, de temas emergentes vinculados ao Direito Internacional, que podem afetar a compreensão da Guerra e da Paz e, como lados de uma mesma moeda, não obstante com distintos efeitos quando incorporados pelos Estados, especialmente se considerarmos a vertente política e econômica que sobressaem dos conflitos armados na atualidade.

Na esteira do que já estabelecia Grotius[40] ao afirmar que "(....) existe um direito comum a todos os povos e que serve para a guerra e na guerra. Por isso tive numerosas e graves razões para me determinar a escrever sobre o assunto. (....) Por causas fúteis ou mesmo sem motivo se corria às armas e, quando já com elas às mãos, não se observava mais respeito algum para com o direito divino nem para com o direito humano, como se, pela força de um edito, o furor tivesse sido desencadeado sobre todos os crimes", deve-se compreender a necessária e imperiosa observância das normas jurídicas internacionais que tentam, num árduo labor de codificação, fixar padrões mínimos para que a guerra não represente uma afronta absoluta à dignidade humana, aproximando a civilização dos limites extremos trazidos pela barbárie e pelo caos (sempre presentes nas guerras), consoante as palavras de Grotius.

[40] GROTIUS, Hugo. **O Direito da Guerra e da Paz**. Ijuí: Ed. Unijuí, 2005, p. 28.

Em sentido próximo, Bobbio[41], como teórico que vislumbrou a conexão entre a paz e a democracia, amparado nas premissas de uma sociedade plural, igualitária e dialógica, afirmava: "Se alguém me perguntar quais são, na minha opinião, os problemas fundamentais do nosso tempo, não tenho qualquer hesitação em responder: o problema dos direitos do homem e o problema da paz".

Deste modo, a organização do presente livro baseou-se nas premissas estabelecidas pelas teorias clássicas do Direito Internacional, aprofundadas pela investigação adotada por todos os autores, ancorada em diversos elementos que implicam desde a paz mundial até à governança nos nossos dias.

Ao nível estrutural, a obra divide-se em capítulos escritos por professores e pesquisadores brasileiros e portugueses de Direito, resultando, assim, numa profícua parceria entre a Cátedra Jean Monnet da Universidade Federal de Minas Gerais, a Universidade Nove de Julho (UNINOVE/SP) – ambas pertencentes à Rede de Pesquisa "Integração, Estado e Governança" – e a Sociedade Portuguesa de Direito Internacional, Ramo Português da International Law Association (ILA).

Ademais da homenagem feita ao legado do Professor Doutor Luís de Oliveira Fontoura, espera-se que a presente obra possa servir como instrumento de debate e reflexão nos cursos de licenciatura e pós-graduação *lato* e *stricto sensu* em Direito Internacional, Ciência Política e Relações Internacionais.

Lisboa, São Paulo e Belo Horizonte
Novembro de 2017

Roberto Correia da Silva Gomes Caldas
Jamile Bergamaschine Mata Diz
Isabel Cabrita

[41] BOBBIO, Norberto. **O Terceiro Ausente – Ensaios e Discursos sobre a Paz e a Guerra**. São Paulo: Manole, 2009, p. 111.

ÍNDICE GERAL

A UNIÃO EUROPEIA E A MANUTENÇÃO DA PAZ

ELEMENTO DE PODER NA ESTRUTURA JURÍDICA E INSTITUCIONAL INTERNACIONAL E O USO DA FORÇA

DIREITO HUMANITÁRIO E AS CATÁSTROFES CAUSADAS PELA GUERRA

REFUGIADOS EM TEMPOS DE GUERRA

PROTEÇÃO DO PATRIMÔNIO HISTÓRICO, ARTÍSTICO E CULTURAL EM SITUAÇÃO DE GUERRA

PARTICIPAÇÃO DO SETOR PRIVADO COMO UMA DAS FORÇAS BÉLICAS CONTEMPORÂNEAS

POLÍTICA EXTERIOR DE DEFESA E DE SEGURANÇA COMUM

GOVERNANÇA E DEMOCRACIA: INSTRUMENTOS PARA O FORTALECIMENTO DA PAZ

FORMAÇÃO DA PAZ PERPÉTUA E O PAPEL DA EUROPA

Comentários sobre *a paz pelo Direito*: itinerários e desafios político-filosóficos

Gustavo Oliveira Vieira[1]
José Luiz Bolzan de Morais[2]

Introdução

De que modo o Direito se relaciona com a paz? Algumas possibilidades aparecem nos temas óbvios como a *paz pelo Direito* e *no direito à paz*, as *soluções pacíficas das controvérsias juridicamente instituídas*, em relações e desdobramentos que se multiplicam na medida em que o Direito se expande e o conceito de paz evolui – incluindo paz positiva, pelo enfrentamento da violência estrutural geradora das injustiças sociais e incorpora os tons verdes da sustentabilidade como se percebe na Agenda 2030. Por tudo isso, cabe uma abordagem de alguns dos itinerários político-filosóficos, acerca da Paz pelo Direito, até aqui percorridos, ainda que a título de "comentários", por se tratar de um sobrevoo rápido sobre construções teóricas tão densas, conforme pretendido no presente texto.

[1] Doutor em Direito pela UNISINOS, com período sanduíche na University of Manitoba/Canadá. Professor Adjunto de Direito no Curso de Relações Internacionais e Integração da Universidade Federal da Integração Latino-Americana (UNILA) em Foz do Iguaçu, PR, Brasil. Autor do livro **A Formação do Estado Democrático de Direito** pela editora Unijuí, 2016. E-mail: <gustavo.vieira@unila.edu.br.>

[2] Doutor em Direito pela UFSC, com período sanduíche na Universidade de Montpelier/França. Professor do Programa de Pós-Graduação em Direito da UNISINOS, RS, e do Mestrado em Direito da Universidade de Itaúna, MG. Autor de diversas obras, entre elas **As Crises do Estado e da Constituição e a Transformação Espaço-Temporal dos Direitos Humanos** pela Livraria do Advogado.

O sistema anárquico das relações internacionais é pauta constante entre os cientistas políticos e sociais preocupados com a instauração de uma ordem jurídica internacional, no marco de um "pacifismo institucional". Trata-se de uma expectativa de se projetar a inversão da *força pelo Direito* no sistema internacional, ou melhor, pela *força do Direito*. A inversão da força pelo Direito tem o sentido, nesse caso, de promover a *paz* por meio do *Direito*[3], sintetizado pela ideia de *pacifismo jurídico*[4]. Por isso mesmo, este passa a ser um tema central também para aqueles que se dedicam não só ao Direito Internacional, como disciplina jurídica, mas aos juristas como um todo, em especial em um contexto de transformação/transição paradigmática não só das fórmulas jurídicas modernas, como também dos papéis e funções do direito em uma sociedade complexa e global(izada), onde, ainda, nos confrontamos com uma reversão profunda da nomeada *teoria das fontes*, hoje revisitada.

Desse modo, o *pacifismo jurídico* trabalha com uma abordagem realizada a partir de variadas expressões (*Paz por meio do Direito, Constitucionalização do Direito Internacional, rule of law internacional*), em um debate que parte dos teóricos modernos da Política, de Thomas Hobbes a Immanuel Kant. Dito de outra forma, da analogia do estado de natureza hobbesiano e a pacificação pelo Estado-Leviatã à *Paz Perpétua* kantiana. Visto de outro ângulo, entre o *realismo* e o *idealismo* das teorias de Relações Internacionais.

Com o objetivo de fundamentar o papel do Direito na construção da Paz, apresentar-se-ão alguns dos itinerários político-filosóficos sobre a Paz por meio do Direito, partimos da abordagem clássica moderna, de Hobbes a Kant, para em seguida transitar nos desafios e debates internacionais e, em seguida, uma proposição mais recente sobre um projeto de República Mundial, Federativa e Subsidiária do neokantiano Otfried Höffe.

[3] KELSEN, Hans. **La paz por medio del derecho**. Traducción de Luis Echávarri. Madri: Trota, 2003, p. 156.

[4] Eligio Resta utiliza esta expressão, *pacifismo jurídico*, ao se referir à obra de Kelsen (*Il problema della sovranità*), na qual o autor austríaco analisa o papel do jurista em desmantelar a soberania dos Estados. RESTA, Eligio. **O Direito Fraterno**. Tradução de Sandra Regina Martini Vial. Santa Cruz do Sul: Edunisc, 2004, p. 12. Assim como Habermas a utiliza ao referir-se ao texto kantiano, *À Paz Perpétua*. HABERMAS, Jürgen. **A ideia kantiana de paz perpétua – à distância histórica de 200 anos**. In: ________. **A Inclusão do Outro**: estudos de teoria política. Tradução de George Sperber e Paulo Astor Soethe. São Paulo: Loyola, 2002, p. 185-226. FERRAJOLI, Luigi. **Razones Jurídicas del Pacifismo**. Edição de Gerardo Pisarello. Madri: Trotta, 2004.

1. O Pacifismo Jurídico de Hobbes, Kant e outros empreendimentos

A ideia da Paz por meio do Direito tem destaque a partir da modernidade numa fundamentação teórica que conecta dois autores, por vezes identificados como antagônicos, que são Thomas Hobbes (1588-1679) e Immanuel Kant (1724-1804) – desde já alinhando com o professor José Manuel Pureza no entendimento de que a qualificação de Kant como anti-Hobbes "tem muito de simplificador"[5].

O fim que visa o Direito é a paz, como afirmou Ihering[6], estabelecendo limites e meios para as soluções de controvérsias, além de antecipar respostas a divergências por vir. Evidente que é uma tarefa que se molda ao longo do tempo, profundamente esculpida pelo *zeitgeist* em que exsurge, em meios, conteúdos e fins, assim como o próprio conceito de paz evolui. Por isso, é possível abordar sob um duplo viés, interno e internacional, ou seja, no interior dos Estados e entre Estados – considerando a estatalidade e a interestatalidade como o modo de organização das sociedades modernas.

É nessa relação entre o Direito e a pólis que se pode evocar o papel de um dos importantes líderes para a paz, como Licurgo de Esparta, século VII a.e.c.[7]. Também teve assento, na trajetória instituidora da paz no interior dos Estados, Marsílio de Pádua (1280-1343)[8]. Ao fundamentar uma fórmula de diferenciação de campos de atuação entre o Papado e o Monarcas com sua

[5] "Kant partilha com Hobbes dois pressupostos essenciais de análise: por um lado, a centralidade atribuída à razão individual; por outro, a observação essencial de que o relacionamento entre os Estados soberanos decorre em contexto de anarquia. Mas, ao contrário do autor do Leviatã, o filósofo de Königsberg entende que não é a condição isolada e a motivação para a acção de cada Estado que são relevantes mas sim a interacção entre os Estados". PUREZA, José Manuel. **Construções Teóricas da Paz**. Relatório da Unidade Curricular do Programa de Doutoramento em Política Internacional e Resolução de Conflitos. Coimbra, 2009, p. 27.

[6] IHERING, Rudolf von. **A Luta Pelo Direito**. Tradução de Silvio Donizete Chagas. São Paulo: Acadêmica, 1993, p. 15.

[7] ADOLF, Antony. **Peace**: a world history. Cambridge: Polity, 2009, p. 39.

[8] A inovação do pensamento de Marsílio de Pádua deve ser contemporizado com os conflitos entre Luis da Baviera e o papado, e a obra de outros intelectuais de seu tempo, como Tomás de Aquino e Dante Alighieri. "To understand the importance of the political doctrines of Marsiglio of Padua one must bring them into relation with those two of his not remote predecessors: Thomas Aquinas and Dante Alighieri (...). (...) His book has often been called the most remarkable literary product of the Middle Ages, and I am inclined to accept this verdict" (grifo nosso). EMERTON, Ephfraim. **The Defensor Pacis of Marsiglio of Padua**: a critical study. Cambridge/London: Harvard University / Oxford University, 1920, p. 01. Também disponível online em: < http://ia600301.us.archive.org/5/items/defensorpacisofm08emer/defensorpacisofm08emer.pdf>. Acesso em: 02 set. 2011.

obra *Defensor Pacis – O Defensor da Paz* – de 1324, o rumo ao Estado laico e à ética profana, por constituir-se "[n]um ataque devastador às pretensões papais ao poder temporal"[9], para recusar a autoridade papal em favor da *plenitudo potestas* ao rei, e, com isso abrindo caminho para a soberania do Estado da modernidade. Ou seja, a transição para o entendimento este Estado é marcada pela oposição à conceção de que a política é propriedade natural disposta ao homem por ordem divina para a reinterpretação da política como espaço constitutivo do bem comum coletivo.

Nessa linha, Hobbes dá uma contribuição fundamental para a superação das guerras internas que eclodiam na Inglaterra nos meados do século XVII com a fórmula do Leviatã. No que diz respeito à *pacificação* dos homens, sua *magnum opus* Leviatã, partia de uma concepção conflitiva da natureza humana para a socialização pacífica mediada pelo contrato social. Segundo a ótica do realismo político hobbesiano, na natureza humana conflitam desejos e apetites em face às aversões e ao medo, compondo a tendência de competição permanente entre homens, numa incessante batalha por poder[10]. Em síntese, pela formação da sociedade deve-se ficar atento no que há de antissocial em nossas pulsões – usando a terminologia freudiana[11].

É por meio da metáfora do contrato social, cujo resultado é a subordinação comum dos cidadãos ao Estado, como instrumento jurídico que demarca a

[9] BLACKBURN, Simon. **Marsílio de Pádua**. In: __________. **Dicionário Oxford de Filosofia**. Tradução de Desidério Murcho et. al. Rio de Janeiro: Jorge Zahar, 1997, p. 238. Segundo Marsílio de Pádua "[e]mbora a Igreja tenha para o seu uso o fruto de suas possessões terrenas, não pode, no entanto, exercer um poder judiciário através dos eclesiásticos ou efetuar julgamentos seculares". PÁDUA, Marsílio de. **Defensor Pacis**. II, XVII, p. 19 apud e tradução – STREFLING, Sérgio Ricardo. **Igreja e Poder: plenitude do poder e soberania popular em Marsílio de Pádua**. Porto Alegre: EDIPUCRS, 2002, p. 213. Com essa "defesa da paz" questionadora das pretensões papais, logicamente foi considerado como herege e teve que se refugiar na Bavaria. PÁDUA, Marsílio de. **O Defensor da Paz**. Petrópolis: Vozes, 1997.

[10] Na introdução C. B. Macpherson ao *Leviathan* da Penguin Books: "Everyone, (...) is necessarily pulled into a constant competitive struggle for Power over others, or at least to resist his powers being commanded by others. (...) This is the grand conclusion of Hobbes's analysis of human nature. He had only to add to it his postulate about men's innate aversion to death". MACPHERSON, C. B. **Introduction: Hobbes, analyst of power and peace**. In: HOBBES, Thomas. **Leviathan**. Edited by Crawford B. MacPherson. Penguin Classics. London: Penguin, 1985, p. 37. Introdução que, aliás, traz concepções supostamente rousseaunianas duramente criticadas por Renato Janine Ribeiro. RIBEIRO, Renato Janine. **Ao Leitor sem Medo**: Hobbes escrevendo contra o seu tempo. 2. ed. Belo Horizonte: UFMG, 2004, p. 24-26.

[11] RIBEIRO, Renato Janine. **Thomas Hobbes o la Paz Contra el Clero**. In: BORON, Atilio A. (Comp.). **La Filosofía Política Moderna**: de Hobbes a Marx. Buenos Aires: CLACSO, 2003, [p. 15-40] p. 18.

transição do estado de natureza para a Sociedade Civil, que a expectativa de superação da insegurança e a construção da paz terão, a partir daí, oportunidade de se realizarem[12]. É por isso que em Hobbes, a cientifização da política, inicialmente exposta no *De Cive*[13] de 1642, e a "pacificação dos homens aparecem juntas, projetando-se num futuro que de ansiedade se converte em promessa"[14], conforme as palavras de Renato Janine Ribeiro. A paz em Hobbes é resultado de um pacto pela submissão comum e recíproca à estrutural condição de violência.

A *força* representa o uso ou o potencial do uso da violência, direta ou indireta, para a resolução de controvérsias, internas ou internacionais, assemelhando as relações interestatais ao estado de natureza hobbesiano[15]. E a ideia de *força* no sistema internacional liga-se à de *guerra*, e sua permanente possibilidade[16], como meio privilegiado para tal. Todavia, é sabido que nenhuma moralidade advém simplesmente do uso da força[17]. A simples expressão do belicismo não

[12] Com isso, Norberto Bobbio segue a formulação hobbesiana para elaborar sua concepção de pacifismo institucional. O remédio previsto pelo pacifismo jurídico é a instituição do supra-Estado ou Estado mundial, a partir de um raciocínio à maneira do modelo hobbesiano. VIEIRA, Gustavo Oliveira. **A Paz e os Direitos do Homem no Pensamento de Norberto Bobbio**. PUCRS, Civitas – Revista de Ciências Sociais, Porto Alegre, v. 5. n. 2, , p. 325-342, jul-dez. 2005.

[13] Aliás, segundo o próprio Thomas Hobbes, a Ciência Política era tão antiga quanto o seu *De Cive*. RIBEIRO, Renato Janine. **Hobbes: o medo e a esperança**. In: WEFFORT, Francisco C. (org.). **Os Clássicos da Política**: Maquiavel, Hobbes, Locke, Montesquieu, Rousseau, «O Federalista». 1º Volume. 4. ed. São Paulo: Ática, 1993, p. 76.

[14] RIBEIRO, Renato Janine. **Ao Leitor sem Medo**: Hobbes escrevendo contra o seu tempo. 2. ed. Belo Horizonte: UFMG, 2004, p. 23.

[15] O estado de natureza hobbesiano é um estado de guerra, segundo o qual o homem se sente ameaçado e ameaçador pela sua própria natureza. HOBBES, Thomas. **Leviathan**. Edited by Crawford B. MacPherson. Penguin Classics. London: Penguin, 1985. Sobre a relação entre a teoria hobbesiana e as relações internacionais, ver: TEIXEIRA, Anderson Vinchiskeski. **Estado de nações – Hobbes e as relações internacionais no século XXI**. Porto Alegre: Sergio Antonio Fabris, 2006, 184p.

[16] Insere-se aqui os debates sobre guerras justas ou injustas. WALZER, Michael. **Guerras Justas e Injustas**: uma argumentação moral com exemplos históricos. Tradução de Waldéa Barcellos. São Paulo: Martins Fontes, 2003, p. 584.

[17] Tema deveras antigo, já tratado desde os debates socráticos, principalmente o travado com Trasímaco, registrado por Platão no Livro I de *A república*, no qual Sócrates argumentava logicamente contrário a Trasímaco, que afirmava que a justiça era o direito do mais forte. PLATÃO. **A República**. Tradução de Enrico Corvisieri. São Paulo: Nova Cultural, 2000. Da mesma força Rousseau já abordava a questão de a força física não possuir ação moral qualquer. ROUSSEAU, Jean-Jacques. **Du contrat social ou Principes du droit politique**. Paris: Librairie Générale Française, 1992, p. 113-123 (Livro III).

tem qualquer relação com justiça, senão força bruta, cujas limitações têm sido cada vez mais definidas juridicamente.

Também contratualista, Immanuel Kant expande o tema para propor uma abordagem À Paz Perpétua, quase um século e meio após a publicação de *Leviatã*, em 1795, pelo qual o filósofo de Könningsberg soma ao direito público e ao direito internacional o direito cosmopolita –, que atualmente vem sendo problematizado em uma nova perspectiva ao direito (internacional), para além das fronteiras do Estado Nacional, como meio de superação da violência nas relações internacionais:

> Entrementes, porém, a razão, em cima de seu trono do poder legislativo moralmente supremo, condena absolutamente a guerra como procedimento de direito e torna, ao contrário, o estado de paz um dever imediato, que, porém, não pode ser instituído ou assegurado sem um contrato dos povos entre si: tem de haver então uma liga de tipo especial, que se pode denominar *liga de paz* (*foedus pacificum*), que deveria ser distinta do *tratado de paz* (*pactu pacis*) que simplesmente procura pôr fim a *uma* guerra; aquela, porém, a *todas* as guerras para sempre[18].

Na ótica kantiana, a paz não apenas como armistício mas perpétua, seria o sintoma de uma condição cosmopolita, juridicamente embasada pelo *ius cosmopoliticum*[19].

Tanto em Hobbes quanto em Kant, autores de referência sobre o entendimento moderno sobre a paz e a situação do Direito, seus pressupostos, de organização interna dos Estados e da interestatalidade, partem em busca de uma construção teórica que seja de uma paz estrutural, e não, apenas, ocasional – com diversos desenvolvimentos no que tange à paz internacional.

[18] KANT, Immanuel. **À Paz Perpétua**. Tradução de Marco Zingano. Porto Alegre: LP&M, 2010, p. 34. E para uma leitura atualizada entre o Direito Internacional e as relações internacionais sobre o referido opúsculo, ver: NOUR, Soraya. **À Paz Perpétua de Kant**: filosofia do direito internacional e das relações internacionais. São Paulo: Martins Fontes, 2004.

[19] HABERMAS, Jürgen. **A ideia kantiana de paz perpétua – à distância histórica de 200 anos.** HABERMAS, Jürgen. **A Inclusão do Outro**: estudos sobre teoria política. Tradução de George Sperber e Paulo Astor Soethe. São Paulo: Loyola, 2002, p. 188.

2. A Paz pelo Direito Internacional

Problematizar o papel do Direito na construção da Paz impõe transitar sobre o Direito Internacional e sua função e desempenho em relação à sociedade interestatal, com suas peculiaridades, vulnerabilidades e desafios próprios – seja nos meios de solução de controvérsias internacionais quanto na limitação de meios e métodos de guerra, quanto na promoção dos Direitos Humanos. Os momentos fundantes e reordenadores da vida interestatal são forjados por novas fontes de Direito Internacional, como se percebe no papel constitutivo da Paz de Vestfália:

> O que faz a modernidade ocidental – simbolizada em Vestfália – ser um divisor de águas no terreno das construções teóricas da paz é que ela inaugura um tempo novo em que, definitivamente, a paz abandona o terreno do íntimo e se torna num 'assunto dos Estados[20].

A Paz de Vestfália de 1648 é o divisor de águas da paz pelo Direito Internacional. Sua relevância decorre da colocação das relações interestatais sob novas condições: (1) legitimou a ideia de *soberania* e *autonomia* dinástica, (2) auferindo igualdade jurídica entre os Estados, (3) incluindo sua liberdade para relacionar-se com as religiões, e, ao mesmo tempo anulou a legitimidade das anteriores formas de hegemonia – ademais, foi (4) a primeiríssima atuação constitucional do sistema de estados europeus moderno e clássico[21].

A configuração da *ordem interestatal europeia* se dá com o Tratado de Paz de Vestfália, qualificado como a Carta Constitucional da Europa[22], ao assentar os

[20] PUREZA, José Manuel. **Construções Teóricas da Paz**. Relatório da Unidade Curricular do Programa de Doutoramento em Política Internacional e Resolução de Conflitos. Coimbra, 2009, p. 28.

[21] LESAFFER, Randall. **La Dimensión Internacional de los Tratados de Paz de Vestfália**: un enfoque jurídico. In: FUNDACIÓN CARLOS DE AMBRES. **350 años de la Paz de Vestfália**: Del antagonismo a la integración en Europa. Ciclo de conferencias celebrado en la Biblioteca Nacional, Madrid 9 de marzo a 30 de noviembre de 1998. Madrid: Biblioteca Nacional, 1999, [p. 33-52] p. 35.

[22] Segundo Philip Bobbit, "a questão constitucional em jogo todo o tempo era uma só: será que os Estados principescos da dinastia habsburga lograriam impor seu formato constitucional – o Estado dinástico multinacional e combativamente sectário – às disputadas áreas da Alemanha e Holanda, cujas constituições estavam em jogo? Ou seja, será que as Províncias Unidas da Holanda emergiriam como uma possessão espanhola recatolicizada, um exemplo de Estado principesco habsburgo arquetípico? Será o Estado protestante germânico submetido ao herdeiro austríaco dos Habsburgos? Ou, quem sabe, talvez prevalecessem as relações seculares entre os monarcas absolutistas nacionais dos novos Estados régios da França, Suécia e Inglaterra?" BOBBITT,

primeiros elementos do direito público europeu e consagrar a dupla derrota, do imperador e do papa[23], dando lugar a um novo acordo religioso e constitucional que perduraria até 1806, quando as invasões de Napoleão I fizeram eclodir o Sacro Império Romano. Assim, a Paz de 1648 proporcionou condições para a conformação de uma base mais equilibrada às relações interestatais, pela qual um Estado não poderia nem deveria mais se sobrepor aos outros. Foi um marco para o reconhecimento jurídico da soberania interna dos Estados, para compor, assim, um sistema internacional anárquico.

Nessa linha, os tratados de paz de Vestfália de 1648 que buscaram instaurar um paradigma interestatal antimperialista para conter os Habsburgos ou, ainda, a Convenção de Viena de 1815, que reordena o mapa da Europa após as invasões napoleônicas, e a Paz de Paris de 1919[24] – Tratado de Versalhes que institui a Liga das Nações –, passando à Carta das Nações Unidas de 1945, entre tantos outros mais localizados e delimitados do ponto de vista geográfico[25]. Tudo isso já está a indicar o quão tortuosos são os caminhos da paz em uma sociedade fundada em soberanias nacionais permanentemente tensionadas e "jogadas" neste ambiente de disputas das mais variadas onde a opção pela guerra parece estar sempre mais próxima ante a ausência de uma "autoridade comum" que opere, nas relações internacionais, como o Leviatã hobbessiano no espaço delimitado dos Estados Nacionais.

Philip. **A Guerra e a Paz na História Moderna**: O impacto dos grandes conflitos e da política na formação das nações. Tradução de Cristina de Assis Serra. Rio de Janeiro: Campus, 2003, p. 102.

[23] Segundo Dinh, "legalizando formalmente o nascimento de novos Estados soberanos e a nova carta política da Europa daí resultante. A liquidação do Império germânico realiza-se pela transformação da Alemanha numa constelação de Estados independentes (355) sobre os quais o imperador mantém apenas uma autoridade nominal. A Confederação Helvética e os Países Baixos, que surgiram antes, são igualmente reconhecidos como Estados independentes. Por outro lado, a vitória das monarquias sobre o papado é confirmada não só no plano político, mas também religioso, instituindo-se a liberdade religiosa total". DINH, Nguyen Quoc; DAILLIER, Patrick; PELLET, Alain. **Direito Internacional Público**. Tradução de Vítor Marques Coelho. 2. ed. Lisboa: Fundação Calouste Gulbenkian, 2003, p. 53.

[24] A Paz de Paris de 1919 que é ricamente analisada em seus aspectos históricos e consequências hodiernas por Margaret Macmillan: MACMILLAN, Margaret. **Paris, 1919**: six months that changed the world. New York: Random House Trade, 2003.

[25] Como os tratados de paz bilaterais ou regionais, a exemplo: Tratado de Paz de Paris de 4 de dezembro de 1259 entre Inglaterra e França, e entre estas mesmas partes o Tratado de Troyes de 21 de maio de 1420; o Acordo de Paz de Augsburgo de 25 de setembro de 1555, reiterado em Vestfália em 1648; os Acordos de Paz de Utrecht entre Espanha, França e Áustria; o Tratado de Viena de 1815 que também envolveu quase toda Europa, e assim por diante. Para uma lista dos 100 acordos de paz dentre eles os mais relevantes da história ocidental, ver: VIEIRA, Waldo. **Homo Sapiens Pacificus**. Foz do Iguaçu: CEAEC, 2007, p. 809-831.

De 1648 aos dias atuais, tanto a produção teórica quanto a normativa sobre o pacifismo jurídico é extensa e já vem de longa data. Os esforços encetados para a juridicização da ordem internacional – a construção de uma espécie de *rule of law* internacional – tiveram, em vários momentos, o escopo primordial de selar a paz ou engendrar uma "nova" conjuntura internacional que estabelecesse uma paz, senão eterna, pelo menos estável.

Aliás, cabe, aqui, ressaltar que o desenvolvimento das "Relações Internacionais" como objeto de estudos científicos vem aprimorando o discernimento sobre o tema da paz, ainda que majoritariamente padeça de uma visão excessivamente pragmática e realista e se confronte com a *continuidade* da guerra, como se experimentou no "curto" e "tenebroso" Século XX.

À luz da normativa contemporânea, tem-se considerado a Carta das Nações Unidas de 1945[26] como o germe, uma semente de um constitucionalismo mundial – um germe de *rule of law* –, apenas esboçado e subsidiário. Restando demonstrado nos últimos setenta anos uma complexa teia de desafios de difícil e, necessariamente, gradual superação.

Assim, a Democracia, a Paz e os Direitos Humanos emergem como as grandes matrizes normativas e dirigentes da gênese de uma sociedade mundial em construção, que deve ser procedimentalmente democrática e inclusiva e substancialmente guiada pelos referenciais da interdependência entre Paz, Direitos Humanos e Democracia – mediado interculturalmente.

Além disso, a afirmação das bases populares da autoridade institucional expressa na abertura da Carta – "Nós, os povos das Nações Unidas" –, parece/pretende referendar – mesmo simbolicamente – a semente democrática por onde se deveria resgatar sua legitimidade, ainda que, até o momento, tenha se constituído mais e mais estatista[27]. Isso para dizer que o Direito Internacional é, também, o Direito da Paz e para a Paz[28].

[26] Sobre a Carta das Nações Unidas como uma constituição, ver: DUPUY, Pierre-Marie. **L'unité De L'ordre Juridique International**. Cours general de droit international public (2000). ACADÉMIE DE DROIT INTERNATIONAL DE LA HAYE. *Recueil des cours*, tome 297 (2002). Hague, 2002, mas especificamente o capítulo «La Charte des Nations Unies, une constitution?», p. 215-244.

[27] FALK, Richard. **A Globalização Predatória**: uma crítica. Tradução de Rogério Alves. Lisboa: Instituto Piaget, 1999, p. 299.

[28] Foi no período entre guerras que a identidade do Direito Internacional Público como Direito da Paz ficou mais nítida, a ver os títulos dos cursos na Academia de Haia de Direito Internacional, *Règles Générales du Droit de la Paix*: Jules Basdevant, em 1930 e com o mesmo título na referida década se pronunciaram James-Leslie Brierly, H. Lautherpacht e Georges Scelle.

É fato que a Organização das Nações Unidas foi criada tendo no horizonte o idealismo da *Paz* semeado por Kant, mesmo que, simultaneamente, a Carta constituinte da organização internacional comporte no seu seio o mais desnudo realismo das relações internacionais na composição de seus mecanismos de tomada de decisões no seu principal órgão, o Conselho de Segurança – haja visto o poder de veto de seus membros permanentes composto pelos vencedores da guerra – Segunda Guerra Mundial – que antecedeu suas negociações. Tudo isso evidencia a complexa composição de forças institucionalmente incorporadas.

A possibilidade de se avançar na concretização do direito cosmopolítico recebe nova abordagem com a problemática da constitucionalização do Direito Internacional. Esse debate – da transição da anomia para o *rule of law* – que já fora tão aprofundado no âmbito da organização político-jurídica do Estado como instituição moderna, precisa ser qualificado e atualizado em sua projeção pós-nacional.

Para nomear alguns prospectores da Paz por meio do Direito – os *Senhores da Paz* como denominou Danilo Zolo[29] –, vale citar, entre eles: (1) Hans Kelsen e *A Paz Por Meio Do Direito*[30]; (2) Norberto Bobbio e *O Terceiro Ausente*[31]; (3) Luigi Ferrajoli e *A Soberania no Mundo Moderno* e *As Razões Jurídicas do Pacifismo*[32]; (4) John Rawls e *O Direito dos Povos*[33]; (5) Mireille Delmas-Marty e *os Desafios para um Direito Mundial*[34]; (6) Jürgen Habermas e *A Constelação*

[29] ZOLO, Danilo. **I Signori della Pace**: una critica del globalismo giuridico. Roma: Carocci, 1998. No texto, Zolo faz uma rica síntese crítica das teorias do pacifismo jurídico de Hans Kelsen, Jürgen Habermas, Norberto Bobbio, em diálogo franco com Kant, logicamente, e alguns outros de modo menos central. Outra síntese tão rica quanto contestadora pode ser lida em: TEIXEIRA, Anderson Vichinkeski. **Teoria Pluriversalista do Direito Internacional**. São Paulo: WMFMartins Fontes, 2011, p. 149-230.

[30] KELSEN, Hans. **La paz por medio del derecho**. Traducción de Luis Echávarri. Madri: Trota, 2003.

[31] BOBBIO, Norberto. **El Tercero Ausente**. Traducción de Pepa Linares. Madrid: Cátedra, 1997.

[32] FERRAJOLI, Luigi. **A Soberania no Mundo Moderno**: nascimento e crise do estado nacional. Tradução de Carlo Cocciolo, Márcio Lauria Filho. São Paulo: Martins Fontes, 2002. FERRAJOLI, Luigi. **Razones Jurídicas del Pacifismo**. Madrid: Trotta, 2004. Também em: FERRAJOLI, Luigi. **Principia Iuris**. Teoria del diritto e della democrazia. 2. Teoria della democrazia. Roma: Laterza, 2007.

[33] RAWLS, John. **O Direito dos Povos**. Tradução de Luís Carlos Borges. São Paulo: Martins Fontes, 2004.

[34] DELMAS-MARTY, Mareille. **Três Desafios para um Direito Mundial**. Tradução de Fauzi Hassan Choukr. Rio de Janeiro: Lúmen Júris, 2003. DELMAS-MARTY, Mireille. **Por um direito comum**. Tradução de Maria Ermantina de Almeida Prado Galvão. São Paulo: Martins Fontes, 2004.

Pós-Nacional e a Constitucionalização do Direito Internacional[35]; (7) Peter Singer e *A ética da globalização*[36]; (8) Eligio Resta e *O Direito Fraterno*[37]; (9) Otfried Höffe e *A Democracia no Mundo Hoje*[38]; (10) David Held e a *Governança Global*[39].

Dentre estes, uma construção teórica "recente" e interessante de ser discutida, e que de certo modo sintetiza o que é expresso dentre os autores acima, é elaborado por Otfried Höffe, um filósofo especialista em Kant e propositor de uma releitura atualizada da *Paz Perpétua* por meio do livro *A Democracia no Mundo de Hoje* (*Democratie im Zeitalter der Globalisierung*, 1999), a seguir comentado.

3. República Mundial Federativa e Subsidiária (Otfried Höffe)

Otfried Höffe apresenta um desenho de República Mundial complementar em relação aos Estados, por isso edificada a partir de dois princípios da organização política estruturantes, *subsidiariedade* e *federalismo*, cujo objetivo é garantir uma ordem jurídica global de justiça. Trata-se de uma proposição elaborada a partir das três principais obras de Kant para a formação de uma ordem cosmopolita (À Paz Perpétua, *A Doutrina do Direito* e *Ideia de uma História Universal de um ponto de vista Cosmopolita*).

Höffe aponta o destino comum da humanidade em três dimensões: 1. Uma comunidade de violência multifacetada que usa o poder em detrimento do Direito num desserviço ao bem-estar humano (armamentismo, terrorismo, guerras, etc.); 2. A serviço da vida e do bem-estar também existe uma comunidade de cooperação que envolve grupos de pressão globais em favor dos Direitos Humanos (tribunais com competência mundial, responsabilização internacional dos Estados por violação dos Direitos Humanos, liberalização da economia, opinião pública mundial, etc.); 3. Por força do ônus da economia transnacional como o desemprego, danos ambientais formando uma

[35] Principalmente em: HABERMAS, Jürgen. **O Ocidente Dividido**. Tradução de Luciana Villas-Bôas. Rio de Janeiro: Tempo Brasileiro, 2006.

[36] SINGER, Peter. **Um Só Mundo: a ética da globalização**. Tradução de Adail Ubirajara Sobral. São Paulo: Martins Fontes, 2004.

[37] RESTA, Eligio. **O Direito Fraterno**. Tradução de Sandra Regina Martini Vial. Santa Cruz do Sul: Edunisc, 2004.

[38] HÖFFE, Otfried. **A Democracia no Mundo de Hoje**. Tradução de Tito Lívio Cruz Romão. São Paulo: Martins Fontes, 2005.

[39] HELD, David. **Global Covenant**: the social democratic alternative to the Washington Consensus. Cambridge: Polity, 2004.

comunidade de miséria e sofrimento (fome, pobreza, subdesenvolvimento). Daí o autor parte a uma conclusão ou *visões para o futuro.*

A tese do autor parte do seguinte pressuposto: a necessidade de ação não se atém às fronteiras entre os Estados. Quando a necessidade de ação se torna global, toma forma a ideia de um Estado igualmente global, uma ordem jurídica e estatal de natureza internacional que, graças à auto-organização enfática, se estabelece como democracia global, como República Mundial, de modo que as soluções de problemas globais não fiquem entregues apenas "às forças de mercado (neoliberalismo) nem a uma evolução meramente contingente (teoria sistêmica), e muito menos a uma combinação dessas duas componentes."[40]

O molde para responder aos desafios da globalização aponta para "um imperativo moral a supremacia do direito e da justiça sobre a violência"[41] – imperativo universal do Direito, do Estado e da Democracia, propondo-se a pensar um "ainda-não" possível de ser alcançado, intermediada por instituições continentais – mediadas portanto pelas construções jurídico-políticas de integração regional.

Ao construir a proposta de uma República Mundial, ele analisa as principais objeções até então apresentadas por diversos autores aos projetos teóricos existentes, sustentando, com base nos princípios da subsidiariedade e do federalismo, um sistema adequado à edificação de uma ordem jurídica mundial. Ademais, a proposta de Höffe é acentuadamente detalhada com meandros que não cabem aqui expor, mas, sobretudo é assentada em princípios de justiça e de legitimação pela democratização do sistema jurídico[42]. São visões de futuro que merecem consideração frente aos desafios presentes.

No detalhamento do projeto de Höffe, ele define tarefas e instituições relacionando paz e direito, com premissas para a salvaguarda do direito internacional, dos cidadãos do mundo (como direito de ir e vir e asilo), a demanda por cortes mundiais, um direito penal mundial, além das questões de autodeterminação e de mercado (concorrência, justiça global e padrões sociais, solidariedade e filantropia global) e logicamente, proteção ambiental global.

Dessa forma, o autor faz referência direta ao direito cosmopolítico:

[40] HÖFFE, Otfried. **A Democracia no Mundo de Hoje**. Tradução de Tito Lívio Cruz Romão. São Paulo: Martins Fontes, 2005, p. 2.

[41] *Ibidem*, p. 20.

[42] *Ibidem*, p. 16.

> Posto que as pessoas, dentro de seus próprios limites, seguem regras coletivas, tais como costumes e direitos, vê-se então despontar uma vontade de que também se estabeleçam relações transnacionais sob uma forma jurídica. Atribui-se a uma vontade jurídica desse tipo, internacional e transnacional, atravessando, pois, os limites impostos por fronteiras, o surgimento dos primeiros impulsos e dos trabalhos pioneiros na área de um Direito supranacional. Desde o início, houve duas áreas de atuação nesse campo jurídico: um Direito Internacional Público, ou Direito das Gentes, que cuida das relações interestatais, e um Direito Internacional Privado, mais tarde, Direito Cosmopolítico, que regula as relações intersociais, ou seja, o comércio, o casamento entre cidadãos de países diferentes e o intercâmbio científico e cultural[43].

Nesse sentido, a estruturação político-jurídica da República mundial projetada por Höffe seria subsidiária, resguardando aos Estados e secundariamente às instituições continentais – nível continental intermediário – funções primeiras, no resguardo do que sobrar de soberania e regionalismo, substancial e procedimentalmente assentadas no Direito e na cidadania mundial – a partir de uma terceira revolução democrática feita por reformas que resguardem as conquistas pretéritas. Ou seja, elevando a nível pós-nacional as estruturas e os princípios que orientam os Estados Democráticos de Direito.

A construção teórica de Höffe sobre os desafios e o papel do Direito na construção da paz permite vislumbrar uma atualização da clarividência kantiana a partir de uma miríade de soluções, muitas delas já em curso e desafiadoras na sua implementação. Trata-se de uma construção e de uma proposição contemporizadora dos clássicos modernos aos problemas e condições atuais, incluindo questões como os desafios ambientais, apresentado de modo detalhado e tomando por base instituições, como a ONU e União Europeia, e fontes do direito mais recentes, como aquelas relativas ao direito internacional dos direitos humanos.

Considerações Finais

Fica evidente que o papel reciprocamente desempenhado entre os Estudos para a Paz e o Direito nada tem de marginal. São interações ontologicamente imbricadas, senão co-originárias, ainda que complexas e múltiplas, sobretudo

[43] HÖFFE, Otfried. **A Democracia no Mundo de Hoje**. Tradução de Tito Lívio Cruz Romão. São Paulo: Martins Fontes, 2005, p. 22.

na construção das teorias liberais, tanto em suas vertentes contratualistas para o interior dos Estados quanto na abordagem internacional.

Cumpre ressaltar que a colocação da paz como problema interno dos Estados e privilegiadamente no terreno das relações internacionais é uma contribuição da modernidade, destacadamente dos clássicos modernos como Thomas Hobbes e Immanuel Kant. Além disso, é nos clássicos modernos que o Direito aparece como mecanismo potencial para contribuir de modo estrutural para a paz duradoura – o que será densamente explorado nos teóricos do Direito pelos teóricos do positivismo jurídico contemporâneo que projetam a paz pelo Direito Internacional.

São interações, entre Paz e Direito, que assumem novos contornos. A "crise conceitual" que atravessa o Estado contemporâneo[44] impõe novas situações para se pensar a transição paradigmática da teoria jurídica[45] à luz das implicações jurídicas da mundialização[46]. A internacionalização do constitucionalismo alinhada à constitucionalização do Direito Internacional transformam estruturalmente os referenciais jurídicos da modernidade, imponto revisitar seus pressupostos e a compreensão sobre as fontes de Direito. Transformações políticas e jurídicas da faticidadade contemporânea que permitem repensar a função e as vias jurídicas à Paz.

A expectativa lógica que se engendra na nova conjuntura mundial é depositada na reconfiguração do Direito Internacional como um Direito da Humanidade (*ius cosmopoliticum*). As utopias vastamente assentadas nesta seara jurídica confluem no pacifismo jurídico de cariz kantiano, sob uma diversidade de projetos normativos e institucionais, de certo modo aplainados por Otfried Höffe, na proposição de uma República mundial federativa e subsidiária – pacifismo institucional.

Todavia, pondera-se que a natureza preponderantemente política do Direito Internacional, seja pelo voluntarismo ou pela interestatalidade, constitui um entrave às transformações que caberiam para se prospectar daí um Direito para a Humanidade. Soma-se a isso a assimetria conjuntural internacional e a realidade dos subalternos no Direito Internacional, enfrentado pelas abordagens terceiromundistas entre outras, cujas demandas devem ser

[44] BOLZAN DE MORAIS, Jose Luís. **As Crises do Estado e da Constituição e a Transformação Espaço-Temporal dos Direitos Humanos**. 2. ed. Porto Alegre: Livraria do Advogado, 2011.

[45] DE JULIOS-CAMPUZANO, Alfonso. **La Transición Paradigmática de la Teoría Jurídica**: el derecho ante la globalización. Sevilla: Universidad de Sevilla, 2000.

[46] VIEIRA, Gustavo Oliveira. **O Constitucionalismo na Mundialização**: Desafios e Perspectivas da Democracia e dos Direitos Humanos. Ijuí: Unijuí, 2015.

definitivamente endereçadas para que se construa uma juridicidade internacional mais ajustada à conjuntura contemporânea.

Entretanto, as múltiplas interações entre Paz e Direito ainda demandam um aprofundamento teoricamente interdisciplinar e densamente permeado pelos desafios impostos pela faticidade contemporânea, à luz das limitações da política pós-nacional, da condição interestatal do Direito internacional de caráter voluntarista, por (muitas) vezes ainda de cariz pré-jurídico, e da economia transnacionalizada e de facetas predatórias inescondíveis.

A paz continua e continuará a habitar o núcleo dos problemas políticos e jurídicos contemporâneos e futuros, com as tensões e os dilemas que acompanham o projeto civilizatório em curso. Ao mesmo tempo, o conceito de paz seguirá se ampliando para açambarcar os desafios humanos, individuais e coletivos, do presente e do porvir, cujas construções teóricas clássicas não tinham condições de antever.

Com, e apesar disso, o Direito passa a ser privilegiado enquanto repositório destas expectativas jurídico-institucionais, pelo qual se arquitetam distintas e diversificadas utopias, há vários séculos – assumindo-se aqui uma acepção de "utopia"[47] não como onirismo lunático, mas como meio pelo qual se desenham futuros a construir. Por isso mesmo, é fundamental (re)visitar esses percursos, com vistas a projetar alternativas de Paz, negativa e positiva, para o futuro, sobretudo quando nos confrontamos com os dramas não resolvidos, a todo dia nos confrontando com as fragilidades e contradições do projeto civilizatório engendrado pela sociedades e governos atuais.

Referências

ADOLF, Antony. **Peace**: a world history. Cambridge: Polity, 2009.

BLACKBURN, Simon. **Dicionário Oxford de Filosofia**. Traduçao de Desidério Murcho et. al. Rio de Janeiro: Jorge Zahar, 1997.

BOBBIO, Norberto. **El Tercero Ausente**. Traducción de Pepa Linares. Madrid: Cátedra, 1997.

BOBBITT, Philip. **A Guerra e a Paz na História Moderna**: O impacto dos grandes conflitos e da política na formação das nações. Tradução de Cristina de Assis Serra. Rio de Janeiro: Campus, 2003.

[47] Lembrando Thomas More (1478-1535), o não-lugar da ilha imaginária. MORE, Tomas. **Utopia**. Tradução de Paulo Neves. Porto Alegre: LP&M, 1997.

BOLZAN DE MORAIS, José Luís. **As Crises do Estado e da Constituição e a Transformação Espaço-Temporal dos Direitos Humanos**. 2. ed. Porto Alegre: Livraria do Advogado, 2011.

DE JULIOS-CAMPUZANO, Alfonso. **La Transición Paradigmática de la Teoría Jurídica**: el derecho ante la globalización. Sevilla: Universidad de Sevilla, 2000.

DELMAS-MARTY, Mareille. **Três Desafios para um Direito Mundial**. Tradução de Fauzi Hassan Choukr. Rio de Janeiro: Lúmen Júris, 2003.

________. **Por um direito comum**. Tradução de Maria Ermantina de Almeida Prado Galvão. São Paulo: Martins Fontes, 2004.

DINH, Nguyen Quoc; DAILLIER, Patrick; PELLET, Alain. **Direito Internacional Público**. Tradução de Vítor Marques Coelho. 2. ed. Lisboa: Fundação Calouste Gulbenkian, 2003.

DUPUY, Pierre-Marie. **L'unité De L'ordre Juridique International.** Cours general de droit international public (2000). ACADÉMIE DE DROIT INTERNATIONAL DE LA HAYE. Recueil des cours, tome 297 (2002). Hague, 2002, mas especificamente o capítulo «La Charte des Nations Unies, une constitution?», p. 215-244.

EMERTON, Ephfraim. **The Defensor Pacis of Marsiglio of Padua: a critical study**. Cambridge/London: Harvard University/Oxford University, 1920, p. 01. Também disponível online em: <http://ia600301.us.archive.org/5/items/defensorpacisofm08emer/defensorpacisofm08emer.pdf>. Acesso em: 02 set. 2016.

FALK, Richard. **A Globalização Predatória**: uma crítica. Tradução de Rogério Alves. Lisboa: Instituto Piaget, 1999.

FERRAJOLI, Luigi. **A Soberania no Mundo Moderno**: nascimento e crise do estado nacional. Tradução de Carlo Cocciolo, Márcio Lauria Filho. São Paulo: Martins Fontes, 2002.

________. **Principia Iuris. Teoria del diritto e della democrazia**. 2. Teoria della democrazia. Roma: Laterza, 2007.

________. **Razones Jurídicas del Pacifismo**. Edição de Gerardo Pisarello. Madrid: Trotta, 2004.

________. **Razones Jurídicas del Pacifismo**. Madrid: Trotta, 2004.

HABERMAS, Jürgen. **A Inclusão do Outro**: estudos de teoria política. Tradução de George Sperber e Paulo Astor Soethe. São Paulo: Loyola, 2002.

________. **O Ocidente Dividido**. Tradução de Luciana Villas-Bôas. Rio de Janeiro: Tempo Brasileiro, 2006.

HELD, David. **Global Covenant**: the social democratic alternative to the Washington Consensus. Cambridge: Polity, 2004.

HOBBES, Thomas. **Leviathan**. Edited by Crawford B. MacPherson. Penguin Classics. London: Penguin, 1985.

HÖFFE, Otfried. **A Democracia no Mundo de Hoje**. Tradução de Tito Lívio Cruz Romão. São Paulo: Martins Fontes, 2005.

IHERING, Rudolf von. **A Luta Pelo Direito**. Tradução de Silvio Donizete Chagas. São Paulo: Acadêmica, 1993.

KANT, Immanuel. À Paz Perpétua. Tradução de Marco Zingano. Porto Alegre: LP&M, 2010.

KELSEN, Hans. **La paz por medio del derecho**. Traducción de Luis Echávarri. Madri: Trota, 2003.

LESAFFER, Randall. **La Dimensión Internacional de los Tratados de Paz de Vestfália**: un enfoque jurídico. In: FUNDACIÓN CARLOS DE AMBRES. **350 años de la Paz de Vestfália**: Del antagonismo a la integración en Europa. Ciclo de conferencias celebrado en la Biblioteca Nacional, Madrid 9 de marzo a 30 de noviembre de 1998. Madrid: Biblioteca Nacional, 1999, [p. 33-52] p. 35.

MACMILLAN, Margaret. **Paris, 1919**: six months that changed the world. New York: Random House Trade, 2003.

MORUS, Tomás. **Utopia**. Tradução de Paulo Neves. Porto Alegre: LP&M, 1997.

NOUR, Soraya. À Paz Perpétua de Kant: filosofia do direito internacional e das relações internacionais. São Paulo: Martins Fontes, 2004.

PÁDUA, Marsílio de. **O Defensor da Paz**. Petrópolis: Vozes, 1997.

PLATÃO. **A República**. Tradução de Enrico Corvisieri. São Paulo: Nova Cultural, 2000.

PUREZA, José Manuel. **Construções Teóricas da Paz**. Relatório da Unidade Curricular do Programa de Doutoramento em Política Internacional e Resolução de Conflitos. Coimbra, 2009.

RAWLS, John. **O Direito dos Povos**. Tradução de Luís Carlos Borges. São Paulo: Martins Fontes, 2004.

RESTA, Eligio. **O Direito Fraterno**. Tradução de Sandra Regina Martini Vial. Santa Cruz do Sul: Edunisc, 2004.

RIBEIRO, Renato Janine. **Ao Leitor sem Medo**: Hobbes escrevendo contra o seu tempo. 2. ed. Belo Horizonte: UFMG, 2004.

__________. **Hobbes: o medo e a esperança**. In: WEFFORT, Francisco C. (org.). **Os Clássicos da Política**: Maquiavel, Hobbes, Locke, Montesquieu, Rousseau, «O Federalista». 1 v. 4. ed. São Paulo: Ática, 1993, p. 76.

__________. **Thomas Hobbes o la Paz Contra el Clero**. In: BORON, Atilio A. (comp.). **La Filosofía Política Moderna**: de Hobbes a Marx. Buenos Aires: CLACSO, 2003, p. 15-40.

ROUSSEAU, Jean-Jacques. **Du contrat social ou Principes du droit politique**. Paris: Librairie Générale Française, 1992, p. 113-123 (Livro III).

SINGER, Peter. **Um Só Mundo: a ética da globalização**. Tradução de Adail Ubirajara Sobral. São Paulo: Martins Fontes, 2004.

STREFLING, Sérgio Ricardo. **Igreja e Poder: plenitude do poder e soberania popular em Marsílio de Pádua**. Porto Alegre: EDIPUCRS, 2002.

TEIXEIRA, Anderson Vichinkeski. **Teoria Pluriversalista do Direito Internacional**. São Paulo: WMFMartins Fontes, 2011.

__________. **Estado de nações – Hobbes e as relações internacionais no século XXI**. Porto Alegre: Sergio Antonio Fabris, 2006.

VIEIRA, Gustavo Oliveira. **A Paz e os Direitos do Homem no Pensamento de Norberto Bobbio**. PUCRS, Civitas – Revista de Ciências Sociais, v. 5. n. 2, Porto Alegre, jul.-dez. 2005, p. 325-342.

__________. **O Constitucionalismo na Mundialização**: Desafios e Perspectivas da Democracia e dos Direitos Humanos. Ijuí: Unijuí, 2015.

VIEIRA, Waldo. **Homo Sapiens Pacificus**. Foz do Iguaçu: CEAEC, 2007.

WALZER, Michael. **Guerras Justas e Injustas**: uma argumentação moral com exemplos históricos. Tradução de Waldéa Barcellos. São Paulo: Martins Fontes, 2003.

ZOLO, Danilo. **I Signori della Pace**: una critica del globalismo giuridico. Roma: Carocci, 1998.

Pax europaea

Elizabeth Accioly[1]

O espaço geopolítico conquista-se primeiro,
defende-se depois e, por fim, valoriza-se.

Luís Oliveira Fontoura[2]

Agradeço o honroso convite para participar neste *Liber Amicorum* em homenagem ao Professor Doutor Luís Oliveira Fontoura, um aristocrata da política, jurista brilhante, homem de convicções. Foi um dos maiores especialistas portugueses em matéria da defesa nacional e da política externa. No ISCSP, deu um valioso contributo à academia, nomeadamente na área dos estudos geopolíticos. Diante do *torbellino* que o mundo tem vivido nestes últimos anos, o Professor Oliveira Fontoura faz ainda mais falta, numa época em que a Defesa e a Segurança passam para primeiro plano, diante das peças de xadrez que vão se movendo de maneira estranha, numa era de incertezas. Decidi, portanto, abordar um tema muito caro ao nosso inesquecível homenageado – a Política Externa de Segurança e Defesa Comum –, cujos holofotes se voltam, mais do que nunca, para o velho continente.

O período de paz na Europa, pós II Guerra Mundial, está sem dúvida associado à criação da Comunidade Económica Europeia (CEE), com a assinatura

[1] Professora da Universidade Europeia de Lisboa. Professora do Curso de Mestrado do UNICURITIBA.

[2] FONTOURA, Luís Oliveira. **CPLP. A importância do Brasil no espaço lusófono**. *Revista Negócios Estrangeiros*, n. 11.1. Lisboa: Instituto Diplomático do Ministério dos Negócios Estrangeiros, 2007, p. 358

do Tratado de Roma, em 25 de março de 1957, entre seis Estados, incluindo os dois grandes rivais – França e Alemanha, para além da Itália e os países do BENELUX. Vinte e dois Estados somaram-se a esta aventura e, ao longo do percurso, criaram não só um espaço económico, de mercado único, intenção primeira do Tratado da CEE, mas uma Europa de livre circulação de pessoas, de respeito aos direitos fundamentais, de união económica e monetária, consagrados no Tratado da União Europeia (TUE), assinado em Maastricht, em 07 de fevereiro de 1992.

É verdade que o continente europeu, após vivenciar duas grandes guerras em apenas meio século pretendia, antes de mais, evitar um novo conflito bélico. O temor pairava sobre os Seis Estados, tanto que entre a assinatura do Tratado de Paris, que criou a Comunidade Europeia do Carvão e do Aço (CECA), em 18 de abril de1951, e o Tratado de Roma, que criou a Comunidade Económica Europeia (CEE), em 1957, houve a tentativa fracassada de criar uma Comunidade Política Europeia (CPE) e uma Comunidade Europeia de Defesa (CED), no ano de 1954. As competências da CPE eram ousadas para a época e tinham por objetivo edificar uma união federal, prevendo-se a prazo, absorver a CECA e a CED. Todavia, tal projeto foi travado após a recusa da ratificação do Tratado CED pela Assembleia Nacional francesa, forçando os Estados-membros da CECA a mudar o seu destino, que enveredou para uma integração económica. Durante cinco décadas a defesa da Europa ficou a cargo da União Europeia Ocidental (UEO) e da NATO (Tratado do Atlântico Norte).

Mas o embrião da Política Externa e de Segurança Comum (PESC) e da Política Externa de Segurança e de Defesa (PESD) ficou a germinar no ventre da Europa comunitária. Em 1970, o Relatório Davignon incentivou os Estados a se consultarem sobre questões de política externa, institucionalizado com o Ato Único Europeu, de 1986, que criou o mecanismo de Cooperação Política Europeia.

Após a queda do muro de Berlim e da implosão da União Soviética, com o fim das tensões do mundo bipolar, os Estados-membros decidiram dar um passo importante na sensível matéria da segurança e defesa. O Tratado de Maastricht, de 1992, ergueu o pilar da Política Externa e de Segurança Comum (PESC), ao lado de outros dois pilares, o da Justiça e Assuntos Internos (JAI), e o pilar das Comunidades Europeias, este último supranacional. A PESC, segundo o então artigo J.4 do TUE, trataria do "conjunto das questões relativas à segurança da UE, incluindo a definição a prazo de uma política de defesa comum".

Assim que, após a entrada em vigor do TUE, em 1.11.93, a PESC e a PESD começam a ganhar forma, de maneira acanhada e desarticulada, por falta de consenso de Estados ciosos da sua soberania. Lembre-se que no pilar intergovernamental as decisões são tomadas por unanimidade[3].

Impulsionado pela França e Alemanha nasce, na esteira do TUE, o Eurocorpo, numa tentativa de pôr em execução o exército comum europeu. Foram também definidas, na mesma altura, as missões de Petersburgo, com missões humanitárias e de evacuação das zonas em crise, missões de paz e de restabelecimento da paz. Estas missões foram incorporadas no Tratado de Amsterdão, assinado pelos então quinze sócios, em 2 de outubro de 1997, abrindo a possibilidade de uma cooperação mais estreita entre dois ou mais Estados-membros a nível bilateral, no âmbito da UEO e da NATO, na medida em que essa cooperação não contrarie nem dificulte a cooperação prevista nos Tratados comunitários.

A PESD evolui para PSDC (Política de Segurança e Defesa Comum), com o Tratado de Lisboa, assinado em 13 de dezembro de 2007, permanecendo parte integrante da PESC conforme se depreende da leitura do artigo 42.º, 1.[4] Foram também alargadas as missões de Petersburgo, incluindo missões de estabilização no final dos conflitos, a luta contra o terrorismo e ações em países terceiros.

A Agência Europeia de Defesa, criada em 2004, é incorporada ao Tratado de Lisboa[5], com o objetivo de identificar e avaliar a capacidade militar dos Estados-membros, desenvolver as capacidades de defesa no domínio da gestão

[3] Artigo 42.º, 2 do TUE: A política comum de segurança e defesa inclui a definição gradual de uma política de defesa comum da União. A política comum de segurança e defesa conduzirá a uma defesa comum logo que o Conselho Europeu, *deliberando por unanimidade*, assim o decida. Neste caso, o Conselho Europeu recomendará aos Estados-membros que adotem uma decisão nesse sentido, em conformidade com as respectivas normas constitucionais.

[4] Artigo 42.º,1 do TUE: A política comum de segurança e defesa faz parte integrante da política externa e de segurança comum. A política comum de segurança e defesa garante à União uma capacidade operacional apoiada em meios civis e militares.

[5] Artigo 42.º, 3 do TUE: Os Estados-membros comprometem-se a melhorar progressivamente as suas capacidades militares. A agência no domínio do desenvolvimento das capacidades de defesa, da investigação, da aquisição e dos armamentos (a seguir denominada "Agência Europeia de Defesa") identifica as necessidades operacionais, promove as medidas necessárias para as satisfazer, contribui para identificar e, se necessário, executar todas as medidas úteis para reforçar a base industrial e tecnológica do sector da defesa, participa na definição de uma política europeia de capacidades e de armamento e presta assistência ao Conselho na avaliação do melhoramento das capacidades militares.

de crises, promover a harmonização das necessidades operacionais e apoiar a investigação em matéria de tecnologia de defesa.

O Tratado de Lisboa introduziu também a possibilidade de alguns Estados-membros reforçarem a sua colaboração no domínio militar através da criação de uma cooperação estruturada permanente[6], permitindo a este grupo de Estados assumir compromissos mais fortes em matéria de segurança e defesa. Há, todavia, o receio desta cooperação se transformar numa defesa a várias velocidades, que pode pôr em causa a máxima do artigo 5.º da NATO, cerne da construção europeia de "um por todos e todos por um". Não é sem razão que este mecanismo tem dividido opiniões no seio comunitário. Abel Laureano enumera os prós e os contras nesta matéria:

> Poderão assim sublinhar-se, desde logo, os perigos "intrínsecos" da cooperação estruturada permanente, cabendo nestes o risco do surgimento dum directório de Estados-membros na política de segurança e defesa; e havendo também de contar-se com as assimetrias entre Estados-membros, as quais inviabilizariam algumas possíveis constelações ou grupos deles. Para além disso perfilam-se ainda, dirão os adversários da cooperação estruturada permanente, os perigos "extrínsecos" nela implicados; cabendo um lugar de destaque, na ala dos críticos, para os mais atlantistas, receosos duma perda de influência da NATO em consequência da cooperação estruturada permanente. Mas os partidários deste mecanismo manifestarão, designadamente, o otimismo de pensar que ele gerará um efeito de arrastamento, tal como sucedeu no caso da união económica e monetária[7].

Pese embora a segurança e a defesa comum terem sido fortalecidas, aquando da entrada em vigor do Tratado de Lisboa, em 1.12.2009, ainda são parcos os seus resultados. É necessário que a Europa compreenda que o peso económico de que goza na comunidade internacional exige um contrapeso político, para não ser apontada pelos seus pares de ser um gigante económico e um anão político. E esta atitude depende, acima de tudo, da vontade política dos Estados, que deve valorizar as conquistas alcançadas desde os idos de 1950,

[6] Artigo 42.º, 6 do TUE: Os Estados-membros cujas capacidades militares preencham critérios mais elevados e que tenham assumido compromissos mais vinculativos na matéria tendo em vista a realização das missões mais exigentes estabelecem uma cooperação estruturada permanente no âmbito da União. Essa cooperação rege-se pelo disposto no artigo 46.º.

[7] "No rumo da 'comunitarização' da segurança e defesa da União Europeia mediante a cooperação estruturada permanente?" In: *Lex Humana* – Revista do Programa de Pós-Graduação em Direito da Universidade Católica de Petrópolis. Rio de Janeiro: Petrópolis, v. 4, n. 2, 2012, p. 13.

onde, após meia década fratricida, foi capaz de chegar ao fim do Século XX unida e em paz.

O início do Século XXI foi o divisor de águas, com o ataque às Torres Gémeas, nos EUA, que chocou e aterrorizou o mundo, em 2001. A partir daí a Europa começa a sair dos trilhos.

A falta de coordenação política dividiu a UE na Guerra do Iraque, em 2003 que, mesmo com a posição contrária de mais de uma dezena de Estados-membros, incluindo da França e da Alemanha, não conseguiu travar a invasão norte-americana. De se recordar que nesta altura ainda estávamos na Europa dos Quinze[8], sendo este um exemplo emblemático dos limites intransponíveis da PESC. Em 2004 houve o maior alargamento de sempre, saltando para uma Europa a Vinte e Cinco[9], que veio desestabilizar ainda mais a tomada de decisões – por unanimidade – quanto à segurança e defesa comum.

Em 2004 e 2005 a Europa sofre ataques terroristas na estação de comboio de Atocha, em Madrid, e numa estação de metro, em Londres. Em 2008 a Lehman Brothers, o gigante da banca, protagonizou a maior falência dos EUA e fez soar alarmes no mundo financeiro com sérias repercussões na Europa. Portugal, Grécia e Irlanda tiveram de recorrer ao Fundo Monetário Internacional, ao Banco Central Europeu e à Comissão Europeia, a chamada Troika, para conseguir reequilibrar as suas finanças. Esta rutura Norte/Sul dividiu o continente numa Europa de credores e de devedores. Não bastasse isso, houve outro abalo sísmico no velho continente, desta vez Leste/Oeste, com a Guerra da Síria, iniciada em 2011 que desencadeou a maior crise humanitária desde a II Guerra Mundial, com refugiados e migrantes económicos que vem bater-lhe à porta e a UE, uma vez mais, não tem uma resposta uníssona.

Uma coisa é certa, a Europa não estava preparada para enfrentar os abalos do novo Século. E, como se não bastasse, surge, no epicentro da fratura Norte/Sul–Leste/Oeste o terrorismo, numa versão arrepiante e aterradora, do Auto Proclamado Estado Islâmico aos lobos solitários. Surpreendentemente, os mentores e/ou autores dos atentados nasceram em França, país da liberdade, da igualdade e da fraternidade; na Bélgica, o coração da UE, ou no Reino Unido, a democracia mais antiga do mundo.

[8] França, Alemanha, Itália, Bélgica, Holanda, Luxemburgo, Reino Unido, Dinamarca, Irlanda, Grécia, Portugal, Espanha, Áustria, Suécia e Finlândia.

[9] Estónia, Letónia, Lituânia, Eslovênia, Eslováquia, Republica Checa, Hungria, Polónia, Chipre e Malta. Em 2007 ingressam Roménia e Bulgária, e em 2013 a Croácia.

É fundamental destacar ainda, para tentar compreender o despreparo da Europa quanto à segurança e à defesa, que o bloco regional viveu, entre o atentado de Londres, em 2005, e o atentado de Paris, em 2015, dez anos de relativa calmaria. Hoje o cenário mudou, o medo instalou-se, e esta instabilidade vai repercutir no egoísmo dos Estados-membros, que pouco a pouco vão abandonando princípios tão caros como a solidariedade, a cooperação leal e o respeito aos Direitos Humanos.

Os pais do Tratado de Roma, nos idos de 1957, jamais poderiam imaginar que o projeto da *pax europaea* estaria tão seriamente ameaçado, que a abertura das fronteiras internas, consagrado no Espaço Schengen, uma das apostas mais simbólicas e mais difíceis de concretizar, estaria em xeque. Esta realidade é visível nas cercas e muros que se erguem entre Estados-membros, afrontando e desrespeitando os valores da União, consagrados no artigo 2.º do TUE[10].

As crises endógenas e exógenas que a Europa enfrenta vaticinam profundas alterações no panorama interno e internacional. A recente perda de um dos exércitos mais poderosos do mundo, com a saída do Reino Unido da União Europeia, e o ultimato dos EUA aos membros da NATO, exigindo que todos honrem com os seus compromissos financeiros[11], tarefa que não será fácil para muitos deles, torna urgente encontrar novos rumos quanto à segurança e à defesa na UE.

Foi esta motivação que levou, em 2016, às Instituições da União e os Estados a priorizar a política e a defesa. A Comissão Europeia adotou o Plano de Ação para a Defesa Europeia, que abre caminho para o Fundo de Defesa Europeu. Foi ainda assinada uma Declaração Conjunta da UE e da NATO, reforçando o viés estratégico desta parceria. O Conselho Europeu, na Cimeira realizada em Bratislava, em dezembro de 2016, decidiu aplicar imediatamente a Declaração conjunta UE/NATO, que assenta em três elementos:

[10] Artigo 2.º do TUE. A União funda-se nos valores do respeito pela dignidade humana, da liberdade, da democracia, da igualdade, do Estado de direito e do respeito pelos Direitos Humanos, incluindo os direitos das pessoas pertencentes a minorias. Estes valores são comuns aos Estados-membros, numa sociedade caracterizada pelo pluralismo, a não discriminação, a tolerância, a justiça, a solidariedade e a igualdade entre homens e mulheres.

[11] Há vinte e dois Estados que estão em simultâneo na NATO e na UE, mas apenas cinco deles têm cumprido a meta estabelecida em 2014, de contribuir com 2% do Produto Interno Bruto (PIB) em despesas com a defesa, são eles: os EUA, a Grécia, o Reino Unido, a Estónia e a Polónia.

1. O plano de execução da estratégia global da UE no domínio da segurança e da defesa e as conclusões do Conselho sobre a execução da estratégia global da UE no domínio da segurança e da defesa;
2. As propostas destinadas a aumentar a colaboração entre a UE e a NATO, com vista à implementação dos sete domínios previstos na declaração conjunta do Presidente do Conselho Europeu, Donald Tusk, do Presidente da Comissão Europeia, Jean-Claude Juncker, e do Secretário-Geral da NATO, Jens Stoltenberg;
3. O Plano de Ação europeu no domínio da defesa, proposto pela Comissão Europeia, que visa intensificar a investigação e as capacidades, bem como a competitividade, através de um melhor funcionamento do mercado interno.

Portanto, há um gradual impulso na pauta da Defesa. O Diretor Executivo da Agência de Defesa Europeia (AED), Jorge Domecq, destaca basicamente dois tipos de argumentos para esta viragem:

> 1. Político, ao considerar que as contingências da ordem internacional forçarão a Europa a aprofundar a cooperação em Defesa para que possa garantir a proteção de seus interesses e de seus cidadãos; e
> 2. Técnico-orçamentário, no qual destaca que a eliminação da duplicação de esforços e despesas poderia gerar economia de quase 1/3 do valor investido no setor, uma vez que cada Estado se dedicaria ao espectro da pauta de Defesa na qual opera com mais eficiência.[12]

Mas a relação política e o custo-benefício não são as únicas vantagens, como explica Jorge Domecq:

> A interoperabilidade e o aumento da eficiência são também resultados igualmente importantes numa abordagem mais cooperativa nas despesas da defesa. Em comparação com os Estados Unidos, as forças armadas europeias possuem demasiados diferentes tipos de equipamentos militares. Em 2016, por exemplo, os Estados membros da UE tinham 20 diferentes tipos de aviões de combate (em comparação com seis nos Estados Unidos), 29 tipos de fragatas (face a quatro nos Estados Unidos) e 20 tipos de veículos de combate blindados (face a dois nos Estados Unidos). O planeamento, aquisição e operação

[12] Fonte: <https://eeas.europa.eu/sites/eeas/files/defence_package_06_03_2017.pdf>. Acesso em: 02 jun. 2017.

de meios numa perspetiva cooperativa contribuiria consideravelmente para uma melhor interoperabilidade das forças armadas dos Estados membros[13].

Num ambiente geopolítico cada vez mais difícil, numa era de incertezas quanto à NATO da era Trump, e do BREXIT, as expectativas concentram-se em observar se a partir de 2017, realmente os Estados-membros conseguirão reforçar a cooperação em matéria de segurança externa e defesa, trazendo para o nível operacional as soluções técnicas, de interoperabilidade e de coordenação política tão necessárias para a segurança do continente europeu.

Sabe-se, de antemão, que esta tarefa não será nada fácil. A CED, desde 1952, tenta afirmar-se no seio da Europa. Em 1954, as palavras do ex-primeiro-ministro francês Édouard Herriot, ecoaram e convenceram os membros da Assembleia Nacional francesa a abandonar a defesa comum:

> O Tratado CED visa restaurar a soberania da Alemanha, mas representa um passo para atrás para a França no que respeita à sua própria soberania. Eu sei que as nações tem que fazer sacrifícios para que cresca o progresso europeu. Apercebo-me de que será necessário, mais cedo ou mais tarde, empreender novos esforços para atingir este objetivo, mas este não é o momento[14].

Passados sessenta e cinco anos desde a recusa do Tratado CED, a Europa não pode mais esperar. É chegado o momento da Europa assumir as responsabilidades que lhe incumbem no âmbito da comunidade internacional, afinal há que justificar o Prémio Nobel da Paz, que lhe foi conferido pela Academia Sueca, no ano de 2012 e perceber que, com as ameaças cada vez mais transnacionais, a segurança e a defesa são pontos fulcrais no continente europeu. Como disse outro galardoado do Nobel da Paz, em 1971, o ex-chanceler alemão Willy Brant, um dos grandes responsáveis pela reunificação alemã e pela reaproximação da Europa ocidental e oriental: *A paz não é tudo, mas sem paz, tudo é nada.*

[13] Maior cooperação europeia na defesa: é inevitável e benéfico. *Jornal Diário de Notícias*. Lisboa, publicado em 11.03.2017.

[14] (Discurso proferido por Édouard Herriot. Excertos das intervenções do debate na Assembleia Nacional Francesa a 28 e 29 de agosto de 1954, na sequência da qual o Tratado CED foi rejeitado, *in* **60 Anos de Europa**. Grandes Textos da Construção Europeia. Lisboa: Gabinete do Gabinete em Portugal do Parlamento Europeu, 2008, p. 30

Referências

DECLARAÇÃO CONJUNTA do Presidente do Conselho Europeu, do Presidente da Comissão Europeia e do Secretário-Geral da Organização do Tratado do Atlântico Norte. Disponível em: <http://www.consilium.europa.eu/pt/press/press-releases/2016/07/08-eu-nato-joint-declaration/>. Acesso em: 12 set. 2016.

DOMEQ, Jorge. **Maior cooperação europeia na defesa**: é inevitável e benéfico. *Jornal Diário de Notícias*. Lisboa, publicado em 11.03.2017.

FONTOURA, Luís Oliveira. **CPLP. A importância do Brasil no espaço lusófono**. *Revista Negócios Estrangeiros*, n. 11.1. Lisboa: Instituto Diplomático do Ministério dos Negócios Estrangeiros, 2007, p. 358.

HERRIOT, Édouard. *Discurso. in*: «Excertos das intervenções do debate na Assembleia Nacional Francesa a 28 e 29 de agosto de 1954» – **60 Anos de Europa**. Grandes Textos da Construção Europeia. Lisboa: Gabinete do Gabinete em Portugal do Parlamento Europeu, 2008.

LAUREANO, Abel. **No rumo da 'comunitarização' da segurança e defesa da União Europeia mediante a cooperação estruturada permanente?** *Lex Humana* – Revista do Programa de Pós-Graduação em Direito da Universidade Católica de Petrópolis. Rio de Janeiro: Petrópolis, v. 4, n. 2, 2012.

SECRETARIADO-GERAL DO CONSELHO. **Conclusões do Conselho sobre a implementação da Declaração Conjunta** do Presidente do Conselho Europeu, do Presidente da Comissão Europeia e do Secretário-Geral da Organização do Tratado do Atlântico Norte. Documento n.º 15208/1/16 REV 1 CFSP/PESC 1000 CSDP/PSDC 695 COPS 359 POLMIL 146 EUMC 144. Bruxelas, 06 de dezembro de 2016. Disponível em: <http://www.consilium.europa.eu/pt/press/press-releases/2016/12/06-eu-nato-joint-declaration/>. Acesso em: 22 dez. 2016.

NOVAS TENDÊNCIAS DO DIREITO INTERNACIONAL DA GUERRA E DA PAZ

Do ius bellum à preemptive action

Carla Ribeiro Volpini Silva[1]
Patricia Rodrigues Rosa[2]

Introdução

No decorrer dos anos o uso da força tem-se mostrado como principal meio utilizado pelos Estados para solucionar seus conflitos. No entanto, a necessidade de uma convivência pacífica entre os Estados exigiu nova postura mundial.

A Carta das Nações Unidas significou uma mudança de paradigma ao estabelecer que os conflitos entre Estados soberanos deveriam ser solucionados mediante formas pacíficas e, apenas em situações excecionais, por meio da força.

O presente artigo visa demonstrar que, atualmente, o uso da força nas relações internacionais deve se restringir a situações específicas, as quais são resultado de um longo processo histórico de desenvolvimento do direito internacional que culminou na abstenção geral do uso da força prevista na Carta da ONU.

A Carta das Nações Unidas traz em seu bojo a proibição geral do uso da força em direito internacional considerando a necessidade de manutenção da paz e segurança internacionais. É o próprio preâmbulo da Carta da ONU que estabelece a paz e segurança internacionais como objetivos eminentes da organização.

[1] Doutora em Direito Público e Mestre em Direito Internacional e Comunitário pela PUCMG. Professora Adjunta da Faculdade de Direito da UFMG e Professora do Programa de Pós graduação da Universidade de Itaúna. E-mail: <carlavolpini@hotmail.com>

[2] Mestre em Proteção dos Direitos Fundamentais. Especialista em Ciências Criminais. Professora Universitária.

No entanto, a própria Carta da ONU exceciona a proibição geral do uso da força, autorizando que os Estados se valham deste recurso, desde que autorizados pelo Conselho de Segurança (com amparo nos capítulos VII e VIII da Carta) ou em legítima defesa individual ou coletiva, também conhecida como *preemptive action* (segundo o artigo 51 da Carta).

1. Do direito de guerrear à abstenção geral do uso da força: uma breve análise jurídica

Antes de se estudar a possibilidade lícita do uso da força sob a alegação de uma *preemptive action*, tendo em vista as disposições da Carta das Nações Unidas, faz-se necessária uma ponderação acerca do fenômeno *guerra* e seu desenvolvimento ao longo da história.

O recurso à força apresenta-se historicamente como uma alternativa utilizada pelos seres humanos em suas relações, principalmente para demonstrar poder e domínio.[3]

As relações humanas mais remotas já se valiam da ideia de violência como parte da noção comportamental do homem para que alcançasse seus objetivos, incluindo sua sobrevivência. Inicialmente o homem lutava contra as adversidades naturais, depois, com o desenvolvimento social e econômico o homem passou a viver em famílias, clãs, tribos e comunidades, valendo-se da força para alcançar o que desejava, bem como lutando contra grupos rivais, seja para se defender ou mesmo subjugar seu adversário.

> Importante destacar que, ao longo do Período da Pré-História, não existia um conceito definido sobre *guerra*, mas é certo que o homem se utilizava da violência, travando lutas para resolver conflitos entre eles. À medida que se presencia uma evolução social, os conflitos entre os grupos passaram a se tornar mais frequentes e mais organizados, datando do final da Pré-História a presença de lutas previamente organizadas entre as civilizações da época, e assim, moldando a noção de guerra[4].

[3] SOARES, Flávia Salum Carneiro. **Legítima defesa preemptiva de Israel na guerra dos seis dias**: um caso de excepcionalidade sob a perspectiva do direito internacional. 2013. 187 f. Dissertação (Mestrado em Direito). Pontifícia Universidade Católica de Minas Gerais, Belo Horizonte, 2013, p. 69-71.

[4] SOARES, Flávia Salum Carneiro. **Legítima defesa preemptiva de Israel na guerra dos seis dias**: um caso de excepcionalidade sob a perspectiva do direito internacional. 2013. 187 f. Dissertação

Também no contexto internacional, o uso da força se caracteriza como um fenômeno intrinsecamente relacionado com a sobrevivência do próprio Estado.[5]

Alain Pellet ensina que não há direito que possa contar apenas com a força moral para que seja respeitado. Para o autor, a coação nas relações internacionais – com ou sem o emprego da força – destina-se a assegurar a eficácia do Direito Internacional.[6]

A guerra, nesta perspetiva, apresenta-se como inerente ao processo de desenvolvimento da humanidade, sendo que a busca pelo poder, pela conquista de territórios, pelo domínio econômico são fatores determinantes para a deflagração de uma guerra:

> Outrossim, um rápido olhar pela história da raça humana revela uma série infindável de conflitos entre uma comunidade e outra, ou diversas outras, entre unidades maiores e menores entre cidades, províncias, raças, nações, impérios, que quase sempre se formaram pela força das armas. Guerras dessa espécie terminam ou pelo saque ou pelo completo aniquilamento e conquista de uma das partes[7].

Alberico Gentili afirma que a guerra se apresenta contrária a razão humana de viver em cooperação e não em discórdia.[8] No entanto esta afirmativa deve ser analisada com cautela, uma vez que a razão humana também almeja que todos observem os direitos do próximo, as leis e os costumes, bem como que sejam punidos aqueles que se afastam do contrato social e violam os direitos do outro.[9]

(Mestrado em Direito). Pontifícia Universidade Católica de Minas Gerais, Belo Horizonte, 2013, p. 70.

[5] SOARES, Flávia Salum Carneiro. **Legítima defesa preemptiva de Israel na guerra dos seis dias**: um caso de excepcionalidade sob a perspectiva do direito internacional. 2013. 187 f. Dissertação (Mestrado em Direito). Pontifícia Universidade Católica de Minas Gerais, Belo Horizonte, 2013, p. 72-73.

[6] PELLET, Alain; DINH, Nguyen Quoc; DAILLIER, Patrick. **Direito Internacional Público**. 2 ed. Tradução de Vítor Marques Coelho. Lisboa: Fundação Calouste Gulbenkian, 2003, p. 951.

[7] VENTURA, Deisy de Freitas Lima; SEITENFUS, Ricardo Antônio Silva. **Um diálogo entre Einstein e Freud**: por que a guerra? Santa Maria: FADISMA, 2005, p. 34-35.

[8] MACEDO, Paulo Emílio Vauthier B. de. **Propósitos e princípios**: Artigo 2 §§ 1 a 4. In: BRANT, Leonardo Nemer Caldeira (Org.). **Comentário à Carta das Nações Unidas**. Belo Horizonte: CEDIN, 2008, p. 76.

[9] GENTILI, Alberico. **O direito de guerra.** 2. ed. Tradução de Diego Panizza. Ijuí: Unijuí, 2006, p. 83.

Há quem defenda que o fenômeno da guerra é essencialmente político e, portanto, humano por definição:

> Sendo o ser humano *zoon politikon* aristotélico, animal político por excelência, o recurso à guerra se lhe apresenta como alternativa essencialmente política. Na célebre expressão do teórico militar prussiano Carl Von Klausewtiz, "[a] guerra não é outra coisa senão a continuação das relações políticas com interferência de outros meios'. (NADER, 2011, p. 120)

Uma primeira questão a ser esclarecida, no que diz respeito à análise do uso da força nas relações internacionais, é o alcance do termo guerra, bem como se este se confunde com as expressões: conflito, uso da força, coação, ataque e agressão.

A depender do contexto em que é utilizada, a expressão *guerra* pode ter múltiplos alcances. É que no decorrer da história, o termo *guerra* foi sendo atualizado e substituído por outros. Não se trata de imprecisão terminológica, mas sim de atualização e adequação de significados em virtude de acontecimentos históricos.

A tendência dos documentos internacionais atuais é evitar o uso do termo *guerra*, substituindo-o por outros termos – uso da força; agressão; ataque armado –, muito embora a expressão esteja distante de ser abolida. Em verdade, a referência geral à *guerra*, sem caracterizá-la, ignora a importância de se estabelecer o que configura um "ataque armado", expressão essencial para a compreensão da licitude da legítima defesa nas relações internacionais.[10]

Não há na doutrina internacionalista um consenso sobre o que constitui a *guerra*: se o termo deve ser utilizado para se referir apenas a conflitos armados entre Estados soberanos, ou se conflitos internos de um Estado também constituem uma guerra – guerra civil.

Uma análise histórica do uso da força nas relações internacionais permite concluir que o termo *guerra* tornou-se plurissignificativo para abranger,

[10] O artigo 51.º da Carta das Nações Unidas estabelece que: "Nada na presente Carta prejudicará o direito inerente de legítima defesa individual ou coletiva no caso de ocorrer um *ataque armado* contra um Membro das Nações Unidas, até que o Conselho de Segurança tenha tomado as medidas necessárias para a manutenção da paz e da segurança internacionais. As medidas tomadas pelos Membros no exercício desse direito de legítmia defesa serão comunicadas imediatamente ao Conselho de Segurança e não deverão, de modo algum, atingir a autoridade e a responsabilidade que a presente Carta atribui ao Conselho para levar a efeito, em qualquer tempo, a ação que julgar necessária à manutenção ou ao restabelecimento da paz e da segurança internacionais." (grifo nosso)

na atualidade, termos como ataque armado, conflito armado, uso da força, agressão, etc..

O direito internacional clássico cuidou, em um primeiro momento, de restringir o uso da guerra, permitindo que os Estados decidissem livremente quando recorrer à força, bem como quais objetivos – políticos e/ou jurídicos – almejavam com o recurso à violência[11].

> A guerra foi considerada como fenômeno natural por muito tempo, adquirindo conotação moral, política e, somente num momento posterior da História, adquiriu conotação jurídica, preocupando-se com uma definição mais concreta a partir do nascimento do Estado, quando se passou a atentar cada vez mais para seus contornos jurídicos a fim de restringi-la e torná-la ilícita[12].

O chamado *jus ad bellum* – direito de guerra – desenvolveu-se concomitantemente ao desenvolvimento das sociedades e possibilitou modificações significativas na interpretação da relação entre a força e o direito. Segundo Alberto Amaral Júnior, o direito internacional sempre se preocupou em impor limites externos ao exercício do poder pelos Estados. Neste sentido, desde a concepção de uma *guerra justa*[13], até a edição da Carta da ONU, sempre se buscou critérios que tornassem possível discriminar o uso lícito do uso ilícito da força[14].

É no período do Império Romano que as regras com relação à *guerra* começam a ser moldadas, despertando-se para o então *jus ad bellum*[15] – direito da

[11] PELLET, Alain; DINH, Nguyen Quoc; DAILLIER, Patrick. **Direito Internacional Público**. 2. ed. Tradução de Vítor Marques Coelho. Lisboa: Fundação Calouste Gulbenkian, 2003, p. 953.

[12] A concepção de Estado aqui defendida baseia-se no Estado Moderno, cuja estrutura data de 1648, em virtude dos tratados de Westfalia. SOARES, Flávia Salum Carneiro. **Legítima defesa preemptiva de Israel na guerra dos seis dias**: um caso de excepcionalidade sob a perspectiva do direito internacional. 2013. 187 f. Dissertação (Mestrado em Direito). Pontifícia Universidade Católica de Minas Gerais, Belo Horizonte, 2013, p. 69.

[13] A doutrina da guerra justa – bellum justus – perdurou entre os anos 300 a.C e 1650 aproximadamente, e buscou estabelecer critérios de justiça que legitimassem o recurso à força nas relações entre Estados.

[14] AMARAL JÚNIOR, Alberto do. **O direito de assistência humanitária**. Rio de Janeiro: Renovar, 2003, p. 131

[15] A concepção de *jus ad bellum* diz respeito à possibilidade de se fazer guerra, ou seja, faz menção ao eventual direito à guerra, enquanto que o *jus in bello* refere-se ao direito a ser aplicado na/durante a guerra: "Jus in bello: Este nome latino refere-se ao direito da guerra, ao conjunto de normas, primeiro costumeiras, depois convencionais, que floresceram no domínio do direito das gentes quando a guerra era uma opção lícita para resolver conflitos entre Estados. *Jus in bello*, o direito aplicável na guerra, era, pois, aquele conjunto de normas cujo entendimento não tinha que ver com

guerra. Neste momento histórico a guerra passa a ser justificada por conceitos religiosos, respaldados pela Igreja Católica.[16]

Nos dizeres de Yoram Dinstein o fato de dois Estados beligerantes acreditarem, concomitantemente, na justiça de suas causas contraditórias, levou ao chamado *cul de sac*[17] da doutrina da guerra justa: se dois Estados adversários acreditam na justiça de seus motivos para guerrear, não há razão para que qualquer Estado sinta-se inibido de ir à *guerra*. Até porque, se pressionado, qualquer governo é capaz de articular uma justificativa para determinado tipo de política, ainda que de guerra: "Se a justificativa não precisa ser superior às exigências do inimigo, os requisitos de uma causa justa cessam seus efeitos para serem uma trilha no caminho da guerra."[18]

No século XIX e início do século XX, o positivismo abandonou a tentativa de diferenciar *guerras* justas e injustas, muito embora os Estados tenham continuado a utilizar a retórica da justiça quando se valiam do recurso à *guerra*. No entanto, esta justificativa deixou de provocar repercussões no âmbito jurídico.

Deve-se reconhecer que a expressão *guerra justa* não foi abolida da linguagem internacionalista, sendo ouvida em foros internacionais quando se faz menção ao uso da força nas raras hipóteses em que o direito internacional contemporâneo o admite: segurança coletiva e legítima defesa.

Com o declínio da Idade Média o sistema hierarquizado do feudalismo cede espaço a uma nova forma de organização política: sistema estatal baseado na unidade territorial e independente. O contexto internacional que se descortina, portanto, compõe-se de "Estados independentes, soberanos, governados por reis individuais".[19]

a ideia preliminar do *jus ad bellum*, o chamado direito à guerra, o direito de fazer a guerra quando esta parecesse justa". REZEK, Francisco. **Direito Internacional público**: curso elementar. 13 ed. São Paulo: Saraiva, 2011, p. 415.

[16] Diversos nomes foram foram importantes no desenvolvimento da teoria do *jus ad bellum*: Aristóteles, Cícero, Agostinho, São Tomás de Aquino, Anthony Clark Arend, Francisco de Vitória e Francisco Suarez, bem como Hugo Grócio.

[17] Trata-se de expressão de origem francesa e de outras línguas românicas, que pode ser usada para significar "beco-sem-saída", "rua-sem-saída".

[18] "If the justification need not be superior to the claims of the enemy, the requirement of a just cause ceases in effect to be a hurdle on the path to war." DINSTEIN, Yoram. **War, agression and self-defense**. 4ª ed. New York: Cambridge University Press, 2005, p. 67.

[19] SOARES, Flávia Salum Carneiro. **Legítima defesa preemptiva de Israel na guerra dos seis dias**: um caso de excepcionalidade sob a perspectiva do direito internacional. 2013. 187 f. Dissertação (Mestrado em Direito). Pontifícia Universidade Católica de Minas Gerais, Belo Horizonte, 2013, p. 86.

A mudança na perspectiva dos Estados – agora soberanos –, proporcionou a transição da teoria da guerra justa para a doutrina positivista.

Importante compreender que foram os tratados de Westfália (Tratado de Osnabruck – 14/10/1648 e Tratado de Munster – 24/10/1648) que consagraram a soberania e a igualdade entre os Estados como princípios fundamentais das relações internacionais. Alain Pellet sustenta que os tratados de Westfália, no que diz respeito ao aspecto jurídico, são o ponto de partida da evolução do direito internacional contemporâneo.[20]

Com os tratados de Westfália inaugura-se um contexto no qual os reis, nas relações políticas internacionais, comportam-se como soberanos absolutos, assumindo uma postura de proprietários do Estado a quem o direito romano conferia, àquela época, prerrogativas absolutas.

Neste sentido, no plano externo, os monarcas não aceitavam nenhuma imposição que não contasse com o seu consentimento. No que diz respeito às relações mútuas os monarcas não aceitavam nenhum limite à sua soberania que não partisse de sua vontade, adotando assim uma postura nacionalista e individualista.

Alain Pellet afirma que "Produto do absolutismo, o direito interestatal, nascido dessa prática, só pode, evidentemente, ratificar outro produto do mesmo absolutismo: a guerra".[21]

O que se percebe, portanto, é que com os tratados de Vestfália, a guerra continuou como um recurso lícito a ser utilizado pelos Estados, como manifestação de seu poder soberano.

No contexto do final do século XVIII e início do século XIX, portanto, vislumbra-se um cenário no qual a teoria da guerra justa, como forma predominante de legitimar o *jus ad bellum*, vai sendo substituída pela perspectiva do Estado como ente soberano detentor da prerrogativa de dar início a uma guerra. Segundo Yoram Dinsteim, os Estados podiam "recorrer à guerra por uma boa razão, uma má razão ou por absolutamente nenhuma razão."[22]

O reconhecimento da força como manifestação de soberania dos Estados possibilitou, no final do século XIX e início do século XX, a utilização

[20] PELLET, Alain; DINH, Nguyen Quoc; DAILLIER, Patrick. **Direito Internacional Público**. 2. ed. Tradução de Vítor Marques Coelho. Lisboa: Fundação Calouste Gulbenkian, 2003, p. 53.

[21] PELLET, Alain; DINH, Nguyen Quoc; DAILLIER, Patrick. **Direito Internacional Público**. 2. ed. Tradução de Vítor Marques Coelho. Lisboa: Fundação Calouste Gulbenkian, 2003, p. 54.

[22] "States could 'resort to war for a good reason, a bad reason or no reazon at al'". DINSTEIN, Yoram. **War, agression and self-defense**. 4ª ed. New York: Cambridge University Press, 2005, p. 75.

abusiva de represálias armadas pelos Estados, exigindo uma reação do cenário internacional.

A resposta se deu por meio de dois tratados multilaterais que ficaram conhecidos como Convenções de Paz de Haia – 1899 e 1907.

O artigo 2.º das duas Convenções de Haia – 1899 e 1907 – dispunha que tendo em vista a solução pacífica das disputas internacionais, as partes envolvidas, antes de realizarem um "apelo às armas", deveriam recorrer, "desde que as circunstâncias permitissem", às instituições ou à mediação de Estados amigos.

Observa-se que nas Convenções de Haia mantém-se a prerrogativa dos Estados de decidirem pela guerra ou buscarem meios amigáveis para solucionar a disputa.

Neste sentido, tem-se que as convenções de Haia (1899 e 1907) concretizaram os primeiros esforços multilaterais realizados para o ordenamento de meios de solução pacífica de controvérsias, muito embora o princípio da solução pacífica de controvérsias tenha sido abordado de forma tímida pela Convenção de Haia de 1907, uma vez que esta não estabeleceu um dever geral para os Estados.

Segundo Alain Pellet, Nguyen Quoc Dinh e Patrick Dailler, com a Convenção Drago-Porter:

> Os Estados devedores não obtiveram o abandono do exercício da prerrogativa de fazer a guerra ou de exercer represálias senão comprometendo-se paralelamente a recorrer aos meios pacíficos de resolução de conflitos. O mesmo art. 1º, no seu §2º, previa que a limitação do recurso à força não se aplicaria se o Estado devedor recusasse a arbitragem, deixasse sem resposta uma promessa de arbitragem, tornasse impossível a constituição de um órgão arbitral ou recusasse conformar-se com a sua sentença[23].

A Convenção Drago-Porter, portanto, significou o ponto de partida para o estabelecimento de uma doutrina limitativa do recurso à força, por meio da resolução pacífica de conflitos, muito embora ainda tenha legado aos Estados, certa prerrogativa em decidir quando recorrer à força[24].

[23] PELLET, Alain; DINH, Nguyen Quoc; DAILLIER, Patrick. **Direito Internacional Público**. 2. ed. Tradução de Vítor Marques Coelho. Lisboa: Fundação Calouste Gulbenkian, 2003, p. 954.

[24] "A tese Drago-Porter tem a sua origm no bloqueio da Venezuela, onde foram bombardeados La Guaíra, Maracaibo e Porto Cabello, em 1902, por uma esquadra de navios da Itália, Alemanha e Inglaterra. O fundamento deste ato dos países europeus era que a Venezuela não efetuava o pagamento de indenizações a italianos, alemães e ingleses, que tinham sofrido danos com os

Yoram Dinsteim defende que a prerrogativa dos Estados de recorrerem à guerra a seu critério exclusivo, era incongruente com a ordem jurídica internacional que, ao mesmo tempo, afirmava e negava o direito dos Estados existirem.

> Quando observada pela ótica da história jurídica, a liberdade de entrar na guerra sem violar o direito internacional parecia criar uma considerável anomalia. Não fazia muito sentido para o sistema jurídico internacional basear-se no respeito à soberania dos Estados, se cada Estado possuía o direito soberano de destruir a soberania de outros[25].

Ainda que de forma tímida, afirma-se que as Convenções de Haia significaram o início da mudança de paradigma do direito internacional acerca da prerrogativa discricionária dos Estados de recorrerem à guerra como opção política de resolução de conflitos.

Na primeira década do século XX o acirramento de disputas e rivalidades entre os Estados soberanos, resultou na Primeira Grande Guerra Mundial, a qual ocasionou uma devastação jamais vista na Europa. O cenário desastroso resultante da guerra, bem como a intenção de impedir a realização de uma nova guerra de tamanha proporção, possibilitou que os Estados se reunissem em uma Conferência de Paz, em Versalhes, no ano de 1919[26].

movimentos revolucionários no país sul-americano, bem como não pagava as amortizações e juros dos empréstimos contraídos para a construção de estradas de ferro e outras obras públicas. Esta intervenção europeia fez com que Luis María Drado, ministro das Relações Exteriores e Culto da Argentina, enviasse, através do seu embaixador em Washington, uma nota ao Departamento de Estado dos EUA, em que sustentava a não intervenção nos casos de cobrança das dívidas públicas pelas seguintes razões: a) ela violaria a soberania e igualdade dos Estados; b) ela era contrária à Doutrina de Monroe, uma vez que tais intervenções poderiam resultar em aquisições territoriais por parte dos países europeus para que a cobrança fosse efetiva; c) que os credores sabem que tratam com uma entidade soberana. (...) A Convenção, conhecida pelo nome dos seus autores, Drago-Porter, estipulou: a) a proibição do uso da força para a cobrança de dívidas contratuais 'reclamadas ao governo de um país pelo governo de outro país, como devidas a seus nacionais'; b) a intervenção só se justificaria nos seguintes casos: 1 – quando o Estado recusasse submeter o litígio à arbitragem; 2 – o não cumprimento da decisão arbitral". (MELLO, 2001, p. 490)

[25] 'When observed through the lens of legal theory, the freedom to indulge in war, without thereby violating international law seemed to create na egregious anomaly. It did not make much sense for the international lega system to be embedded in respect for the sovereignty of others'. DINSTEIN, Yoram. **War, agression and self-defense.** 4ª ed. New York: Cambridge University Press, 2005, p. 76.

[26] SOARES, Flávia Salum Carneiro. **Legítima defesa preemptiva de Israel na guerra dos seis dias**: um caso de excepcionalidade sob a perspectiva do direito internacional. 2013. 187 f. Dissertação (Mestrado em Direito). Pontifícia Universidade Católica de Minas Gerais, Belo Horizonte, 2013, p. 91-92.

O resultado da Conferência foi a criação da Liga das Nações – Sociedade das Nações–, que consistiu na primeira perspectiva de segurança coletiva internacional, fundamentada no princípio da cooperação mútua visando a não utilização da força.

Importante mencionar que a Convenção da Liga das Nações não proibiu, em seu texto, o uso da força. Em verdade, a convenção continha disposições referentes a procedimentos para que se restringisse o uso da força. A força ainda era um recurso legítimo, no entanto, não era mais a primeira opção.

Nesta perspetiva tem-se que no contexto da Liga das Nações o direito de se recorrer à guerra continuava em vigor, estabelecendo a Convenção de 1919 alguns pré-requisitos ao uso da força: antes de iniciar uma guerra os Estados deviam buscar uma solução pacífica para o conflito bem como a situação deveria ser submetida a uma decisão arbitrária ou judicial ou, ainda, a um relatório do Conselho – chamada moratória da guerra[27].

Apesar de canalizar os esforços para estabelecer relações pacíficas, a criação da Liga das Nações não configurou uma possibilidade real de submeter os Estados ao imperativo da paz.

A guerra/uso da força em direito internacional apenas tornou-se ilegal e proibida com o pacto Briand-Kellog, em 1928, também conhecido como Pacto de Paris, Tratado Geral de Renúncia à Guerra como Instrumento de Política Nacional, estabelecido em 26 de agosto de 1928, em Paris[28].

Segundo Alain Pellet,

> Em 1927, a França e os Estados Unidos encetaram negociações tendo em vista a renovação de um tratado de arbitragem. Briand, ministro dos Negócios Estrangeiros, propôs associar-lhe um compromisso entre os dois Estados de renunciarem a todo o recurso à guerra nas suas relações mútuas; Kellog, seu homólogo americano, sugeriu então o alargamento das negociações a outros Estados com o objetivo de se concluir um tratado multilateral de interdição

[27] Artigo 12.º: Todos os membros da Sociedade concordam em que, se entre eles surgir controvérsia suscetível de produzir rutura submeterão o caso seja ao processo da arbitragem ou à solução judiciária, seja ao exame do Conselho. Concordam também em que não deverão, em caso algum, recorrer à guerra antes da expiração do prazo de três meses após a decisão arbitral ou judiciária, ou o relatório do Conselho. (REZEK, Francisco. **Direito Internacinal Público**: curso elementar. 13 ed. São Paulo: Saraiva, 2011, p. 420)

[28] PELLET, Alain; DINH, Nguyen Quoc; DAILLIER, Patrick. **Direito Internacional Público**. 2. ed. Tradução de Vítor Marques Coelho. Lisboa: Fundação Calouste Gulbenkian, 2003, p. 956; DINSTEIN, Yoram. **War, agression and self-defense**. 4. ed. New York: Cambridge University Press, 2005, p. 83.

> geral da guerra. Este tratado, assinado por quinze Estados, foi aberto para adesão a todos os outros Estados[29].

O Pacto Briand-Kellog não foi suficiente para impedir o fim da Sociedade das Nações e o início da Segunda Guerra mundial, muito embora tenha contribuído para o estabelecimento de um novo paradigma no cenário internacional: a proibição do recurso à guerra pelos Estados, a fim de solucionarem suas controvérsias.

Neste sentido é que se afirma que o Pacto Briand-Kellog foi fundamental para o progresso do *jus ad bellum* para o *jus contra bellum*, cristalizando o entendimento sobre a ilicitude da guerra[30].

O pacto compreendia apenas três artigos: no artigo 1.º trazia a condenação do recurso à guerra para a solução de conflitos e estatuía a renúncia da guerra enquanto instrumento de política nacional nas relações entre os Estados; no artigo 2.º estabelecia a necessidade de solução das controvérsias de qualquer natureza ou origem entre os Estados por meios pacíficos; e no artigo 3.º dispunha sobre questões formais[31].

Yoram Dinstein apresenta algumas críticas ao Pacto de Paris, afirmando que embora a guerra tenha sido proibida, numa perspectiva geral pelo pacto, permaneceu lícita em algumas circunstâncias: guerra em legítima defesa; guerra como instrumento de política internacional e guerra fora do âmbito das relações recíprocas das partes contratantes.[32]

Assim, embora o Pacto Briand-Kellog tenha contribuído para o desenvolvimento de uma doutrina de proibição do uso da força no cenário internacional, tem-se que os entraves que enfrentava impossibilitou que tornasse efetiva a proibição do uso da força nas relações internacionais.

[29] DINSTEIN, Yoram. **War, agression and self-defense**. 4. ed. New York: Cambridge University Press, 2005, p. 956

[30] *Ibidem*, p. 83.

[31] Tratado Geral de Renúncia à Guerra – "Art. I: As Altas Partes contratantes declaram solenemente, em nome dos respectivos povos, que condenam o recurso à guerra para a solução das controvérsias internacionais, e a ela renunciam como instrumento de política nacional nas suas mútuas relações.
Art. II: As Altas Partes contratantes reconhecem que o ajuste ou a solução de todas as controvérsias ou conflitos de qualquer natureza ou origem, que se suscitem entre elas: nunca deverá ser procurado, senão por meios pacíficos.
Art. III: O presente Tratado será ratificado pelas Altas Partes contratantes designadas no preâmbulo, de acordo com exigências das respectivas constituições e entrará em vigor entre elas imediatamente do depósito, em Washington de todos os instrumentos de ratificação."

[32] DINSTEIN, Yoram. **War, agression and self-defense**. 4. ed. New York: Cambridge University Press, 2005, p. 83-85.

O que se percebe é que o Pacto possibilitou que o recurso à força não permanecesse no arbítrio dos Estados, mas sim fosse considerado um ato ilícito, muito embora não contasse com mecanismos que lhe permitisse efetivar a proibição em todos os seus aspetos.

A carência de efetividade da proibição da guerra estabelecida pelo Pacto Briand-Kellog influenciou de forma direta na criação de uma nova organização de Estados capaz de sistematizar instrumentos para a efetiva proibição do uso da força nas relações entre os Estados.

A Carta da Organização das Nações Unidas, de 1945, surge como instrumento materializador dos esforços até então empreendidos pelo sistema internacional no sentido de proibir o uso da força nas relações entre os Estados.

Com o acentuamento da situação beligerante dos Estados europeus nos anos 30 e a ineficácia da Liga das Nações em conter os conflitos, o cenário internacional passou a exigir uma reforma da Liga ou, então, a criação de uma nova organização que viabilizasse o sistema de segurança internacional, a fim de garantir a paz entre os Estados.

Eduardo Correia Baptista ensina que "A criação das Nações Unidas vem numa linha de continuidade quase perfeita de progressiva estruturação e reconhecimento de poderes à Comunidade Internacional"[33].

O surgimento da ONU remonta ao final da Segunda Guerra Mundial (1939-1945), oportunidade em que os aliados já se encontravam empenhados na reorganização do sistema internacional *post* guerra, vislumbrando a necessidade de uma nova organização internacional que possuísse, de fato, um caráter universal[34].

A Carta da ONU consolidou a obrigatoriedade de renúncia da força aventada no Pacto Briand-Kellog ao estabelecer e impor aos sujeitos do sistema jurídico internacional a abstenção geral do uso da força e a necessidade de resolver os conflitos de forma pacífica.

Já no preâmbulo a Carta menciona que, com o objetivo de "preservar as gerações vindouras do flagelo da guerra", os Estados resolvem unir "forças para manter a paz e a segurança internacionais, e a garantir, pela aceitação de princípios e a instituição de métodos, que a força armada não será usada a não

[33] BAPTISTA, Eduardo Correia. **O poder público bélico em direito internacional**: o uso da força pelas nações unidas em especial. Coimbra: Almedina, 2003, p. 340.

[34] XAVIER, Ana Isabel; RODRIGUES, Ana Luísa; OLIVEIRA, Felipe; OLIVEIRA, Gonçalo; COELHO, Inês; COUTNHO, Inês; MATOS, Sara. **A Organização das Nações Unidas**. Coimbra: Humana Global, 2007. Disponível em: <http://www.dhnet.org.br/abc/onu/onu_humana_global_onu.pdf>. Acesso em: mar. 2016.

ser no interesse comum".[35] Em outras palavras, significa dizer que a Carta é clara quanto a sua principal meta: manutenção da paz e segurança, por meio do não uso da força nas relações internacionais.

Persistindo no objetivo estampado no preâmbulo, o artigo 1.º da Carta da ONU dispõe como propósitos das Nações, dentre outros: a manutenção da paz e segurança internacionais através de medidas efetivas para "evitar ameaças à paz e reprimir atos de agressão ou outra qualquer rutura da paz", buscando solucionar os conflitos por meios pacíficos, de forma a não se perturbar a paz nas relações entre os Estados[36].

Muito embora a Carta traga como propósito a manutenção da paz e segurança internacionais, sabe-se que estas são difíceis de se alcançar, seja pela assimetria do cenário internacional, pela instabilidade das relações entre os Estados ou por falhas do próprio sistema estabelecido pela Carta da ONU.

Endossando esta perspetiva, Orlando Daniel Pulvirent afirma que:

[35] Preâmbulo da Carta da ONU: "Nós, os povos das Nações Unidas, resolvidos a preservar as gerações vindouras do flagelo da guerra, que por duas vezes, no espaço de nossa vida, trouxe sofrimentos indivisíveis à humanidade, e a reafirmar a fé nos direitos fundamentais do homem, na dignidade e no valor do ser humano, na igualdade de direito dos homens e das mulheres, assim como das nações grandes e pequenas, e a estabelecer condições sob as quais a justiça e o respeito às obrigações decorrentes de tratados e de outras fontes do direito internacional possam ser mantidos, e a promover o progresso social e melhores condições de vida dentro de uma liberdade ampla. E para tais fins praticar a tolerância e viver em paz, uns com os outros, como bons vizinhos, e unir as nossas forças para manter a paz e a segurança internacionais, e a garantir, pela aceitação de princípios e a instituição dos métodos, que a força armada não será usada a não ser no interesse comum, a empregar um mecanismo internacional para promover o progresso econômico e social de todos os povos. Resolvemos conjugar nossos esforços para a consecução desses objetivos. Em vista disso, nossos respectivos Governos, por intermédio de representantes reunidos na cidade de São Francisco, depois de exibirem seus plenos poderes, que foram achados em boa e devida forma, concordaram com a presente Carta das Nações Unidas e estabelecem, por meio dela, uma organização internacional que será conhecida pelo nome de Nações Unidas". (grifo nosso)

[36] Art. 1.º da Carta da ONU: "1. Manter a paz e a segurança internacionais e, para esse fim: tomar, coletivamente, medidas efetivas para evitar ameaças à paz e reprimir os atos de agressão ou outra qualquer ruptura da paz e chegar, por meios pacíficos e de conformidade com os princípios da justiça e do direito internacional, a um ajuste ou solução das controvérsias ou situações que possam levar a uma perturbação da paz. 2. Desenvolver relações amistosas entre as nações, baseadas no respeito ao princípio da igualdade de direitos e de autodeterminação dos povos, e tomar outras medidas apropriadas ao fortalecimento da paz universal. 3. Conseguir uma cooperação internacional para resolver os problemas internacionais de caráter econômico, social, cultural ou humanitário, e para promover e estimular o respeito aos direitos humanos e às liberdades fundamentais para todos, sem distinção de raça, sexo, língua ou religião; e 4. Ser um centro destinado a harmonizar a ação das nações para a consecução desses objetivos comuns".

> Revisando o tempo transcorrido desde a criação das Nações Unidas, observam-se déficits, inclusive graves durante parte da sua história no que se refere a atingir esse propósito. Os receios que seguiram à Segunda Guerra Mundial, a Guerra Fria e o bloqueio permanente de iniciativas por via do poder de veto reconhecido aos membros permanentes do Conselho de Segurança conspiraram durante longos períodos com essa finalidade.
>
> (...) uma agenda para a paz implica, mais que nada, o cumprimento prévio dos objetivos reconhecidos à ONU. A tardia reação perante problemas internacionais que se reduzem, em etapas finais, a conflitos armados, implica em aumentar o papel das Nações Unidas na prevenção dessas causas[37].

A essência da Carta da ONU consiste na criação de um sistema de segurança internacional capaz de, através da abstenção do uso da força entre os Estados, garantir que a paz se realize de forma contínua e duradoura.

O artigo 2.º (3), por exemplo, menciona que os Estados devem buscar solucionar suas controvérsias por meios pacíficos, de forma a não ser ameaçada "a paz, a segurança e a justiça internacionais."

Ou seja, a Carta não apenas traz a proibição geral do recurso à força pelos Estados, como também dispõe uma alternativa ao uso da força: solução pacífica das controvérsias, previstas no artigo 33 do seu texto.

O artigo 2.º (4), por sua vez, consubstancia a essência do *jus ad bellum* atual, ao dipor que:

> Todos os membros devem evitar a ameaça e o uso da força, nas suas relações internacionais, contra a integridade territorial ou independência política de qualquer Estado, ou utilizar qualquer outro meio que seja incompatível com os propósitos das Organizações das Nações Unidas.

Deve-se atentar para o fato de que o artigo 2.º (4) exige uma interpretação conjugada com o preâmbulo da Carta bem como com os artigos 1.º (1) e 2.º (3):

> A interpretação correta do artigo 2.º (4) é inseparável do art. 2.º (3), e esses dois parágrafos consecutivos devem ser analisados em conjunto. A interpretação correta do art. 2.º (4), dada tais estipulações, como pano de fundo, é de que qualquer uso de força internacional pelos Estados-membros,

[37] PULVIRENTI, Orlando Daniel. «Propósitos e Princípios: Artigo 1». In: NEMER, Leonardo Caldeira Brant (org.). **Comentários à Carta das Nações Unidas**. Belo Horizonte: CEDIN, 2008, p. 52-53.

independentemente da razão, é vedada, a menos que expressamente permitido pela Carta[38].

Há quem sustente que o artigo 2.º da Carta da ONU, em seus sete parágrafos, estabelece os princípios que devem guiar a organização e seus membros em suas relações: princípio da igualdade soberana dos Estados, a boa-fé, a resolução pacífica das controvérsias e a consequente proibição do recurso à força.[39]

A ONU foi criada para estabelecer de forma convincente, um cenário de paz internacional, no qual os Estados se vissem obrigados – devido às consequências resultantes das duas grandes guerras mundiais – a se absterem de recorrer à força nas relações que travassem entre si.

Neste prisma, pode-se afirmar que toda a sistemática da Carta foi construída com base na abstenção geral do uso da força – artigo 2.º (4) – e na resolução pacífica das controvérsias, corolário imediato da proibição estabelecida.

Segundo Paulo Macedo

> O princípio da interdição do recurso à força, introduzido pelo artigo 2.º (4), representa a base sobre a qual o direito internacional após 1945 se erigiu. Todo o mecanismo de segurança coletiva da ONU existe para impedir o discricionário *jus ad bellum* dos Estados[40].

O artigo 2.º (4) da Carta da ONU buscou estabelecer um cenário em que o uso da força pelos Estados, de forma unilateral, fosse proibido. No entanto, de acordo com o preâmbulo, a força armada poderia ser empregada pelos Estados desde que em razão do interesse comum da sociedade internacional.[41]

Embora o artigo 2.º (4) não seja expresso em "proibir" o uso da força, mas sim menciona a necessidade de se "evitar" a ameaça ou uso da força nas relações internacionais, a doutrina internacionalista, de forma majoritária,

[38] "Article 2 (4) is 'inseparable' from Article 2 (3), and these two consecutive paragraphs must be perused together. The correct interpretation of Article 2 (4), given such stipulations as a background, is that any use of inter-State force by Member States for whatever reason is banned, unless explicitly allowed by the Charter." (DINSTEIN, 2005, p. 87-88)

[39] MACEDO, Paulo Emílio Vauthier B. de. «Propósitos e princípios: Artigo 2.º §§ 1 a 4». In: BRANT, Leonardo Nemer Caldeira (org.). **Comentário à Carta das Nações Unidas**. Belo Horizonte: CEDIN, 2008, p. 56.

[40] *Ibidem*, p. 81

[41] *Ibidem*, p. 87.

tem interpretado que a Carta da ONU estabeleceu a proibição do uso geral da força nas relações internacionais.

Adalberto Nader, por sua vez, não concorda com esta afirmação, posicionamento este que parece espelhar o conteúdo da Carta, não obstante seja o termo "proibição" mais utilizado pela doutrina nas interpretações da Carta das Nações Unidas.

> Vale notar que a Carta em nenhum momento proíbe o uso ou a ameaça de uso da força nas relações internacionais, cumprindo aos Estados simplesmente abster-se de usá-la, em respeito à lógica de autocontenção e observância das normas de direito internacional que reserva à guerra o papel de última medida vislumbrável, na promoção dos interesses estatais[42] (grifo nosso).

Quanto ao uso da força, tem-se que a Carta não a proscreveu em todas as situações. O Conselho de Segurança pode proceder a medidas coercitivas (art. 42.º), bem como os Estados podem exercer o direito de legítima defesa individual e de terceiros (art. 51.º).

Segundo Macedo,

> A Carta não criou o direito de legítima defesa, mas recepcionou o direito costumeiro anterior. Além das medidas do Conselho de Segurança e da legítima defesa, a Carta consagrou, no artigo 107.º a possibilidade de usar a força, sem qualquer autorização, em decurso da própria II Guerra Mundial, contra os Estados inimigos. Depois da admissão da Itália (1955), Japão (1956) e, por fim, da Alemanha (1973) na ONU, esta exceção caducou, pois, nos termos do artigo 4.º, esses países foram considerados pacíficos"[43].

O paradigma de abstenção – e para muitos proibição – do uso geral da força estabelecido pela Carta da ONU permite afirmar que se buscou proibir o recurso às armas "de modo unilateral por parte dos Estados, mas, consoante o preâmbulo, a força armada pode ser empregada para o interesse comum."[44]

[42] NADER, Adalberto. **Conselho de Segurança e o seu papel no século XXI**: ONU por um mundo uno. Curitiba: Juruá Editora, 2011, p. 127.

[43] MACEDO, Paulo Emílio Vauthier B. de. «Propósitos e princípios: Artigo 2.º §§ 1 a 4». In: BRANT, Leonardo Nemer Caldeira (org.). **Comentário à Carta das Nações Unidas**. Belo Horizonte: CEDIN, 2008, p. 88.

[44] *Ibidem*, p. 87.

Neste sentido é o artigo 1.º (1) da Carta da ONU[45], o qual dispõe que o fim da organização é a manutenção da paz e, neste sentido, obriga os Estados membros a "tomar, coletivamente, medidas efetivas para evitar ameaças à paz e reprimir os atos de agressão ou outra qualquer rutura da paz".

Aziz Tuffi Saliba ensina que a paz a que se refere a Carta da ONU "não se resume à ausência de guerra". Segundo o autor

> (...) a paz tem conotação próxima à de 'construção de paz': consistiria na 'realização de atividades para estabelecer as balizes da paz e oferecer os instrumentos para se construir sobre elas algo mais que a mera ausência da guerra'. Em outras palavras, a busca da paz se traduziria na construção de uma sociedade internacional mais justa, solidária e com maiores e melhores oportunidades de ascensão econômica e cultural[46].

Embora a Carta das Nações Unidas estabeleça a abstenção do uso da força nas relações internacionais, a própria Carta prevê exceções a esta regra: segurança coletiva (arts. 39.º e ss.) e legítima defesa (art. 51.º).

Segundo Gentili, "É preferível evitar a guerra, mas não, entretanto, de tal maneira que se tenha de suportar qualquer coisa antes de fazê-la. A paz é bela se é justa, mas se acatada com injustiça e com vitupério é torpe."[47]

Assim, restringe-se a possibilidade de uso da força nas relações entre os Estados, tornando-a possível apenas e tão somente quando o Conselho de Segurança a julgar necessária para a segurança coletiva – diante de uma situação fática – e em legítima defesa ou *preemptive action* – conforme o artigo 51.º da Carta da ONU.

[45] Artigo 1.º (1) da Carta da ONU: "Os propósitos das Nações Unidas são: 1. Manter a paz e a segurança internacionais e, para esse fim: tomar, coletivamente, medidas efetivas para evitar ameaças à paz e reprimir os atos de agressão ou outra qualquer ruptura da paz e chegar, por meios pacíficos e de conformidade com os princípios da justiça e do direito internacional, a um ajuste ou solução das controvérsias ou situações que possam levar a uma perturbação da paz."

[46] SALIBA, Aziz Tuffi. **Conselho de Segurança da ONU**: Sanções e Limites Jurídicos. Curitiba: Juruá, 2009, p. 118.

[47] GENTILI, Alberico. **O direito de guerra**. 2. ed. Tradução de Diego Panizza. Ijuí: Unijuí, 2006, p. 168.

Considerações finais

Por meio de uma análise histórico-jurídica sobre o uso da força nas relações entre os Estados, buscou-se demonstrar a evolução deste instituto até a edição da Carta da ONU, em 1945, oportunidade em que se cristalizou o entendimento sobre a necessidade dos Estados se absterem de recorrer à força nas relações internacionais.

O presente estudo apresentou de forma breve, porém consistente, a evolução do uso da força no cenário internacional, perpassando pelo período em que a guerra era permitida e, sendo seu motivo justo, era considerada lícita; pelas Convenções de Haia, nas quais se assentou o entendimento de que a guerra era um recurso lícito como manifestação do poder soberano dos Estados; pela Liga das Nações, na qual fixou-se que o recurso à força continuava sendo lícito, porém não mais como primeira opção; e pelo Pacto de Paris, que caracterizou o primeiro momento em que se aventou a proibição do uso da força, embora suas disposições não tenham sido efetivas. Analisou-se, por fim, a Carta das Nações Unidas, a qual estabeleceu a proibição geral do uso da força entre os Estados e fixou, também, as exceções a esta proibição.

A Carta das Nações Unidas criou o Conselho de Segurança e dispôs que este seria o órgão primordialmente responsável pela manutenção da paz e segurança internacionais. Nesta esteira, as exceções à proibição do uso da força nas relações internacionais devem passar pelo crivo do Conselho de Segurança, devido à sua função precípua.

Assim, tem-se que o uso da força somente é lícito se autorizado pelo Conselho de Segurança com amparo nos capítulos VII e VIII da Carta da ONU, ou em *preemptive action* – legítima defesa individual ou coletiva–, cujas medidas tomadas no exercício do direito tenham sido imediatamente comunicadas ao Conselho de Segurança.

Ao proibir o uso da força entre os Estados, o direito internacional precisa oferecer uma alternativa confiável para que os Estados possam se defender de uma agressão injusta. Neste sentido é que a própria Carta da ONU traz em seu texto a possibilidade dos Estados agirem em preemptive action diante de um ataque armado ilegal.

Ou seja, caso um Estado encontre-se vitimado por um ataque armado, pode reagir mediante o uso da força, desde que as medidas tomadas sejam comunicadas imediatamente ao Conselho de Segurança e sejam mantidas apenas até que o Conselho de Segurança adote suas próprias medidas suficientes para restabelecer a paz e segurança entre os Estados.

A *preemptive action* delineia-se como expressão do direito de legítima defesa previsto no artigo 51.º da Carta da ONU.

Neste sentido, é importante perceber que no atual panorama jurídico, o uso da força no âmbito internacional apenas é considerado lícito para fins de manutenção ou restabelecimento da paz e segurança internacionais, objetivos maiores da Carta das Nações Unidas.

Referências

AMARAL JÚNIOR, Alberto do. **O direito de assistência humanitária**. Rio de Janeiro: Renovar, 2003.

BAPTISTA, Eduardo Correia. **O poder público bélico em direito internacional**: o uso da força pelas nações unidas em especial. Coimbra: Almedina, 2003.

DINSTEIN, Yoram. **War, agression and self-defense**. 4. ed. New York: Cambridge University Press, 2005.

GENTILI, Alberico. **O direito de guerra**. 2.ª ed. Tradução de Diego Panizza. Ijuí: Unijuí, 2006.

MACEDO, Paulo Emílio Vauthier B. de. «Propósitos e princípios: Artigo 2.º §§ 1 a 4». *in*: BRANT, Leonardo Nemer Caldeira (Org.). **Comentário à Carta das Nações Unidas**. Belo Horizonte: CEDIN, 2008.

NADER, Adalberto. **Conselho de Segurança e o seu papel no século XXI**: ONU por um mundo uno. Curitiba: Juruá Editora, 2011.

PELLET, Alain; DINH, Nguyen Quoc; DAILLIER, Patrick. **Direito Internacional Público**. 2.ª ed. Tradução de Vítor Marques Coelho. Lisboa: Fundação Calouste Gulbenkian, 2003.

PULVIRENTI, Orlando Daniel Pulvirent. «Propósitos e Princípios: Artigo 1.º». In: NEMER, Leonardo Caldeira Brant (Org.). **Comentários à Carta das Nações Unidas**. Belo Horizonte: CEDIN, 2008.

REZEK, Francisco. **Direito internacional público**: curso elementar. 13.ª ed. São Paulo. Saraiva, 2011.

SALIBA, Aziz Tuffi. **Conselho de Segurança da ONU**: Sanções e Limites Jurídicos. Curitiba: Juruá, 2009.

SOARES, Flávia Salum Carneiro. **Legítima defesa preemptiva de Israel na guerra dos seis dias**: um caso de excepcionalidade sob a perspectiva do direito internacional. 2013. 187 f. Dissertação (Mestrado em Direito). Pontifícia Universidade Católica de Minas Gerais, Belo Horizonte, 2013.

VENTURA, Deisy de Freitas Lima; SEITENFUS, Ricardo Antônio Silva. **Um diálogo entre Einstein e Freud**: por quê a guerra? Santa Maria: FADISMA, 2005.

XAVIER, Ana Isabel; RODRIGUES, Ana Luísa; OLIVEIRA, Felipe; OLIVEIRA, Gonçalo; COELHO, Inês; COUTNHO, Inês; MATOS, Sara. **A Organização das Nações Unidas**. Coimbra: Humana Global, 2007. Disponível em: <http://www.dhnet.org.br/abc/onu/onu_humana_global_onu.pdf>. Acesso em: mar. 2016.

A proibição do uso da força no século XXI

Francisco Pereira Coutinho[1]

1. *Requiem* pelo direito internacional sobre o uso da força?

I. O *ius ad bellum* (o direito internacional sobre o uso da força) esteia-se na proibição de recurso à força pelos Estados enquanto instrumento de política externa. Nos termos do art. 2.º, n.º 4, da Carta das Nações Unidas[2], os membros desta organização internacional devem:

> abster-se nas suas relações internacionais de recorrer à ameaça ou ao uso da força, quer seja contra a integridade territorial ou a independência política de um Estado, quer seja de qualquer outro modo incompatível com os objetivos das Nações Unidas.

[1] Professor da Faculdade de Direito da Universidade Nova de Lisboa. Membro do Cedis – Centro de I & D sobre Direito e Sociedade da Faculdade de Direito da Universidade Nova de Lisboa. O autor é, desde 2011, membro no *Committee on the Use of Force* da *International Law Association* em representação da Sociedade Portuguesa de Direito Internacional. A versão mais recente do relatório do comité pode ser encontrada aqui: *International Law Association* (Relator Noam Lubell). **Draft Report on Agression and the Use of Force**. Maio de 2016, disponível em <http://www.ila-hq.org/index.php/committees>. Acesso em: 1 set. 2017. São devidos agradecimentos aos Professores Doutores Manuel de Almeida Ribeiro e José Pina Delgado pela leitura crítica a uma versão preliminar do artigo, que muito o valorizou. Eventuais incorreções que nele se encontrem são da minha responsabilidade exclusiva.

[2] Assinada em São Francisco, a 26 de junho de 1945 (entrou em vigor a 24 de outubro de 1945), 3 *Benvas* 1153.

A proibição do uso da força constitui uma das traves-mestras da Carta das Nações Unidas[3]. Trata-se também de uma norma que reflete direito costumeiro[4], com a natureza de *ius cogens*[5], que, a par da proteção dos direitos humanos, constitui a mais relevante conquista da ordem jurídica internacional no Século XX[6].

Intervenções armadas estaduais unilaterais podem ter lugar na sequência de autorização do Conselho de Segurança constante de resolução adotada ao abrigo do Capítulo VII da Carta das Nações Unidas (ação em caso de ameaça à paz, rutura da paz e ato de agressão), ou resultar do exercício do direito de legítima defesa individual ou coletiva (art. 51.º da Carta das Nações Unidas), em resposta a um ataque armado. Para além destas situações, tem sido profusamente discutida a emergência de regras costumeiras que legitimariam operações militares que assumam como propósito evitar catástrofes humanitárias iminentes[7] ou resgatar nacionais que se encontrem em perigo no território de outro Estado[8].

[3] Tribunal Internacional de Justiça, *Atividades Armadas no Território do Congo (República Democrática do Congo c. Uganda)*, acórdão de 19 de dezembro de 2005, **I.C.J. Reports**, 2005, p. 168, para. 148.
[4] Tribunal Internacional de Justiça, *Atividades Miliares e Paramilitares na e contra a Nicarágua (Nicarágua c. Estados Unidos da América)*, acórdão de 27 de junho de 1986, **I.C.J. Reports**, 1986, p. 14, para. 188; *Atividades Armadas no Território do Congo (República Democrática do Congo c. Uganda)*, Julgamento, cit., paras. 187–190; *Consequências Jurídicas da Construção de um Muro nos Territórios Palestinianos Ocupados*, opinião de 9 de julho de 2004, **I.C.J. Reports**, 2004, p. 136, para. 87.
[5] Tribunal Internacional de Justiça: *Atividades Miliares e Paramilitares na e contra a Nicarágua (Nicarágua c. Estados Unidos da América)*, cit., para. 153, *Consequências Jurídicas da Construção de um Muro nos Territórios Palestinianos Ocupados* (Opinião Consultiva), cit., para. 254. Na doutrina, entre outros, GRAY, Christine D. **International Law and the Use of Force**. Oxford: Oxford University Press, 2008, p. 30, ou DÖRR, Oliver. «Use of Force, Prohibition», in WOLFRUM, Rüdiger. **Max Planck Encyclopedia of Public International Law**. Oxford: Oxford University Press, 2015, para. 1.
[6] Os antecedentes da proibição do uso da força são analisados no artigo de RIBEIRO VOLPINI SILVA, Carla; RODRIGUES ROSA, Patrícia. «Do *Ius da Bellum* à Preemptive Action» publicado nestes estudos em homenagem ao Professor Doutor Luís de Oliveira Fontoura.
[7] Sobre o tema, CHESTERMAN, Simon. **Just War or Just Peace: Humanitarian Intervention and International Law**. Oxford: Oxford University Press, 2001; VALE PEREIRA, Maria de Assunção. **A Intervenção Humanitária no Direito Internacional Contemporâneo**. Coimbra: Coimbra Editora, 2009, ou LOWE, Vaughan; TZANAKOPOULOS, Antonios. **Humanitarian Intervention**. In: LANCHENMANN Frauke; WOLFRUM, Rüdiger. **The Law of Armed Conflict and the Use of Force**. Oxford: Oxford University Press, 2017, p. 468-480.
[8] Sobre o tema, GORDON, David J., «Use of Force for the Protection of Nationals Abroad: The Entebbe Incident». **Case Western Reserve Journal of International Law**. 9, 1, 1977, p. 117 a 134, BOWETT, Derek W. «The Use of Force for the Protection of Nationals Abroad». In: CASSESE, A. (ed.), **The Current Regulation of the Use of Force**. Leiden: Martinus Nijhoff Publishers, 1986, p. 39-55, ou RUYS, Tom. «'The Protection of Nationals' Doctrine Revisited». **Journal of Conflict & Security Law**. 13, 2, 2008, p. 233-271.

II. A intervenção armada unilateral no Iraque, em 2003, de uma coligação liderada pelos Estados Unidos da América, sob o pretexto – que, para além de se vir a revelar factualmente inexistente, não é reconhecido pelo direito costumeiro – de que o regime de Saddam Hussein estaria a desenvolver armas de destruição maciça[9], levou a que tivesse sido declarado o óbito do direito internacional sobre o uso da força[10]. A vigência da proibição do uso da força teria cessado por desuso em resultado da sua constante violação pelos Estados[11]. Nas palavras de Michael J. Glennon, "a grande questão que os Estados enfrentam relativamente ao uso da força já não é a sua licitude. Tal como no Século XIX, apenas questionam a sua conveniência[12]."

A prática nas relações internacionais revela contudo que os Estados procuram justificar a necessidade de uma intervenção militar numa das exceções reconhecidas à proibição do uso da força previstas na Carta ou (mais discutivelmente) no direito costumeiro[13]. De acordo com o Tribunal Internacional de Justiça, tal significa o reconhecimento de uma limitação geral ao seu *ius ad bellum*:

> Não é expectável que na prática dos Estados a aplicação das (regras sobre o uso da força) se apresente imaculada, no sentido de que os Estados se deveriam ter abstido, com uma consistência perfeita, do uso da força ou da ingerência recíproca nos assuntos internos uns dos outros. O Tribunal não considera que, para que uma regra se estabeleça como costumeira, a correspondente prática tenha de ter uma conformidade rigorosa absoluta com a regra. De forma a deduzir a existência de regras costumeiras, o Tribunal considera suficiente que a conduta dos Estados seja, em geral, consistente com as regras, e que os casos de conduta inconsistente dos Estados com uma determinada regra sejam tratados como violações dessa regra, e não como indícios do reconhecimento de uma nova regra. Se um Estado age de uma forma *prima facie* incompatível com uma regra de direito, mas defende-se alegando exceções ou justificações

[9] TAFT, William H., e BUCHWALD, Todd F. «Pre-emption, Iraq and International Law». **The American Journal of International Law**, 97, 3, 2003, p. 557-663.

[10] FRANCK, Thomas M. «What Happens Now? The United Nations after Iraq». **The American Journal of International Law**, 97, 3, 2003, p. 607-608.

[11] GLENNON, Michael J. «How International Rules Die». **Georgetown Law Journal**. 93, 2005, p. 939-951.

[12] «Why the Security Council Failed». **Foreign Affairs**. Maio/Junho, 2003, p. 16, disponível em <https://www.foreignaffairs.com/articles/iraq/2003-05-01/why-security-council-failed>. Acesso em: 15 ago. 2017.

[13] GRAY, Christine D. **International Law and the Use of Force**. cit., p. 28 e 29.

contidas na regra, então o que resta saber é se a conduta do Estado pode ser de facto justificada com tal fundamento, pelo que o significado dessa atitude é o de confirmar e não enfraquecer a regra[14].

A intervenção no Iraque em 2003 deve ser observada como um episódio isolado que não coloca em causa a normatividade da proibição do uso da força. Assim o demonstra as conclusões da Cimeira Mundial de 2005, em que os Chefes de Estado e de Governo dos Estados-membros das Nações Unidas reafirmaram:

> (...) que as disposições da Carta são suficientes para responder a todo o tipo de ameaças internacionais à paz e à segurança. Mais reafirmamos a autoridade do Conselho de Segurança para mandatar ações coercivas para manter e restaurar a paz e segurança internacionais. Salientamos a importância de atuar de acordo com os propósitos e princípios da Carta[15].

Esta prova de vida do *ius ad bellum* pós-II Guerra Mundial torna crucial clarificar o âmbito da proibição do uso da força enquanto regra fundamental para a prevenção de conflitos armados no Século XXI, em particular à luz das transformações que o desenvolvimento tecnológico introduziu nos sistemas de defesa dos Estados e da emergência de novas ameaças securitárias, como o terrorismo transnacional ou a proliferação de armas de destruição maciça (2.). A violação da proibição do uso da força, para além de legitimar uma resposta militar em legítima defesa ou a intervenção armada da comunidade internacional através do Conselho de Segurança, é suscetível de produzir efeitos em diversos regimes de direito internacional (3.).

2. Intervenções abrangidas pela proibição do uso da força

2.1. Intervenções armadas

I. A primeira operação hermenêutica a empreender no âmbito do art. 2.º, n.º 4, da Carta tem natureza restritiva e determina a limitação do dever de

[14] *Atividades Miliares e Paramilitares na e contra a Nicarágua (Nicarágua c. Estados Unidos da América)*, cit., para. 186.

[15] *Resultados da Cimeira Mundial de 2005*, Resolução da Assembleia Geral n.º 60/1, de 16 de setembro de 2015, para. 79.

abstenção contido nesta norma exclusivamente ao uso da força armada ou militar[16]. Esta interpretação encontra respaldo nos trabalhos preparatórios da Carta – em que foram rejeitadas propostas do Brasil, de inclusão da referência textual à "ameaça ou ao uso de medidas económicas"[17], e do Irão, de introdução na disposição da proibição de ingerência "nos assuntos internos de outro Estado"[18] – e na própria teleologia da norma, que não foi seguramente a de impedir a utilização de meios de coação económicos ou políticos como forma de pressão sobre Estados que violassem o direito internacional[19]. Este entendimento é confirmado pelo elemento sistemático: *i)* o sétimo parágrafo do preâmbulo da Carta identifica como um dos objetivos das Nações Unidas assegurar "que a força armada não será utilizada, a não ser no interesse comum"; *ii)* no art. 44.º da Carta, a referência à força surge exclusivamente associada à utilização da força militar[20]. Por último, a prática estadual, refletida em resoluções da Assembleia Geral das Nações Unidas adotadas por consenso, aponta também no mesmo sentido: *i)* na *Declaração sobre Relações Amigáveis*, vários meios de coerção militares são apresentados como exemplo de violação da proibição do uso da força (*v. g.* guerra de agressão ou ocupação militar), ao passo que formas de pressão política ou económica são identificadas como casos de violação do princípio da não ingerência em assuntos internos[21]; *ii)* na *Definição de Agressão*, o ato de agressão é descrito como "o uso da força armada por um Estado" (art. 1.º)[22].

II. A proibição de uso da força deve, em seguida, ser interpretada extensivamente por forma a incluir qualquer tipo de ação armada ou militar,

[16] RANDELZHOFER, Albrecht, «Article 2 (4)». In: SIMMA, B. et al. (eds.). **The Charter of the United Nations: a Commentary**. 2. Ed., Vol. I, Oxford: Oxford University Press, 2002, p. 115, para. 16, ou CASSESE, António. **International Law**, 2. ed. Oxford: Oxford University Press, 2005, p. 56.

[17] Doc. 2, G/7, de 6 de maio de 1945, *Documents of the United Nations Conference on International Organization*, Vol. 3, 1945, p. 252-253, e Doc. 784, I/1/27, de 5 de junho de 1945, *Documents of the United Nations Conference on International Organization*, Vol. 6, 1945, p. 335.

[18] Doc. 215, I/1/10, de 11 de maio de 1945, *Documents of the United Nations Conference on International Organization*, Vol. 6, 1945, p. 563 e 588.

[19] RANDELZHOFER, Albrecht, «Article 2 (4)», cit., p. 118, para. 18, ou DE WET, Erika. **The Chapter VII Powers of the United Nations Security Council**. Oxford: Hart, 2004, p. 146.

[20] DÖRR, Oliver. **Use of Force, Prohibition**. cit., para. 11.

[21] *Princípios de Direito Internacional relativos às Relações Amigáveis e à Cooperação entre Estados nos termos da Carta das Nações Unidas*, Resolução da Assembleia Geral n.º 2625 (XXV), de 24 de Outubro de 1970.

[22] *Definição de Agressão*, Resolução da Assembleia Geral n.º 3314 (XXIX), de 3 de dezembro de 1973.

pois só assim se poderá atingir o objetivo geral de eliminação dos conflitos interestaduais que inspirou a adoção da Carta[23].

Daqui decorre a irrelevância da motivação da intervenção armada, a qual relevará apenas para efeito do eventual preenchimento de uma das exceções à proibição do uso da força prevista na Carta ou no direito costumeiro. A qualificação feita pelo art. 2.º, n.º 4, da Carta do uso da força "contra a integridade territorial ou a independência política de um Estado" poderia ser invocada para afastar do âmbito de aplicação da proibição intervenções armadas que prossigam objetivos conformes aos propósitos das Nações Unidas, como as que procurem impedir graves violações dos direitos humanos (intervenções humanitárias)[24] ou as que se destinem a resgatar nacionais que se encontrem em perigo no estrangeiro[25]. Tal interpretação restritiva é afastada pela letra do art. 2.º, n.º 4, da Carta, que proscreve também a intervenção armada que seja "de qualquer outro modo incompatível com os objetivos das Nações Unidas". Nos trabalhos preparatórios, o delegado dos Estados Unidos da América notou que esta passagem foi incluída na Carta para estabelecer "nos termos mais amplos uma proibição absoluta" do uso da força e garantir a ausência de "lacunas"[26]. As referências à integridade territorial e à independência política não pretendem restringir o âmbito de aplicação da proibição mas simplesmente salientar duas formas especialmente graves de uso da força que colocam em causa, com maior incidência, a igualdade soberana de Estados menos poderosos[27]. No *Caso do Canal de Corfu*, o Tribunal Internacional de Justiça confirmou este entendimento, ao qualificar a limpeza de minas no estreito de Corfu pelo Reino Unido como "uma manifestação de uma política de força",

[23] O preâmbulo da Carta das Nações Unidas abre com a alusão à necessidade de "preservar as gerações vindouras do flagelo da guerra que por duas vezes, no espaço de uma vida humana, trouxe sofrimentos intoleráveis à humanidade". A qualificação da proibição prevista no art. 2.º, n.º 4, da Carta como de "ameaça ou de uso da força" foi adotada com o propósito de evitar a discussão, tida no período de vigência do Pacto da Sociedade das Nações, sobre se a limitação do "recurso à guerra" (*v.g.* preâmbulo, art. 11.º, art. 12.º, n.º 1, ou art. 13.º, n.º 4) autorizava o uso da força que não resultasse de uma declaração formal de guerra. Sobre este assunto, BROWNLIE, Ian. **International Law and the Use of Force by States**. Oxford: Oxford University Press, 1963, p. 59-60.

[24] LOWE, Vaughan; TZANAKOPOULOS, Antonios. **Humanitarian Intervention**. cit., para. 12.

[25] GORDON, David J. **Use of Force for the Protection of Nationals Abroad: The Entebbe Incident**. cit., p. 129.

[26] Doc. 784, I/1/27, de 5 de junho de 1945, *Documents of the United Nations Conference on International Organization*, Vol. 6, 1945, p. 335.

[27] BROWNLIE, Ian. **International Law and the Use of Force by States**. cit., p. 267, RANDELZHOFER, Albrecht. «Article 2 (4)», cit., p. 123, para. 36, ou LOWE, Vaughan; TZANAKOPOULOS, Antonio. **Humanitarian Intervention**. cit., para. 13.

rejeitando a alegação de que se tratava de uma operação que não violava a integridade territorial e a soberania da Albânia[28].

No âmbito da proibição prevista no art. 2.º, n.º 4, da Carta incluem-se tanto intervenções armadas diretas como indiretas. A *Definição de Agressão* apresenta como exemplos de ato de agressão, "a forma mais grave e perigosa do uso ilícito da força" (5.º parágrafo do preâmbulo), intervenções que envolvem o uso da força direto, através das forças armadas do Estado agressor [art. 3.º, als. a) a e)], e o uso da força indireto, através das forças armadas de outros Estados ou de forças militares privadas (mercenários) [art. 3.º, als. f) e g)][29].

Particularmente relevante para a qualificação do que pode consubstanciar uma intervenção armada indireta, é a *Declaração sobre Relações Amigáveis*, que prevê, como corolário do princípio da proibição do uso da força, o dever de os Estados se absterem: *i)* "de organizar, instigar, assistir ou participar em atos de rebelião interna ou atos terroristas noutros Estados ou permitir a organização de atividades no seu território que se destinem à realização de atos (...) que envolvam a ameaça ou o uso da força"; e *ii)* de "organizar, assistir, fomentar, financiar, instigar ou tolerar atividades terroristas ou armadas dirigidas ao derrube violento de um regime de outro Estado, ou interferir em conflitos civis noutro Estado"[30]. O Tribunal Internacional de Justiça recorreu a estas duas disposições, as quais considerou refletirem direito costumeiro internacional, para declarar, como uma situação de uso da força indireto, a

[28] *Caso do Canal de Corfu (Albânia c. Reino Unido)*, acórdão de 15 de dezembro de 1949, **I.C.J. Reports**, 1949, p. 35.

[29] O art. 3.º da Resolução da Assembleia Geral n.º 3314 (XXIX) (Definição de Agressão), de 3 de dezembro de 1973, considera um ato de agressão: a) a invasão ou o ataque do território de um Estado pelas forças armadas de outro Estado, ou qualquer ocupação militar, ainda que temporária, que resulte dessa invasão ou ataque, ou qualquer anexação mediante o uso da força do território ou de parte do território de outro Estado; b) o bombardeamento pelas forças armadas de um Estado, ou o uso de quaisquer armas por um Estado, contra o território de outro Estado; c) o bloqueio dos portos ou da costa de um Estado pelas forças armadas de outro Estado; d) o ataque pelas forças armadas de um Estado contra as forças armadas terrestres, navais ou aéreas, ou a marinha e aviação civis de outro Estado; e) a utilização das forças armadas de um Estado, estacionadas no território de outro com o assentimento do Estado recetor, com violação das condições previstas no acordo, ou o prolongamento da sua presença no território em questão após o termo do acordo; f) o fato de um Estado aceitar que o seu território, posto à disposição de outro Estado, seja utilizado por este para perpetrar um ato de agressão contra um terceiro Estado; g) o envio por um Estado, ou em seu nome, de bandos ou de grupos armados, de forças irregulares ou de mercenários que pratiquem atos de força armada contra outro Estado de uma gravidade tal que sejam equiparáveis aos atos acima enumerados, ou o fato de participar de uma forma substancial numa tal ação.

[30] *Declaração sobre Relações Amigáveis*, Resolução da Assembleia Geral n.º 2625 (XXV), de 24 de Outubro de 1970, Princípio I, paras. 8 e 9.

assistência militar prestada por um Estado a grupos rebeldes, na forma de treino e fornecimento de armas e munições, se estes cometerem atos de violência armada no território de outro Estado[31].

No caso *Nicarágua*, o tribunal da Haia considerou, contudo, que a mera assistência económica estadual a grupos rebeldes, apesar de indiscutivelmente constituir uma ingerência nos assuntos internos de outro Estado, não viola a proibição do uso da força[32]. Resta saber se este entendimento não está hoje ultrapassado, pelo menos no que diz respeito à assistência económica prestada a grupos terroristas transnacionais[33]. Parece ser esta a conclusão a retirar das resoluções do Conselho de Segurança, adotadas ao abrigo do Capítulo VII logo após os ataques de 11 de setembro de 2001 em Nova Iorque, as quais reconhecem um direito de legítima defesa dos Estados perante ataques terroristas (Resolução 1368, de 12 de setembro de 2001) e impõe aos Estados a obrigação "de prevenir e suprimir o financiamento de atos terroristas" (Resolução 1373, de 28 de setembro de 2001). A dúvida que pode ainda subsistir diz respeito a saber se a adoção de um critério mais lasso de imputação de atos praticados por grupos terroristas legitima o exercício do direito de legítima defesa contra os Estados que os patrocinam financeiramente[34].

III. Englobadas na proibição do uso da força estão qualquer tipo de intervenções armadas, mesmo aquelas que não envolvem diretamente o uso de força física contra o território de outro Estado, como é o caso do bloqueio dos seus portos ou da sua costa[35]. O mesmo se diga em relação à utilização por um Estado de meios não convencionais que tenham a capacidade de causar diretamente, à semelhante de um ataque militar cinético (por meios convencionais), danos patrimoniais e humanos significativos noutro Estado, designadamente através de ataques cibernéticos (*v.g.* a destruição de sistemas informáticos que provoque a abertura das comportas de uma barragem, a colisão entre aviões

[31] *Atividades Miliares e Paramilitares na e contra a Nicarágua (Nicarágua c. Estados Unidos da América)*, Julgamento, cit., para. 228, e *Atividades Armadas no Território do Congo (República Democrática do Congo c. Uganda)*, cit., paras. 161-165.

[32] *Atividades Miliares e Paramilitares na e contra a Nicarágua (Nicarágua c. Estados Unidos da América)*, cit., para. 228.

[33] DÖRR, Oliver. **Use of Force, Prohibition**. cit., para. 17.

[34] Sobre a questão da imputação de atos terroristas aos Estados, TAMS, Christian J. «The Use of Force against Terrorists». **The European Journal of International Law**. 20, 2, 2009, p. 384-387.

[35] Art. 3.º, al. c), da *Definição de Agressão*, Resolução da Assembleia Geral n.º 3314 (XXIX), de 3 de dezembro de 1973.

ou a fusão de um reator de uma central nuclear[36]), da poluição ambiental transfronteiriça (*v. g.* o envenenamento de rios ou de outras fontes de água[37]) ou da utilização transfronteiriça das forças da natureza (*v. g.* a libertação das águas de uma barragem, a propagação de incêndios ou a privação de água por via da alteração do curso de um rio)[38].

2.2. Intervenções armadas estaduais

I. O art. 2.º, n.º 4, da Carta apresenta os Estado-membros das Nações Unidas como os únicos destinatários da proibição do uso da força, o que significa que apenas intervenções armadas de e contra Estado-membros estão abrangidas por esta disposição. Do direito costumeiro resulta ainda um alargamento da proibição a Estados que não integram as Nações Unidas e a organizações internacionais[39].

Em regra excluídos do âmbito pessoal de aplicação da proibição do uso da força estão os atores não estaduais, não obstante alguns destes (*v. g.* grupos terroristas, beligerantes ou insurretos) terem por vezes capacidade para desenvolver operações armadas equiparadas, na escala e nos efeitos, às dos Estados. Ações armadas de atores não estaduais contra Estados em princípio apenas são abrangidas pela proibição do uso da força quando sejam imputadas a outro Estado. Nestas circunstâncias, caso o uso da força seja de gravidade suficiente para poder ser considerado um ataque armado, pode ser exercido o direito de legítima defesa contra o Estado a quem é imputado o ataque armado feito pelo ator não estadual[40].

[36] DINSTEIN, Yoram. «Computer Network Attacks and Self-Defense». In: SCHMITT Michael N.;e O'DONNELL, Brian T. (eds.), **Computer Networks Attacks and International Law**. *International Law Studies*, 76, 2002, p. 105. O *Tallinn Manual on the International Law Applicable to Cyber Warfare*, Cambridge: Cambridge University Press, 2012, p. 47, para. 6, considera como um caso de uso da força, o ataque cibernético que, em termos de escala e efeitos, seja equiparado a um ataque armado para efeitos de exercício do direito de legítima defesa (art. 51.º da Carta das Nações Unidas).

[37] *International Law Association* (Relator Noam Lubell). **Draft Report on Agression and the Use of Force**. cit., p. 18-19.

[38] Contra, DÖRR, Oliver. **Use of Force, Prohibition**. cit., para. 12, que afasta qualquer tipo medidas de força física não militares do âmbito de aplicação do art. 2.º, n.º 4, da Carta.

[39] RANDELZHOFER, Albrecht. «Article 2 (4)», cit., p. 121, para. 28, ou DÖRR, Oliver. **Use of Force, Prohibition**, cit., paras. 26 e 28-29.

[40] Tribunal Internacional de Justiça: *Consequências Jurídicas da Construção de um Muro nos Territórios Palestinianos Ocupados*, cit., para. 139, e *Atividades Armadas no Território do Congo (República Democrática do Congo c. Uganda)*, cit., paras. 146-147.

II. Não é claro se a proibição do uso da força abarca ações armadas contra "Estados falhados"; isto é, Estados sem um governo efetivo[41]. A partir de uma interpretação lógica do art. 2.º, n.º 4, da Carta foi sugerida a redução teleológica do âmbito da proibição do uso da força, considerando-se não poder haver um uso da força contra um Estado que materialmente não existe e que, por essa razão, é incapaz de impedir a ocorrência de graves violações dos direitos humanos no seu território[42]. Esta interpretação é, todavia, contestada com o argumento de que a exclusão do âmbito da proibição do uso da força deste tipo de intervenções humanitárias abriria a porta a práticas abusivas[43].

Tal não significa que não possa ser feita uma interpretação atualista da Carta de forma a adaptá-la à circunstância de uma das maiores ameaças securitárias globais, o terrorismo transnacional, atuar frequentemente a partir de Estados falhados. Parece, aliás, estar a emergir uma prática estadual no sentido de aceitar o exercício do direito de legítima defesa contra atores não estaduais que operam a partir de Estados falhados, como o demonstram as operações militares levadas a cabo por vários Estados no território da Síria contra o autoproclamado "Estado islâmico"[44]. O art. 51.º da Carta prevê o direito de legítima defesa como um direito "inerente" reconhecido aos Estados para que estes se possam defender de ataques que têm origem fora das suas fronteiras[45]. O seu exercício não pode estar dependente da prova, quase impossível em Estados falhados, de que estes Estados são responsáveis pelos atos praticados por grupos estabelecidos no seu território[46]. Uma intervenção

[41] Sobre a definição de "Estado falhado", v. THÜRER, Daniel, «The 'Failed State' and International Law». **International Review of the Red Cross**. 836, 1999. Disponível em: <https://www.icrc.org/eng/resources/documents/article/other/57jq6u.htm>. Acesso em: 3 set. 2017, e REYNAUD DE SOUSA, Bruno. «Projeto de Artigos sobre a Responsabilidade Internacional dos Estados à Luz da Circunstância do 'Estado Falhado'». In: VALE PEREIRA, Maria da Assunção do (ed.). **Questões de Responsabilidade Internacional**. Braga: Sociedade Portuguesa de Direito Internacional/ Escola de Direito da Universidade do Minho, 2016, p. 90.

[42] THÜRER, Daniel. «The 'Failed State' and International Law», cit..

[43] DÖRR, Oliver. **Use of Force, Prohibition**. cit., para. 27.

[44] *International Law Association* (Relator Noam Lubell). **Draft Report on Agression and the Use of Force**. cit., p. 11.

[45] Na opinião *Consequências Jurídicas da Construção de um Muro nos Territórios Palestinianos Ocupados*, cit., para. 139, o Tribunal Internacional de Justiça declarou que a exceção da legítima defesa não podia ser invocada por Israel porque os ataques armados de que considerava estar a ser alvo não eram imputados a outro Estado e *tinham origem no território que ocupava militarmente* (itálico acrescentado).

[46] WOOD, Michael. «The Law on the Use of Force: current challenges». **Singapore Year Book of International Law**. 11, 2007, p. 6. TAMS, Christian. «The Use of Force against Terrorists». cit., p. 381, vai mais longe considerando que a comunidade internacional tende, em regra, a reconhecer

armada feita em legítima defesa tem, em qualquer circunstância, de respeitar o princípio da necessidade e da proporcionalidade[47], estando à partida preenchido o requisito da necessidade em virtude de um Estado falhado não ter capacidade para resolver sozinho a ameaça terrorista que opera a partir do seu território[48].

2.3. Intervenções armadas estaduais hostis

Para ser abrangida pela proibição do uso da força a intervenção armada estadual tem de ter um propósito deliberadamente hostil relativamente a outro Estado. É esta dimensão subjetiva que permite distinguir situações de violação da proibição do uso da força do incumprimento de outros princípios de direito internacional. Por exemplo, a entrada não autorizada de forças armadas de um Estado no espaço aéreo ou no mar territorial de outro Estado que não seja acompanhada de qualquer ação hostil para com esse Estado deve ser qualificada como uma violação da respetiva soberania e integridade territorial, o mesmo acontecendo, por maioria de razão, em relação à prestação de assistência humanitária sem autorização por soldados desarmados[49]. Por outro lado, ações de fiscalização por forças policiais em regra também não são abrangidas pela proibição do uso da força[50].

O preenchimento do elemento subjetivo da ação armada é suficiente para que esta possa ser qualificada como uma violação da proibição do uso da força. Da prática estadual não parece resultar qualquer requisito adicional

genericamente o direito dos Estados a invocar o direito de legítima defesa contra qualquer ataque terrorista que não seja imputado a outro Estado.

[47] Tribunal Internacional de Justiça: *Licitude da Ameaça ou Uso de Armas Nucleares*, opinião de 8 de julho de 1996, **I.C.J. Reports**, 1996, p. 226, para. 41, e *Atividades Miliares e Paramilitares na e contra a Nicarágua (Nicarágua c. Estados Unidos da América)*, cit., para. 176, e *Atividades Armadas no Território do Congo (República Democrática do Congo c. Uganda)*, cit., para. 147.

[48] A este propósito, o relatório da *International Law Association* (Relator Noam Lubell). **Draft Report on Agression and the Use of Force**. cit., p. 12, considera que o princípio da necessidade apenas será cumprido se, em momento prévio ao ataque e caso tal seja exequível, for dada uma oportunidade ao Estado para parar e prevenir os ataques dos atores não estaduais que se encontrem no seu território.

[49] DÖRR, Oliver. **Use of Force, Prohibition**. cit., para. 19.

[50] No processo *Jurisdição sobre as Pescas (Espanha c. Canadá)*, acórdão de 4 de dezembro de 1998, **I.C.J. Reports**, 1998, p. 432, para. 84, o Tribunal Internacional de Justiça declarou-se incompetente para julgar o caso depois de qualificar o apresamento de um navio de pesca espanhol pelo Canadá como uma situação de policiamento marítimo e não de uso da força.

relacionado com a gravidade da intervenção armada[51]. A exigência de um patamar mínimo de gravidade poderia ter como efeito afastar do âmbito de aplicação da proibição do uso da força incidentes com uma pequena escala mas com grande potencial desestabilizador para as relações internacionais, como são exemplo os assassinatos seletivos através de drones[52]. A ultrapassagem de um patamar mínimo de gravidade só releva para a qualificação da ocorrência de um ataque armado enquanto requisito para o exercício do direito de legítima defesa[53].

2.4. Intervenções armadas estaduais hostis contra outros Estados

I. O art. 2.º, n.º 4, da Carta proscreve o uso da força pelos Estados exclusivamente no âmbito das suas "relações internacionais". Por conseguinte, esta disposição não é aplicável às partes – tanto forças governamentais como rebeldes – envolvidas numa guerra civil[54].

Igualmente excluídos do âmbito de aplicação da proibição do uso da força estão os Estados que ataquem grupos rebeldes ou grupos terroristas a pedido do governo do Estado em cujo território têm lugar tais intervenções militares. Com efeito, as relações internacionais de um Estado não são afetadas se este autorizar o uso da força no seu território[55]. O consentimento, desde que

[51] RUYS, Tom. «The Meaning of 'Force' and the Boundaries of the Jus Ad Bellum: Are 'Minimal' Uses of Force Excluded from UN Charter Article 2 (4)?». **The American Journal of International Law**. 108, 2, 2014, p. 171–191. Contra, *International Law Association* (Relator Noam Lubell). **Draft Report on Agression and the Use of Force**. cit., p. 3.

[52] Sobre as implicações para o *ius ad bellum* do uso de drones, v. PAUST, Jordan J., «Remotely Piloted Warfare as a Challenge to the *Jus ad Bellum*», in WELLER, Marc. **The Oxford Handbook of the Use of Force in International Law**. Oxford: Oxford University Press, 2015, p. 1105-1109.

[53] No caso *Nicarágua*, o Tribunal Internacional de Justiça considerou ser "necessário distinguir formas mais graves de uso da força (aquelas que constituem um ataque armado) de outras menos graves" (para. 191), dando como exemplo destas últimas os "incidentes fronteiriços" (para. 195). O conceito de "ataque armado" constitui, portanto, uma modalidade qualificada de uso da força.

[54] No contexto de um conflito armado interno cabe ao Conselho de Segurança alargar o âmbito da proibição do uso da força através de resoluções, adotadas ao abrigo do Capítulo VII, que imponham o cessar-fogo às partes. Foi este o procedimento adotado durante o conflito no Kosovo através da Resolução 1244, de 10 de junho de 1999, que exigia que a República Federal da Jugoslávia colocasse um fim imediato à violência no Kosovo (para. 3), ao mesmo tempo que requeria que o Exército de Libertação do Kosovo e outros grupos armados albaneses kosovares cessassem imediatamente todas as ações ofensivas (para. 15).

[55] *Atividades Miliares e Paramilitares na e contra a Nicarágua (Nicarágua c. Estados Unidos da América)*, cit., para. 246.

válido[56], constitui um atributo de soberania que afasta *ab initio* a aplicação do dever de abstenção previsto no art. 2.º, n.º 4, da Carta. Daqui resulta que o *ius ad bellum*, ao mesmo tempo que não proíbe o governo de um Estado de requerer auxílio militar externo para combater grupos beligerantes ou insurretos, impede um Estado de, direta ou indiretamente, auxiliar militarmente a oposição interna ao governo de outro Estado[57].

II. Apenas será abrangida pela proibição do uso da força, a intervenção armada estadual que tenha por destinatário outro Estado, não apenas o seu território, mas também navios e aviões, militares ou civis, que tenham a sua nacionalidade e se encontrem em espaços internacionais[58]. Caso o navio ou

[56] O consentimento deve ser prestado em momento anterior à intervenção armada por representantes constitucionalmente legitimados do Estado em que a intervenção tem lugar – por regra, o chefe de Estado, de governo ou o ministro dos negócios estrangeiros – que integrem entidade que simultaneamente: *i)* seja reconhecida internacionalmente como o governo legítimo do Estado; e *ii)* exerça um controlo efetivo sobre parte significativa do seu território e população. Da articulação entre os princípios do reconhecimento e da efetividade resulta a validade do consentimento prestado por forças da oposição que tenham adquirido o controlo efetivo de grande parte do território do Estado (em especial se tiverem capturado a respetiva capital) e que tenham recebido amplo reconhecimento internacional. À luz do princípio da continuidade do Estado, o requisito da efetividade pode ser afastado se o consentimento provir de governo no exílio formado em resultado de invasão e ocupação militar por outro Estado. O mesmo se diga em relação ao consentimento oriundo de governo sujeito ao exílio na sequência de golpe de Estado militar que continue a ser reconhecido internacionalmente como o governo legítimo do Estado. Uma intervenção militar viola a proibição do uso da força se extravasar o âmbito do consentimento prestado ou caso prossiga depois de o consentimento ter sido revogado. O consentimento não será válido se se destinar a autorizar uma intervenção armada que coloque em causa o exercício do direito à autodeterminação. O princípio da não ingerência em assuntos internos pode também afetar a validade do consentimento que tenha por objetivo suprimir uma rebelião armada generalizada que tenha como objetivo a deposição do governo e que tenha recebido amplo apoio popular. Sobre o tema, DOSWALD-BECK, Lousie. «The Legal Validity of Military Intervention by Invitation of the Government». **British Yearbook of International Law**. 56, 1, p. 189-252, 1985, ou CORREIA BAPTISTA, Eduardo. **O Poder Público Bélico em Direito Internacional: O Uso da Força pelas Nações Unidas em Especial**. Coimbra: Almedina, 2003, p. 285-295.

[57] Tribunal Internacional de Justiça, *Atividades Miliares e Paramilitares na e contra a Nicarágua (Nicarágua c. Estados Unidos da América)*, cit., para. 206.

[58] No caso *SS Lotus (França c. Turquia)*, acórdão de 7 de setembro de 1927, **P.C.I.J. Rep Series A n.º 10**, para. 25, o Tribunal Permanente de Justiça Internacional declarou que o princípio da liberdade dos mares determina que "um navio no alto mar deve ser entendido como território do pavilhão que ostenta, pois, tal como no seu próprio território, o Estado exerce autoridade sobre ele, e nenhum outro Estado o pode fazer". Esta jurisprudência foi confirmada pelo Tribunal Internacional de Justiça no caso *Plataformas Petrolíferas (Irão c. Estados Unidos da América)*, acórdão de 6 de novembro de 2003, **I.C.J. Reports**, 2003, p. 161, paras. 64 e 72, em que admitiu

avião da nacionalidade do Estado atacado esteja no território de um Estado terceiro, o uso da força visa não apenas o Estado de pavilhão dos navios e aeronaves atacados como também o Estado em cujo território ocorreu a intervenção armada[59].

Controvertida vem a ser a qualificação como de uso da força armada na aceção do art. 2.º, n.º 4, da Carta, do ataque contra cidadãos de um Estado que se encontrem no estrangeiro. Um raro dado normativo que incide sobre esta questão consta de uma convenção regional que define agressão como o "ataque provocado contra a integridade territorial, *as pessoas*, ou as forças armadas terrestres, marítimas e aéreas de outro Estado"[60]. Poderá assim argumentar-se que um ataque armado ocorre na hipótese de pessoas humanas serem atacadas por causa da sua cidadania, pois tal significa que o agressor as identificou como manifestações individuais do Estado a que pertencem[61].

Por último, não estão excluídas do âmbito de aplicação da proibição do uso da força operações armadas que tenham lugar no território do Estado agressor e que visem cidadãos, navios e aviões de outro Estado. Apesar de nestes casos a intervenção estadual ter, em regra, uma natureza meramente policial de fiscalização da aplicação da lei, a mesma deve ser qualificada como uma situação de uso da força caso seja acompanhada de um *animus* hostil contra outro Estado por via de um ataque contra os seus cidadãos, navios ou aviões[62]. O mesmo se diga em relação a um ataque armado de um Estado contra instalações diplomáticas localizadas no seu território[63].

consubstanciar um ataque armado o ataque, através de mísseis ou de minas marítimas, a um navio militar de outro Estado.

[59] DÖRR, Oliver. **Use of Force, Prohibition**. cit., para. 24.

[60] Art. 9.º do Tratado Interamericano de Assistência Recíproca (itálico acrescentado), assinado no Rio de Janeiro a 2 de setembro de 1947 (entrada em vigor a 3 de dezembro de 1948), 21 *UNTS* 77.

[61] Segundo DINSTEIN, Yoram. **War, Aggression and Self-Defence**. 5. ed. Cambridge: Cambridge University Press, 2012, p. 218, "a ideia de que um ataque contra nacionais no estrangeiro não pode nunca ser considerado como um ataque contra o próprio Estado é desfasada da realidade; leva a ficção jurídica do Estado a patamares extremos e ilógicos".

[62] RUYS, Tom. «The Meaning of 'Force' and the Boundaries of the Jus Ad Bellum: Are 'Minimal' Uses of Force Excluded from UN Charter Article 2 (4)?», cit., p. 206-207, dá como exemplo uma situação de tensão fronteiriça entre dois Estados, em que as forças policiais de um dos Estados decidem fuzilar sumariamente nacionais do outro Estado, ou o caso em que navios de guerra de um Estado disparam sem pré-aviso sobre navios mercantes de outro Estado para os afastar de uma zona marítima disputada entre esses dois Estados.

[63] Contra, DÖRR, Oliver. **Use of Force, Prohibition**. cit., para. 25, que considera que ataques a embaixadas não estão abrangidos pela proibição do uso da força por terem lugar no território do Estado agressor, pelo que consubstanciam uma violação do direito sobre relações diplomáticas e consulares.

III. Alguns dos Estados envolvidos no atual conflito na Síria fundamentaram a licitude da intervenção militar contra o "Estado Islâmico" numa ardilosa distinção entre o uso da força contra grupos terroristas e o uso da força contra o Estado em que aqueles se encontram. Por exemplo, a Austrália e o Canadá consideraram que a sua intervenção armada na Síria:

> tem como objetivo limitar a capacidade ofensiva do ("Estado Islâmico"). Estas ações militares não são dirigidas contra a Síria ou o povo sírio, e muitos menos significam um apoio ao governo da Síria[64].

Esta posição pressupõe que a proibição do uso da força inclui intervenções militares *contra* o Estado em que se encontram grupos terroristas, mas não intervenções militares *dentro* desse Estado[65]. Trata-se, todavia, de uma interpretação que, como já foi referido, contraria a teleologia da proibição de uso da força prevista no art. 2.º, n.º 4, da Carta, a qual pretendeu abranger qualquer tipo de intervenção militar que afete o território do Estado, incluindo aquelas que têm uma natureza limitada ou temporária[66]. O uso da força contra grupos terroristas localizados noutro Estado é assim ilícito, exceto se justificado pelo exercício do direito de legítima defesa ou autorizado por uma resolução do Conselho de Segurança que autoriza o uso da força.

3. Efeitos da violação da proibição do uso da força

A proibição do uso da força é uma norma de *ius cogens* e constitui uma obrigação *erga omnes* (uma obrigação devida à comunidade internacional no seu

[64] Carta de 31 de março de 2015 do encarregado de negócios da missão permanente do Canadá junto dos Estados Unidos da América dirigida ao Presidente do Conselho de Segurança, S/2015/221, disponível em <http://repository.un.org/bitstream/handle/11176/310200/S_2015_221EN.pdf?sequence=3&isAllowed=y>. Acesso em: 4 set. 2017; Carta de 9 de setembro de 2015 do representante permanente da Austrália junto das Nações Unidas dirigida ao Presidente do Conselho de Segurança, S/2015/693, disponível em <http://www.securitycouncilreport.org/atf/cf/%7B65BFCF9B-6D27-4E9C-8CD3CF6E4FF96FF9%7D/s_2015_693.pdf>. Acesso em: 4 set. 2017.

[65] *International Law Association* (Relator Noam Lubell). **Draft Report on Agression and the Use of Force**. cit., p. 12.

[66] RANDELZHOFER, Albrecht. «Article 2 (4)», cit., p. 123, para. 36, refere, a este respeito, que "integridade territorial" deve ser entendida para efeito de aplicação da proibição do uso da força como "inviolabilidade territorial".

todo) cuja violação pode gerar múltiplos efeitos em diferentes regimes de direito internacional.

No plano da responsabilidade internacional dos Estados, uma intervenção armada que não esteja justificada por uma exceção à proibição do uso da força constitui um ato internacional ilícito [art. 1.º dos Artigos sobre Responsabilidade dos Estados por Atos Internacionais Ilícitos (AREAII)[67]]. Esta ilicitude pode dar origem ao dever de reparação pelos danos causados, o qual pode ser invocado por qualquer Estado, dada a natureza *erga omnes* da proibição do uso da força (arts. 48.º AREAII). No caso de estar em causa uma intervenção armada que viole de forma "flagrante ou sistemática" esta proibição (art. 40.º, n.º 2, AREAII), todos os Estados têm a obrigação de cooperarem, através de meios lícitos, para pôr-lhe um fim, e estão impedidos de prestar auxílio ou assistência ao Estado responsável pela mesma (art. 41.º AREAII). Tal inclui, designadamente, a possibilidade da adoção de contramedidas (represálias) destinadas a obrigar o Estado inadimplente a cumprir as suas obrigações (arts. 49.º AREAII), as quais todavia não podem violar a proibição do uso da força [art. 50.º, n.º 1, al. a), AREAII].

A violação da proibição do uso da força produz, por outro lado, um efeito bloqueador que impede o reconhecimento de qualquer conquista territorial[68]. A anexação de território pela força, mesmo que seguida de ocupação *de facto* prolongada, não determina a transferência do título de soberania sobre o território ocupado e não pode ser reconhecida por outros Estados[69]. Uma aplicação recente do princípio do não reconhecimento de anexações territoriais feitas pela força é a Resolução da Assembleia Geral n.º 68/262, de 27 de março de 2014, sobre a integridade territorial da Ucrânia, em que se requer aos Estados, organizações internacionais e agências especiais que não reconheçam a anexação da Crimeia pela Rússia.

O uso da força pode ainda gerar a invalidade de convenções internacionais, determinando a nulidade de convenções cuja conclusão tenha sido obtida pela ameaça ou pelo emprego da força [art. 52.º da Convenção de Viena sobre o Direito dos Tratados entre Estados (CVDTE)[70]] e de convenções que tenham como objeto o uso da força contra Estados terceiros (art. 53.º CVDTE).

[67] Adotados em 2001 pela Comissão de Direito Internacional das Nações Unidas e publicados em anexo à Resolução da Assembleia Geral das Nações Unidas n.º 56/83, de 12 de dezembro de 2001.

[68] Resolução da Assembleia Geral n.º 2625 (XXV) (*Declaração sobre Relações Amigáveis*), de 24 de Outubro de 1970, Princípio I, para. 10, e Tribunal Internacional de Justiça: *Consequências Jurídicas da Construção de um Muro nos Territórios Palestinianos Ocupados*, cit., paras. 87 e 117.

[69] CASSESE, António. **International Law**. cit., p. 57.

[70] Adotada em Viena a 23 de maio de 1969 (entrou em vigor a 27 de janeiro de 1980), 1155 *UNTS* 331.

Por último, no plano da responsabilidade criminal, a possibilidade de poderem vir a ser acusados indivíduos diretamente envolvidos na decisão de recorrer à força em violação da Carta das Nações Unidas será uma realidade após a entrada em vigor do art. 8.º *bis* do Estatuto de Roma do Tribunal Penal Internacional, que define o crime de agressão como:

> o planeamento, a preparação, o desencadeamento ou a execução por uma pessoa que se encontre em posição de controlar ou conduzir de forma efetiva a ação política ou militar de um Estado de um ato de agressão que, pelo seu carácter, pela sua gravidade e dimensão, constitui uma violação manifesta da Carta das Nações Unidas[71].

Referências

BOWETT, Derek W. «The Use of Force for the Protection of Nationals Abroad». In: CASSESE, A. (ed.). **The Current Regulation of the Use of Force**. Leiden: Martinus Nijhoff Publishers, 1986, p. 39-55.

BROWNLIE, Ian. **International Law and the Use of Force**. Oxford: Oxford University Press, 1963.

CASSESE, António. **International Law**. 2. ed. Oxford: Oxford University Press, 2005.

CHESTERMAN, Simon. **Just War or Just Peace: Humanitarian Intervention and International Law**. Oxford: Oxford University Press, 2001.

CORREIA BAPTISTA, Eduardo. **O Poder Público Bélico em Direito Internacional: O Uso da Força pelas Nações Unidas em Especial**. Coimbra: Almedina, 2003.

DE WET, Erika. **The Chapter VII Powers of the United Nations Security Council**. Oxford: Hart, 2004.

DINSTEIN, Yoram. «Computer Network Attacks and Self-Defense». In: SCHMITT, Michael N.; O'DONNELL, Brian T. (eds.). **Computer Networks Attacks and International Law. International Law Studies**. 76, p. 99-119, 2002.

__________. **War, Aggression and Self-Defense**. 5. ed. Cambridge: Cambridge University Press, 2012.

DÖRR, Oliver. «Use of Force, Prohibition». In: WOLFRUM Rüdiger. **Max Planck Encyclopedia of Public International Law**. Oxford: Oxford University Press, 2015.

[71] Esta alteração foi introduzida pela conferência de revisão do Estatuto do Tribunal Penal Internacional, que teve lugar em Kampala, no Uganda, de 31 de maio a 11 de junho de 2010. Entrará em vigor um ano após ter sido ratificada por 30 Estados parte no Estatuto, desde que seja confirmada pela Assembleia de Estados Parte por uma maioria de dois terços (art. 15.º *ter*, n.º 2 e 3, do Estatuto). A 1 de setembro de 2017, 34 Estados tinham já ratificado a alteração, incluindo Portugal (v. Aviso n.º 49/2017, *Diário da República* n.º 92/2017, Série I, de 12 de maio de 2017), aguardando-se ainda a decisão da Assembleia dos Estados Parte.

DOSWALD-BECK, Lousie. «The Legal Validity of Military Intervention by Invitation of the Government». **British Yearbook of International Law**. 1985, Vol. 1, n.º 56, p. 189-252.

FRANCK, Thomas M. «What Happens Now? The United Nations after Iraq». **The American Journal of International Law**. 2003, Vol. 3, n.º 97, p. 607-620.

GLENNON, Michael J. «Why the Security Council Failed». *Foreign Affairs*, mai./jun., p. 16, 2003. Disponível em: <https://www.foreignaffairs.com/articles/iraq/2003-05-01/why--security-council-failed>. Acesso em: 15 ago. 2017.

_________. «How International Rules Die». *Georgetown Law Journal*, 2005, n.º 93, p. 939-951

GORDON, David J. «Use of Force for the Protection of Nationals Abroad: The Entebbe Incident». **Case Western Reserve Journal of International Law**. 1977, Vol. 1, n.º 9, p. 117-134.

GRAY, Christine D. **International Law and the Use of Force**. Oxford: Oxford University Press, 2008.

LOWE, Vaughan; TZANAKOPULOS, Antonios. «Humanitarian Intervention». In: LANCHENMANN Frauke; WOLFRUM, Rüdiger. **The Law of Armed Conflict and the Use of Force**. Oxford: Oxford University Press, 2017, p. 468-480.

PAUST, Jordan J. «Remotely Piloted Warfare as a Challenge to the Jus ad Bellum». In: WELLER, Marc. **The Oxford Handbook of the Use of Force in International Law**. Oxford: Oxford University Press, 2015, p. 1095-1109.

RANDELZHOFER, Albrecht. «Article 2 (4)». *in*: SIMMA, B. et al. (eds.). **The Charter of the United Nations: a Commentary**. 2. ed. Vol. I. Oxford: Oxford University Press, 2002, p. 112-135.

REYNAUD DE SOUSA, Bruno. «Projeto de Artigos sobre a Responsabilidade Internacional dos Estados à Luz da Circunstância do "Estado Falhado"». in: VALE PEREIRA, Maria da Assunção (ed.). **Questões de Responsabilidade Internacional**. Braga: Sociedade Portuguesa de Direito Internacional / Escola de Direito da Universidade do Minho, 2016, p. 89-102.

RUYS, Tom. «The Protection of Nationals – Doctrine Revisited». **Journal of Conflict & Security Law**, 2008, Vol. 2, n.º 13, p. 233-271.

_________. «The Meaning of 'Force' and the Boundaries of the Jus Ad Bellum: Are 'Minimal' Uses of Force Excluded from UN Charter Article 2 (4)?». **The American Journal of International Law**. 2014, Vol. 2, n.º 108, p. 171-191.

TAFT, William H.; BUCHWALD, Todd F. «Pre-emption, Iraq and International Law». **The American Journal of International Law**. 2003, Vol. 3, n.º 97, p. 557-663.

TAMS, Christian J. «The Use of Force against Terrorists». *The European Journal of International Law*. 2009, Vol. 2, n.º 20, p. 359-397.

THÜRER, Daniel. «The 'Failed State' and International Law». **International Review of the Red Cross**. 1999, p. 836, Disponível em: <https://www.icrc.org/eng/resources/documents/article/other/57jq6u.htm>. Acesso em 03 set. 2017.

VALE PEREIRA, Maria de Assunção. **A Intervenção Humanitária no Direito Internacional Contemporâneo**. Coimbra: Coimbra Editora, 2009.

WOOD, Michael. «The Law on the Use of Force: current challenges». **Singapore Year Book of International Law**. 2007, n.º 11, p. 1-14.

DIREITO DA GUERRA, RECONHECIMENTO DE ESTADOS E A SUBJETIVIDADE INTERNACIONAL

Direito da guerra e o reconhecimento de Estados

Roberto Luiz Silva[1]

1. Conceito e elementos da guerra

Delbez conceitua guerra como *a luta armada entre Estados desejada ao menos por um deles e empreendida tendo em vista um interesse nacional.* As guerras, não obstante, empreendem-se por uma parte: por agressores e violadores do Direito, também é levada a cabo em parte para manter o Direito[2].

Possui um *elemento objetivo* que seria a prática de atos que criam o *estado de guerra*, p. e., a luta armada e um *elemento subjetivo*, qual seja, o *animus beligerandi* (intenção de fazer a guerra).

Segundo Starke, a guerra é mais comumente entendida no sentido de uma disputa entre dois ou mais Estados através de suas forças armadas no sentido de que cada contestante, ou grupo de contestantes, conquista o outro e impõe suas próprias condições de paz[3].

Para Santos, primeiramente, compete cientificar que foi através do domínio da terra que o homem obteve colocação privilegiada perante a sociedade e no mundo, de forma mais ampla, conseguiu impor culturas e costumes aos povos tidos como bárbaros. Dessa forma, vê-se que o domínio territorial é a

[1] Professor Associado (RJU) da Universidade Federal de Minas Gerais – UFMG. Pós-Doutor pela the University of texas (2005) e pela Universität de Barcelona (2015-16). Artigo elaborado quando do usufruto de Bolsa Pós-Doutorado Sênior pela CAPES na Universität de Barcelona. E-mail:<roberto-silva@ ufmg.br>

[2] PARRY, Clive. In: SORENSEN, Max. **Manual of Public International Law**. London: Macmillan, 1968, p. 53.

[3] STARKE, J.G. **Introduction to International Law**. Hoboken: Wiley, 1989, p. 527.

exteriorização do anseio do homem em possuir maiores propriedades para servir aos seus pares, com a organização estatal advinda do país dominador – muitas vezes pelo uso da força armada –, modificando aquele espaço da maneira que desejar e fixando limites, inclusive normativos. Igualmente defendia Sun Tzu, no livro *A Arte da Guerra*, datado aproximadamente da dinastia Sung, que se deu de 960-1280, onde dizia que "A guerra é de vital importância para a nação. É o domínio da vida ou da morte, o caminho para a sobrevivência ou a destruição. É necessário avaliá-la corretamente. Nesse sentido, Grotius exemplifica como se dá o domínio de um Estado sobre outro: pode ocorrer também, a mais, que o Estado que existiu como tal, cessa de ser um Estado, seja tornando-se um anexo de outro Estado, como as províncias romanas, seja por ser reunido a algum Estado, como se um rei fazendo a guerra a suas expensas submete um povo de tal forma que queira que seja governado em vista do interesse não de seu povo, mas principalmente daquele que governará, o que é próprio do poder despótico, não da soberania civil[4].

Assim sendo, temos que será através da guerra que muitos Estados surgem e são reconhecidos ou deixam de existir física e juridicamente.

Santos, citando Meira Matos, afirma que hoje, com o advento da ONU, a guerra só terá validez jurídica se emanar da própria Organização, por intermédio de seu Conselho de Segurança, ou, na impossibilidade deste, por intermédio de sua Assembleia Geral, conforme a Resolução "Unidos para a Paz"[5] e – em termos de defesa – por parte de qualquer Estado, individual ou coletivamente, por meio de atos de legítima defesa, conforme a Carta de São Francisco[6].

2. O direito da guerra (*JUS AD BELLUM*)

O Direito da Guerra é um conjunto de normas internacionais, que se originaram em convenções ou em costumes, destinados a serem aplicados em

[4] SANTOS, Adriano Barreto Espíndola; SIEBRA, Cristiano Barreto Espíndola. **Breves considerações sobre a Guerra e o Direito Internacional**. Disponível em: <http://ambitojuridico.com.br/site/?n_link=revista_artigos_leitura&artigo_id=12110>. Acesso em: 13 mar. 2016.

[5] Por esta Resolução, a Assembleia Geral pode ser convocada em sessão especial de emergência, com o prazo de 24 horas de antecedência, a pedido do Conselho de Segurança, pelo voto de quaisquer membros do Conselho, ou por decisão da maioria dos membros das Nações Unidas ou de um só membro com a anuência da maioria.

[6] SANTOS, op. cit.

conflitos armados, internacionais ou internos, que limitam, por razões humanitárias, o direito das partes em conflito de escolher livremente os métodos e os meios utilizados no combate e que protegem as pessoas e os bens afetados. Em outras palavras, é o conjunto de normas que regulam a conduta dos beligerantes.

Muitos autores o relacionam com o Direito Internacional Humanitário sendo que, sua violação acarreta a responsabilidade internacional com as seguintes sanções: opinião pública, represálias, punição dos responsáveis e ressarcimento pelos danos causados. Baseia-se nos princípios da necessidade e da humanidade. Foram celebradas diversas convenções sobre o direito de guerra.

Até configurar-se, no direito atual, como ilícito, o direito da guerra evoluiu paulatinamente. Em 1919, no Pacto da Sociedade das Nações, a guerra foi determinada como recurso a ser preterido ante os demais. No Pacto Briand-Kellog, de 1928, passa a ser condenada e, finalmente, em 1945, a Carta das Nações Unidas proíbe-a expressamente ao estatuir que: "Os membros da Organização, em suas relações internacionais, abster-se-ão de recorrer à ameaça ou ao uso da força contra a integridade territorial ou a independência política de qualquer Estado, ou de qualquer outra forma incompatível com os propósitos das Nações Unidas". Desta forma, a Carta da ONU não apenas rege a ilicitude da guerra, como de qualquer outro uso de força ou de ameaça de tal atitude, excetuando quando utilizada sob a justificativa do direito natural de legítima defesa, individual ou coletiva. No direito internacional moderno, o direito de guerra é regido pelos princípios da necessidade e da humanidade. O primeiro estatui quanto à origem da agressão, que deve ser a última opção, e sempre, ato de defesa, enquanto, o segundo, preocupa-se com os princípios humanitários a serem invocados na ocorrência da guerra, evitando, assim, um retrocesso maior no aspecto da humanização de tal prática. Existem, atualmente, duas hipóteses de guerra justa: a legítima defesa contra uma agressão armada sofrida; e, a luta pela autodeterminação de um povo contra a dominação colonial[7].

Temos a *guerra justa* quando o direito de um Estado fazer a guerra pressupõe a existência de normas das quais possa derivar aquele direito. Mesmo assim, os critérios de justiça na guerra não são um fundamento legal para o uso da força, pois esta não se justifica. A Causa da guerra deve ser justa, a guerra aparece sob certo aspecto contrário à natureza humana, já que somos feitos

[7] REZEK, Francisco. **Direito Internacional Público**. São Paulo: Saraiva, 2011, p. 373.

para conviver em companhia, porém a convivência em sociedade traz também a discórdia em alguns momentos, quando ocorre a violação por partes de um dos direitos de outrem a guerra se justifica, exatamente para reconduzir a obediência dos direitos inerentes do homem[8].

O Estado em litígio deve assumir uma posição defensiva ao invés de ofensiva, ou seja, proteger seu território e população de ataques armados, atos de guerra cometidos contra ele, evitando empregar a força contra o outro Estado. Isto inclui não invadir o território alheio e cometer atos de guerra contra ele.

Guerra total é um conceito dito moderno de um conflito, de alcance ilimitado no qual as partes beligerantes entram numa fase de mobilização total de todos os seus recursos – humanos, industriais, agrícolas, militares, naturais e tecnológicos para o esforço de guerra. Apesar de ter sido usado por séculos, a maior e mais conhecida guerra total foi a Segunda Guerra Mundial, onde dúzias de nações devotaram boa parte de sua capacidade econômica, industrial e científica para lutar o conflito[9]. Na hipótese de *guerra total*, há o desaparecimento das normas de guerra e o conflito só se encerrará com a capitulação incondicional de uma das partes pela outra.

3. Reconhecimento de Estado

É o ato pelo qual os Estados já existentes constatam a existência de um novo membro da Sociedade Internacional.

O reconhecimento de Estado é feito, via de regra, a pedido do Estado que surgiu, o qual notifica as potências da Sociedade Internacional, requerendo o reconhecimento.

Tal instituto teve importância fundamental até meados do século passado, sendo considerado imprescindível para a configuração do ente como Estado. Hoje, a maioria dos autores não considera imprescindível o reconhecimento. Basta reunir as características essenciais (povo, território e soberania) para ser Estado.

São seus requisitos: possuir governo independente e autônomo na conduta dos negócios estrangeiros (requisito volátil); ter o governo autoridade efetiva

[8] GOLDIM, José Roberto. **Teoria da Guerra Justa**. Disponível em: <http://www.ufrgs.br/bioetica/guerra.htm>. Acesso em: 27 mai. 2016.

[9] BAYLIS, John; WIRTZ, James J.; GRAY, Colin S. **Strategy in the Contemporary World**. 4. ed. Oxford: Oxford University Press, 2012, p. 55.

dentro de seu território, congregando as forças ali existentes; e, possuir território delimitado sobre o qual exerça soberania.

No tocante à sua natureza jurídica, temos três teorias que buscam fundamentá-lo. Primeiramente há a *Teoria Constitutiva*, cujos principais defensores foram Openheim e Jellinek. De acordo com sua visão a personalidade do Estado apenas seria constituída a partir de seu reconhecimento pelo Estado que detinha o poder sobre aquela porção territorial – a denominada "Metrópole" –, refletindo, desta forma, uma visão eurocêntrica. Diametralmente oposta a esta teoria, há a *Teoria Declaratória*, tendo como expoentes Scelle e Accioly. Por ela, o reconhecimento de Estados se constituiria num simples ato de constatação de uma situação preexistente, uma vez que o ente reconhecido já seria considerado Estado desde que reunisse os elementos essenciais para sua existência – povo, território e poder. Por fim, temos a *Teoria Mista*, capitaneada por Lauterpacht. Para este autor, por um lado o reconhecimento constata um fato preexistente – este seria o seu elemento declaratório –, por outro lado, seria a partir desse reconhecimento que se estabeleceria uma relação de direitos e deveres desse novo Estado com aquele que o reconhece.

O Estado tanto pode ser reconhecido por outro Estado, quanto por uma organização internacional. Neste caso, o reconhecimento seria um *ato unilateral*, uma vez que demandaria apenas o reconhecimento do novo ente pelos Estados já existentes na Sociedade Internacional, não demandando reciprocidade; *discricionário*, afinal o Estado reconhecerá o novo ente no momento que julgar oportuno; com características de *irrevogabilidade*, uma vez que, tendo reconhecido o novo ente como Estado, não há a possibilidade de se retroceder neste ato[10]; e, *retroativo*, uma vez que o ato de reconhecimento reflete apenas a constatação de uma situação político-jurídica preexistente.

Já o reconhecimento por Organização Internacional, somente prevalecerá para esta, uma vez que, por ser sua personalidade jurídica distinta da dos Estados que a compõem, o ato por ela tomado, não vinculara seus Estado-membros.

O ato de reconhecimento de Estado poderá ser tácito ou expresso e individual ou coletivo. O *reconhecimento tácito individual* ocorre quando há o envio e/ou recepção de agentes diplomáticos entre o Estado reconhecedor e o reconhecido. O *reconhecimento tácito coletivo* ocorrerá na hipótese em que

[10] Irrevogabilidade aqui não significa perpetuidade, afinal se o Estado perder os elementos que o caracterizam como tal, deixará de sê-lo.

diversos Estados, inclusive o Estado a ser reconhecido, negociam e assinam um tratado, mesmo que este não tenha como objeto o reconhecimento de Estado. Já o *reconhecimento expresso individual* ocorrerá quando se celebrar, entre Estado reconhecedor e reconhecido um *Tratado de Reconhecimento* – como o Tratado de Paz e Aliança celebrado entre Portugal e Brasil, em 29 de agosto de 1825 –, *Tratado de Amizade* – como o Tratado de Amizade Russo-Persa, de 26 de fevereiro de 1921 – ou simplesmente uma *Nota Diplomática Unilateral* – como a Nota Diplomática de reconhecimento da Croácia pelo Brasil, de 24 de janeiro de 1992. Poderá ocorrer, ainda, o *reconhecimento expresso coletivo* como o ocorrido com o Vietnam por diversos países europeus. Por fim, temos o *reconhecimento por imposição de tratado de paz*, como o que ocorreu no Tratado de Versalhes que impôs o reconhecimento, pela Alemanha, da Polônia e Tchecoslováquia como Estados.

3.1. Reconhecimento de governo no exílio

A teoria subjacente a tal reconhecimento é de que governo é aquele que efetivamente exerce seu poder sobre o Estado. A partir do momento em que o governo no território do Estado não exerce esse poder, surge a figura do governo no exílio, que somente é válida quando este manifesta constantemente esforços para voltar ao poder ou assumi-lo.

Ocorreu durante a Segunda Grande Guerra, quando a França foi invadida pelos alemães, impondo o governo de Vichy. Houve resistência ao governo de alemães, com governo de De Gaulle, exilado na Inglaterra.

No Irã, quando da deposição do Xá Reza Pahlevi, houve uma espécie de governo no exílio durante os primeiros seis meses. Posteriormente o Xá deixou de ter interesse em retornar ao poder.

No Haiti, o presidente eleito não pôde tomar posse estabelecendo-se governo no exílio, nos EUA. Após, tomou posse com auxílio americano.

4. Tratados Internacionais envolvendo Guerra e Surgimento ou Reconhecimento de Estado

É comum que, ao final de um conflito armado entre Estados, se celebre um instrumento jurídico que busque estabelecer um balanço, inclusive territorial, entre vencedores e vencidos. Neste sentido, diversos tratados internacionais foram estabelecidos.

Nas relações ibérico-brasileiras, o mais conhecido é o Tratado de Tordesilhas, assinado no povoado castelhano de Tordesilhas em 7 de junho de 1494, como um tratado celebrado entre o Reino de Portugal e o recém-formado Reino da Espanha, para dividir as terras "descobertas e por descobrir" por ambas as Coroas fora da Europa. Este tratado surgiu na sequência da contestação portuguesa às pretensões da Coroa espanhola, resultantes da viagem de Cristóvão Colombo, que um ano e meio antes chegara ao chamado Novo Mundo, reclamando-o oficialmente para Isabel, a Católica. Assim sendo, o Tratado passou a definir como linha de demarcação o meridiano 370 léguas (1.770 km) a oeste da ilha de Santo Antão no arquipélago de Cabo Verde. Esta linha estava situada a meio caminho entre estas ilhas (então portuguesas) e as ilhas do Caribe descobertas por Colombo, no tratado referidas como Cipango e Antília. Os territórios a leste deste meridiano pertenceriam a Portugal e os territórios a oeste, à Espanha. O tratado foi ratificado pela Espanha a 2 de julho e por Portugal a 5 de setembro de 1494 e, por fim, aprovado pelo Papa Júlio II em 1506. Algumas décadas mais tarde, na sequência da chamada "questão das Molucas", o outro lado da Terra seria dividido, assumindo como linha de demarcação, a leste, o antimeridiano correspondente ao meridiano de Tordesilhas, pelo Tratado de Zaragoza, de 22 de abril de 1529.

Em princípio, este tratado resolvia os conflitos que seguiram à descoberta do Novo Mundo por Cristóvão Colombo. Muito pouco se sabia das novas terras, que passaram a ser exploradas por Castela. De imediato, o tratado garantia a Portugal o domínio das águas do Atlântico Sul, essencial para a manobra náutica então conhecida como "volta do mar", empregada para evitar as correntes marítimas que empurravam para o norte as embarcações que navegassem junto à costa sudoeste africana, e permitindo a ultrapassagem do Cabo da Boa Esperança. Nos anos que se seguiram Portugal prosseguiu no seu projeto de alcançar a Índia, o que foi finalmente alcançado pela frota de Vasco da Gama, na sua primeira viagem de 1497-1499. Com a expedição de Pedro Álvares Cabral à Índia, a costa do Brasil foi atingida em abril de 1500 pelos Portugueses, o que séculos mais tarde viria a abrir uma polêmica historiográfica acerca do "acaso" ou da "intencionalidade" da descoberta. Observe-se que uma das testemunhas que assinaram o Tratado de Tordesilhas, por Portugal, foi Duarte Pacheco Pereira, um dos nomes ligados a um suposto descobrimento da exploração americana do ouro castelhano e do pau-brasil português. Assim sendo, outras potências marítimas europeias – França, Inglaterra e Países Baixos –, passaram a questionar a exclusividade da partilha do mundo entre as nações ibéricas.

Como instrumentos resultantes da Paz de Vestefália, criador de direitos e definidor territorial de diversos Estados[11], um conjunto de Tratados, celebrados ao final da Guerra dos Trinta Anos, reconhecia as Províncias Unidas – um estado anterior aos atuais Países Baixos e que agrupava sete províncias: Frísia, Groningen, Güeldres, Holanda, Overijssel, Utrecht e Zelândia – e a Confederação da Suíça. Deste modo, foram negociados, durante três anos, pelos representantes dos católicos e protestantes, os Tratados de Munster (católicos) e de Osnabruck (protestantes). A Paz de Vestefália é considerada por muitos como o marco da diplomacia moderna, pois é a partir deste conjunto de diplomas que se inaugurou o moderno Sistema Internacional, ao acatar consensualmente noções e princípios como o de soberania estatal e o de Estado nação. Embora o imperativo da paz tenha surgido em decorrência de uma longa série de conflitos generalizados, surgiu com eles a noção embrionária de que uma paz duradoura derivava de um equilíbrio de poder, noção essa que se aprofundou com o Congresso de Viena (1815) e com o Tratado de Versalhes (1919).

No Congresso de Viena, ocorrido na capital austríaca entre 2 de maio de 1814 e 9 de junho de 1815, com a intenção de redesenhar o mapa político do continente europeu após a derrota da França napoleônica[12] estabeleceu-se, a partir da assinatura do Tratado de Paris, as indenizações a pagar pela França aos países vencedores[13]. Além disso, tinha como objetivo reorganizar

[11] A França recebeu as dioceses de Metz, Toul, Verdun e toda a Alsácia, exceto Estrasburgo e Mulhouse. Também ganhou o direito de voto na Dieta Imperial alemã (Reichstag). A Suécia recebeu a Pomerânia Ocidental e as dioceses de Bremen e Stettin, ganhou o controle da desembocadura dos rios Oder, Elba e Weser, bem como o direito de voto na Dieta Imperial alemã. A Baviera recebeu o direito de voto no Conselho Imperial de Eleitores (que selecionava o Sacro Imperador). Brandemburgo (mais tarde, Prússia) recebeu a Pomerânia Oriental e as dioceses de Magdeburgo e Halberstadt, cujo primeiro governante secular foi o representante do Eleitor de Brandemburgo, Joachim Friedrich von Blumenthal. Os diversos estados alemães independentes (cerca de 360) receberam o direito de conduzir a sua própria política externa, mas lhes era vedado cometer atos de guerra contra o Sacro Imperador. O Império, como um todo, se reservava o direito de fazer a guerra e de celebrar tratados. O Palatinado (Pfalzgrafschaft bei Rhein, em alemão) foi dividido entre o Eleitor Palatino Carlos Luís (filho e herdeiro de Frederico V) e o Eleitor-Duque Maximiliano da Baviera (ou seja, entre protestantes e católicos). Carlos Luís ficou com a porção ocidental, próximo ao Reno (inclusive a região posteriormente chamada de Palatinado Renano e a área em torno de Heidelberg), e Maximiliano manteve o Alto Palatinado (no que é hoje o norte da Baviera).

[12] Mesmo diante do regresso do imperador Napoleão I do exílio, tendo reassumido o poder da França em março de 1815, as discussões prosseguiram. O Ato Final do Congresso foi assinado nove dias antes da derrota final de Napoleão na batalha de Waterloo em 18 de junho de 1815.

[13] Assinado em 30 de maio de 1814, encerra a guerra entre a França e a Sexta Coligação, composta por Reino Unido, Rússia, Áustria, Suécia e Prússia, forçando a abdicação de Napoleão I, que foi

as fronteiras europeias, alteradas pelas conquistas de Napoleão, e restaurar a ordem absolutista do Antigo Regime. Estabeleceu-se, para tanto, a Santa Aliança[14] – aliança político-militar reunindo exércitos de Rússia, Prússia e Áustria prontos para intervir em qualquer situação que ameaçasse o Antigo Regime, incluindo a hipótese de intervir nas independências da América, não reconhecendo novos Estados surgidos deste processo.

Dentro do concerto europeu, a Rússia anexou parte da Polônia, Finlândia e a Bessarábia – equivalente à parte oriental da atual Moldávia –; a Áustria anexou a região dos Balcãs; a Inglaterra ficou com a estratégica Ilha de Malta, o Ceilão e a Colônia do Cabo, o que lhe garantiu o controle das rotas marí- timas; o Império Otomano – atual turquia – manteve o controle dos povos cristãos do Sudeste da Europa; a Suécia e a Noruega uniram-se; a Prússia ficou com parte da Saxônia, da Vestefália, da Polônia e com as províncias do Reno; a Bélgica foi obrigada a unir-se aos Países Baixos, formando o Reino dos Países Baixos; os Principados Alemães formaram a Confederação Alemã com 38 Estados – com a participação de Prússia e Áustria e, reestabeleceram-se os Estados Pontifícios. A partir do prin- cípio do equilíbrio de poderes, estabeleceu-se a preservação das fronteiras geográficas, constituídas justamente para evitar que qualquer potência viesse a romper o equilíbrio, anexando recursos de seus vizinhos e pondo em risco todo o sistema de estados europeus. O princípio geopolítico das "fronteiras geográficas" perdurou até o término da Segunda Guerra Mundial, quando esse conceito foi substituído pelo conceito de "fronteiras ideológicas", no contexto da Guerra Fria.

A Santa Aliança logo perderia força pois estava contra a evolução natural da Sociedade Internacional, contra o capitalismo liberal que aumentava o poder econômico da população abrindo espaço para a facilitação das revoltas contra o absolutismo, que era um empecilho ao desenvolvimento do livre comércio. Com interesses nos Balcãs, que saía do poder do Império Otomano, esses mesmos aliados "santos" iniciariam uma corrida militarista para se apossar dessas

enviado em exílio para a ilha de Elba. As fronteiras francesas foram restauradas àquelas de 1792, mas, em verdade, houve pouca ação punitiva contra a França, com exceção da cessão as Ilhas Seychelles ao Reino Unido.

[14] A Santa Aliança foi inicialmente estabelecida como forma de garantir a realização prática das medidas que foram aprovadas pelo Congresso de Viena, bem como impedir o avanço corruptor das ideias liberais e constitucionalistas, muito espalhadas com a Revolução Francesa e que haviam criado revoltosos um pouco por toda a Europa. O bloco militar, que durou até às revoluções "europeias" de 1848, combateu desacatos liberais e interferiu na política ultramarina dos países ibéricos, já que era a favor da recolonização. Não conseguiu, todavia, abafar a independência das colônias da América do Sul (1810-1824), caindo, nesse diapasão, em declínio.

novas terras com um novo arranjo de alianças[15], entrando em conflito direto uns contra os outros a partir do assassinato do Arquiduque Francisco Fernando da Áustria, herdeiro do trono da Áustria-Hungria, pelo nacionalista iugoslavo Gavrilo Princip, em Sarajevo – Bósnia e Herzegovina, em 28 de junho de 1914[16].

Em 23 de julho de 1914, graças ao apoio incondicional alemão – a chamada carta branca – ao Império Austro-Húngaro se a guerra eclodisse, foi enviado um ultimato à Sérvia. O documento continha várias exigências, dentre as quais a de que agentes austríacos fariam parte das investigações sobre o assassinato do arquiduque. O governo sérvio aceitou todos os termos do ultimato, exceto a presença de investigadores austríacos em território sérvio, por entender que isto seria um desrespeito à soberania do país. Após a resposta da Sérvia, em 26 de julho, o Império Austro-Húngaro rompeu as relações diplomáticas entre os dois países e declarou guerra à Sérvia em 28 de julho, começando o bombardeio à capital sérvia, Belgrado, em 29 de julho. No dia seguinte, o Império Russo, que sempre tinha sido aliado da Sérvia, deu a ordem de locomoção a suas tropas. O Império Alemão, que tinha prometido apoio ao Império Austro-Húngaro no caso de uma eventual guerra, enviou um ultimato ao governo do Império Russo, exigindo que se parasse a mobilização de tropas dentro de 12 horas, no dia 31 de julho. No primeiro dia de agosto, como o ultimato havia expirado sem qualquer reação russa, a Alemanha declarou guerra e enviou um outro ultimato, desta vez à Bélgica, requisitando a livre passagem do exército alemão rumo à França. Como tal pedido foi recusado, foi declarada guerra à Bélgica. Em 2 de agosto, a Alemanha ocupou Luxemburgo, como o passo inicial para a invasão da Bélgica e execução do Plano Schlieffen (estratégia de defesa alemã que previa a invasão da França, Inglaterra e Rússia). Em 3 de agosto, a Alemanha declarou guerra à França e, no dia seguinte, invadiu a Bélgica. Tal ato, violando a soberania belga – que Grã-Bretanha, França e a própria Alemanha estavam comprometidos a garantir – fez com que o Império Britânico saísse da sua posição neutra e declarasse guerra à Alemanha, em 4 de agosto. O conflito passou a atingir escala global e, só a partir de 1917, a situação começou a alterar-se, quer com a entrada em cena de novos meios, como o carro de combate e a aviação militar, quer com a chegada ao teatro

[15] Arranjo este que teve seu ápice nas Conferências de Haia, que deram origem aos primeiros tratados internacionais sobre leis e crimes de guerra: Convenção sobre a Resolução Pacífica de Controvérsias Internacionais (1899); Convenção sobre a Resolução Pacífica de Controvérsias Internacionais (1907)

[16] Tal fato deu início a um mês de manobras diplomáticas entre Áustria-Hungria, Alemanha, Rússia, França e Reino Unido, no que ficou conhecido como a Crise de Julho.

de operações europeu das forças estadunidenses ou a substituição de comandantes por outros com nova visão da guerra e das tácticas e estratégias mais adequadas. Lançam-se, de um lado e de outro, grandes ofensivas, que causam profundas alterações no desenho da frente, acabando por colocar as tropas alemãs na defensiva e levando, por fim, à sua derrota. O armistício que pôs fim à guerra foi assinado a 11 de novembro de 1918.

Nenhuma outra guerra mudou o mapa da Europa de forma tão dramática, levando ao desaparecimento de quatro impérios ao fim do conflito: o Alemão, o Austro-Húngaro, o Otomano e o Russo. A guerra teve consequências econômicas profundas: dos 60 milhões de soldados europeus que foram mobilizados entre os anos de 1914 e 1918, 8 milhões foram mortos, 7 milhões foram incapacitados de maneira permanente e 15 milhões ficaram gravemente feridos; morreram 6 milhões de civis; a Alemanha perdeu 15,1% de sua população masculina ativa, a Áustria-Hungria perdeu 17,1% e a França perdeu 10,5%; as cláusulas da rendição do Império Alemão também impuseram um acréscimo na dívida do país como indenização de guerra. Doenças floresceram nas condições caóticas da guerra: apenas em 1914, piolhos infectados pelo tifo epidêmico mataram 200 mil pessoas na Sérvia e 3 milhões na Rússia; além disso, a grande epidemia de gripe em 1918 – denominada gripe espanhola – se espalhou pelo mundo matando cerca de 50 milhões de pessoas.

Após a guerra, a Conferência de Paz de Paris, em 1919, impôs uma série de tratados de paz às Potências Centrais, terminando oficialmente com a guerra. Nesse sentido, há que destacar o Tratado de Versalhes (1919), considerado o mais importante dos vários acordos impostos pelas nações vitoriosas – lideradas pelos Estados Unidos da América, o Reino Unido, a França e a Itália – aos vencidos da Primeira Guerra Mundial: Alemanha, Império Austro-Húngaro, Bulgária e Turquia.

Tendo todos os tratados sido preparados em conjunto, e obedecendo todos à mesma lógica, é comum confundir-se a parte – Versalhes (imposto à Alemanha, tida como responsável pelo desencadear da guerra, e contendo a Carta da Sociedade das Nações) – com o todo. Apesar de ser considerado por muitos um acordo de paz draconiano, o Tratado de Versalhes, ao impor consideráveis perdas de território, de população, e de recursos naturais o fez, por exemplo, em menor escala do que os próprios tratados celebrados pela Alemanha durante o conflito – Tratado de Brest-Litovski (Rússia) e Tratado Foçsani (Romênia).

O Tratado de Brest-Litovski foi um tratado de paz assinado entre o governo bolchevique russo e as Potências Centrais (Império Alemão, Império Austro--Húngaro, Bulgária e Império Otomano) em 3 de março de 1918, em Brest (antigamente Brest-Litovski), na atual Bielorrússia, pelo qual era reconhecida a saída da Rússia na Primeira Guerra Mundial. A retirada da Rússia da guerra foi um dos principais objetivos da Revolução Russa de 1917, e uma das prioridades do recém-criado governo bolchevique. A guerra tornara-se impopular entre o povo russo, devido às imensas perdas humanas (cerca de quatro milhões de mortos). Leon Trotsky, no exercício das relações exteriores do governo bolchevique, pressionou França e Reino Unido para que iniciassem em conjunto o processo de paz, encerrando a Primeira Guerra Mundial. Porém, sem obter resposta, ameaçou iniciar esse processo de forma solitária, o que de fato ocorreu. Os termos do Tratado de Brest-Litovski eram humilhantes, mesmo Lênin, defendendo a paz, a chamou de "paz vergonhosa". Através deste, a Rússia abria mão do controle sobre a Finlândia, Países Bálticos (Estônia, Letônia e Lituânia), Polônia, Bielorrússia e Ucrânia, bem como dos distritos turcos de Ardaham e Kars, e do distrito georgiano de Batumi, antes sob seu domínio. Estes territórios continham um terço da população da Rússia, 50% de sua indústria e 90% de suas minas de carvão. A maior parte desses territórios tornar-se-iam, na prática, partes do Império Alemão, sob a tutela de reis e duques. Entretanto, a derrota da Alemanha na guerra, marcada pelo armistício com os países aliados em 11 de novembro, permitiu que Finlândia, Estônia, Letônia, Lituânia e Polônia se tornassem Estados verdadeiramente independentes, e os monarcas indicados tiveram que renunciar aos seus tronos. Por outro lado, a Bielorrússia e a Ucrânia envolveram-se na Guerra Civil Russa, e terminaram por ser novamente anexadas ao território russo, agora sob o nome de União das Repúblicas Socialistas Soviéticas (URSS).

O Tratado de Foçsani, também conhecido como Trégua de Foçsani, foi um acordo que pôs fim às hostilidades entre a Romênia e as Potências Centrais na Primeira Guerra Mundial, tendo sido assinado em 9 de dezembro de 1917 em Focşani, Romênia, encerrando as hostilidades romenas com a Alemanha, a Áustria-Hungria, a Bulgária e o Império Turco-Otomano. Embora os combates fossem encerrados, grande parte da Romênia permaneceu sob ocupação das Potências Centrais após a trégua. Em maio de 1918, o governo romeno assinou o Tratado de Bucareste, que exigiu que a Romênia cedesse a província de Dobruja e várias passagens nas montanhas dos Cárpatos, e concedesse vários privilégios econômicos para as Potências Centrais[17].

[17] Em 1919, as concessões territoriais da Romênia para a Alemanha foram renunciadas no Tratado de Versalhes. As concessões da Romênia para a Áustria-Hungria foram renunciadas no Tratado de Saint-Germain em 1919 e no Tratado de Trianon em 1920, enquanto as concessões para a Bulgária foram renunciadas no Tratado de Neuilly em 1919.

Pelo Tratado de Versalhes, a Áustria-Hungria foi dividida em vários Estados sucessores – Áustria, Hungria, Tchecoslováquia e Iugoslávia – que foram em grande parte, mas não totalmente, definidos por grupos étnicos. A Transilvânia foi transferida da Hungria para a Romênia Maior[18]. Como resultado do Tratado de Trianon, 3,3 milhões de húngaros ficaram sob domínio estrangeiro, uma vez que apenas 32% do território do Reino da Hungria foi deixado para o novo Estado constituído – a Hungria. O Império Russo, que havia se retirado da guerra em 1917, após a Revolução de Outubro, perdeu grande parte de sua fronteira ocidental e as nações recém – independentes da Estônia, Finlândia, Letônia, Lituânia e Polônia foram esculpidos a partir dela. Já a Bessarábia foi reanexada à Romênia Maior, uma vez que tinha sido um território romeno por mais de mil anos. Por fim, o Império Otomano se desintegrou e muito do seu território fora da Anatólia foi tomado por várias potências aliadas como protetorados. O núcleo turco foi reorganizado como a República da Turquia.

A Alemanha, todavia, foi a principal potência atingida. Nesse sentido, o principal ponto do tratado determinava que esta aceitasse todas as responsabilidades por causar a guerra e que, sob os termos dos artigos 231.º-247.º, fizesse reparações a um certo número de nações. Os termos impostos à Alemanha incluíam a perda de uma parte de seu território para um número de nações fronteiriças, de todas as colônias sobre os oceanos e sobre o continente africano, uma restrição ao tamanho do exército e uma indenização pelos prejuízos causados durante a guerra. Assim sendo, Alsácia e Lorena, territórios cedidos a Alemanha no acordo de Paz assinado em Versalhes em 26 de Janeiro de 1871 e o Tratado de Frankfurt em 10 de Maio de 1871, seriam devolvidos a França; a Sonderjutlândia seria devolvida a Dinamarca se assim fosse decidido por um plebiscito na região – toda a região da Schleswig-Holstein foi submetida a um plebiscito, sendo a Sonderjutlândia a única região a se decidir separar –; as províncias de Posen e Prússia Oriental, que a Prússia Ocidental tinha conquistado nas Partições da Polônia foram devolvidas, após a população local ter ganho a liberdade na Revolução da Grande Polônia; Hlučínsko, região da Alta Silésia, foi concedida para a Tchecoslováquia e parte leste da Alta Silésia para a Polônia – apesar de aí um plebiscito ter apontado que 60% população preferia ficar sob domínio da Alemanha – além da região de Soldau, Várnia e Masúria; as cidades alemãs de Eupen e Malmedy passaram para domínio da Bélgica; a parte setentrional da Prússia Ocidental, Klaipėda, é transferida para a Lituânia; a província de Sarre para o comando da Liga das Nações durante

[18] Os detalhes foram contidos no Tratado de Saint-Germain-en-Laye e no Tratado de Trianon.

15 anos; e, por fim, a cidade de Danzig, hoje Gdańsk – Polônia, com o delta do Rio Vístula, foi transformada na Cidade Livre de Danzig sobre o controle da Liga das Nações.

Este instrumento jurídico foi revisto pelo Tratado de Locarno, negociado por representantes da Alemanha, França, Grã-Bretanha, Bélgica, Itália, Polônia e Tchecoslováquia entre os dias 5 e 16 de outubro de 1925 na cidade suíça de Locarno e ratificado em 1 de dezembro seguinte em Londres. Na realidade, tratava-se de sete acordos, dos quais o mais importante era o Pacto Renano, ou Pacto de Estabilidade, pelo qual a Alemanha reconheceu suas fronteiras com a França e a Bélgica, bem como a desmilitarização da zona renana. As três potências renunciaram dessa forma à guerra, tendo Inglaterra e Itália como garantia. O Pacto Renano estipulou igualmente que, em caso de agressão, os Estados garantes se comprometiam a submeter o conflito a um tribunal arbitral, ou à Corte Permanente de Justiça Internacional. Posteriormente, foi celebrado o Pacto Kellogg-Briand, também conhecido como Pacto de Paris, assinado em 27 de agosto de 1928, estipulando a renúncia à guerra como um instrumento de política nacional. Apesar de ter fracassado em seu objetivo, afinal em 1939 teve início a Segunda Guerra Mundial, ele foi significativo no desenvolvimento posterior do direito internacional, principalmente sob os auspícios das Nações Unidas.

Após o final da Segunda Guerra Mundial, diversas guerras foram travadas dentro do processo de descolonização, dando ensejo à criação de novos Estados. A primeira delas foi a Guerra da Indochina, travada entre 1946 e 1954 entre a França e suas colônias asiáticas que formavam a chamada Indochina francesa[19]. Esta era constituída pelos atuais países Camboja, Vietnã do Norte, Laos e Vietnã do Sul. O conflito apenas foi, em parte, resolvido na Conferência de Genebra[20], de 1954, celebrada após a derrota das tropas francesas na batalha de Dien Bien Phu. Nesta Conferência se aprovaram os Acordos de Genebra, com os seguintes pontos: total independência do Camboja; total independência do Laos; a divisão, pelo paralelo 17, do Vietnã, em dois estados – Vietnã do Norte, com capital em Hanói e Vietnã do Sul, com capital em Saigon –, bem como a independência total desses dois países.

[19] Esta, teve início quando as forças do Partido Comunista, que haviam combatido contra a ocupação japonesa, iniciaram a luta pela independência do Vietnã.

[20] Os resultados desta Conferência deram ânimo a que outros Estados – com destaque para Marrocos, Tunísia e Argélia –, também iniciassem seu processo de independência colonial da França.

Pelos Acordos de Genebra foi estabelecido, também, a realização de um referendum, em 1958, pelo qual os vietnamitas optariam pela reunificação ou pela separação definitiva dos Estados. Tal referendum, todavia, não foi realizado, uma vez que, logo em seguida, teve início a Guerra do Vietnã, um conflito armado ocorrido no Sudeste Asiático entre 1955 e 1975, e que colocou em confronto, de um lado, a República do Vietnã (Vietnã do Sul) e os Estados Unidos, com participação efetiva, porém secundária, da Coreia do Sul, da Austrália e da Nova Zelândia; e, de outro, a República Democrática do Vietnã (Vietnã do Norte) e a Frente Nacional para a Libertação do Vietnã (FNL)[21]. Este conflito só foi encerrado com a celebração dos Acordos de Paz de Paris – ou Acordo de Paris para o Fim da Guerra e Restauração da Paz no Vietnam – que foram assinados em 27 de janeiro de 1973 pelos governos da República Democrática do Vietnam (Vietnam do Norte), a República do Vietnam (Vietnam do Sul) e os Estados Unidos, além do Governo Revolucionário Provisório (PRG) que representou os revolucionários sul-vietnamitas (os vietcongs). Tal instrumento jurídico continha uma declaração do governo dos Estados Unidos, de que este "respeitaria a independência, soberania, unidade e integridade territorial do Vietnam, como reconhecidos pela Conferência de Genebra de 1954."

No mesmo período da Guerra da Indochina, mas com um tempo de embate muito inferior ao da Guerra do Vietnã, tem-se a Guerra da Coréia, entre 1950 e 1953. Tendo como antecedente a Conferência de Potsdam, entre julho e agosto de 1945, onde os aliados decidiram, unilateralmente dividir a Coréia, a partir do paralelo 38, este é o primeiro conflito armado direcionado ao reconhecimento de Estados que sofre interferência direta da Organização das Nações Unidas – ONU. Ao fim da Segunda Guerra Mundial, após a rendição e retirada das tropas japonesas, o Norte passou a ser aliado dos soviéticos (socialista), enquanto o Sul ficou sob a influência norte-americana (capitalista), passando tal divisão a gerar conflitos entre as duas Coreias. Após diversas tentativas de derrubar o governo sul-coreano, a Coreia do Norte invadiu a Coreia do Sul em 25 de junho de 1950, chegando a conquistar sua capital, Seul. Contrários a tal ação, o governo norte-americano, através da ONU, envia tropas militares a fim de expulsar os socialistas do Norte da região Sul da Coréia, ao passo que a União Soviética atua indiretamente, apoiando o exército da República Popular da China – que ainda não era membro da ONU – a ponto desta

[21] A China, a Coreia do Norte e, principalmente, a União Soviética prestaram apoio logístico ao Vietnã do Norte, mas não se envolveram efetivamente no conflito.

efetivamente entrar no conflito. Em julho de 1953 a China, ameaçada de um ataque nuclear pelos Estados Unidos, desiste e o exército norte-coreano se rende finalizando a guerra. A ONU, então, elabora uma proposta de paz, aceite pela China e assinada em 27 de julho de 1953 declarando oficialmente o fim da guerra. A partir desse ponto, os principais conflitos territoriais passam a ser administrados pelas Nações Unidas, no intuito de se evitar, ao máximo, a utilização da guerra como instrumento de reconhecimento de Estado.

5. Desarmamento

O termo "desarmamento" pode ser utilizado tanto para designar a redução de armamentos quanto a sua supressão. Alguns autores chegam a empregá-lo no sentido de estabelecer um limite de armamento. Tal termo, todavia, deve ser distinguido do controle de armas. No desarmamento há a redução ou abolição de armamentos, podendo ser unilateral/multilateral, local/geral, parcial/completo e sem controle/controlado. Já o controle de armas é exercido internacionalmente tanto em relação à política de armamentos quanto ao respeito do nível, características e uso de armamentos. Tem, dessa forma, o objetivo de proibir certos tipos de armas.

Há diversas razões que podem levar ao desarmamento por parte de um Estado: poupança; redução da tensão internacional; e opinião pública favorável. A Assembleia Geral e o Conselho de Segurança da ONU abordaram as questões do desarmamento continuamente, tendo a Assembleia realizado sessões especiais sobre o desarmamento em 1978 e 1988. Em 1952, a Assembleia Geral da ONU criou a Conferência de Desarmamento como único fórum de negociação multilateral da Sociedade Internacional para acordos sobre o desarmamento. Em 1961, foi aprovada uma resolução para a desnuclearização da África. Em 1970, foi concluído um tratado proibindo a colocação de armas de destruição em massa no fundo dos mares. Além disso, a Conferência negociou com sucesso tanto a Convenção sobre Armas Químicas como o Tratado Abrangente de Proibição de Testes Nucleares.

Dentro deste contexto, merecem destaque dois instrumentos: o *Strategic Arms Limitation Talks – SALT*; e o Tratado de Tlatelolco.

5.1 Strategic Arms Limitation Talks – Salt

Conjunto de negociações iniciadas em meados da década de 70 e a serem realizadas a cada cinco anos, idealizadas pelo Secretário de Defesa dos EUA, Robert McNamara, baseado na concepção de que os arsenais norte-americano e russo ultrapassariam a capacidade de destruição que seria necessária para desencorajar qualquer agressor. O Salt I fez uma limitação quantitativa dos armamentos. O Salt II tratou da limitação de armamentos nucleares. A partir de 1982, tais negociações passaram a denominar-se "Start" (*Strategic Arms Reduction Talks*) e tiveram seu auge com a assinatura de acordos entre Bush e Gorbachov (31.07.1991) e Bush e Ieltsin (31.01.1993) para a redução em até 2/3 dos arsenais militares.

5.2. Tratado de Tlatelolco

Tratado de Tlatelolco é o nome convencionalmente dado para o Tratado para a Proibição de Armas Nucleares na América Latina e o Caribe, celebrado em 1967 com o objetivo de interditar as armas nucleares na América Latina, que determinou, entre outros: a utilização pacífica de material e instalações nucleares; admissão de inspeções a serem realizadas pelo organismo para a interdição de armas na América Latina, com sede no México, e pela Agência Internacional para Energia Atômica, com sede em Viena; solução das controvérsias, interpretação e emissão de pareceres a cargo da Corte Internacional de Justiça – CIJ.

O Tratado entrou em vigor em 22 de abril de 1968, tendo sido assinado e ratificado por todas as nações da América Latina e do Caribe[22].

Há dois protocolos adicionais ao tratado: o Protocolo 1, que submete todos os países de fora da América Latina com territórios na região – Estados Unidos, Reino Unido, França e Países Baixos –, aos termos do tratado; e, o Protocolo 2, assinado por EUA, o Reino Unido, a França, a China e a Rússia, que requer que os estados que declaram ter armas nucleares a não minarem, de nenhuma forma, o *status* "livre de armas nucleares" da região.

[22] Cuba foi o último país a ratificá-lo, em 23 de outubro de 2002.

Referências

BAYLIS, John; WIRTZ, James J.; GRAY, Colin S. **Strategy in the contemporary world**. 4. ed. Oxford: Oxford University Press, 2012.

GOLDIM, José Roberto. **Teoria da Guerra Justa**. Disponível em: <http://www.ufrgs.br/bioetica/guerra.htm>. Acesso em: 27 mai. 2016.

REZEK, Francisco. **Direito internacional público**. São Paulo: Saraiva, 2005.

SANTOS, Adriano Barreto Espíndola. SIEBRA, Cristiano Barreto Espíndola. **Breves considerações sobre a Guerra e o Direito Internacional**. Disponível em: <http://ambitojuridico.com.br/site/?n_link=revista_artigos_leitura&artigo_id=12110>. Acesso em: 13 mai. 2016.

SILVA, Roberto Luiz. **Direito Internacional P**úblico. 4.ª Ed. Belo Horizonte: Del Rey, 2010.

SORENSEN, Max (org.). **Manual of Public International Law**. London: Macmillan, 1968.

STARKE, J.G. **Introduction to International Law**. Hoboken: Wiley, 1989.

A internacionalização dos conflitos internos e a questão da subjetividade internacional

Manuel de Almeida Ribeiro[1]

Introdução

A questão do reconhecimento a insurgentes de alguma forma de subjetividade internacional, os pressupostos desse reconhecimento e as suas consequências têm-se colocado em relação a conflitos internos desde o final do século XVIII. Como em relação a todas as questões internacionais, esta matéria deve ser analisada na perspetiva da prática internacional, da reflexão doutrinária e da influência maior ou menor desta na prática internacional posterior.

Recentemente, as posições assumidas por alguns Estados face a conflitos internos, nomeadamente na Líbia e na Síria, impõem uma nova reflexão sobre esta questão.

Neste texto vamos procurar identificar primeiramente os traços essenciais da história e doutrina do Direito Internacional sobre esta matéria e, de seguida, olhar para os casos recentes de intervenção estrangeira em conflitos internos, procurando concluir se as alterações que as características dessas intervenções e as posições assumidas por Estados terceiros em relação às partes em conflitos que se enquadram no enquadramento jurídico-internacional existente sobre internacionalização de conflitos internos.

[1] Professor Associado do ISCSP da Universidade de Lisboa.

1. Conflitos internos e Direito Internacional

Um movimento político que vise obter por meios violentos a secessão de parte do território ou a mudança do regime político de um Estado é geralmente tratado por este como uma associação criminosa, estando os autores dos atos de violência que sejam praticados com esses objetivos sujeitos exclusivamente à lei penal do Estado contra qual esses atos são dirigidos.

De um modo geral, os outros Estados tendem a evitar intrometerem-se em conflitos internos.

A não intervenção e o não reconhecimento de situações de beligerância interna permite aos Estados terceiros preservarem a liberdade de apoiarem, ou não, o regime que enfrenta a insurreição. Acresce que grande parte dos Estados contêm no seu interior forças centrífugas que num dado momento histórico podem estar adormecidas, mas que a qualquer momento podem despertar. A prudência aconselha, assim, que não se contribua para a criação de precedentes que ameacem a estabilidade da ordem internacional.

Uma facilitação dos secessionismos teria ainda o inconveniente de poder provocar a fragmentação do mapa político mundial e mesmo a "balcanização" de alguns espaços geográficos. Mesmo em continentes como África, em que as fronteiras foram traçadas por acordo entre as potências imperiais, tendo apenas em conta as suas conveniências administrativas ou os resultados da negociação política, o princípio que prevaleceu foi o de fazer coincidir as fronteiras políticas pós-independência com as fronteiras administrativas anteriores. Trata-se da aplicação do *uti possidetis juris* repetidamente afirmada na jurisprudência do Tribunal Internacional de Justiça.

Mesmo as situações em que é manifesta a desadequação das fronteiras e em que, por essa razão, se verificam anseios de autodeterminação amplamente justificados, o apoio internacional à expressão desses anseios é normalmente muito contido.

Salvo em situações de manifesta opressão de minorias étnicas, raciais ou religiosas, o Direito Internacional não contempla o apoio externo a movimentos de autodeterminação. Tal apoio é, aliás, qualificável como ingerência nos assuntos internos, que a ONU exclui da sua esfera de intervenção e que instrumentos internacionais posteriores, como a Declaração sobre Princípios de Direito Internacional Relativos às Relações Amigáveis e à Cooperação entre Estados de Acordo com a Carta das Nações Unidas (Res. AGNU n.º 2615XXV) condenam.

Caso completamente diferente e que deve ser considerado à parte é o da autodeterminação dos povos coloniais, que constituiu uma das marcas mais relevantes da história da segunda metade do século XX, especialmente entre o final da II Guerra Mundial e o final da década de oitenta.

O apoio aos diferentes grupos que se designavam como "movimentos de libertação nacional" e que se formaram para lutar pela independência dos territórios em que as potências coloniais não se dispunham a concedê-la por meios pacíficos, constituiu um dos principais campos de confronto político e diplomático do "mundo dividido" entre os blocos capitalista e comunista, cuja oposição conferia ao "Terceiro Mundo" um papel de "fiel da balança" e, em consequência, uma força política e negocial claramente desproporcionada em relação às suas próprias realidades internas.

A descolonização é hoje um capítulo praticamente encerrado: os impérios coloniais desmantelaram-se e a "autodeterminação dos povos coloniais", tal como o conceito foi formulado no âmbito da ONU e de algumas organizações regionais, pese embora as dificuldades de identificação de grande parte dos "povos coloniais" e dos respetivos territórios, concretizou-se.

No período em que esta matéria esteve na primeira linha das questões internacionais em aberto, o quadro internacional do apoio aos movimentos de libertação foi claramente diferenciado do aplicável a outros tipos de insurreição: aqui, o apoio internacional de todo o tipo aos rebeldes, incluindo o militar e o logístico, era liberto de constrangimentos jurídico-internacionais e não se fazia depender o reconhecimento dos movimentos de libertação da detenção de alguma parte do território ou de qualquer requisito factual, o que, como referimos de seguida, contrasta com a prática associada a outros tipos de insurgência.

O reconhecimento de movimentos insurgentes tem decorrido historicamente da necessidade de Estados terceiros assegurarem a proteção dos seus cidadãos e interesses económicos nas áreas em conflito, sendo necessário que, para tanto, se estabeleçam relações com as autoridades que controlam os territórios em questão. Para o reconhecimento nessa limitada medida dos insurgentes, considera-se apenas como requisitos que estes detenham o controlo efetivo de uma parte do território e que o conflito se caracterize por um nível mínimo de intensidade e duração, não se restringindo a um conjunto de episódios esporádicos de violência.

Cabe aos Estados terceiros avaliarem, não só a existência desses requisitos como as consequências do reconhecimento do estatuto de insurgente que, no plano das relações entre o insurgente e o Estado que o reconhece como tal, são muito limitadas.

Tal não implica, por exemplo, a possibilidade de fornecer apoio militar ao insurgente nem o reconhecimento aos seus agentes ou representantes de imunidades diplomáticas.

Durante o período que decorreu desde a guerra da independência dos Estados Unidos até à Guerra Civil de Espanha, a posição assumida pelos Estados terceiros face aos insurgentes e a reflexão doutrinária sobre essas experiência históricas e as condutas das partes envolvidas foi dando origem a um corpo doutrinário que, embora não convergente em todos os aspetos, era razoavelmente concordante no que se refere aos pressupostos necessários para o reconhecimento de movimentos insurgentes e para o reconhecimento a estes do estatuto de beligerantes.

A Carta da ONU, ao delimitar no artigo 2.º §7 o domínio reservado dos Estados, inibe qualquer intervenção em conflitos internos quer por Estados, quer pela própria Organização, tendo surgido, apesar disso, o conceito de ingerência humanitária, invocada para algumas intervenções em conflitos internos, como a da Índia no Paquistão Oriental em 1971, do Vietname no Camboja em 1978 e da Tanzânia no Uganda no mesmo ano.

O conflito interno que teve lugar na Jugoslávia e a criação pelo Conselho de Segurança do Tribunal Internacional Especial para a Antiga Jugoslávia, com competência para julgar os responsáveis por crimes de particular gravidade cometidos durante o conflito, a intervenção da NATO em 1998 para proteção da população muçulmana no Kosovo, qualificada como ingerência humanitária, de que veio a resultar a declaração unilateral da independência do território, e os recentes conflitos emergentes da Primavera Árabe e das suas sequelas, particularmente na Líbia e na Síria, vieram recolocar a questão, tendo em vista a natureza específica de cada um desses conflitos, associada à conduta das potências estrangeiras em relação às partes envolvidas.

No caso da Líbia, verificou-se uma situação, até então inédita: a de ser reconhecido, primeiro pela França e depois pela Itália, o Qatar, os Estados Unidos e o Reino Unido como único legítimo representante do povo da Líbia um movimento, o Conselho Nacional de Transição, que controlava apenas, à data desse reconhecimento, uma pequena pare do território.

No caso da Síria, o governo confronta-se com forças de natureza muito diversa e sobre as quais os pressupostos enunciados pela doutrina do Direito Internacional se aplicam de modo desigual. Por um lado, temos as forças governamentais, por outro a Coligação Nacional Síria, ela mesma composta de grupos cuja coordenação e homogeneidade são controversas, e ainda as forças do Estado Islâmico e do Partido da União Democrática, apoiado pelo Curdistão iraquiano.

Os objetivos dos movimentos que se opõem ao governo sírio são declaradamente muito diferentes: os grupos que integram a Coligação Nacional Síria lutam pela mudança do regime, tendo essa Coligação sido reconhecida como insurgente pela NATO, a Turquia, os Estados Unidos e o Reino Unido, e como "legítimos representantes do povo sírio" pela Liga Árabe e os seus membros; as forças do Estado Islâmico têm como objetivo a formação pela força de um califado global; as forças da União democrática, filiada no PKK – Partido dos Trabalhadores do Curdistão – e considerada uma organização terrorista pela Turquia, a União Europeia e a NATO, pugnam pelos direitos do povo curdo.

Parece, assim, que estamos perante um novo paradigma de reconhecimento de movimentos insurgentes como "legítimos representantes do povo", o que pressupõe um juízo de carácter moral sobre o regime que esses movimentos visam depor por parte das potências que os reconhecem e uma manifesta redução do grau de exigência em relação aos pressupostos que, na prática anterior, se considerava deverem preceder o reconhecimento do estatuto de beligerantes. Acresce que essa declaração de legitimidade implica uma "deslegitimação" do governo até então reconhecido.

2. O reconhecimento de insurgentes em Direito Internacional

Referimos anteriormente que existem fortes razões para que os Estados se abstenham de tomarem partido ou apoiarem movimentos insurrecionais de natureza interna noutros Estados.

Existem, porém, razões que, em sentido contrário, podem tornar aos olhos de um Estado conveniente reconhecer algum estatuto internacional a um movimento armado que se opõe a um governo estrangeiro. Para além de solidariedades políticas ou identidades de outro tipo que possam pesar na tomada dessa posição, é normalmente determinante a necessidade de estabelecer e manter relações internacionais com quem exerce esse controlo.

Uma das principais competências dos Estados no plano internacional é a defesa no exterior da integridade física e patrimonial dos seus cidadãos e empresas. Quando esses cidadãos ou empresas residem ou operam em regiões controladas por forças insurretas, torna-se inevitável, para o exercício efetivo daquelas competências, o estabelecimento de canais de diálogo com quem controla essas forças insurretas.

A defesa dos interesses do Estado e dos seus nacionais é, assim, a principal razão que justifica o reconhecimento dos insurgentes, tendo tal reconhecimento o efeito de estabelecer com quem os dirige as relações necessárias para o efeito.

De referir que se tem entendido que os insurgentes devem prestar proteção e garantir a imunidade a todos os funcionários e agentes dos Estados estrangeiros no seu território, embora a recíproca não se lhes aplique: os Estados estrangeiros podem tratar todos os nacionais do Estado em que ocorre o conflito interno como nacionais desse Estado, não estando obrigados a conceder um estatuto diferenciado aos que estão ligados ao movimento rebelde, embora frequentemente o façam.

O Direito Internacional Humanitário prevê no artigo 3.º das Convenções de Genebra de 1949 a sua aplicação às partes em conflitos armados que não apresentem caráter internacional, prevendo que que "as Partes no conflito esforçar-se-ão também por pôr em vigor por meio de acordos especiais todas ou parte das restantes disposições da presente Convenção", embora esclareça, na parte final do mesmo dispositivo, que "A aplicação das disposições precedentes não prejudicará o estatuto jurídico das partes em conflito". Este dispositivo confere alguma capacidade internacional aos movimentos insurgentes.

Alguns acordos têm sido estabelecidos entre movimentos insurgentes e os governos contra os quais lutam[2],sendo maioritariamente considerado que têm a natureza de acordos internacionais[3].

Embora suscite alguma controvérsia doutrinária o fundamento da vinculação de insurgentes a convenções internacionais de que não são parte, os tribunais internacionais têm vindo a considerar estarem os movimentos insurgentes vinculados a regras do *jus in bello*, designadamente no que se

[2] CASSESE, Antonio, em **International Law.** Oxford: Oxford, 2005, p. 128, refere os Acordos de Bicesse entre a Unita e o Governo de Angola em 1991, os Protocolo de Lusaka entre as mesmas partes em 1994, os acordos celebrados entre partes em conflito no território da antiga Jugoslávia entre 1991 e 1993 e o Acordo celebrado entre o Governo da Serra Leoa e o RUF – Frente Revolucionária Unida da Serra Leoa em 7 de junho de 1999.

[3] Em sentido contrário o Tribunal Especial da Serra Leoa considerou na decisão tomada no caso *M. Kallon and B. Bazzy Kamara* de 13 de março de 2004, que o Acordo entre o Governo da Serra Leoa e a RUF não era um Acordo Internacional, perspetiva que Cassese considera errada (CASSESE, Antonio. **International Law**. Oxford: Oxford, 2005, p. 128).

refere à utilização de armas, ao direito humanitário e à proteção do património cultural.

3. Insurgência e beligerância

Na sua obra considerada seminal sobre a questão do reconhecimento internacional, Lauterpacht[4] refere existir um consenso sobre as condições que, de acordo com alguns autores, impõem o dever de reconhecer a beligerância ou que, de acordo com outros, justificam esse reconhecimento: em primeiro lugar, deve existir no território do Estado um conflito com caráter geral (por oposição a conflitos de natureza puramente local); em segundo lugar, os insurgentes devem ocupar e administrar uma parte substancial do território nacional; em terceiro lugar, devem conduzir as hostilidades de acordo com as regras do direito da guerra e agir sob o comando de uma autoridade responsável; em quarto lugar, devem verificar-se circunstâncias que tornem necessário para Estados terceiros que estes definam a sua posição através do reconhecimento da beligerância.

Se um movimento insurgente é reconhecido como beligerante, tal significa que o conflito em curso passa a ser considerado internacional, adquirindo o beligerante, através desse reconhecimento, o estatuto de entidade sujeita a todos os direitos e obrigações decorrentes do *jus in bello*. Os Estados que reconhecem os beligerantes passam a estar obrigados a observar um estatuto de neutralidade.

O reconhecimento de beligerantes tem sido muito raro, não tendo ocorrido mesmo em casos em que estiveram reunidas todas as condições para que tal ocorresse. É um facto que apesar de o governo britânico ter proibido o comércio com as treze colónias norte-americanas, ameaçando de apresamento todos os navios que violassem essa interdição, o que John Adams considerou tratar-se de uma declaração de independência decretada pelo parlamento britânico[5], o estatuto de beligerante não foi reconhecido aos rebeldes.

Também nos conflitos que tiveram lugar entre a Espanha e as suas colónias americanas, embora a posição inicial dos Estados Unidos e do Reino Unido

[4] LAUTERPACHT, Sir Hersch. **Recognition in International Law**. Cambridge: Cambridge, 1947, p. 39 e ss.

[5] HALABI, Sam Foster. **Traditions of Belligerent Recognition**: The Lybian Intervention in Historical and Theoretical Context. American University Internacional Law Review, 2012, p. 336, v. 7, issue 2.

tenha partido de um não reconhecimento da insurgência para uma posição de neutralidade, o estatuto de beligerante nunca foi formalmente reconhecido aos rebeldes.

Caso diferente foi o da Guerra da Secessão dos Estados Unidos, tendo, neste caso, sido o bloqueio dos portos dos estados confederados decretado pelo Presidente Lincoln entendido como um reconhecimento do estatuto de beligerância pelo próprio governo da União. De referir que antes do final do século XIX, face à ausência de regras de *jus in bello*, a questão do reconhecimento do estatuto de beligerante correspondia a uma proclamação de neutralidade, que foi o que o Reino Unido fez, seguido pela França e outras dez potências europeias.

Na Guerra Civil de Espanha, embora os nacionalistas tenham rapidamente após o início do conflito, reunido todas as condições para serem reconhecidos como beligerantes e ter havido proclamação de bloqueio de portos pelo Governo de Madrid, o estatuto de beligerante não lhes foi reconhecido.

Deve aqui colocar-se a seguinte questão: é o reconhecimento do estatuto de beligerante um direito dos insurgentes, quando se verificam os pressupostos que acima referimos? Lauterpacht pensa que sim, e refere estar convencido de que essa é a posição da maior parte dos jusinternacionalistas à época em que escreveu a sua obra sobre o tema[6], embora considere que está na discricionariedade dos Estados terceiros avaliarem a verificação desses pressupostos. A grande vantagem para os insurgentes da aquisição do estatuto de beligerância é a neutralidade a que as potências estrangeiras ficam obrigadas, quando até esse momento podem fornecer todo o tipo de apoio militar ao "governo legítimo".

Recentemente, Sam Foster Halabi[7] considera que a posição de Estados terceiros face a um conflito interno e o eventual reconhecimento do estatuto de beligerantes incorpora desde o século XIX três tradições de política externa que visam assegurar a ordem internacional: o "comercialismo"; o "constitucionalismo" e o "institucionalismo". O "comercialismo" consiste no interesse em assegurar condições para o livre comércio e a liberdade dos mares; o "constitucionalismo" no interesse dos Estados no reconhecimento de movimentos revolucionários ou rebeldes quando estes reúnem a infraestrutura necessária para agirem como Estados soberanos legítimos; finalmente, no quadro do "institucionalismo", grupos de Estados coordenam a mediação,

[6] Op. cit. p. 187.
[7] Op. cit. p. 329.

a gestão ou a intervenção num conflito interno com base nos seus interesses partilhados. Halabi considera que os Estados agem exclusivamente na prossecução dos seus interesses quando reconhecem o estatuto de beligerância, que não pode ser visto como um direito dos insurgentes.

4. Reconhecimento nos recentes conflitos internos

Não pretendemos neste texto fazer qualquer tipo de comentário político sobre os recentes acontecimentos em países do Norte de África e do Médio-Oriente, nomeadamente na Líbia e na Síria. Na perspetiva da doutrina de Direito Internacional, em que nos pretendemos conservar, parece evidente que o reconhecimento do CNT – Conselho Nacional de Transição da Líbia como "legítimo representante do povo líbio" e a consequente "deslegitimação" do governo de Kadhafi representa um passo inédito.

Como vimos, o reconhecimento do estatuto de beligerância, que raramente ocorreu até ao final da Guerra Fria, tinha como principal consequência a neutralidade dos Estados terceiros face a esse conflito. Neste caso, a "transferência" do reconhecimento para os rebeldes implicou a "deslegitimação" do governo, permitindo todo tipo de apoio, inclusive militar, ao movimento rebelde.

O CNT era um movimento de contornos pouco conhecidos, que ocupava precariamente um pequena parte do território líbio, tendo sido justamente essa situação precária que justificou o estabelecimento pelo Conselho de Segurança de uma zona de exclusão aérea em 17 de março de 2011. Posteriormente, os meios militares disponibilizados para a exclusão aérea foram utlizados para a destruição das forças governamentais, até ao assassinato de Muamar Kadhafi e ao fim do seu regime.

Esta sucessão de acontecimentos situa-se completamente fora do quadro jurídico historicamente constituído e que acima procurámos sintetizar.

A intervenção estrangeira na Síria no quadro de um conflito interno de grande complexidade, escapa também completamente ao referido quadro jurídico.

Pelos posicionamentos assumidos, a única formação política insurgente no conflito da Síria que assume ao objetivo de substituir o regime político atual é a Coligação Nacional Síria, mas a precaridade do domínio territorial que tem mantido e a própria aparente inconsistência da sua composição, a que falta um comando unificado e uma capacidade para tomar decisões aceites como comuns pelas forças que o integram, não parece permitir concluir que se trata de um insurgente que, no quadro conhecido do Direito Internacional, pudesse aspirar ao reconhecimento como beligerante.

Apesar disso, foi reconhecido pela Liga Árabe e pelos Estados que a integram como representante legítimo do povo sírio e recebe apoio militar de várias potências estrangeiras.

Está-se, assim, a nosso ver, face a um novo paradigma de internacionalização de conflitos internos, envolvendo intervenções externas e apoios militares manifestamente contrários aos princípios da Carta das Nações Unidas.

A resposta à questão de como podemos qualificar os novos atores internos nestes conflitos não se encontra pois por ora no quadro do Direito Internacional que temos.

Referências

CASSESSE, Antonio. **International Law**. Oxford: Oxford, 2005.

HALABI, Sam Foster. **Traditions of Belligerent Recognition**: the Lybian Intervention in Historical and Theoretical Context. *American University International Law Review*, 2012, v. 27. issue 2, p. 321-390.

LAUTERPACHT, Sir Hersch. **Recognition in International Law**. Cambridge: Cambridge, 1947.

A UNIÃO EUROPEIA E A MANUTENÇÃO DA PAZ

A laicidade da União Europeia em face ao islamismo: o eventual conflito religioso e sua repercussão jurídica

Daniel Amin Ferraz[1]
Leonardo Arêba Pinto[2]

1. Aproximação da matéria

> "Era um 11 de setembro. Desviados de sua rota programada por pilotos decididos a tudo, os aviões se precipitaram até o coração da grande cidade, decididos a derrubar os símbolos do odiado sistema político. Tudo ocorreu muito rápido: explosões, fachadas que se desfazem, o estrondo infernal dos desmoronamentos, o terror dos sobreviventes, que fogem cobertos pela poeira. E os meios de comunicação transmitem a tragédia ao vivo...
> Nova Iorque, 2001? Não, Santiago do Chile, 11 de setembro de 1973." (tradução nossa)[3].

A passagem acima é a caracterização do terror que ocorreu com o golpe de Estado perpetrado pelo General Augusto Pinochet contra o governo legítimo, eleito democraticamente, do Presidente Salvador Allende, no Chile.

[1] Mestre em Direito Empresarial pela Universidade de Coimbra, Portugal; Doutor em Direito Internacional pela Universidad de València, Espanha; Professor do Programa de Mestrado e Doutorado em Direito do UniCEUB, Brasília, DF; Advogado.

[2] Mestrando em Direito e Políticas Públicas no UniCEUB, Brasília, DF; Advogado.

[3] RAMONET, Ignacio. **Guerras del Siglo XXI**. Barcelona: Mondadori, 2002, p. 49.

Interessante notar a coincidência de datas. Ela nos remete, claro, aos atentados terroristas perpetrados, algumas décadas depois, no mesmo 11 de setembro, contra o World Trade Center, em Nova Iorque.

Importa referir que o atentado praticado contra a democracia na América Latina contou com o beneplácito da maior parte das democracias ocidentais, sob o argumento de que haveria a necessidade de se promover uma paralisia do crescimento de ideologias de esquerda para o seio do "Novo Mundo". Hoje, estas mesmas democracias, comumente representadas pelos Estados Unidos e pela União Europeia, sofrem, em seus territórios, horrendos atentados terroristas, muitas das vezes justificados por fundamentos ideológico-religiosos.

O que se pretende, a seguir, é analisar as formas de diferenciação na organização social, vez que no ocidente entende-se da necessidade de organização do Estado de forma laica.

Assim, tem-se a tensão entre o modelo de estado laico da União Europeia e o modelo religioso islâmico professado pela maioria dos imigrantes europeus como objeto de estudo. Com a colisão de dois modelos religiosos, à primeira vista antagônicos, busca-se delinear de que forma tal embate se dá, e que consequências jurídicas podem advir de tal tensão.

Como se demonstrará, o embate religioso a ser analisado tem origem, principalmente, na crise migratória que assola a União Europeia, que acaba por ensejar o ingresso de diversos refugiados que professam convicções religiosas divergentes do paradigma laico emanado pela legislação europeia[4].

Pretende-se, a partir do presente texto, um embasamento para estudos porvindouros relativos ao fluxo imigratório europeu[5], a guerra ao terrorismo e o embate entre modelos religiosos distintos.

[4] Um caso interessante a analisar seria o da utilização do véu pelas mulheres que professam a fé islâmica. Assim, para que os Estados europeus laicos lidem com tal matéria não é simples, já que este elemento de identidade religiosa, muitas das vezes, é caracterizado como um elemento de discriminação de gênero. Por outro lado, cada dia mais as populações europeias identificam no véu pessoas que estariam em seu território, promovendo uma "invasão", modificando seu "modo de vida", e pretendendo impor outra forma de organização social, gerando, por vezes, reações xenófobas. Veja-se, neste sentido: HERRANZ DE RAFAEL, Gonzalo. **Xenofobia y Multiculturalidad**. Valencia: Tirant lo Blanc, 2008, p. 101 e ss.

[5] O fluxo migratório para a UE se vê facilitado em virtude da liberdade de circulação de pessoas intra-comunitária, um dos pilares da União e facilitada pela adoção do Acordo Schengen. Para aprofundar sobre a matéria, veja-se: COSTA, Francisco Seixas da. **Schengen e as ilusões europeias.** XXI Ter opinião, n.º 6, Jan-Jun 2016, Fundação Francisco Manuel dos Santos, Lisboa, p. 26 e ss.

Isso porque a compreensão da crise imigratória e do combate ao terrorismo, assim como a própria definição de terrorismo[6]/[7], reside, também, na compreensão do eventual conflito religioso entre estado laico e estado islâmico, sempre se tendo em vista as acepções diversas do islamismo.

A fim de que o escopo do presente estudo seja alcançado, primeiramente analisar-se-á, de forma sumária, a crise migratória europeia, a fim de que seja possível compreender de que forma a tensão religiosa se instaura na União Europeia.

Uma vez sedimentados sinteticamente os moldes da atual crise migratória europeia, serão analisados conceitos básicos do estado laico europeu, bem como os alicerces inerentes à religião islâmica, delineando-se seus principais pontos de tensão.

Em momento final, demonstrar-se-á que o embate entre modelos religiosos poderia provocar mudanças diretas no ordenamento jurídico comunitário, restando necessário, em função disso, uma positivação de regras e normas comunitárias que permitiriam o convívio entre as diferentes crenças religiosas.

[6] Não há que se falar, ainda hoje, em uma definição consolidada do termo terrorismo. De toda sorte, sabe-se que, para o entendimento de terrorismo no âmbito islâmico, conceituação essencial seria a de Yihad. Aqui, novamente, não há que se falar em uma consolidação conceitual, já que inúmeros são os entendimentos sobre Yihad. Desta forma, pode-se entender pelo termo a mera tradição muçulmana de que todo muçulmano, deverá realizar o esforço de sempre fazer o correto, ou a determinação do Alcorão para que todo muçulmano obre pelo bem, fazendo justiça, inclusive, contra os próprios interesses. Por outro lado, na época pré-moderna, Yihad era já entendida como a obrigação coletiva de quem dirigia um país voltado ao Islão de levar a guerra santa contra os infiéis não muçulmanos, com o fim de expandir suas fronteiras. Assim, a ideia de Yihad, fundamento mesmo da prática terrorista perpetrada por grupos radicais, não possui conceituação assentada, havendo divergências em suas acepções. Para aprofundar na matéria, veja-se, entre muitos: GUTIÉRREZ ESPADA, Cesáreo. «El terrorismo yihadista y la prohibición del uso de la fuerza en el Derecho internacional contemporáneo.» em: RAMÓN CHORNET, Consuelo (coord.). **La acción colectiva del uso de la fuerza. Valencia: Tirant lo Blanch, 2012, p. 171 e ss.**

[7] Outro elemento, também relevante para o entendimento da matéria é a definição de vítima do terrorismo. Assim, pode-se definir vítima do terrorismo, sob a ótica política, como o conjunto de cidadãos que se vê afetado pela ameaça ou ação terrorista em qualquer de suas formas. Por outro lado, sob o aspecto jurídico, o terrorismo será qualificado como toda ação determinada pela lei como tal. Para aprofundar-se sobre a matéria, veja-se, entre muitos: RODRÍGUEZ URIBES, José Mauel. «El concepto de víctima del terrorismo.» em: REVENGA SÁNCHEZ, Miguel (dir.). **Terrorismo y Derecho bajo la estela del 11 de septiembre**. Valéncia: Tirant lo Blanch, 2014, p. 217 e ss.

1.1. A crise migratória da União Europeia

De determinado ponto de vista, pode-se dizer que a concepção da União Europeia se originou de um contexto de crise[8].

Após o fim da Segunda Guerra Mundial, os países do coração europeu se encontravam em ruínas. Profundas dissidências ideológicas, abismos econômicos e tecnológicos, escassez de recursos naturais e de matérias primas consistiam em características inerentes ao cenário pós-guerra.

No entanto, a despeito da crise que assolava a União Europeia, a situação política que ainda perdurava no continente europeu, especialmente em função de um eventual confronto com a União Soviética, compeliu os países europeus a delinearem formas de integração regional que os tornassem mais estáveis e aptos a opor resistência, em eventual novo conflito.[9]

Ao mesmo tempo em que se vislumbrava uma considerável oposição soviética de cunho político, vislumbrava-se, também, relevante ameaça de natureza militar proveniente do leste europeu, já que as tropas soviéticas se situavam próximas da Europa Ocidental, representando relevante afronta à estrutura, ainda que defasada, então vigente.

Com isso, configurava-se um cenário de constante ameaça na Europa Ocidental, motivo pelo qual a resposta imediata foi o fortalecimento conjuntural e regional europeu.

> Nestas condições, os europeus mais lúcidos sentem que a Europa só poderá fazer face à ameaça que sobre essa impende se conseguir organizar-se e fortalecer-se na unidade.
>
> *'Construir a Europa'* passa, por isso, a ser a palavra de ordem.
>
> As condições necessárias estão para tal reunidas: a pendência de uma ameaça exterior, afectando a todos os países do Ocidente; a existência de problemas comuns a todos os Estados – problemas políticos econômicos, sociais e de defesa – que só em conjugação de esforços poderiam ser eficazmente enfrentados, por outro lado, o caminho para a unidade europeia parecia aplanado na medida em que ao nível dos responsáveis políticos dos

[8] "La Unión Europea goza de uma mala salud de hierro". ALDECOA LUZÁRRAGA, Francisco; GUINEA LLORENTE, Mercedes. **La Europa que viene**: El Tratado de Lisboa, 2 ed. Madrid: Editorial Marcial Pons, 2010, p. 21. Da afirmação acima, do eminente professor Francisco Aldecoa pode-se perceber que a UE sempre evolui sobre as crises. As mesmas fazem parte da gênese mesmo do espaço de integração, saindo sempre mais forte e unida depois de momentos de crise.

[9] MARTÍN, Araceli Mangas; NOGUERAS, Diego J. Liñan Nogueras. **Instituciones y Derecho de la Unión Europea**. 6.ª ed. Valencia: Editora Técnos, 2010, p. 27.

países do Ocidente se forjara durante a guerra uma convicção generalizada da necessidade de acção solidária na construção de um futuro comum.[10]

Embasando-se em um ideário de unificação, solidariedade e fortalecimento regional, a União Europeia veio a se tornar realidade por intermédio de sucessivos tratados internacionais de integração, os quais miravam promover crescente interação entre países europeus nas mais diversas áreas, tais como atividades econômicas, políticas e sociais.[11]

A partir do Ato Único Europeu, sucessivos tratados internacionais, sequencialmente os de Maarstricht, Amsterdam e Nice aprofundaram e aperfeiçoaram a estrutura da União Europeia[12], consolidando um âmbito de integração

[10] DE CAMPOS, João Mota. **Manual de Direito Comunitário.** 1.ª ed. (ano 2006), 1ª reimpr. Curitiba: Juruá, 2009, p. 44 e 45.

[11] "O projeto de integração europeia, previsto no Tratado de Roma que instituiu a CEE, deveria ser realizado faseadamente, na conformidade da política de pequenos passos que fora preconizada por Robert Schuman:
– A liberação das trocas, no quadro da União Aduaneira, deveria ocorrer ao longo de um período transitório de 12 anos, dividido em três fases (arts. 7.º-12.º e ss. do Tratado CE);
– As "Quatro Liberdades" (liberdade de circulação dos trabalhadores, direito de estabelecimento, liberdade de prestação de serviços e livre circulação de capitais) previstas no Tratado – mas em termos que exigiam a adopção de múltiplos actos regulamentares – seriam concretizadas à medida que a autoridade comunitária (isto é, o duo Comissão–Conselho) fosse adoptando os necessários regulamentos, directivas, decisões e outros actos normativos da competência das Instituições da Comunidade;
– A definição e a aplicação de políticas comuns necessárias à realização e ao bom funcionamento do mercado comum europeu – quer as políticas previstas no Tratado quer outras que a prática comunitária iria mostrar serem indispensáveis – exigiam igualmente um árduo e complexo esforço normativo que, como facilmente se adivinhava, iria constituir um trabalho de décadas;
– Durante a década de 1960, o processo de integração europeia avançou consideravelmente, mas o grande esforço então realizado não teve o desejado seguimento nos anos 1970 e no primeiro lustro dos anos 1980;
– Os sucessivos alargamentos da Comunidade revelavam cada vez mais ostensivamente a crescente inadequação dos processos comunitários de decisão ao funcionamento de uma Comunidade que perdera homogeneidade ao aumentar para doze, em 1986, o número de seus membros.
Formara-se, assim, a consciência generalizada – a que os governos dos Estados-membros não podiam ser indiferentes – de que a Comunidade carecia de novos impulsos, na perspectiva da criação da tão falada União Europeia, e de que tais impulsos não dispensavam adaptação do sistema institucional comunitário.
Tal foi o objetivo do Ato Único Europeu que, assinado em 1986, entrou em vigor em 1987."
DE CAMPOS, João Mota. **Manual de Direito Comunitário.** 1.ª ed. (ano 2006), 1.ª reimpr. Curitiba: Juruá, 2009, p. 44 e 45.

[12] MARTÍN, Araceli Mangas; NOGUERAS, Diego J. Liñan Nogueras. **Instituciones y Derecho de la Unión Europea.** 6.ª ed. Valencia: Editora Técnos, 2010, p. 47.

internacional nunca antes presenciado na história da humanidade. Importa referir que o Tratado de Lisboa, firmado no dia 13 de dezembro de 2007, promoveu importantes modificações no âmbito da UE quanto à questão do combate ao terrorismo.

Assim, quatro pontos são os principais adotados por Lisboa e que integram a política de combate da UE ao terrorismo[13]:

a) A criação do Alto Representante da União para Assuntos Exteriores e Política de Segurança, nos termos do art. 27.º do TUE;
b) A criação do Serviço Europeu de Ação Exterior (SEAE), nos termos do art. 27.º, n.º 3 do TUE;
c) A criação da Cláusula de Solidariedade, que permite que um Estado Membro que seja vítima de ataque terrorista receba ajuda de outros Estados Membros da UE, nos termos do art. 222.º do TFUE; e, finalmente,
d) A Cláusula de Assistência Mútua, chamada também de legítima defesa coletiva, com a atuação conjunta dos Estados Membros para reagir a eventual ataque terrorista em território europeu, nos termos do art. 42.º, n.º 7 do TUE.

Deste breve relato, constata-se que a União Europeia foi concebida em um contexto de crise que, dado o seu curto período de existência, sempre se mostrou presente, motivo pelo qual o quadro atual de crise migratória não representa novidade alguma em tal contexto histórico.

É essencial, todavia, destacar que, a despeito do incipiente contexto em que a União Europeia se concebeu, ao mesmo tempo pode-se constatar que essa integração regional superou profundos elementos de dissociação, caracterizados por diferenças culturais, linguísticas, de origem e de próprio grau de desenvolvimento econômico.

> Ao apontar as correntes decisivas que percorreram a civilização ocidental, DIDER LAZARD (In: "L' Occident – quel Occident"), esquecendo embora o contributo do germanismo, escreve: "Hoje, as três correntes estão mais visíveis do que nunca: o nosso individualismo radical é ateniense; as nossas leis

[13] PÉREZ BERNÁRDEZ, Carmela. «El collage de la política antiterrorista de la Unión Europea: uma aproximación jurídica» em: PÉREZ GONZÁLES, Manuel; PÉREZ CONDE, Elena (coord.). **Lucha contra el terrorismo, Derecho Internacional Humanitário y Derecho Penal Internacional**. Valencia: Tirant lo Blanc, 2012, p. 173 e ss.

e as nossas instituições, impregnadas de espírito aristocrático, são romanas; a nossa paixão pela justiça social é cristã". (Cit. Por AMEAL, João, História da Europa, XXIV).[14]

Com tal base, as diferenças entre os países europeus puderam ser contornadas, a fim de que uma estrutura jurídica unitária e supranacional pudesse encontrar vias de concretização em território europeu.

A crise migratória que assola a UE no Século XXI, noutro giro, envolve diversos elementos estruturais da União Europeia em um contexto de tensão[15].

Os conflitos civis armados[16], especialmente na Síria e no Afeganistão, levam cada dia mais, seus povos a buscarem asilo em território europeu que, em obediência à Carta dos Direitos Fundamentais da União Europeia de 2007, e também em obediência ao Estatuto dos Refugiados da ONU, aceitam o ingresso desses mesmos refugiados.

Estima-se que, no ano de 2013, aproximadamente 3,4 milhões de pessoas imigraram para um dos países da União Europeia.

> A Alemanha comunicou o maior número de imigrantes (692,7 mil) em 2013, seguida do Reino Unido (526,0 mil), da França (332,6 mil), da Itália (307,5 mil) e de Espanha (280,8 mil). Em 2013, a Espanha comunicou o número mais elevado de emigrantes (532,3 mil), seguida do Reino Unido (316,9 mil), da França (300,8 mil), da Polónia (276,4 mil) e da Alemanha (259,3 mil). Em 2013, um total de 16 dos Estado-membros da UE comunicou uma

[14] Disponível <http://www.bbc.com/portuguese/noticias/2015/08/150829_entenda_migracao_ab>. Acesso em 06/07 de 2016.

[15] ZAMBRADO GONZÁLEZ, Karla D. «Personas en movimiento. Las personas refugiadas y migrantes necesitan protección urgente» em: REIG FABADO, Isabel (dir.). Libertaded circulación, asilo y refugio en la Unión Europea. Valencia: Tirant lo Blanc, 2014, p. 111 e ss.

[16] "Os conflitos contemporâneos contradizem os fundamentos do Direito Internacional Humanitário. Em um esquema clássico, um exército combate a outro a fim de obter um ganho político ou territorial, acarretando aos civis os chamados danos colaterais, que por si só já são difíceis de suportar. Nos conflitos atuais, principalmente nos conflitos de identidade, nos quais os civis são o objetivo principal dos beligerantes, a situação é bastante distinta. A prática de uma política de limpeza étnica não pressupõe o extermínio das tropas inimigas já que é mais fácil matar, violar, queimar as casas das populações civis, aterrorizando-as e obrigando-as a abandonar a região pretendida. Dentro desta lógica, as vítimas ideais são as que deveriam ser melhor protegidas pelo Direito Humanitário, pois são as mais vulneráveis e as mais incapazes de defender-se". FERRAZ, Daniel Amin. «A nova ordem internacional, o Direito Internacional Humanitário e os refugiados.» em: FERRAZ, Daniel Amin; HAUSER, Denise (coord.). **A Nova Ordem Mundial e os Conflitos Armados**. Belo Horizonte: Ed. Mandamentos, 2002, p. 33 e ss.

> imigração superior à emigração, mas na Bulgária, Irlanda, Grécia, Espanha, Croácia, Chipre, Polónia, Portugal, Roménia e nos três Estado-membros do Báltico, o número de emigrantes superou o de imigrantes.[17]

Os dados transcritos em sua literalidade explicitam o contexto contemporâneo da União Europeia que, apesar de se encontrar em crise, com questionamentos tanto de seus pilares de solidariedade, como de sua unicidade, ainda se mostra capaz de atender as demandas humanitárias internacionais tal qual o aceite ao ingresso de refugiados mediterrâneos e do Oriente Médio, sofrendo as mais profundas repercussões em função disso.[18]

1.2. O inevitável choque de culturas religiosas: Estado laico e islamismo

De pronto, pode-se firmar que a religião majoritariamente professada pelos refugiados europeus que buscam asilo na União Europeia é o islamismo.

Em termos estatísticos, tem-se que o norte da África, conjuntamente com o Oriente Médio e a Indonésia, comporta importante parcela mundial de islamitas.

Os imigrantes que provêm dos conflitos do norte da África, do Mediterrâneo e da Síria professam, eminentemente, o islamismo como fé.[19]

[17] Disponível em: <http://ec.europa.eu/eurostat/statisticsexplained/index.php/Migration_and_migrant_population_statistics/pt>. Acesso em 26 jul. 2016

[18] "El 13 de mayo de 2015 la Comisión Europea presentó la 'Nueva Agenda Europea sobre Inmigración', concebida no sólo como respuesta ante la emergencia humanitária en el Mediterráneo, sino como un proyecto para tratar de gestionar los desafios migratórios en los próximos años, desde una perspectiva que se pretende multidimensionar, que reúne actuaciones internas y de política exterior y que busca conectarse con todos los actores que deben estar implicados: los Estados membros, las instituiciones y agencias de la EU, las Organizacionetes Internacionales, los representantes de las sociedades civiles, de las autoridades locales y de países terceros." DE LUCAS, Javier. **Mediterráneo: El naufrágio de Europa**. Valencia: Tirant Humanidades, 2015, p. 109.

[19] Em realidade, nos anos 70 do século XX já era possível observar uma forte unificação de entendimentos no tocante ao islã em localidades próximas: "De Marruecos a Indonesia y de Turquía a Nigeria, los países que integraban el mundo musulmán a finales de los años sesenta formaban parte de conjuntos diversos, y su referencia común al Islam no constituía una baza política importante. Para las elites en el poder, era primordial la pertenencia a comunidades ideológicas construídas alrededor del nacionalismo, local o regional (como el arabismo), o de uno de los bloques que se dividieron en el mundo surgido de los acuerdos de Yalta. Sin embargo, instituciónes islamistas, centros educativos, cofradías y una red muy densa de mesquitas y lugares de rezo mantenían um carácter específico en el mundo musulmán." KEPEL, Gilles. **La yihad – Expansión y declive del islamismo**. Barcelona: Ediciónes Península, 2002, p. 76.

Um dos pontos relevantes de discussão para uma possível integração do Islão à UE seria o alargamento da mesma para a Turquia[20]. Assim, com frequência, o que se tem dito é que a adesão deste país levaria a uma incorporação de numerosa população muçulmana à UE. Contudo, o que estes mesmos estudos não demonstram é que, hoje em dia, já existe uma elevada população, no seio do território europeu, nascida ou refugiada para esses territórios, que já professa a fé islâmica[21].

Com tal constatação, passa-se à essencial análise do possível choque de culturas religiosas que ocorreria entre a laicidade da União Europeia e o islamismo dos refugiados que hoje chegam à Europa.

2. Análise sumária dos principais pontos de tensão religiosa

Desde logo, o presente estudo estabelece o entendimento de que o islamismo e a laicidade da União Europeia não são conceitos indissociáveis, podendo ser harmonizáveis. O islamismo possui diferentes vertentes, sendo que apenas seus cortes radicais defendem que o caminho traçado pelo Alcorão é o único a ser percorrido, mediante imposição forçada.

[20] Como dito, um dos temas ainda sem solução de continuidade dentro da UE seria o do seu eventual alargamento para a Turquia. Cumpre referir que a negociação para que a adesão ocorra vem se arrastando longamente, sem que exista uma solução para o impasse. Na realidade, as negociações foram paralisadas primeiro por manifestação da Grécia, depois de Chipre, e sempre contou com uma certa "má vontade" da França. Os argumentos para tal paralização, historicamente, estariam concentrados nos seguintes eixos: a) político/institucional, relativo ao cumprimento dos princípios de Copenhague. Assim, estariam centrados na análise da conformidade da Turquia com os valores que definem a UE; b) o segundo eixo seria o impacto econômico de tal adesão. Hoje em dia, o aspecto econômico reforçaria a adesão da Turquia, já que a União encontra-se em um momento de dificuldades econômico-financeiras, e seria interessante sua integração, para aumentar a dinâmica de desenvolvimento no espaço europeu; c) por fim, o eixo geoestratégico. Aqui se analisam questões de segurança e de política exterior, passando, obrigatoriamente, pelas questões de imigração e terrorismo. Veja-se, entre muitos: RAMÓN CHORNET, Consuelo. «La integración de Turquia en la UE: entre la prevención y la necesidad» em: ESPLUGUES MOTA, Carlos; PALAO MORENO, Guillermo (coord.). **Nuevas fronteras del derecho de la Unión Europea**. València: Tirant lo Blac, 2012, p. 957 e ss.

[21] RAMADAN, Tariq. «La incapacidad de asumir el islam europeo. La capacidad de Europa de asumir su realidad musulmana» em: BARRAÑADA, Isaías (coord). **Alianza de Civilizaciones**: Seguridad Internacional y Democracia Cosmopolita. UCM Editorial Complutense, 2006, p. 121 e ss.

A principal divisão que pode ser feita a esta altura, no tocante às diferentes acepções islâmicas, é a existente entre *xiitas* e *sunitas*. Os xiitas são parcela minoritária[22], e a esses é atribuído a vertente mais radical do islamismo.

De outro polo, cita-se os sunitas, que entendem que não necessariamente um descendente direto de Maomé é a pessoa indicada a exercer controle político sobre o califado, e representam a parte majoritária do islã.[23]

A partir dessa breve ilustração de vertentes islâmicas, resta evidente que o afastamento do islamismo do conceito de terrorismo, a despeito dos recentes atentados, e da existência de grupos terroristas em plena atividade, inclusive no próprio espaço físico da União Europeia, é medida que se impõe. Sem tal dissociação, a compreensão de uma estrutura básica de fundamentos e crenças do islã seria impossível e, portanto, o avanço imparcial e analítico sobre o tema.

A presente análise precisa ser realizada, dado que a religião islâmica pode professar, em realidade, um modelo de estado em que as normas civis e de governo estejam parcialmente e oficialmente vinculadas à crença religiosa, professada em diferentes gradações[24].

[22] "Quando o profeta Maomé, fundador do Islamismo, morreu em 632, a autoridade islâmica já havia sido estabelecida em toda a península arábica, por meio de operações e conquistas de militares. No entanto, como os dois filhos homens de Maomé faleceram, a comunidade muçulmana ficou dividida sobre quem deveria sucedê-lo. Segunda a tradição islâmica, Maomé possuía o direito divino de governar, mas tal prerrogativa terminava com sua morte. A maioria dos muçulmanos acreditava que um pequeno grupo conhecido como os 'Conhecedores do Profeta' era o mais indicado para assumir a liderança, pois eram indivíduos mais próximos passos de Maomé os compiladores do Alcorão. Nomearam Abu Bakr, um dos melhores amigos do Profeta, como o sucessor. (...) Um grupo minoritário de muçulmanos discordou da nomeação de Abuk Bakr, dizendo que o líder justo deveria ter sido um parente próximo de Maomé, de preferência um membro do grupo conhecido no Alcorão como a família do Profeta. Essa minoria de muçulmanos alegava que Maomé estava indicado um sucessor: seu genro e primo Ali Talib Abi Talib, porque Maomé honrara publicamente sua capacidade de liderar a comunidade. O nome *xiita* vem do árabe, *Shia'a Al Ali, 'partido de Ali'*, a quem os xiitas veem como o legítimo herdeiro do Profeta. GAARDER, Jostein; HELLERN, Victor; NOTAKER, Henry. **O Livro das Religiões**. Tradução de Bruno Alexander. São Paulo: Globo Livros, 2014, pág. 270 e 271.

[23] "Muçulmanos sunistas se consideram o ramo ortodoxo e tradicionalista do islã. A palavra sunita vem de 'Ahl al-Sunna', ou 'as pessoas da tradição'. A tradição, neste caso, refere-se a práticas baseadas em precedentes ou relatos das ações do profeta Maomé e daqueles próximos a ele. Os sunitas veneram todos os profetas mencionados no Corão, mas vem Maomé como o profeta derradeiro. Em contraste com os xiitas, os líderes e professores de religião sunitas historicamente ficaram sob o controle do Estado. A tradição sunita enfatiza um sistema codificado da lei islâmica e adesão a quatro escolas da lei". Disponível em <http://www.bbc.com/portuguese/noticias/2016/01/160104_diferencas_sunitas_xiitas_muculmanos_lab>. Acesso em 25/07/2016.

[24] Essencial neste ponto elucidar a distinção entre estado muçulmano e estado islâmico. O estado islâmico adota o islamismo como fator maior que mera religião: os moldes delimitados pelo Alcorão

É fato que, apesar de a União Europeia conduzir um modelo de Estado laico, o cristianismo ainda é a religião majoritária nesse espaço e, em função disso, influiria diretamente no modo como a sociedade se porta, tanto no conceito de justiça irradiado em instituições e órgãos públicos, como no aspecto de sociabilidade e ética intrapessoal. Nesse sentido, um resquício de cristianismo seria inerente ao conceito de Estado laico.

Todavia, essa vinculação não é feita de modo explícito pelo cristianismo, ao passo que no islamismo a relação entre Estado e religião é mais direta e perceptível, mesmo tendo em vista a diferença entre estado muçulmano e islâmico, já destacada.

Neste ponto jaz a tensão entre os modelos aventados, sendo necessário adentrar nessas espécies, a fim de que seja possível vislumbrar um ponto de equilíbrio adequado entre os dois modelos.

2.1. Os alicerces do Estado europeu laico

Cabe neste momento estabelecer o conceito de laicidade adotado na União Europeia.

Objetiva e positivamente, a União Europeia não adota nenhuma religião oficial em seu domínio territorial e político, entendendo que o Estado deva ser regulado de forma independente de qualquer crença religiosa.

regem a organização social e estatal, representando uma verdadeira junção entre Estado e religião. Nesse sentido: “Los defensores de la idea que el Islam es religión y Estado mesclam la historia con la lógica y creen que la relácion entre Islam y política es una necesidad razonable y conceptual. El Islam para ellos es adoración y liderazgo, religión y Estado, espiritualid y trabajo de forma inseparable. De hecho, un defensor de la teologia de la liberácion en el Islam procura encontrar la razón que se esconde detrás de esta realid. Cuando dijo que ‘los primeiros ulemás y juristas musulmanes pensaban que si la religión se separaba de la política, los governantes abandonariam totalmente esos valores fundamentales y solo se ocuparían de su ambición de poder. De hecho, em aquellos días, no existían ni el concepto del laicisimo ni la filosofia humana’ (Enginner, 2010: 68-69).” SALEH, Waleed. **Librepensaimento e islam**. Valencia: Tirant Humanidades, 2016, p. 49. Já o estado muçulmano, em contraste com o estado islâmico, adota o islamismo como religião oficial de Estado, mas tal convicção não prepondera, nem é determinante, para a condução de governo e de serviços estatais. Vislumbra-se uma maior separação entre religião e Estado, nos termos a seguir reproduzidos: “En el momento actual abundan en el mundo árabe y musulmán intelectuales liberales, librepensadores y laicos que se esfuerzan en explicar los benefícios de la separación entre religión y política, el domínio de la razón y la ciencia, y los inconvenientes del Estado teocrático. En su lucha contra los poderes estabelecidos, algunos de estos intelectuales han sido perseguidos, declarados apóstatas, detenidos e incluso, algunos, asesinados.” SALEH, Waleed. **Librepensaimento e islam**. Valencia: Tirant Humanidades, 2016, p. 43.

A União Europeia adota, assim, um conceito de laicidade:

> La laicidade, *al-'Almaniuua*, es la imparcialidad del Estado em lo que se refiere a la cuestión religiosa, por lo tanto no está contra la religión, sino contra el Estado religioso. Es decir, que está al servicio de la religión, porque a la sombra de la laicidade se practican todas las religiones en paz y seguridad. El Estado laico es el que no tiene una religión oficial, pero se compromete a conservar y respetar todas las religiones, ofereciendo lugares de culto para las diferentes comunidades religiosas. Entre sus obligaciones estará también la eliminación de cualquier sectarismo político; el fortalecimento de los tribunales civiles para garantizar la igualdad entre los ciudadanos; la elaboración de um código civil que iguale al hombre y a la mujer, ofreciéndoles el derecho a elegir entre el matrimonio civil, religioso o ambos; considerar las leyes como normas relativas, no absolutas, y a la sociedad su única fuente, pudiendo ser modificadas conforme a las nuevas necessidades; la consideración del governante como alguién que toma su poder del Pueblo, representa su voluntad y no se inspira en una fuerza divina que estée por encima de la sociedad; el fortalecimento de la cultura laica y racional; y, por último, la liberación del Estado del poder de la religión y a esta del poder del Estado.[25]

Com a leitura deste conceito de laicidade aplicável a União Europeia, depreende-se que a adoção de um modelo de Estado laico pressupõe uma série de obrigações jurídicas consectárias a essa premissa.

Assim, embora os tratados da União Europeia não façam remissão direta ao modelo laico adotado em sede europeia, tais obrigações seriam inerentes à própria organicidade da UE, entendida como entidade supranacional.

Primeiramente, inerente ao modelo de Estado laico se mostra a obrigação jurídica de comprometimento ao respeito de todas as religiões, nestas incluídas o islamismo, garantindo-se lugares de culto para tais comunidades religiosas e atos comissivos e omissivos que garantam a livre crença no islã.

Em segundo ponto, existiria também a obrigação jurídica, por parte da União Europeia, de evitar qualquer forma possível de sectarismo entre islamismo e religião cristã, dada que esta é a mais adotada em território europeu, a despeito da oficialidade de um modelo de estado apartado de convicções religiosas.

Adviria do modelo de Estado laico a garantia de um sistema legal que garantisse a igualdade dos direitos civis e constitucionais, não sendo possível,

[25] SALEH, Waleed. **Libre pensimiento e islam**. Valencia: Tirant Humanidades, 2016, p. 24.

neste caso, aos muçulmanos, aferirem vantagens ou desvantagens em detrimento de suas convicções religiosas.

Pode-se declarar, em realidade, que a adoção de um modelo de Estado laico pela União Europeia pressupõe o estabelecimento de uma série de normas e regras jurídicas que visam garantir a coexistência entre o cidadão europeu agnóstico (ou cristão, ou hindu, etc.) e o islamita ou muçulmano.

Essencial notar que a fé muçulmana não é indissociável de uma cultura laica, tanto é que no período de Ouro do islamismo, o profeta Maomé professou um modelo de Estado laico, altamente instigado por pesquisas científicas e pela construção de conhecimento racional[26]. As formas básicas da laicidade e do islamismo não são, assim, contrastantes.

O islamismo, no mencionado período de Ouro, vislumbrou fase de laicidade e desvinculação do Estado, e atravessa atualmente período de extrema polarização e extremismo em suas correntes, sendo que a atual harmonização entre a laicidade e uma base islâmica encontra maiores óbices, embora também não consista em meta intangível.

Com a breve exposição, resta evidente que uma série de obrigações jurídicas nascem da adoção, pela União Europeia, do modelo de Estado laico. Cumpre à União Europeia garantir maior eficácia e substância no tocante às referidas obrigações, dado que inerentes à própria estrutura que seus órgãos e instituições buscam assegurar.

Paralelo ao cumprimento das obrigações advindas do modelo europeu de Estado laico, uma conscientização, tanto social quanto governamental, é imperiosa para a União, já que o cristianismo, religião preponderante em tal território, dispõe de convicções fundamentais divergentes do islamismo. No entanto, como o cristianismo não é oficialmente adotado, e o modelo de Estado europeu é laico, tais adequações, necessariamente, deverão ser feitas caso a caso, a fim de se alcançar uma maior harmonização entre estes modelos.

2.2. Os alicerces da religião muçulmana

A base da religião islâmica é compartilhada pelo cristianismo. Trata-se de religião monoteísta, e que concebe Alá, conforme relatado no Alcorão, como

[26] GAARDER, Jostein; HELLERN, Victor; NOTAKER, Henry. **O Livro das Religiões**. Tradução de Bruno Alexander. São Paulo: Globo Livros, 2014

Deus único e caminho exclusivo para a salvação. Nesses termos leciona o Livro das Religiões[27]:

> Junto com o judaísmo e o cristianismo, é uma religião abraâmica, remontando a Ibrahim (Abraão), o primeiro profeta de uma grande linhagem enviada para revelar a religião – linhagem que inclui Musa (Moisés) e Isa (Jesus). Segundo os muçulmanos, o último profeta dessa linhagem é Amomé, que recebeu as revelações contidas no Alcorão (ou Corão) e estabeleceu o islamismo como ele é conhecido hoje em dia.
>
> O islamismo é uma religião fortemente monoteísta, enfatizando a unicidade de um Deus incomparável, Alá ("o Deus", em árabe) e o dever das pessoas de servi-lo. De acordo com o islamismo, a vida humana é um presente de Deus, e a forma como a vivemos será avaliada no Dia do Julgamento. As profissões de fé centrais estão sintetizadas nos "Cinco pilares do islamismo". A prática religiosa acontece em mesquitas – centros de rezas e ensino que também servem como foco para a vida social da comunidade.

As bases cristã e islâmica partem de momentos históricos similares, embora divirjam em pontos fundamentais, a partir do desenvolvimento histórico.

Um dos pontos de maior distinção entre o cristianismo e o islamismo é a extensão da religiosidade de forma mais objetiva à vida coletiva e estatal, seja no estado muçulmano ou islâmico.

Ao conjunto de normas legais e éticas aplicáveis previstas pelo Alcorão, atribui-se o nome de *sharia*.

> No pensamento islâmico, submeter-se à orientação de Deus (islã significa "submissão) é a marca de um verdadeiro muçulmano. Para ajudar as pessoas a viver a vida de forma que lhes seja agradável, Deus ofereceu um caminho conhecido como *sharia*, cuja tradução literal é "estrada para o poço". No contexto dos desertos da Arábia, um caminho que conduz a um poço é um grande tesouro. Do mesmo modo, a *sharia* (a lei de Deus) é o caminho para a vida harmoniosa. Em essência, a *sharia* é um sistema de ética e jurisprudência (*fiqh*) com o propósito de governar a humanidade e orientar nossas ações.[28]

[27] GAARDER, Jostein; HELLERN, Victor; NOTAKER, Henry. **O Livro das Religiões**. Tradução de Bruno Alexander. São Paulo: Globo Livros, 2014

[28] GAARDER, Jostein; HELLERN, Victor; NOTAKER, Henry. **O Livro das Religiões**. Tradução de Bruno Alexander. São Paulo: Globo Livros, 2014

Assim, a *sharia* consiste em sistema de normas e entendimentos sedimentados pela religião islâmica extensíveis à organização social de Estado, atingindo setores jurídicos e de demais regulação estatal. Tal estrutura religiosa explicita que a miscigenação entre religião e Estado, no que se refere ao islamismo, é um elemento sempre presente, sendo admitido em variadas gradações (Estado islâmico e Estado muçulmano).

Uma vez ventilados tais pontos, é essencial analisar o conceito de laicidade para o islamismo.

O termo "laicidade", para o islamismo, certamente possui significado divergente do que se aplica para a União Europeia:

> Con frecuencia se afirma que el mundo árabe y musulmán ha sido incapaz de alcanzar la modernidad que de ella goza el mundo occidental por no haber tenido una illustración y por no haber separado religión y Estado. Esta segunda afirmación la podemos considerar una verdad a medias. En la mayoría de los países del mundo árabe y musulmán indica que la religión oficial es el Islam pero las leyes que se aplican en este tipo de Estado son seculares, aunque pueden estar combinadas con algunas leyes religiosas. En cambio, la ley que se aplica en un Estado islámico es la *sharia* ("ley islámica").
>
> Por lo tanto, podemos decir que estos países musulmanes no están en contra de la modernidad y cuando se presenten las circunstancias idóneas, podrán adaptarse facilmente. Además, países como Malasia e Indonesia (de mayoria musulmana) son países modernos. Lo que ocurre es que la falta de claridad de visión y la mezcla de papeles hace que se pierdan los limites en las fuentes de la legislación en estos países. Y como ejemplos de estados islamistas podemos mencionar el gobierno talibán (1996-2001), el de Afeganistán y el de Sudán (1983), alejados de toda classe de modernidade según el concepto occidental. (...)
>
> La separación de la religión de la política es uma necesidad para que el Estado civil no se convierta en un Estado religioso teocrático, como en Irán, donde la constitución autoriza al líder espiritual *al-Waly al-Faqih* ("hasta el refreso del Iman Ausente") a cesar al presidente del gobierno, disolver el parlamiento e incluso destruir las bases de la *sharia* para servir al Estado religioso. La constitución iraní no solamente es contraria a la religión, realmente es uma constitución absurda.
>
> En la sociedad árabe actual, la laicidade es uno de los assuntos más sensibles y polémicos. Para ciertos sectores sociales, la laicidade es un término vago y poco comprensible y se acepta o se rechaza dependendo de los objetivos coyunturales como, por ejemplo la afirmación de la lealtad nacional o el

> fortalecimiento de la cohésion social. Con frecuencia se ha mesclado con el ateísmo tanto por mala fe como por ignorancia.[29]

Assim, a laicidade, no âmbito do islamismo, ainda é um termo incipiente, embora comporte adaptações ao que se concebe como ideal no mundo Ocidental ou, no próprio termo muçulmano característico, no conhecimento secular. Por vezes, pode caracterizar violação aos ensinamentos islâmicos, e por vezes pode configurar um modelo de Estado não atentatório ao preceito religioso adotado.

A laicidade, no âmbito do islamismo, desta feita, não representa meta inatingível, mas que exige esmero e tecnicidade ao ser buscada, dado que a harmonização com o modelo da União Europeia pressupõe a comunhão de diferentes significados do termo "laicidade".

É inegável que existe uma forte aderência do modelo de estado laico à cientificidade e a um modo específico de vida, que ultrapassa as meras opiniões políticas ou setoriais. A despeito disso, somente o conhecimento da diferença no significado de laicidade pode sugerir um passo inicial à sintonia entre os modelos europeu e islâmico, conforme se concluirá a seguir.

3. A repercussão jurídica dos conflitos religiosos gerados pela crise migratória europeia

Tem-se, a partir do exposto, que a tensão religiosa existente entre o modelo adotado pela União Europeia e a religião islâmica professada pelos refugiados, deveria culminar na geração de obrigações jurídicas para ambos os polos.

A Europa se torna, com os crescentes movimentos migratórios, cada vez mais islâmica, sendo que uma postura consciente, no que se refere a essa crescente onda religiosa, seria a medida mais adequada a se adotar. Confira-se a insurgência do islamismo no território europeu, com o gráfico a seguir ilustrado.

A presença do islamismo, na União Europeia, assim, é uma realidade.

Como a acumulação de tensões no seio da União Europeia não consiste em objetivo a ser almejado, uma busca de alternativas de harmonização é medida de urgência. Assertivamente, também a premissa de que o islamismo necessariamente prega o terrorismo deverá ser, de pronto, afastada. Caso

[29] SALEH, Waleed. **Libre pensamiento e islam**. Valencia: Tirant Humanidades, 2016, p. 25 e 26.

contrário, qualquer hipótese de coexistência entre tais segmentos restaria impossível de se concretizar.

A sinergia entre entendimentos referentes a modelos de Estado, a comportamentos sociais e paradigmas religiosos compele o alcance de entendimento mútuo, meta que pode, com otimismo, ser alcançada por intermédio de instrumentos jurídicos devidamente aplicados, tanto em âmbito internacional quanto supranacional ou nacional.

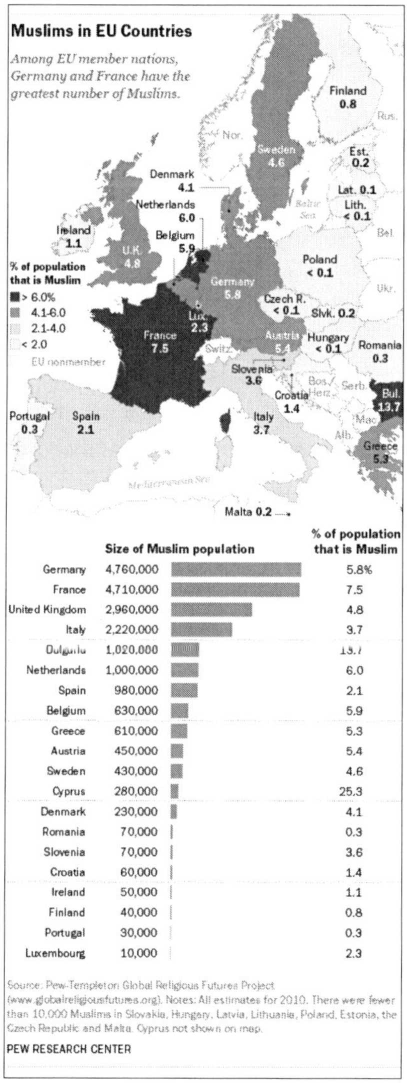

3.1. Da nova concepção de Estado laico europeu

Da necessária existência de sinergia e coesão entre os paradigmas religiosos, depreende-se, a partir do desenvolvimento exposto, que o conceito de laicidade do estado europeu poderia sofrer uma flexibilização.

A laicidade, em si, deverá manter sua significação incólume, remetendo a União Europeia a um Estado cuja governabilidade e operabilidade independe de qualquer convicção religiosa e apoia a coexistência de variadas crenças no mesmo espaço territorial.

O que poderia sofrer flexibilização, no entanto, são as obrigações jurídicas advindas do modelo de Estado laico. A obrigatoriedade de respeito, igualdade entre institutos civis, a disponibilização de celebração de cultos e a vedação a atos atentatórios aos pilares religiosos da religião islâmica poderiam passar por um procedimento de maior positivação, a fim de que a obediência e atenção às mencionadas obrigações pudessem ganhar maior destaque e operacionalidade na legislação comunitária.

Inerente à obrigação de respeito ao islamismo, atente-se, deveria existir uma relevante comunicação entre órgãos representativos da União Europeia e entidades representativas do islamismo na Europa.

A interpretação religiosa dos institutos do Alcorão e dos demais paradigmas do Islã por parte dos seus fiéis deveria ser melhor levada em consideração, já que as convicções pessoais dos habitantes europeus não condizem com os valores dos muçulmanos, e um ponto de equilíbrio deveria ser buscado entre eles.

Com isso, os atos e posturas de respeito ao islamismo deveriam ser pautados a partir de manifestação do que é relevante para seus fiéis, havendo, a partir daí, uma comunhão de entendimentos entre representantes islâmicos e representantes da União Europeia. Por parte dos muçulmanos, uma relevante dose de tolerância e abertura ao significado divergente de laicidade deveria existir, pois as premissas de convivência deveriam se tornar harmônicas entre si.

Essa abertura induz à compreensão de que a laicidade, inerente ao modelo europeu, não pressupõe violação ao modo de vida abraçado pelo islamismo.

O passo a ser tomado no âmbito religioso pelos muçulmanos é progressivo, devendo sempre se nortear em direção à integração e contra o radicalismo e a imposição a terceiros de convicção religiosa não livremente professada. A partir desse ponto, seus direitos poderão ser garantidos de forma mais eficaz, e a convivência com culturas e modos de vida divergentes poderão ser alcançados.

3.2 Da necessária conciliação entre modelos religiosos na União Europeia

Conclui-se que a sinergia entre o Estado laico europeu e o islamismo em seu território é necessária, e representa uma porta de entrada à melhor compreensão por parte do mundo ocidental dos conflitos que tomam lugar na Síria e demais países do Mediterrâneo e do Médio Oriente.

Tem-se que grande parte dos conflitos derivados de atos terroristas se dão, também, em função da falta de sinergia e compreensão entre culturas e modelos religiosos extremamente díspares, e que nem sempre se mostraram incompatíveis[30]. A partir de uma harmonização entre o Direito Comunitário e os pilares da religião islâmica, a depreensão dos fundamentos para os movimentos armados, restarão mais explícitos.

Logo, o afastamento e repreensão aos movimentos fundamentalistas radicais poderão ser mais nítidos, e as culturas, aparentemente divergentes, poderão encontrar caminho de convivência pacífica.

Sabe-se que tal objetivo é, no momento, intangível e de difícil alcance. Entretanto, acredita-se que um passo inicial à tão desejada sinergia religiosa e social pode nascer a partir da positivação de obrigações por parte da União

[30] "Plantearse la cuéstion de saber si la Europa puede integrar a millones de musulmanes turcos supone haber descuidado, em la percepción de su propia sociedad, el hecho de que ya existen millones de musulmanes europeos. En todos los países los hay, no solamente en unos pocos de los cuales más se habla porque la presencia es mayor, sino también en España o en Italia, desde la Europa setentrional hasta la meridional, desde la occidental hasta la oriental. Esta espécie de descuido em cuanto a la memoria de la presencia muslmana en la Europa oriental tiene que ver com las carencias de nuestra memoria en cuanto a la constitución de la Europa, con una memoria selectiva. Esto no es demasiado novedoso, pero cre que es necesario remontarse atrás y hacer memoria para encontrar algunas cosas. La primera es que la incapacidad de integrar el islam viene de antiguo, y eso se ve actualmente em nuestros programas escolares, en los programas de enseñanza de la filosofía. En todo aquello que atañe a la memoria del pensamiento, es decir, lo que constituye el pensamiento europeo en el plano filosófico. Se citan algunos nombres como una forma de decirse que nadie ha olvidado el islam. Es el caso de Averroes; sin embargo, el hecho de citarlo demuestra que se ha olvidado el islam. También existe un verdadero problema en el campo del pensamiento religioso: es necesario acudir a los especialistas universitários para poder recordar que también en la reflexión religiosa el pensamiento musulmán ha realizado una importante aportación. Quienes hablan del islam han sido encasillados en el orientalismo o son orientalistas porque se ha situado el islam en el Oriente de este "nuestro" Occidente y que no es del outro. Lo que procede de Oriente y el Oriente que se construye através de este campo de estúdio es un campo del saber hasta em la forma en que se enseña la filosofía, la historia de Europa y de nuestros respectivos países". BARREÑADA, Isaías. **Alianza de Civilizaciones**. Seguridad internacional y democracia cosmopolita. UCM – Editorial Complutense, 2006, p. 122.

Europeia, e de uma adequação dos povos islâmicos à nova realidade que lhes bate a porta, qual seja a vida em território, legislação e crenças europeias.

Referências

ARBEROLA, Ramón Puig de La Bellacasa. **Europa ante sí misma**: La ooperación reforzada puede ser la única vía de progresso de los Estados que apuestan plenamente por el derecho al asilo. Claves de Razón Práctica. Número 244, Febrero de 2016, España.

BARREÑADA, Isaías. **Alianza de Civilizaciones**. Seguridad internacional y democracia cosmopolita. UCM – Editorial Complutense, 2006.

COSTA, Francisco Seixas da. **Schengen e as ilusões europeias.** Fundação Francisco Manuel dos Santos, Lisboa: XXI Ter opinião, n.º 6, Jan-Jun 2016.

DE LUCAS, Javier. **Mediterráneo:** El naufrágio de Europa. Valencia: Tirant Humanidades, 2016.

DE CAMPOS, João Mota. **Manual de Direito Comunitário**. 1.ª ed. (ano 2006), 1.ª reimpr. Curitiba: Juruá, 2009.

GUTIÉRREZ ESPADA, Cesáreo. «El terrorismo yihadista y la prohibición del uso de la fuerza en el Derecho internacional contemporáneo» *in*: RAMÓN CHORNET, Consuelo (coord..). **La acción coletctiva del uso de la fuerza**. Valencia: Tirant lo Blanch, 2012.

HERRANZ DE RAFAEL, Gonzalo**. Xenofobia y Multiculturalidad**. Valencia: Tirant lo Blanch, 2008.

KEPEL, Gilles. **La yihad – Expansión y declive del islamismo**. Barcelona: Ediciónes Península, 2002.

FERRAZ, Daniel Amin. «A nova ordem internacional, o Direito Internacional Humanitário e os refugiados» em: FERRAZ, Daniel Amin e HAUSER, Denise (coords.). **A Nova Ordem Mundial e os Conflitos Armados**. Belo Horizonte: Ed. Mandamentos, 2002.

MARTÍN, Araceli Mangas; NOGUERAS, Diego J. Liñan Nogueras. **Instituciones y Derecho de la Unión Europea**. 6.ª Edición. Valencia: Editora Técnos, 2010.

GAARDER, Jostein; HELLERN, Victor; NOTAKER, Henry. **O Livro das Religiões**. Tradução de Bruno Alexander. São Paulo: Globo Livros, 2014.

PÉREZ BERNÁRDEZ, Carmela. «El collage de la política antiterrorista de la Unión Europea: uma aproximación jurídica» *in*: PÉREZ GONZÁLEZ, Manuel; PÉREZ CONDE, Elena (coords). **Lucha contra el terrorismo, Derecho Internacional Humanitário y Derecho Penal Internacional**. Valencia: Tirant lo Blanc, 2012.

RAMADAN, Tariq. «La incapacidad de asumir el islam europeo. La capacidad de Europa de asumir su realidad musulmana» *in*: BARRAÑADA, Isaías (coord..). **Alianza de Civilizaciones**. Seguridad Internacional y Democracia Cosmopolita. UCM Editorial Complutense, 2006.

RAMÓN CHORNET, Consuelo. «La integración de Turquia en la UE: entre la prevención y la necesidad». *in*: ESPLUGUES MOTA, Carlos; PALAO MORENO, Guillermo (edit.). **Nuevas fronteras del derecho de la Unión Europea**. Valencia: Tirant lo Blac, 2012.

RAMONET, Ignacio. **Guerras del Siglo XXI**. Barcelona: Mondadori, 2002.

RODRÍGUEZ URIBES, José Manuel. «El concepto de víctima del terrorismo» *in*: REVENGA SÁNCHEZ, Miguel (dir.). **Terrorismo y Derecho bajo la estela del 11 de septiembre**. Valencia: Tirant lo Blanch, 2014.

SALEH, Waleed. **Libre pensamiento e islam**. Valencia: Tirant Humanidades, 2016.

ZAMBRADO GONZÁLEZ, Karla D.. «Personas en movimiento. Las personas refugiadas y migrantes necesitan protección urgente» *in*: REIG FABADO, Isabel. **Libertaded circulación, asilo y refugio en la Unión Europea**. Valencia: Tirant lo Blanc, 2014.

Referências Web

BBC. Disponível em: <*http://www.bbc.com/portuguese/noticias/2015/08/150829_entenda_migracao_ab*>. Acesso em 06 de julho de 2016.

BBC. *Disponível* em: <*http://www.bbc.com/portuguese/noticias/2016/01/160104_diferencas_sunitas_xiitas_muculmanos_lab*>. Acesso em 25/07/2016.

El papel de la Unión Europea en la construcción y mantenimiento de la paz

Carlos Francisco Molina del Pozo[1]

Introducción

Las Comunidades Europeas, y posteriormente la Unión Europea, han sido claves para la construcción y el mantenimiento de la paz en el Continente. También es cada vez más importante la labor que realiza la Unión más allá de sus fronteras exteriores. El presente trabajo pretende hacer un breve recorrido sobre los logros de la Unión en esta materia, tanto a nivel interior como a nivel exterior. En este sentido, cabe decir que, la Unión Europea, en la actualidad, es un destacado actor global en lo que a mantenimiento de la paz en lugares inestables se refiere.

Resulta pertinente por lo tanto, hacer una reflexión profunda sobre el efecto que ha tenido la Unión Europea como organización supranacional a la hora de mantener la paz en Europa y ayudar a conservarla en otros territorios.

De esta manera, en un primer momento se hará un repaso por los distintos Tratados, deteniéndonos en las manifestaciones que los mismos realizan de la paz. Se verá como la Unión Europa, a lo largo de su existencia, siempre ha tenido presente dicha meta de paz, intrínseca a su naturaleza de ente

[1] Catedrático de Derecho Administrativo. Catedrático Jean Monnet "Ad Personam" de Derecho Comunitario. Presidente del Instituto Eurolatinoamericano de Estudios para la Integración (IELEPI). Universidad de Alcalá (Madrid).

supranacional cuyo objetivo esencial y prioritario no era otro que el impulso y logro del éxito del proceso de integración que se llevaba a cabo en su contexto.

También se analizará el impacto del galardón obtenido por la Unión en 2012, con el consiguiente reconocimiento internacional que supone un Premio Nobel de la Paz.

Finalmente, se expondrá de manera sucinta la proyección exterior de la paz que la Unión Europea desea fraguar dentro del marco de la actual PES-CD (Política Exterior Común de Seguridad y Defensa) con la ejecución de misiones civiles y militares destinadas en países terceros.

1. El rol de las Comunidades Europeas, y posteriormente de la Unión Europea como garante de la paz en el Continente: desde los Tratados Constitutivos o Fundacionales hasta el otorgamiento del Premio Nobel de la Paz

1.1. La inevitable relación entre el nacimiento de las Comunidades Europeas y la paz

Cuando hablamos de las primeras Comunidades Europeas, y actualmente de la Unión Europea, no nos cabe ninguna duda que hacerlo supone hablar también, de manera implícita, de paz. Es más, podría decirse que el nacimiento de las Comunidades Europeas responde, esencialmente, al deseo de paz en el Continente. No se entiende el proceso de integración europeo sin ese deseo fuertemente marcado de paz en la región[2]. La historia de Europa como región, y la historia del mencionado proceso, así lo atestiguan[3]. Como ya es sobradamente conocido, el Continente europeo ha sido arrasado en dos ocasiones por las Guerras Mundiales[4], especialmente cruentas, y es por este

[2] MARTIN DE LA GUARDIA, R. M; PÉREZ SÁNCHEZ, G. A. (coord.). **Historia de la integración europea**. Edit. Ariel Estudios Europeos, 2001, p. 18: "Después de los trágicos enfrentamientos bélicos entre las naciones de Europa durante el siglo XX, el mantenimiento de la paz se convirtió en la máxima aspiración de los europeos."

[3] Extracto del discurso de Winston Churchill en Zurich, el 19 de septiembre de 1946: "Europa está partida por las pasiones nacionalistas que destruyen la paz. ¿Cuál es el remedio? Rehacer la textura de Europa o de la mayor parte de ella y crear un edificio donde se pueda vivir en paz... Debemos establecer una suerte de Estados Unidos de Europa." Vid. en este sentido, PÉREZ BUSTAMANTE, R. **Historia de la Unión Europea**. Madrid: Edit. Dykinson, 1997, p. 61.

[4] Después de la II Guerra Mundial, las fuerzas aliadas, esto es, los Estados Unidos de América, la Unión de Repúblicas Socialistas Soviéticas y el Reino Unido, tenían como intención organizar la paz

motivo que el 9 de mayo de 1950, Robert Schuman propuso la creación de una Comunidad Europea del Carbón y del Acero[5], con el fin de consolidar la paz entre los países europeos, asolados por la barbarie[6] provocada por el nacionalsocialismo alemán y el fascismo italiano.

En este sentido, el Tratado Constitutivo de la Comunidad Europea del Carbón y del Acero de 18 de abril de 1951[7], expone que los países firmantes consideran, entre otras cosas, "que la paz mundial sólo puede salvaguardarse mediante esfuerzos creadores proporcionados a los peligros que la amenazan."

Esta referencia a la paz ha continuado con los sucesivos Tratados. De este modo, los Tratados de Roma de 1957[8/9], esto es, el Tratado constitutivo de la Comunidad Económica Europea y el Tratado constitutivo de la Comunidad Europea de la Energía Atómica, mencionan en sus respectivos preámbulos la paz como meta a consolidar. En concreto, el Tratado constitutivo de la Comunidad Económica Europea se expresa en los siguientes términos:

> "Los signatarios del Tratado están resueltos a consolidar la defensa de la paz y la libertad invitando a los demás pueblos de Europa que participan de dicho ideal a asociarse a su esfuerzo."

Por su parte, el Tratado constitutivo de la Comunidad Europea de la Energía Atómica (Euratom), aún vigente, se expresa en los siguientes términos:

> "Los signatarios del Tratado son conscientes de que la energía nuclear constituye un recurso esencial para el desarrollo y la renovación de la producción y el progreso de las acciones en favor de la paz."

en Europa. No obstante, existían diferencias notables entre ellos como se comprobó posteriormente, sobre cómo organizar la paz y el papel que deberían jugar cada uno. Vid. en este sentido, MARTIN DE LA GUARDIA, R. M.; PÉREZ SÁNCHEZ, G. A. (coord.): op. cit, p. 63 y siguientes.

[5] Robert Schuman, en su declaración, expone: "Hemos de situar el conjunto de la producción francoalemana del carbón y del acero bajo una alta autoridad común en una organización abierta a la participación de los demás países europeos."

[6] Vid. FONTAINE, P. **Doce lecciones sobre Europa**. Oficina de Publicaciones de la Unión Europea, 2014, p. 6.

[7] Vid. PÉREZ BUSTAMANTE, R., op. cit, p. 93.

[8] Vid. MOLINA DEL POZO, C.F. **Manual de Derecho de la Comunidad Europea**. Edit. Dijusa, 2002, p. 78 y siguientes.

[9] Vid. PÉREZ BUSTAMANTE, R., op. cit, p. 113-114.

Lo cierto es que desde estos primeros Tratados, hasta la actualidad, las referencias a la paz han sido una constante en las sucesivas reformas. Así por ejemplo, no hemos de pasar por alto lo dispuesto en el Acta Única Europea[10/11/12] de 1987 en su Preámbulo:

> "Conscientes de la responsabilidad que incumbe a Europa de procurar adoptar cada vez más una postura uniforme y de actuar con cohesión y solidaridad, con objeto de proteger más eficazmente sus intereses comunes y su independencia, así como reafirmar muy especialmente los principios de la democracia y el respeto del Derecho y de los derechos humanos que ellos propugnan, a fin de aportar conjuntamente su propia contribución al mantenimiento de la paz[13] y la seguridad internacionales de acuerdo con el compromiso que asumieron en el marco de la Carta de las Naciones Unidas."

Siguiendo un orden cronológico, hemos de detener ahora nuestra atención en el Tratado de la Unión Europea, firmado en Maastricht y que entró en vigor en 1992. Por una parte, en el Tratado de Maastricht encontramos dos referencias a la paz. El primer inciso, como no podía ser de otro modo, se halla en el Preámbulo:

> "Los Jefes de Estado de los Estados miembros, resueltos a desarrollar una política exterior y de seguridad común que incluya, en el futuro, la definición de una política de defensa común que podría conducir, en su momento, a una defensa común, reforzando así la identidad y la independencia europeas con el fin de fomentar la paz, la seguridad y el progreso en Europa y en el mundo."

Observamos que, si bien es cierto que la primera referencia a la paz se encuentra en el Preámbulo, esta referencia se encuentra embebida en un elemento que se nos presenta como nuevo, esto es, la idea de una Política Exterior y de Seguridad Común de la Unión Europea. Precisamente, la segunda

10 Vid. MARTIN DE LA GUARDIA, R. M.; PÉREZ SÁNCHEZ, G. A. (coord.), op. cit, p. 107 y siguientes.

11 Vid. PÉREZ BUSTAMANTE, R.: op. cit, p. 175 y siguientes.

12 Vid. MOLINA DEL POZO, C.F.: op. cit, p. 232.

13 Como se viene observando en los Preámbulos de los Tratados, cuando se habla de 'paz' no solamente se refiere a la paz en el Continente europeo, sino que se entiende la 'paz' como un concepto deseable y extensible a todo el mundo, y es por ello su firme propósito el que las Comunidades Europeas y posteriormente la Unión Europea, sean auténticos partícipes de esta tan deseada paz mundial.

referencia a la paz que encontramos en el Tratado de Maastricht, se encuentra en el apartado que dicho texto legal reserva a esta Política Exterior y de Seguridad Común (PESC). En este sentido, el art. J.1 establece que, entre los diversos objetivos de esta nueva política, se encuentra el de:

> "el mantenimiento de la paz y el fortalecimiento de la seguridad internacional, de conformidad con los principios de la Carta de las Naciones Unidas[14], con los principios del Acta Final de Helsinki[15] y con los objetivos de la Carta de París[16]."

En este mismo orden de ideas, hemos de acometer ahora, lo dispuesto en el Tratado de Ámsterdam, que entró en vigor en 1999.

En el Considerando 9.º se expresa tal como sigue:

> "resueltos a desarrollar una política exterior y de seguridad común que incluya la definición progresiva de una política de defensa común que podría conducir

[14] Los principios de la Carta de Naciones Unidas son:
–Igualdad soberana de sus miembros;
–Principio de buena fe;
–Abstención de recurrir a la amenaza o al uso de la fuerza;
–Abstención de dar ayuda a algún Estado contra el cual Naciones Unidas estuviere ejerciendo alguna acción preventiva o coercitiva;
Vid. Carta de Naciones Unidas (en línea): <http://www.un.org/es/charter-united-nations/>. Acesso em: 26 set. 2017.

[15] Estos principios son:
–Igualdad soberana, respeto de los derechos inherentes a la soberanía;
–Abstención de recurrir a la amenaza o al uso de la fuerza;
–Inviolabilidad de las fronteras;
–Integridad territorial de los Estados;
–Arreglo de las controversias por medios pacíficos;
–No intervención en los asuntos internos;
–Respeto de los derechos humanos y de las libertades fundamentales, incluida la libertad de pensamiento, conciencia, religión o creencia;
–Igualdad de derechos y libre determinación de los pueblos;
–Cooperación entre los Estados;
–Cumplimiento de buena fe de las obligaciones contraídas según el Derecho Internacional;
Vid. en general, Acta Final de Helsinki (en línea): <https://www.osce.org/es/mc/39506?download=true>.

[16] Los objetivos de la Carta de París son básicamente el fortalecimiento de la democracia, del Estado de Derecho, la paz en Europa y la protección de los Derechos Humanos. Entre otras afirmaciones, reza la Carta: "La era de la confrontación y de la división de Europa ha terminado. Declaramos que de ahora en adelante nuestras relaciones se basarán en el respeto y la cooperación." Vid. Carta de París (en línea): <https://www.osce.org/es/mc/39521?download=true>. Acesso em: 26 set. 2017.

a una defensa común de acuerdo con las disposiciones del artículo J.7, reforzando así la identidad y la independencia europeas con el fin de fomentar la paz, la seguridad y el progreso en Europa y en el mundo”

Y más adelante, en el art. J.1:

> “el mantenimiento de la paz y el fortalecimiento de la seguridad internacional, de conformidad con los principios de la Carta de las Naciones Unidas, con los principios del Acta final de Helsinki y con los objetivos de la Carta de París, incluidos los relativos a las fronteras exteriores.”

Como se puede observar el Tratado de Ámsterdam, al igual que los anteriores Tratados, no introduce grandes novedades sobre la paz, sino que más bien se limita a mantener lo ya establecido. Cabe destacar por último, que en el art. J.7 apartado 2 menciona lo siguiente:

> “Las cuestiones a que se refiere el presente artículo incluirán misiones humanitarias y de rescate, misiones de mantenimiento de la paz y misiones en las que intervengan fuerzas de combate para la gestión de crisis, incluidas las misiones de restablecimiento de la paz.”

Como se aprecia en este último inciso, desde la Unión Europea ya se empiezan a prever, en el Derecho originario, misiones de mantenimiento de la paz fuera del territorio europeo. En este mismo sentido, hemos de decir, siguiendo un orden cronológico, que el Tratado de Niza no aporta novedades respecto al de Ámsterdam, ya reseñado.

Por el contrario, sí debemos hacer un alto en el camino para contemplar lo dispuesto en el Tratado Constitucional, fallido predecesor del actual Tratado de Lisboa[17], ya que lo expuesto sobre la paz en dicho texto legal, difiere ligeramente de lo ya estudiado en el Tratado de Niza, Ámsterdam, y sus predecesores.

Así, si bien es cierto que la referencia en el Preámbulo a la paz se mantiene prácticamente incólume, la redacción de dicho párrafo queda como sigue:

> “Los Jefes de Estado (...) convencidos de que Europa, ahora reunida tras dolorosas experiencias, se propone avanzar por la senda de la civilización, el

[17] Como es conocido, el Tratado Constitucional nunca llegó a entrar en vigor, pues se firmó por los entonces 27 Estados miembros de la Unión, pero no se ratificó por todos.

> progreso y la prosperidad por el bien de todos sus habitantes, sin olvidar a los más débiles y desfavorecidos; de que quiere seguir siendo un Continente abierto a la cultura, al saber y al progreso social; de que desea ahondar en el carácter democrático y transparente de su vida pública y obrar en pro de la paz, la justicia y la solidaridad en el mundo."

Observamos que, en primer lugar, hace especial hincapié en las dolorosas experiencias sufridas en el Continente y, en segundo lugar, al referirse a la paz, habla de obrar en pro de la paz.

Llegados a este punto, conviene advertir de que, el fallido o non nato Tratado Constitucional incluye en su articulado un apartado dedicado a los objetivos de la Unión, entre los que se incluye, como no podía ser de otro modo, la paz. Este punto resulta una novedad aportada y recogida por el mencionado Tratado Constitucional que, como veremos posteriormente, se mantendrá en el vigente Tratado de Lisboa. De este modo, en el art. I-3, apartado 1 de dicho texto legal, se establece que "La Unión tiene como finalidad promover la paz, sus valores y el bienestar de sus pueblos." Además, en el apartado 4 de ese mismo artículo, el Tratado Constitucional menciona que la Unión "contribuirá a la paz". La siguiente referencia a la paz dentro del Tratado Constitucional, la encontraremos en el art. I-41 cuando se hace referencia a la construcción de una Política Común de Seguridad y de Defensa. En resumen, lo que cerciora este artículo es que la aludida política común de seguridad y de defensa, ofrecerá a la Unión una capacidad operativa basada en medios civiles y militares. Estos medios podrán ser utilizados por la Unión para misiones fuera del territorio europeo que tengan por objetivo el mantenimiento de la paz en alguna región del mundo. Es preciso reseñar también, que la paz va a adquirir un protagonismo relevante en el Tratado Constitucional cuando este menciona a la Política Exterior y de Seguridad Común. Así, entre los objetivos de la PESC, se encuentra el de "mantener la paz, prevenir los conflictos y fortalecer la seguridad internacional, conforme a los propósitos y principios de la Carta de las Naciones Unidas, así como a los principios del Acta Final de Helsinki y a los objetivos de la Carta de París, incluidos los relacionados con las fronteras exteriores."[18]

Pues bien, en este mismo orden de cosas, el Tratado de Lisboa[19], vigente en la actualidad, y en lo que se refiere a la materia que nos ocupa, es prácti-

[18] Se observa que la referencia a la Carta de Naciones Unidas, al Acta de Helsinki y a la Carta de París se mantienen al igual que en el Tratado de Maastricht, Ámsterdam y Niza.

[19] Las principales novedades que introduce el Tratado de Lisboa son: aumento de competencias del Parlamento Europeo, cambios en los procedimientos de voto en el Consejo, la iniciativa ciudadana

camente un calco del Tratado Constitucional. El texto de Derecho originario sobre el que se asienta todo el entramado institucional europeo va a hacer las mismas referencias a la paz que el Tratado Constitucional: en el Preámbulo, donde se establece el fomento de la paz, en el art. 3.1 del Tratado de la Unión Europea (TUE) al incluir la paz entre los objetivos de la Unión, y posteriormente cuando habla de la Política Exterior y de Seguridad Común y de la Política Común de Seguridad y de Defensa[20].

1.2. El Premio Nobel de la Paz de 2012

No cabe duda alguna que el mayor reconocimiento hasta ahora para la Unión Europea como actor determinante en el establecimiento y fortalecimiento de la paz en Europa ha sido la entrega del Premio Nobel en 2012[21]. Dicho galardón hacía justicia al reconocer el incalculable valor que el proceso de integración europeo ha tenido a la hora de apaciguar un Continente europeo asolado por los conflictos bélicos. En palabras del Comité del Nobel otorgante del Premio "el éxito de la lucha de la Unión en favor de la paz y la reconciliación, la democracia y los derechos humanos durante más de seis décadas ha sido su principal logro." En este mismo sentido, el Comité del Nobel prosigue diciendo, entre otras cosas, que el papel estabilizador de la Unión ha ayudado a transformar Europa de un Continente en guerra a un Continente en paz. También señala que el papel de la Unión ha representado el ideal de "fraternidad entre naciones" y además se asemeja a los "congresos de la paz" a los que se refería Alfred Nobel[22].

La reacción por parte de la Unión a este tan alto reconocimiento no se hizo esperar. De este modo, el entonces Presidente de la Comisión, José Manuel Durão Barroso, y el entonces Presidente del Consejo Europeo, Herman Van Rompuy emitían un comunicado conjunto, donde afirmaban que es un

europea, el carácter permanente del puesto de Presidente del Consejo Europeo, el puesto de Alto Representante para Asuntos Exteriores y el Servicio Diplomático o Exterior de la Unión. Vid. en este sentido, página web de la Unión (en línea): <http://europa.eu/eu-law/decision-making/treaties/index_es.htm>.

20 Cabe aclarar que la Política Común de Seguridad y de Defensa se incardina dentro de la Política Exterior y de Seguridad Común, por lo que ha de entenderse que la PCSD forma parte de la PESC, no tratándose por lo tanto de dos políticas diferentes.

21 La entrega de dicho Premio tuvo lugar el 10 de diciembre de 2012 en Oslo (Noruega).

22 Vid. en este sentido página web de la Unión sobre el Premio Nobel (en línea): <http://europa.eu/about-eu/basic-information/eu-nobel/index_es.htm> y Declaración íntegra del Comité del Nobel (en línea): <http://nobelpeaceprize.org/en_GB/laureates/laureates-2012/announce-2012/>.

tremendo honor para la Unión Europea, el ser galardonada con tan distintivo premio.[23]

También el Presidente del Parlamento Europeo, Martin Schulz expresó su punto de vista sobre la entrega del Premio. Entiende el Sr. Schulz que "el otorgamiento del Nobel de la paz nos anima a renovar nuestro compromiso con el proceso de unificación europeo."[24]

Cabe mencionar que al igual que en todos los grandes reconocimientos, existen partidarios y detractores. Algunas voces se alzaron en contra del otorgamiento de dicho Premio a la Unión Europea, especialmente alentados por la grave situación de crisis económica que vivía y vive la región[25]. A la vista de estas críticas, entendemos que la grave situación actual en la Unión pueda hacer mella en el espíritu europeísta, pero a la vez hemos de decir que no sería justo catalogar de inmerecido el Premio, dado que si bien es cierto que la Unión Europea no pasa por su mejor momento, también es innegable el tremendo éxito que suponen más de 60 años de paz en un Continente que solía ser sinónimo de guerra. En este sentido, resultan del todo pertinentes las palabras de ANTON ZARRAGOITIA, M.[26]:

> "Tenemos la obligación, no solo la posibilidad, de ser críticos con la Unión Europea, pero no sería justo negar los logros obtenidos por ella: el principal, el de haber transformado en colaboradores estructurales a enemigos seculares, siendo sus paradigmas Francia y Alemania. Efectivamente la Unión Europea, mediante la puesta en común de importantes dosis de soberanía por parte de sus Estados miembros, ha conseguido, a través de un modelo político complejo pero innovador, erigirse en modelo de convivencia entre los diferentes pueblos de Europa, alcanzando el mayor período de paz nunca visto antes dentro de sus fronteras."

[23] Vid. comunicado íntegro (en línea): <http://europa.eu/rapid/press-release_MEMO-12-779_en.htm>

[24] Vid. Declaración íntegra del Presidente del Parlamento Europeo (en línea): <http://www.europarl.europa.eu/former_ep_presidents/presidentschulz/en/press/press_release_speeches/speeches/sp-2012/sp-2012-october/html/speech-at-the-autumn-european-council>.

[25] Vid. ALDECOA, F.: "Un Nobel justo y necesario pero tardío". In: **La Unión Europea como agente de paz: contradicciones y desafíos para el S. XXI**. Vitoria-Gasteiz: Edit. EUROBASK (Consejo Vasco del Movimiento Europeo), 2013, p. 17 y 18.

[26] Vid. ANTON ZARRAGOITIA, M.: «El Nobel de la Paz y la Unión Europea: un impulso en tiempos turbulentos». In: **La Unión Europea como agente de paz: contradicciones y desafíos para el S. XX**. Vitoria-Gasteiz: Edit. EUROBASK (Consejo Vasco del Movimiento Europeo), 2013, p. 21.

En este mismo orden de cosas, algunos autores, como Filibi, I., han hecho hincapié en la especial naturaleza de la paz conseguida por la Unión Europea. De este modo, se habla de una paz que descansa sobre valores comunes, encuadrados dentro del interés general que se alberga en el imaginario colectivo europeo. Ese interés general que permite que antiguos y acérrimos enemigos (Francia y Alemania, principalmente), se vean como compañeros en la construcción del gran proceso de integración europeo[27].

2. La contribución de la UE a la construcción de la paz en el exterior: las misiones de paz

Tal y como hemos visto, el deseo de paz no solo se enmarca en el Continente europeo, sino que la Unión Europea, especialmente en sus últimos Tratados (donde desarrolla más profundamente la PESC), pretende hacer extensible la paz a todos los rincones del globo. Es por este motivo que en este punto hemos de estudiar qué acciones ha llevado a cabo la Unión de puertas para fuera, es decir, más allá de las fronteras internas o propiamente comunitarias.

Así pues, resulta necesario recordar siquiera una vez más, los preceptos sobre los que se asienta esa acción exterior de la Unión, y que van a servir para legitimar a la Unión a promover y mantener la paz en distintas regiones del mundo. De este modo, el art. 21, apartado 2 del Tratado de la Unión establece que la Unión definirá y ejecutará políticas comunes con el fin de, entre otras cosas, mantener la paz y prevenir los conflictos. Igualmente, en el art. 42 del Tratado de la Unión, se afirma que la Unión podrá recurrir a medios civiles y militares en misiones fuera de la Unión que tengan por objetivo garantizar el mantenimiento de la paz y la prevención de conflictos.

Podría decirse que cuando de verdad empieza a ponerse en marcha la ejecución de la idea consistente en que la Unión Europea debía actuar en el exterior para mantener la paz y prevenir conflictos, es a raíz de la Cumbre de Saint-Malo entre Francia y Reino Unido de los días 3 y 4 de diciembre de 1998[28]. Se considera que este acuerdo de Saint-Malo es el germen para

[27] Vid. FILIBI, I.: "Un Premio Nobel para la paz estructural europea". In: **La Unión Europea como agente de paz: contradicciones y desafíos para el S. XXI**. Vitoria-Gasteiz: Edit. EUROBASK (Consejo Vasco del Movimiento Europeo), 2013, p. 51 y 52.

[28] Vid. BALLESTEROS MARTÍN, M.A.: *España en el sistema europeo de defensa* (en línea): <http://www.ieee.es/Galerias/fichero/OtrasPublicaciones/Nacional/GBBallesteros_EspanaSistemaEuropeoDefensa.pdf> . Acesso em: 2 mai. 2016.

el desarrollo prolífico de lo que posteriormente sería la Política Europea de Seguridad y Defensa (PESD), y después con el Tratado de Lisboa, la Política Común de Seguridad y de Defensa (PCSD)[29]. En síntesis, el acuerdo consistía, por un lado, en que Francia reconocía a la OTAN como garante preeminente en la defensa de sus Estados parte, y por otro lado, el Reino Unido aceptaba que se llevaran a cabo acciones provenientes del ámbito europeo en materia de defensa[30]. Posteriormente, se crearon las principales herramientas para desarrollar la incipiente Política Europea de Seguridad y Defensa. Así, se creó el Comité Político y de Seguridad (COPS)[31], el Comité Militar (EUMC)[32], y el Estado Mayor (EUMS)[33].

En este orden de ideas, cabe señalar que la primera misión de mantenimiento de la paz de la UE fue la misión de observación de la Unión Europea en los Balcanes, conocida por sus siglas como MOUE (1991-2007)[34/35]. La creación de la MOUE tiene su origen en el conflicto de la República Federativa Socialista de Yugoslavia. Como es conocido, el conflicto yugoslavo, que duró unos diez años, supuso la desintegración del país y por lo tanto, el nacimiento de nuevos Estados: Bosnia y Herzegovina, Croacia, Macedonia, Montenegro,

[29] Vid. MOLINER GONZÁLEZ, J.A.: *De la Política Europea de Seguridad y de Defensa (PESD) a la Política Común de Seguridad y Defensa: la cooperación estructurada permanente* (en línea): <http://www.realinstitutoelcano.org/wps/portal/rielcano/contenido?WCM_GLOBAL_CONTEXT=/elcano/elcano_es/zonas_es/defensa+y+seguridad/ari55-2008>. Acesso em: 2 mai. 2016.

[30] Vid. CAMACHO ÁVILA, B.: *La UE como actor en la gestión de crisis y operaciones militares* (en línea): <http://cud.unizar.es/docum/2-%20Comunicacion%20Beatriz%20Camacho%2029-954.pdf>. Acesso em: 2 mai. 2016.

[31] El COPS se encarga de:

- seguir la evolución de la situación internacional en el ámbito de la PESC;
- contribuir a elaborar las políticas;
- supervisar la ejecución de las políticas respetando las atribuciones del Alto Representante de la Unión para los Asuntos Exteriores y la Política de Seguridad.

[32] El Comité Militar de la Unión Europea es el órgano militar supremo establecido en el Consejo de la UE. Vid. en este sentido la Decisión del Consejo, de 22 de enero de 2001, por la que se crea el Comité Militar de la Unión Europea.

[33] El Estado Mayor de la UE es la fuente de los conocimientos militares de la Unión Europea (UE). Se ocupa de la alerta temprana, la evaluación de la situación y el planeamiento estratégico. Vid. en este sentido la Decisión del Consejo de 22 de enero de 2001 relativa a la creación del Estado Mayor de la Unión Europea.

[34] Vid. ACOSTA SÁNCHEZ, M.A.: *La primera misión de mantenimiento de la paz de la UE: la misión de observación de la Unión Europea (MOUE) en los Balcanes (1991-2007)* (en línea): <file:///C:/Users/propietario/Downloads/Dialnet-LaPrimeraMisionDeMantenimientoDeLaPazDeLaUE-2800694.pdf>. Acesso em: 3 mai. 2016.

[35] Dicha misión fue creada por la Acción común 2000/811/PESC. Posteriormente, la mencionada Acción sería sustituida por la Acción Común 2002/921/PESC.

Serbia, y Eslovenia. Dicho conflicto podría decirse que empezó a fraguarse cuando en diciembre de 1990, el 88,5% de la población eslovena vota a favor de la independencia en un referéndum[36]. Como bien señala ACOSTA SÁNCHEZ, M.A., en un principio, y a la vista de los acontecimientos en territorio yugoslavo, la CSCE[37] (Conferencia sobre la Seguridad y la Cooperación en Europa) fue la primera en tomar cartas en el asunto, entre otras cosas, porque tenía competencia para el arreglo de conflictos, y porque además la República Yugoslava era miembro de dicha organización, y no lo era de la Comunidad Europea. No obstante, en aquel momento, la CSCE no disponía de una capacidad solvente para la gestión de crisis. Además, conforme a las normas de dicha organización, hacía falta unanimidad para tomar alguna medida. Es por este motivo, que sería la Comunidad Europea quien tomara la iniciativa de gestionar el conflicto. En este sentido, los entonces doce Ministros de Exteriores de la Comunidad Europea acordaron la creación de la MOUE. La naturaleza de la MOUE era de misión civil con carácter preventivo. Además, se actuó en coordinación con Naciones Unidas y con la CSCE. De este modo, se enviaron 20 observadores el 15 de julio de 1991 para supervisar la retirada del ejército yugoslavo de territorio esloveno. Resulta curioso que si bien es verdad que dada su naturaleza, la MOUE fue la primera misión de paz de la Comunidad Europea, no ha sido reconocida como tal en ningún documento oficial de dicha organización supranacional[38].

Cabe mencionar que son muchas las misiones de paz que a día de hoy se han llevado a cabo desde el seno de la Unión Europea, y otras tantas que actualmente se están desarrollando[39]. De este modo, describiremos algunas

[36] Vid. DIARIO EL PAÍS: *Las guerras de Yugoslavia, la última tragedia europea* (en línea), <http://internacional.elpais.com/internacional/2011/05/26/actualidad/1306360811_850215.html> . Acesso em: 7 mai. 2016.

[37] La CSCE sería denominada a partir de 1994, OSCE (Organización para la Seguridad y Cooperación en Europa).

[38] Algunos autores defienden que no ha sido incluida como operación de gestión de crisis o de mantenimiento de la paz porque no es hasta 1998 cuando la PESD se empieza a desarrollar dentro del contexto de la PESC, y la MOUE se crea a principios de la década de los 90.
Vid. en este sentido, JULIÀ BARCELÓ, M.: *Las misiones de paz de la Unión Europea: Fundamentos Jurídicos, Origen y Desarrollo, Sistema Organizativo, Procedimiento de Creación y Seguimiento, y Acuerdos Internacionales de Ejecución*. Tesis doctoral, (en línea): <http://tdx.cat/bitstream/handle/10803/110692/Tesi_doctoral_MJuliaBarcelo_set2012_.pdf?sequence=1> (consulta de 7 de mayo de 2016), Universitat Oberta de Catalunya, Barcelona, 2013, p. 122 y siguientes.

[39] Página web del Servicio Europeo de Acción Exterior (en línea): <http://www.eeas.europa.eu/csdp/missions-and-operations/index_en.htm>. Acesso em: 7 mai. 2016.

de ellas en aras de tener una visión general sobre el alcance de la actividad de la Unión Europea en esta materia.

Así por ejemplo, hemos de centrarnos en la misión integrada "Estado de Derecho" para Iraq[40]. Esta misión comenzó el 1 de julio de 2005 y se extendió hasta el 31 de diciembre 2013. La creación de esta misión tiene su fundamento en la necesaria reconstrucción económica y social del Estado de Iraq, destruido por la guerra que aconteció allí y que comenzó el 20 de marzo de 2003. En síntesis, esta misión lo que pretendía era fortalecer el Estado de Derecho en Iraq e implantar una cultura de respeto a los Derechos Humanos. Para ello se procedió a la formación de altos funcionarios iraquíes con el objetivo de instruirles, entre otras cosas[41], en:

- La función directiva de los altos funcionarios de policía;
- La gestión de las investigaciones relacionadas con muertes;
- La gestión del orden público y derechos humanos;
- Los juicios justos y derechos humanos;
- La definición de medidas carcelarias respetando los derechos humanos.

En este orden de ideas, también resulta representativo hablar ahora de la misión que la Unión Europea está llevando a cabo en Ucrania[42], sobre asesoramiento para reformas en el sector de la seguridad civil. Estas reformas que quiere llevar a cabo el país ucraniano, suponen, según el Consejo de la Unión Europea, cambios en la Policía, en el Estado de Derecho, la Fiscalía, y en definitiva los órganos jurisdiccionales del país.

Finalmente, resulta interesante explicar otra misión que ha sido creada[43] recientemente para parar la pérdida de vidas humanas en el mar Mediterráneo, y luchar contra la trata de inmigrantes irregulares. Se trata de la misión naval

[40] Esta misión fue aprobada por la Acción Común 2005/190/PESC del Consejo. Vid en línea dicha Acción, <http://eur-lex.europa.eu/legal-content/ES/TXT/?uri=celex:32005E0190>. Acesso em: 7 mai. 2016.

[41] Vid. EUR-LEX: *Iraq: misión integrada <<Estado de Derecho>>*, (en línea): <http://eur-lex.europa.eu/legal-content/ES/TXT/?uri=URISERV%3Aps0003> Acesso em: 2 mai. 2016.

[42] Vid. nota de prensa del Consejo de la Unión Europea (en línea): <http://www.consilium.europa.eu/uedocs/cms_Data/docs/pressdata/EN/foraff/144079.pdf>. Acesso em: 7 mai. 2016.

[43] Vid. Decisión del Consejo 2015/972 de 22 de junio de 2015, (en línea): <http://eur-lex.europa.eu/legal-content/EN/TXT/PDF/?uri=CELEX:32015D0972&qid=1435825940768&from=EN>. Acesso em: 8 mai. 2016.

contra las mafias de personas, o también conocida como misión "Sofía".[44] La misión se divide en tres fases[45]:

- La primera fase se centra en la vigilancia y control de las redes de trata de personas que operan en el mar Mediterráneo;
- La segunda fase consiste en la búsqueda de barcos sospechosos que puedan portar inmigrantes irregulares engañados por las mafias;
- La tercera fase consistiría eminentemente en la detención de los traficantes.

Conclusiones

A la vista de lo expuesto en las anteriores páginas, se pueden sacar varias conclusiones. En primer lugar, y quizás, la más importante y visible, es que la creación de las primeras Comunidades Europeas fue todo un éxito para transformar en pacífico, un Continente abocado históricamente al desastre bélico. No cabe duda, y así ha sido reconocido internacionalmente, de un modo especial con el Premio Nobel de la Paz, de que el proceso de integración europeo, si bien no exento de posibles fallos o errores, debe protegerse para que entre todos, podamos seguir construyendo la Europa del futuro. Una Europa integrada, solidaria, humanista, multicultural, defensora de los Derechos Humanos, y como no, pacífica.

En segundo lugar, sería necesario detenerse de nuevo y de manera breve en el mencionado Premio Nobel. Como ya hemos mencionado, algunas voces se alzaron en contra de que la Unión Europea recogiera tal alto Premio. Los motivos aducidos recaen en el sufrimiento provocado por la crisis económica, y también recientemente, en la gestión que se está llevando a cabo de la llamada crisis de los refugiados desde Bruselas. Insistimos en que si bien es entendible que pueda existir malestar en torno a la actuación de la Unión en estas materias, no podemos permitirnos el lujo de olvidar las más de seis

[44] Se ha denominado así a la misión porque el 22 de agosto de 2015 nació un bebé llamado Sofía, en uno de los barcos de la misión, después de rescatar a su madre. Vid. PERIÓDICO LA VANGUARDIA: *Comienza la misión en la UE que puede abordar barcos de mafias,* (en línea): <http://www.lavanguardia.com/vida/20151007/54437936111/comienza-la-mision-de-ue-en-mediterraneo-que-puede--abordar-barcos-de-mafias.html>. Acesso em: 8 mai. 2016.

[45] Web del SEAE (Servicio Europeo de Acción Exterior): <http://eeas.europa.eu/csdp/missions--and-operations/eunavfor-med/mission-description/index_en.htm>. Acesso em: 8 mai. 2016.

décadas de paz que ha vivido Europa, precisamente a raíz del nacimiento del proceso europeo de integración.

Finalmente, y como hemos podido comprobar, el deseo de paz de la Unión Europea no se circunscribe únicamente a su territorio. El desarrollo de la PESD y, ahora con el Tratado de Lisboa, de la PCSD, supone un gran avance en lo que a mantenimiento de la paz a nivel mundial se refiere. En el presente trabajo solo hemos descrito algunas de las misiones de paz que la Unión Europea ha desarrollado o está llevando a cabo. Sin embargo, son numerosas las misiones de paz, civiles y militares, que dicho ente supranacional está ejecutando. En vista de ello, parece bastante claro que la actual Unión Europea está actuando conforme a lo expresado por Robert Schuman el 9 de mayo de 1950: «La paz mundial no puede salvaguardarse sin unos esfuerzos creadores equiparables a los peligros que la amenazan.»

Partiendo de esta acertada premisa, a nuestro entender la Unión Europea debe procurar en el futuro dos cosas: por un lado, seguir siendo garante de paz en el Continente europeo, ganando la batalla ideológica y dialéctica a distintos movimientos que han venido surgiendo, contrarios a la idea de una Europa unida e integrada. Por otro lado, no puede dejar de asumir su responsabilidad fuera de sus fronteras, y debe, por lo tanto, seguir potenciando las distintas misiones civiles y militares que tiene desplegadas en distintas partes del planeta, y por supuesto, hacer frente a nuevas situaciones de inestabilidad que pudieren surgir.

Referencias

ACOSTA SÁNCHEZ, M. A. *La primera misión de mantenimiento de la paz de la UE: la misión de observación de la Unión Europea (MOUE) en los Balcanes (1991-2007)*, (en línea): <file:///C:/Users/propietario/Downloads/Dialnet-LaPrimeraMisionDeMantenimientoDeLaPazDeLaUE-2800694.pdf>. Acesso em: 3 mai. 2016

ACTA FINAL DE HELSINKI: <https://www.osce.org/es/mc/39506?download=true>.

ALDECOA, F. **Un Nobel justo y necesario pero tardío en La Unión Europea como agente de paz: contradicciones y desafíos para el S. XXI.** Vitoria-Gasteiz: Edit. EUROBASK (Consejo Vasco del Movimiento Europeo), 2013.

ANTON ZARRAGOITIA, M: **El Nobel de la Paz y la Unión Europea: un impulso en tiempos turbulentos en La Unión Europea como agente de paz: contradicciones y desafíos para el S. XXI.** Vitoria-Gasteiz: Edit. EUROBASK (Consejo Vasco del Movimiento Europeo), 2013.

BALLESTEROS MARTÍN, M. A. *España en el sistema europeo de defensa* (en línea): <http://www.ieee.es/Galerias/fichero/OtrasPublicaciones/Nacional/GBBallesteros_Espana-SistemaEuropeoDefensa.pdf>. Acesso em: 2 mai. 2016.

CAMACHO ÁVILA, B. *La UE como actor en la gestión de crisis y operaciones militares* (en línea): <http://cud.unizar.es/docum/2-%20Comunicacion%20Beatriz%20Camacho%2029--954.pdf>. Acesso em: 2 may. 2016

CARTA DE NACIONES UNIDAS: <http://www.un.org/es/charter-united-nations/>.

CARTA DE PARÍS (en línea): <https://www.osce.org/es/mc/39521?download=true>.

COMUNICADO íntegro de Jose Manuel Durão Barroso y Herman Van Rompuy con motivo del Premio Nobel de 2012 (en línea): <http://europa.eu/rapid/press-release_MEMO-12-779_en.htm>.

DECLARACIÓN íntegra del Comité del Nobel (en línea): <http://nobelpeaceprize.org/en_GB/laureates/laureates-2012/announce-2012/>.

DECLARACIÓN íntegra del Presidente del Parlamento Europeo (en línea): <http://www.europarl.europa.eu/former_ep_presidents/president-schulz/en/press/press_release_speeches/speeches/sp-2012/sp-2012-october/html/speech-at-the-autumn--european-council>.

DIARIO EL PAÍS: *Las guerras de Yugoslavia, la última tragedia europea* (en línea), <http://internacional.elpais.com/internacional/2011/05/26/actualidad/1306360811_850215.html>

DIARIO LA VANGUARDIA*: Comienza la misión en la UE que puede abordar barcos de mafias*, (en línea): <http://www.lavanguardia.com/vida/20151007/54437936111/comienza-la--mision-de-ue-en-mediterraneo-que-puede-abordar-barcos-de-mafias.html>

FILIBI, I. **Un Premio Nobel para la paz estructural europea en La Unión Europea como agente de paz: contradicciones y desafíos para el S. XXI**. Vitoria-Gasteiz: Edit. EUROBASK (Consejo Vasco del Movimiento Europeo), 2013.

FONTAINE, P. **Doce lecciones sobre Europa**. Oficina de Publicaciones de la Unión Europea, 2014.

JULIÀ BARCELÓ, M.: **Las misiones de paz de la Unión Europea**: Fundamentos Jurídicos, Origen y Desarrollo, Sistema Organizativo, Procedimiento de Creación y Seguimiento, y Acuerdos Internacionales de Ejecución. Tesis doctoral (en línea): <http://tdx.cat/bitstream/handle/10803/110692/Tesi_doctoral_MJuliaBarcelo_set2012_.pdf?sequence=1>. Acesso em: 7 mai. 2016.

MARTIN DE LA GUARDIA, R. M. (coord.); PÉREZ SÁNCHEZ, G. A. (coord.). **Historia de la integración europea**. Edit. Ariel Estudios Europeos, 2001.

MOLINA DEL POZO, C.F. **Manual de Derecho de la Comunidad Europea**. 4. ed. Madrid: Edit. Dijusa, 2002.

MOLINER GONZÁLEZ, J.A. *De la Política Europea de Seguridad y de Defensa (PESD) a la Política Común de Seguridad y Defensa: la cooperación estructurada permanente* (en línea): <http://www.realinstitutoelcano.org/wps/portal/rielcano/contenido?WCM_GLOBAL_CONTEXT=/elcano/elcano_es/zonas_es/defensa+y+seguridad/ari55-2008>. Acesso em: 2 may. 2016.

Nota de prensa del Consejo de la Unión Europea sobre Ucrania (en línea): http://www.consilium.europa.eu/uedocs/cms_Data/docs/pressdata/EN/foraff/144079.pdf

PÉREZ BUSTAMANTE, R. **Historia de la Unión Europea**. Madrid: Edit. Dykinson, 1997.

Web de Eur-Lex: <http://eur-lex.europa.eu>.

Web de la Unión: <http://europa.eu>.

Web del SEAE (Servicio Europeo de Acción Exterior): web del Servicio Europeo de Acción Exterior (en línea): <http://www.eeas.europa.eu/csdp/missions-and-operations/index_en.htm>.

ELEMENTO DE PODER NA ESTRUTURA JURÍDICA E INSTITUCIONAL INTERNACIONAL E O USO DA FORÇA

O direito internacional como mecanismo de resistência à vontade dos estados dominantes

Leonardo Nemer Caldeira Brant[1]
Bruno de Oliveira Biazatti[2]

Introdução

Embora independentes e dotados de soberania equivalente[3], os Estados não são iguais em força e na capacidade de realização de seus variados interesses. A sociedade internacional é, consequentemente, de natureza assimétrica. Neste universo, o direito internacional se revela um arranjo que, naturalmente, reflete este desequilíbrio. Uma das características evidentes de tal situação é a vocação seletiva da norma internacional. Qualquer simples observador da

[1] Doutor em Direito Internacional pela Université Paris X Nanterre, com tese laureada com o Prix du Ministère de la Recherche. Jurista Adjunto na Corte Internacional de Justiça–CIJ. Membro do Comitê Consultivo para Nomeações do Tribunal Penal Internacional–T.P.I.. Professor associado de Direito Internacional Público da UFMG e da PUC MINAS. Professor convidado na Université Paris X, no Institut des Hautes Études Internationales da Université Panthéon-Assas Paris II, na Université Caen Basse-Normandie, e no XXXVII Curso de Direito Internacional da OEA. Visiting Fellow no Lauterpacht Center da Cambridge University. Presidente e fundador do Centro de Direito Internacional–CEDIN. Editor Chefe do Anuário Brasileiro de Direito Internacional-ABDI.

[2] Pesquisador do Centro de Direito Internacional–CEDIN.

[3] Carta das Nações Unidas, 26 de junho de 1945, art. 2.º, parágrafo 1.º; Princípios de Direito Internacional relativos às Relações Amigáveis de e Cooperação entre os Estados em conformidade com a Carta das Nações Unidas, Resolução da AGNU no. 2625(XXV), UNDoc.A/RES/2625, 24 de outubro de 1970; SHAW, Malcolm. **International Law**. 3. ed. Cambridge: Cambridge University Press, 1991, p.6.

realidade pode constatar, sem grandes dificuldades, que a ordem internacional carece de certa coerência no que diz respeito à atuação normativa.

A própria Organização das Nações Unidas, principal organização internacional atual, exemplifica essa estrutura assimétrica do direito internacional, em especial ao percebermos o direito de veto, previsto no artigo 27, parágrafo 3.º da Carta das Nações Unidas[4]. Segundo esse dispositivo, para que uma decisão – excluídas aquelas de natureza procedimental[5] – seja adotada é necessário o voto afirmativo de nove dos quinze membros do Conselho de Segurança incluindo, neste caso, os seus cinco membros permanentes (Estados Unidos, França, Reino Unido, Rússia e China)[6].

O direito de veto cria um mecanismo capaz de institucionalizar a preservação do poder dominante na sociedade internacional. Isso porque, embora a Assembleia Geral faça recomendações aos membros permanentes no sentido de evitar um recurso abusivo ao veto[7], o fato é que, na prática, nenhuma medida coercitiva poderá ser tomada pelo Conselho de Segurança, caso o agente agressor seja um de seus membros permanentes ou mesmo um dos Estados protegidos por eles. Inúmeros são os casos que comprovam essa conclusão, estando entre eles as intervenções em Granada[8] e Panamá[9] pelos Estados Unidos,

[4] Carta das Nações Unidas, 26 de junho de 1945, art.27, parágrafo 3º. Esse dispositivo afirma: "As decisões do Conselho de Segurança, em todos os [assuntos não procedimentais], serão tomadas pelo voto afirmativo de nove membros, inclusive os votos afirmativos de todos os membros permanentes, ficando estabelecido que, nas decisões previstas no Capítulo VI e no parágrafo 3 do Artigo 52, aquele que for parte em uma controvérsia se absterá de votar."

[5] Carta das Nações Unidas, 26 de junho de 1945, art. 27.º, parágrafo 2.º.

[6] A listagem dos cinco membros permanentes do Conselho se encontra no artigo 23, parágrafo 1.º da Carta da ONU.

[7] Resolução da AGNU n.º 267 (III), UNDoc. A/RES/267(III), 14 de abril de 1949.

[8] Em 25 de outubro de 1983, a Marinha norte-americana, juntamente com tropas de Estados caribenhos, invadiu unilateralmente a pequena ilha de Granada, a fim de reverter um violento golpe de Estado perpetrado por marxistas contra o Governo de Maurice Bishop. Em somente três dias de conflitos, o novo regime foi deposto, retornando o antigo *status quo* político. A invasão de Grenada foi levada à apreciação do Conselho de Segurança e depois à da Assembleia Geral. Enquanto esta última adotou a Resolução no. 38/7, através da qual "lament[ou] profundamente a intervenção armada em Granada, que constitui[u] em uma violação flagrante do direito internacional e da independência, soberania e integridade territorial desse Estado", o Conselho também votou uma resolução a fim de condenar a intervenção, mas, não estranhamente, os Estados Unidos a vetaram, impossibilitando a sua adoção.

[9] A invasão norte-americana ao Panamá ocorreu em 20 de dezembro de 1989, quando cerca de 24 mil soldados entraram no território panamenho para dissolver o Governo do General Manuel Noriega. Mais uma vez, o Conselho de Segurança tentou aprovar uma resolução condenando a agressão e exigindo a retirada imediata das tropas norte-americanas do Panamá, mas ela foi

e na Ucrânia, pela Rússia[10], ocasiões em que os norte-americanos e os russos, respectivamente, usaram do seu poder de veto para evitar condenações.

Outro exemplo de estrutura desigual do direito internacional é o tratado constitutivo do F.M.I.–Fundo Monetário Internacional[11]. Instituído com a finalidade de estabelecer certa disciplina na política monetária internacional e de prestar assistência financeira aos Estados com desequilíbrio temporário em sua balança de pagamento[12], o F.M.I. foi desenhado a imagem de uma sociedade de ações, na qual cada Estado-membro dispõe de um direito de voto proporcional a sua quota parte que é, na realidade, o resultado de uma negociação preliminar entre o F.M.I. e o país candidato[13]. Levando em conta as modalidades de tomada de decisão, observa-se obviamente que, quanto maior for a contribuição ao Fundo, proporcionalmente maior será a capacidade decisória. Diante disso, o F.M.I. pode atuar como agente de intervenção e como instrumento de pressão, junto a certos países, para a adoção de um certo modelo econômico, cujo interesse seria determinado por um grupo de credores, como já ocorrido na América Latina no passado recente[14].

vetada pelos Estados Unidos, Reino Unido e França. Por outro lado, a Assembleia Geral condenou ferozmente a intervenção, por meio da Resolução n.º 44/240, de 29 de dezembro de 1989.

[10] Desde 2014, a Rússia tem feito operações militares contra a Ucrânia, por meio do posicionamento de soldados na Crimeia e na Cidade de Sebastopol, onde a grande maioria da população fala russo. Diante do apoio da Rússia, as lideranças dessas duas regiões decidiram realizar um referendo sobre a sua incorporação ao território russo. O referendo ocorreu em 16 de marco de 2014, cujo resultado foi favorável à integração à Rússia. Logo em seguida, em 18 de março daquele mesmo ano, a Crimeia, a Cidade de Sebastopol e a Rússia assinaram o Tratado de Acessão, oficializando a incorporação. Esse ato e a própria realização do referendo levantaram grande preocupação internacional, devido ao grave dano à integridade territorial e à soberania da Ucrânia. A crise do leste ucraniano foi levada à atenção do Conselho de Segurança, sendo que uma resolução declarando a nulidade do referendo foi proposta, mas a mesma foi vetada pela Rússia. Em sentido contrário, a Assembleia Geral foi capaz de aprovar a Resolução n.º 68/262, cujo objeto principal foi condenar o referendo de 2014 e clamar os Estados a não reconhecer qualquer mudança no status legal da Crimeia e da Cidade de Sebastopol.

[11] O Fundo Monetário Internacional é uma organização internacional com sede em Washington, nos Estados Unidos, criada em julho de 1944, na Conferência das Nações Unidas de Bretton Woods, também nos Estados Unidos. Os quarenta e quatro países que participaram desta conferência criaram esse organismo com a finalidade de estabelecer um ambiente internacional de cooperação econômica, a fim de evitar a repetição da Grande Depressão, nos Anos 1930. Informações disponíveis em: <http://www.imf.org/external/about.htm>. Acesso em: 16 jul. 2015.

[12] Acordo Constitutivo do Fundo Monetário Internacional, 22 de julho de 1944, art. I.

[13] Acordo Constitutivo do Fundo Monetário Internacional, 22 de julho de 1944, art. XII, seção 5.

[14] No decorrer dos Anos 1970, a disponibilidade de crédito internacional levou os Estados latino-americanos a realizar vultosos empréstimos no exterior para custear projetos desenvolvimentistas que eram implementados na região. Essa conjuntura proporcionou um crescimento econômico considerável, mas profundamente dependente do capital externo, o que tornou a América Latina

Tratados regulando os espaços comuns da humanidade também refletem uma lógica assimétrica. O Tratado da Antártida de 1959, por exemplo, prevê a desmilitarização deste continente[15] e estabelece um projeto de governo internacional de fato[16]. No entanto, este tratado, embora aberto a adesão de todos os Estados[17], cria uma discriminação entre os próprios Estados partes. Deste modo, os 12 Estados partes originais[18], que já estavam obtendo "[...] conhecimentos científicos logrados através da colaboração internacional na pesquisa científica realizada na Antártida"[19], tiveram a chance, por meio deste tratado, de conservar o domínio acerca do regime aplicado à Antártida, ao passo que os outros 41 membros que aderiram ao acordo até 2017 não gozaram deste privilégio[20]. O mesmo padrão veio a ser reproduzido no Tratado de 1966 sobre os Princípios Reguladores das Atividades dos Estados na Exploração e Uso do

vulnerável. A crise se alastrou pela região depois que as taxas de juros dos empréstimos subiram de forma astronômica, como resposta à inflação nos Estados credores devido aos choques do petróleo. O aumento da taxa de juros e a dificuldade para angariar capital para custear a dívida, levou os Estados da região, especialmente Brasil e México, a uma profunda recessão. Incapazes de quitar suas dívidas, esses Estados recorreram ao F.M.I.. O Brasil assinou o acordo com essa instituição em 1983, quando assumiu o compromisso de abrir a sua economia ainda mais para o capital estrangeiro, desvalorizar a moeda local e conter gastos públicos de forma severa. Como resultado das políticas de austeridade do F.M.I., o Brasil se viu numa grave crise econômica, marcada pelo aumento de 211% da inflação e o crescimento do desemprego em 12%, só no final de 1983. Em 1985, o PIB brasileiro despencou para US$ 226 bilhões, sendo que em 1982 esse valor era de US$296 bilhões. Cf. GALANO III, Anthony. **International Monetary Fund Response to the Brazilian Debt Crisis: Whether the Effects of Conditionality Have Undermined Brazil's National Sovereignty?**. *Pace International Law Review*, v. 6, p. 323-330 e 338-340, 1994.

[15] Tratado da Antártida, 1 de dezembro de 1959, art.I.

[16] Tratado da Antártida, 1 de dezembro de 1959, art.IX.

[17] Tratado da Antártida, 1 de dezembro de 1959, art.XIII.

[18] Os doze Estados que negociaram e primeiro assinaram o tratado são: Argentina, Austrália, Bélgica, Chile, França, Japão, Nova Zelândia, Noruega, África do Sul, União das Repúblicas Socialistas Soviéticas, Reino Unido e Estados Unidos. Cf. Tratado da Antártida, 1 de dezembro de 1959, preâmbulo.

[19] Tratado da Antártida, 1 de dezembro de 1959, preâmbulo.

[20] Os 41 Estados que aderiram ao tratado até a data da presente publicação são: Brasil, Bulgária, China, República Tcheca, Equador, Finlândia, Alemanha, Índia, Itália, Coreia do Sul, Países Baixos, Peru, Polônia, Rússia, Espanha, Suécia, Ucrânia, Uruguai, Áustria, Bielorrússia, Colômbia, Canadá, Cuba, Dinamarca, Estônia, Grécia, Guatemala, Hungria, Cazaquistão, Coreia do Norte, Malásia, Mônaco, Mongólia, Paquistão, Papua Nova Guiné, Portugal, Romênia, Eslováquia, Venezuela, Turquia e Suíça. (Dados disponíveis em: <http://www.ats.aq/devas/ats_parties.aspx?lang=e>. Acesso em: 13 jul. 2015).

Espaço Cósmico, inclusive a Lua e demais Corpos Celestes[21]. Tal situação cria no interior do próprio universo convencional direitos e obrigações variadas.

Apesar desses incontestáveis elementos de dominação, o direito internacional consolidou-se, igualmente, como uma estrutura crítica, de contestação e mesmo de controle das atividades hegemônicas das potências dominantes[22]. Neste sentido, ele passou a agir como uma plataforma para inclusão de um certo equilíbrio e pluralismo capaz de criar uma base jurídica de ação conjunta e emancipatória dos membros da sociedade internacional.

Nesse sentido, os objetivos do direito internacional, que no passado eram alinhados aos interesses de nações dominantes, se diversificaram e a construção de um modelo de manutenção da paz convive com novos modelos decorrentes de novos desafios. A descolonização, o racismo, o desarmamento, os direitos humanos ou as questões ligadas ao meio ambiente, por exemplo, são fenômenos que conduziram o sistema internacional a se orientar no sentido de certa democratização e do reconhecimento de solidariedades necessárias. A consciência da natureza interdisciplinar da sociedade internacional permite que uma ação conjunta passe a ser conduzida, no sentido de eliminar ou enfraquecer os vestígios de desigualdade[23] e novos caminhos surgem na

[21] Na data da presente publicação, este tratado possui 98 Estados partes (62 por meio de ratificação e 36 por meio de acessão). Apesar deste instrumento ter ser sido adotado por meio da Resolução n.º 2222 (XXI), da Assembleia Geral, datada de 19 de dezembro de 1966, o que implica uma maior participação de todos os Estados membros desta organização, o processo de redação do tratado foi controlado pelos Estados Unidos e a União Soviética, as potências espaciais à época. Cf. DAILLIER, Patrick ; PELLET, Alain. **Droit International Public**. 7.ª ed. Paris: LGDJ, 2002, p. 250.

[22] Destaca-se o *Direito Internacional dos Direitos Humanos* e o *Direito Internacional Humanitário*, que impõem normas de conduta aos Estados para proteger os direitos fundamentais da pessoa humana, seja em tempos de paz, seja durante conflitos armados. Relevante citar também o Tratado sobre a *Não-Proliferação de Armas Nucleares*, assinado em 1 de julho de 1968, através do qual, *inter alia*, os Estados nuclearmente armados, entre eles grandes potências como Reino Unido, Rússia, Estados Unidos, França e China, se comprometem a não disseminar armas nucleares e tecnologia bélica nuclear e a alcançar o desarmamento nuclear completo (artigo I e VI).

[23] Destaca-se, nesse prisma, que vários Estados já denunciaram o caráter antidemocrático e anacrônico do poder de veto dos membros permanentes do Conselho de Segurança (Estados Unidos, França, Reino Unido, China e Rússia), uma vez que subjuga este órgão, um aparato de ordem pública internacional, à mera vontade arbitrária de certos países, abrindo margem a eles para proteger seus próprios interesses, ainda quando em choque com princípios basilares do Direito Internacional. Diante disso, propostas de reformas do Conselho já foram sugeridas, como a extinção do poder de veto e da categoria de membros permanentes; o estabelecimento de membros "semipermanentes", de forma que certos membros não permanentes teriam mandatos com prazos consideravelmente maiores do que dois anos; aumento do número de membros não permanentes, com direito a reeleição consecutiva por mais dois anos; e a expansão do colégio de

dinâmica de constituição de uma sociedade internacional mais equilibrada e democrática.

O presente trabalho visa descrever alguns dos aspectos emancipatórios do direito internacional atual, a fim de demonstrar que a ação conjunta de uma comunidade internacional plural pôde permitir a constituição de sistemas normativos, que nos seus respectivos domínios de atuação, impõem pesos e contrapesos à atuação hegemônica de certos Estados ou grupos de Estados. Nesse âmbito, destacar-se-á o regime internacional da descolonização; a criação do Tribunal Penal Internacional; o direito internacional jurisdicional; e, por fim, os elementos formadores de uma governança descentralizada internacional.

1. O Direito Internacional da Descolonização

O direito internacional da descolonização tem sua gênese no fim da primeira guerra mundial e em uma solução intermediária que naquele momento buscava adequar o posicionamento dos regimes coloniais decadentes e o desejo legítimo de descolonização. Neste sentido, o artigo 22.º do Pacto da Sociedade das Nações estabelece que as populações dos territórios coloniais seriam incapazes de se autogovernar e que seria, portanto, parte da missão civilizadora sagrada das nações desenvolvidas tutelar tais povos e, por intermédio de um sistema de mandato[24], conduzi-los a inde-

membros permanentes, com ou sem direito de veto, de forma a incluir países como Alemanha, Indonésia, Índia, Japão, Brasil, Nigéria, Egito, Austrália, África do Sul ou todos os 19 países do G-20 (África do Sul, Alemanha, Arábia Saudita, Argentina, Austrália, Brasil, Canadá, China, Coreia do Sul, Estados Unidos, França, Índia, Indonésia, Itália, Japão, México, Reino Unido, Rússia e Turquia). Cf. OKHOVAT, Sahar. **The United Nations Security Council**: Its Veto Power and Its Reform. Centro para o Estudo da Paz e Conflitos, Universidade de Sydney, Artigos de Trabalho n.º 15/1, 2011, p.7-68; PAUL, James e NAHORY, Céline. **Theses Towards a Democratic Reform of the UN Security Council**. Global Policy Forum, 13 de junho de 2005; GARCIA, Eugênio Vargas. **Conselho de Segurança das Nações Unidas**. Brasília: FUNAG, 2013, p.115-129.

[24] Na realidade, tratava-se de 3 sistemas de mandatos distintos classificados por ordem de competências do mandatário e das perspectivas de independência do território sob mandato, como se evidencia no próprio texto do artigo 22.º do Pacto da Sociedade das Nações: "O caráter do mandato deve ser diferente conforme o grau de desenvolvimento do povo, a situação geográfica do território, suas condições econômicas e todas as outras circunstâncias análogas. Certas comunidades que outrora pertenciam ao Império Otomano, atingiram tal grau de desenvolvimento que sua existência como nações independentes pode ser reconhecida provisoriamente, com a condição que os conselhos e o auxílio de um mandatário guiem sua administração até o momento em que forem capazes de se conduzirem sozinhas. Os desejos dessas comunidades devem ser tomados em

pendência[25]. Embora o cinismo do conceito seja hoje aparente, dá-se um passo importante na medida em que tal sistema não implicava a cessão de território ou a transferência de soberania[26], pondo fim a abusos graves do passado, como a aquisição e exploração de recursos naturais estrangeiros[27].

O fim da Sociedade das Nações e o surgimento das Nações Unidas implicou a transformação inicial do sistema de mandatos no mecanismo de tutela previsto no Capítulo XII da Carta das Nações Unidas[28] e que enfatizava o

primeiro lugar em consideração para escolha do mandatário. O grau de desenvolvimento em que se encontram outros povos, especialmente os da África Central, exige que o mandatário assuma o governo do território em condições que, com a proibição de abusos, tais como o tráfico de escravos, o comércio de armas e álcool, garantam a liberdade de consciência e de religião, sem outras restrições, além das que pode impor a manutenção da ordem pública e dos bons costumes, e a interdição de estabelecer fortificações, bases militares ou navais e de dar aos indígenas instrução militar, a não ser para a polícia ou a defesa do território, e assegurem aos outros membros da Sociedade condições do igualdade para trocas e comércio. Enfim, há territórios como o sudoeste africano e certas ilhas do Pacífico austral, que, em razão da fraca densidade de sua população, de sua superfície restrita, de seu afastamento dos centros de civilização, de sua contiguidade geográfica com o território do mandatário ou de outras circunstâncias, não poderiam ser melhor administrados do que pelas próprias leis do mandatário, como parte integrante de seu território, sob reserva das garantias previstas acima no interesse da população indígena."

25 Pacto da Sociedade das Nações, Conferência de Paz de Paris, 28 de junho de 1919, artigo 22.º.

26 No Caso do Estatuto Internacional do Sudoeste Africano, que lidava com a legalidade da anexação do Sudoeste Africano (atual Namíbia) pela União da África do Sul (atual África do Sul), a C.I.J. defendeu que "[o]s termos [do mandato do Sudoeste Africano], bem como o disposto no artigo 22.º do Pacto [da Sociedade das Nações] e os princípios nele consagrados, demonstram que a criação desta nova instituição internacional [o mandato] não implica qualquer cessão de território ou transferência de soberania para a União da África do Sul. O Governo da União deveria exercer a fundação internacional de administração em nome da Sociedade das Nações, com o objetivo de promover o bem-estar e o desenvolvimento dos habitantes". (CORTE INTERNACIONAL DE JUSTIÇA. *Caso do Estatuto Internacional do Sudoeste Africano*, C.I.J. Rec. 1950, p. 132).

27 CORTE INTERNACIONAL DE JUSTIÇA. *Opinião Consultiva sobre a Conformidade com o Direito Internacional da Declaração Unilateral de Independência do Kosovo*, C.I.J. Rec. 2010, Opinião Separada do Juiz A. A. Cançado Trindade, p. 545-546.

28 A exceção a tal regime pôde ser observada no caso da África do Sul, que rejeita a sua aplicação para o Sudoeste Africano e unilateralmente anexa essa região ao seu território. Apesar da África do Sul ter sido o Estado administrador do Sudoeste Africano, ela afirmou que ao final da segunda guerra mundial, o mandato havia expirado e, portanto, possuía o direito de incorporar o Sudoeste Africano. As Nações Unidas condenaram a ação sul-africana e solicitaram que a região incorporada fosse colocada sobre o regime de tutela. A África do Sul se recusou, levando a Assembleia Geral a solicitar uma opinião consultiva à C.I.J.. A Corte, de fato, reconhece que o regime de tutela não sucede integralmente o sistema de mandatos, mas não é cabível ao Estado administrador alterar o estatuto do território administrado, sem o consentimento das Nações Unidas. Cf. CORTE INTERNACIONAL DE JUSTIÇA. *Caso do Estatuto Internacional do Sudoeste Africano*, C.I.J. Rec. 1950, p. 137-139.

respeito dos direitos humanos, os poderes de administração de certos Estados sob os territórios tutelados e a evolução progressiva com destino a independência[29]. De fato, até 1945, o exercício da competência dos Estados em suas colônias não era submetido a nenhum controle internacional. Havia apenas os regulamentos concernentes aos estatutos dos mandatos e ao Ato Geral da Conferência de Berlim, de 26 de fevereiro de 1885[30]. Assim, com muita prudência, os autores da Carta buscaram um compromisso equilibrado entre as teses anti-colonialistas e aquelas oriundas dos defensores dos impérios coloniais[31]. Por uma "declaração"[32], contida no capítulo XI da Carta, foram definidos os objetivos da administração destes territórios e se estabeleceu procedimentos de exames dos atos dos Estados colonizadores[33].

Ficou, portanto, estabelecido que as potências administradoras teriam por "missão sagrada"[34] "fomentar o progresso político, econômico, social e educacional dos habitantes dos territórios tutelados e o seu desenvolvimento progressivo para alcançar governo próprio ou independência [...]"[35]. Visando possibilitar que as Nações Unidas venham a exercitar os seus poderes, os Estados, segundo o artigo 73.º da Carta, se comprometem a enviar um certo número de informações sobre pontos pertinentes[36]. Note-se que os Estados não tinham renunciado a suas competências territoriais em matéria colonial, nem mesmo aceitado um controle ou uma divisão do exercício desta competência. Mas um fato novo se dá. É constituído o Conselho de Tutela, que irá

[29] Carta das Nações Unidas, 26 de junho de 1945, artigos 76.º e 78.º-84.º.

[30] Esse instrumento foi assinado por 14 Estados (Reino Unido, França, Alemanha, Império Austro-Húngaro, Bélgica, Dinamarca, Espanha, Estados Unidos da América, Itália, Países Baixos, Portugal, Rússia, Suécia e Império Turco Otomano) e estipulava regras referentes ao modo de aquisição inicial dos territórios coloniais (artigos 34.º-35.º), proibição de escravidão e tráfico de pessoas nas colônias (artigos 6.º e 9.º), livre navegação internacional nos rios Níger e Congo (artigos 13.º e 26.º), direitos humanos assegurando a preservação de tribos nativas e liberdade de religião (artigo 6.º), a proteção especial de missionários cristãos, exploradores e cientistas (artigo 6.º), entre outras.

[31] FASTENRATH, Ulrich. «Article 73». In: SIMMA, Bruno (org.). **The Charter of the United Nations**: A Commentary. Oxford: Oxford University Press, 1995, p. 1089-1091.

[32] Empregou-se o nome *Declaração relativa a Territórios sem Governo Próprio.*

[33] Carta das Nações Unidas, 26 de junho de 1945, artigos 73.º-74.º. Para uma análise da *Declaração relativa a Territórios sem Governo Próprio*: FASTENRATH, Ulrich. «Articles 73-74». In SIMMA, Bruno (org.). **The Charter of the United Nations**: A Commentary. Oxford: Oxford University Press, 1995, p. 1089-1097; MAZZUOLI, Valério de Oliveira. «Artigos 73.º-74.º». In: BRANT, Leonardo Nemer Caldeira (org.). **Comentário à Carta das Nações Unidas**. Belo Horizonte: CEDIN, 2008, p. 975-1000.

[34] Carta das Nações Unidas, 26 de junho de 1945, artigo 73.º.

[35] Carta das Nações Unidas, 26 de junho de 1945, artigo 76.º, alínea b.

[36] Carta das Nações Unidas, 26 de junho de 1945, artigo 73.º, alínea e.

progressivamente revisar de modo integral este modelo[37]. De fato, apoiado nos artigos 1.º, parágrafo 2.º, e 55.º da Carta das Nações Unidas, que preveem o princípio da igualdade de direito dos povos e de seu direito a autodeterminação, as Nações Unidas, por meio da atuação particular da Assembleia Geral, irá tomar finalmente as medidas que irão conduzir a independência dos povos coloniais.

Para tanto, primeiramente, a Assembleia Geral irá, ainda em 2 de dezembro de 1949, substituir o Secretário-Geral como destinatário dos relatórios dos Estados colonizadores, criando o Comitê de Informações dos Territórios sem Governo Próprio[38]. Insistindo, desde sua 5ª seção, acerca do direito a autodeterminação dos povos, a Assembleia Geral irá inspirar o Conselho Econômico e Social, que, em 1954, decidiu incluir no artigo 1.º dos pactos internacionais de direitos humanos[39], uma menção ao direito dos povos a autodeterminação[40]. A descolonização passava, portanto, a se vincular à proteção internacional dos direitos humanos.

A pressão assim exercida não pode mais ser contornada e a Assembleia Geral será o grande construtor do direito de descolonização. Em 14 de dezembro de 1960, esse órgão adotou, por meio da Resolução n.º 1514 (XV), a Declaração sobre a Concessão de Independência aos Países e Povos Coloniais[41]. Em 1961,

[37] O Conselho de Tutela foi criado com a finalidade de fiscalizar a gestão dos territórios sujeitos ao regime de tutela e também para garantir que os Estados responsáveis pela sua administração tomem as medidas adequadas para proteger os direitos fundamentais desses povos e também prepará-los para a futura autogovernança. O Conselho encerrou suas atividades em 1994, com a Resolução do CSNU n.º 956/1994 (UNDocA/RES/956/1994, 10 de novembro de 1994), que foi aprovada logo depois da independência da República de Palau, último território sob a tutela das Nações Unidas. Cf. GEIGER, Rudolf. «Articles 86-91». In: SIMMA, Bruno (org.). **The Charter of the United Nations**: A Commentary. Oxford: Oxford University Press, 1995, p.1129-1137.

[38] Resolução da AGNU n.º 332 (IV), UNDocA/RES/332(IV), 2 de dezembro de 1949.

[39] São dois pactos: o Pacto Internacional sobre Direitos Civis e Políticos e o Pacto Internacional sobre Direitos Econômicos, Sociais e Culturais.

[40] O texto artigo 1.º é idêntico em ambos os pactos e afirma: "§1.º. Todos os povos têm direito a autodeterminação. Em virtude desse direito, determinam livremente seu estatuto político e asseguram livremente seu desenvolvimento econômico, social e cultural; §2.º. Para a consecução de seus objetivos, todos os povos podem dispor livremente de suas riquezas e de seus recursos naturais, sem prejuízo das obrigações decorrentes da cooperação econômica internacional, baseada no princípio do proveito mútuo, e do Direito Internacional. Em caso algum, poderá um povo ser privado de seus próprios meios de subsistência; §3.º. Os Estados Partes do Presente Pacto, inclusive aqueles que tenham a responsabilidade de administrar territórios não-autônomos e territórios sob tutela, deverão promover o exercício do direito à autodeterminação e respeitar esse direito, em conformidade com as disposições da Carta das Nações Unidas."

[41] Resolução da AGNU n.º 1514 (XV), UNDocA/RES/1514 (IV), 14 de dezembro de 1960.

será criado o Comitê da Descolonização, encarregado de implementar as recomendações desta Declaração[42]. A inovação principal diz respeito ao fato de que a partir de então, as investigações do Comitê recairiam não somente sobre questões invocadas com base no artigo 73.º, mas sobretudo a partir da evolução política e constitucional dos territórios em questão. Os relatórios são completados pelo envio de missões *in locu*. Em 1966, a Assembleia Geral reafirma tais preceitos e, por meio da Resolução 2189 (XXI), determina que a persistência do regime colonial ameaça à paz e a segurança internacional[43]. Finalmente, em 1970, a Assembleia Geral irá adotar a Resolução 2621 (XXV), que irá estabelecer o Programa de Ação para a Implementação Integral da Declaração de 1960[44]. Do mesmo modo, por intermédio da Resolução 2625 (XXV), ela codifica os 7 princípios do direito internacional relativos às relações amigáveis e à cooperação entre os Estados. Dentre eles está o da igualdade de direitos dos povos e o princípio da autodeterminação[45].

Independentemente de todas as controvérsias relativas à extensão e à abrangência do conceito de autodeterminação[46], observa-se aqui um elemento importante. A Carta não veio a ser desenhada de modo a garantir a descolonização. Ao contrário, ela reflete, em princípio, o posicionamento das grandes potências e organiza juridicamente o colonialismo[47]. A atuação conjunta e plural da comunidade internacional foi o que permitiu a evolução do direito

[42] Informações sobre o Comitê, podem ser encontradas em seu site oficial: <http://www.un.org/en/decolonization/index.shtml>. Acesso em: 10 ago. 2015.

[43] Resolução da AGNU n.º 2189 (XXI), UNDocA/RES/2189 (XXI), 13 de dezembro de 1966.

[44] Resolução da AGNU n.º 2621(XXV), UNDocA/RES/2621(XXV), 13 de outubro de 1970.

[45] Resolução da AGNU n.º 2625 (XXV), UNDocA/RES/2625 (XXV), 24 de outubro de 1970.

[46] Para fins de ilustração, destaca-se que um dos aspectos profundamente controversos no tocante ao princípio da autodeterminação é o direito de secessão territorial unilateral de povos sujeitos a violações de direitos humanos, como ocorrido na independência do Kosovo. A prática estatal se divide quanto à legalidade da ação kosovar. Enquanto Brasil, Argentina, Azerbaijão, Chipre, Espanha, China, Bielorrússia, Bolívia, Índia, Cazaquistão, Quirguistão, Sérvia e outros o consideram um ato ilegal e defendem inexistir um direito de secessão territorial unilateral, ainda que diante de opressão contra o povo que pretende formar seu próprio Estado, outros países afirmam o contrário, ratificando a existência de tal direito, tais como França, Reino Unido, Japão, Alemanha, Coreia do Sul, Austrália, Nova Zelândia, Peru, Burkina Faso, Lituânia, Libéria, Serra Leoa, Bahrein, Jordânia, entre outros. Até a data da presente publicação, o Kosovo já tinha sido reconhecido como independente por 116 Estados. Cf. ASSOCIAÇÃO DE DIREITO INTERNACIONAL, *Recognition/Non-recognition in Contemporary International Law*, Relatório Final da Conferência de Sófia, Relator: Prof. Aziz Tuffi Saliba, 2012.

[47] De fato, conforme disposto em seu Capítulo XI, a Carta das Nações Unidas não prevê a independência dos territórios não autônomos. A independência dos países tutelados aparece igualmente apenas como uma possibilidade dependente da evolução na direção de uma auto administração.

internacional na direção do reconhecimento normativo da autodeterminação, ainda que em oposição à vontade hegemônica. O fato de ser considerado como uma evidente norma consuetudinária[48], dotada de natureza *erga omnes*[49], conforme reconhece a própria Corte Internacional de Justiça (C.I.J.) no caso relativo ao Timor Leste[50] e também na Opinião Consultiva sobre o Muro no Território Ocupado da Palestina[51], demonstra a força da construção do direito internacional como obstáculo ao exercício do poder absoluto e hegemônico.

2. A Constituição do Tribunal Penal Internacional

Negociado em Roma, em 1998, o Estatuto do Tribunal Penal Internacional previa a constituição de uma nova Corte competente para julgar, dentro de uma perspectiva complementar[52], indivíduos que haviam praticado crimes

[48] CORTE INTERNACIONAL DE JUSTIÇA. *Opinião Consultiva sobre as Consequências Legais aos Estados da Presença Contínua da África do Sul na Namíbia (Sudoeste Africano) não obstante a Resolução do Conselho de Segurança n.º 276 (1970)*, C.I.J. Rec. 1971, p. 31; CORTE INTERNACIONAL DE JUSTIÇA. *Opinião Consultiva sobre o Sahara Ocidental*, C.I.J. Rec. 1975, p. 31-32.

[49] Normas *erga omnes* são aquelas que pela sua própria natureza e importância, todos os Estados da Sociedade Internacional têm interesse jurídico na sua proteção. Cf. CORTE INTERNACIONAL DE JUSTIÇA. *Barcelona Traction, Light and Power Company, Bélgica v. Espanha*, C.I.J. Rec. 1970, p.32.

[50] CORTE INTERNACIONAL DE JUSTIÇA. *Caso do Timor Leste, Portugal v. Austrália*, C.I.J. Rec. 1995, p.102.

[51] CORTE INTERNACIONAL DE JUSTIÇA. *Opinião Consultiva sobre o Muro no Território Ocupado da Palestina*, C.I.J. Rec. 2004, p. 199.

[52] O princípio da complementariedade presume a responsabilidade inicial dos Estados de investigar e dar início ao processo penal contra indivíduos suspeitos que se encontram sob sua jurisdição. A competência do T.P.I. é, portanto, complementar a da jurisdição penal doméstica. É nesse sentido que positiva o artigo 17.º do Estatuto, no qual se afirma que um caso não será admitido pelo Tribunal se: "(a) O caso foi objeto de inquérito ou de procedimento criminal por parte de um Estado que tenha jurisdição sobre o mesmo, salvo se este não tiver vontade de levar a cabo o inquérito ou o procedimento ou, não tenha capacidade para o fazer; (b) O caso tiver sido objeto de inquérito por um Estado com jurisdição sobre ele e tal Estado tenha decidido não dar seguimento ao procedimento criminal contra a pessoa em causa, a menos que esta decisão resulte do fato de esse Estado não ter vontade de proceder criminalmente ou da sua incapacidade real para o fazer; (c) A pessoa em causa já tiver sido julgada pela conduta a que se refere a denúncia, e não puder ser julgada pelo Tribunal em virtude do disposto no parágrafo 3º do artigo 20.º [que regula o princípio do *Ne bis in idem*]." Sobre o princípio da complementariedade: CASSESE, Antonio. **International Criminal Court**. Oxford: Oxford University Press, 2003, p. 351-353; CASSESE, Antonio. **The Statute of the International Criminal Court: Some Preliminary Reflections**. *European Journal of International Law*. v. 10, p. 158-159, 1999; BENZING, Markus. **The Complementarity Regime of the International Criminal Court: International Criminal Justice between State Sovereignty**

tipificados em seu Estatuto[53]. Para sua entrada em vigor, contudo, exigia-se o pré-requisito do número mínimo de 60 ratificações[54]. Ocorre que, mais rapidamente do que se imaginava em princípio, tal determinação veio a ser atendida[55]

and the Fight against Impunity. *Max Planck Yearbook of United Nations Law*, v. 7, p. 591-632, 2003; BANTEKAS, Ilias; NASH, Susan. **International Criminal Law.** Londres: Routledge-Cavendish, 2007, p. 541.

[53] O Estatuto de Roma, em seu artigo 5.º, determina que "[a] competência do Tribunal restringir-se-á aos crimes mais graves, que afetam a comunidade internacional no seu conjunto." São eles: genocídio, crimes contra a humanidade, crimes de guerra, e o crime de agressão. Apesar de estar previsto no parágrafo 1.º do artigo 5.º, o parágrafo 2.º desse mesmo dispositivo retira o crime de agressão da competência do T.P.I. até que uma emenda ao Estatuto seja adotada e ratificada "[...]em que se defina o crime e se enunciem as condições em que o Tribunal terá competência relativamente a este crime. Tal disposição deve ser compatível com as disposições pertinentes da Carta das Nações Unidas." Essa emenda foi aprovada em 11 de junho de 2010, ao final da Conferência de Revisão de Kampala, em Uganda. Em 26 de junho de 2016, a emenda alcançou o número mínimo de ratificações para entrar em vigor e, em 14 de dezembro de 2017, a 16ª Sessão da Assembleia dos Estados Partes do Estatuto de Roma ativou a jurisdição do T.P.I. sobre o crime de agressão. Segundo a resolução de ativação, a jurisdição do Tribunal sobre este crime se iniciará em 17 de julho de 2018.Excluir:Porém, até agosto de 2015, somente 23 Estados a ratificaram ou aceitaram: Andorra (em 26 de setembro de 2013), Áustria (em 17 de julho de 2014), Bélgica (em 26 de novembro de 2013), Botswana (em 04 de junho de 2013), Costa Rica (em 5 de fevereiro de 2015), Croácia (em 20 de dezembro de 2013), Chipre (em 25 de setembro de 2013), República Checa (em 12 de março de 2015), Estônia (em 27 de março de 2013), Geórgia (em 5 de dezembro de 2014), Alemanha (em 3 de junho de 2013), Letônia (em 25 de setembro de 2014), Liechtenstein (em 8 de maio de 2012), Luxemburgo (em 15 de janeiro de 2013), Malta (em 30 de janeiro de 2015), Polônia (em 25 de setembro de 2014), Samoa (em 25 de setembro de 2012), San Marino (em 14 de novembro de 2014), Eslováquia (em 28 de abril de 2014), Eslovênia (em 25 de setembro de 2013), Espanha (em 25 de setembro de 2014), Trinidad e Tobago (em 13 de novembro de 2012) e Uruguai (em 26 de setembro de 2013). Dados disponíveis em: <https://treaties.un.org/Pages/ViewDetails.aspx?src=TREATY&mtdsg_no=XVIII-10-b&chapter=18&lang=en>. Acesso em: 10 ago 2015.

[54] Estatuto de Roma do Tribunal Penal Internacional, 1 de julho de 2002, artigo 126.º. Esse dispositivo afirma: "O [Estatuto de Roma] entrará em vigor no primeiro dia do mês seguinte ao termo de um período de 60 dias após a data do depósito do sexagésimo instrumento de ratificação, de aceitação, de aprovação ou de adesão junto do Secretário-Geral da Organização das Nações Unidas."

[55] Senegal foi o primeiro Estado a ratificar o Estatuto de Roma e o fez já em 2 de fevereiro de 1999. Por sua vez, o depósito do sexagésimo instrumento de ratificação se deu em 11 de abril de 2002. Curioso notar que dez Estados o fizeram nesse mesmo dia: República Democrática do Congo, Níger, Camboja, Jordânia, Mongólia, Bósnia e Herzegovina, Bulgária, Romênia, Eslováquia e Irlanda. O Brasil o ratificou em 20 de junho de 2002, 69.º Estado a fazê-lo. Por fim, destaca-se que, na data da presente publicação, o T.P.I. tem 123 membros. Destes, 33 são países africanos, 19 são da Ásia e ilhas do Oceano Pacífico, 18 são da Europa Oriental, 28 são da América Latina e Caribe e 25 são da Europa Ocidental e outros. Dados disponíveis em: <http://www.icc-cpi.int/en_menus/asp/states%20parties/Pages/states%20parties%20_%20chronological%20list.aspx>. Acesso em: 10 ago. 2015.

e no dia 1 de julho de 2002 se iniciaram as formalidades de estabelecimento da nova Corte, bem como o processo de eleição dos juízes e de seu procurador[56]. O otimismo com relação a esta nova Corte era tanto que nesta ocasião foi dada a oportunidade aos Estados de demonstrar sua intenção de ratificar o Estatuto, e mesmo Estados que votaram contra o estabelecimento do Tribunal, como Estados Unidos[57] e Israel[58], decidiram assiná-lo.

Este otimismo teve, todavia, uma duração limitada e, logo em seguida, será substituído por uma oposição marcante dos Estados Unidos que, embora tenha elaborado importantes e úteis contribuições ao longo do processo negocial[59], pareceu insatisfeito com o resultado final, que pretendia admitir que o T.P.I. pudesse, em certas circunstâncias, exercer sua jurisdição sobre nacionais norte-americanos[60]. De fato, se comparado com a jurisdição da Corte

[56] Em sua primeira sessão, ocorrida entre os dias 3 e 10 de setembro de 2002, a Assembleia dos Estados Partes já determinou os elementos de crime e adotou as regras de procedimento.

[57] Os Estados Unidos assinaram o Estatuto de Roma em 31 de dezembro de 2000, no Governo do Presidente Bill Clinton. Dados disponíveis em: <https://treaties.un.org/pages/ViewDetails.aspx?src=TREATY&mtdsg_no=XVIII-10&chapter=18&lang=en#EndDec>. Acesso em: 11 ago. 2015.

[58] Israel assinou o Estatuto de Roma em 31 de dezembro de 2000. Porém, em 28 de agosto de 2002, enviou uma nota ao Secretário Geral das Nações Unidas afirmando que não tinha a intenção de ratificar o Estatuto, de forma que a obrigação de respeitar o objeto de propósito deste tratado resta rescindida. Dados disponíveis em: <https://treaties.un.org/pages/ViewDetails.aspx?src=TREATY&mtdsg_no=XVIII-10&chapter=18&lang=en#EndDec>. Acesso em: 11 ago. 2015.

[59] Como contribuições dos Estados Unidos ao Estatuto de Roma, podemos destacar a capacidade do Conselho de Segurança das Nações Unidas de denunciar ao Promotor qualquer situação em que haja indícios de ter ocorrido a prática de um ou vários dos crimes sob a jurisdição do T.P.I. (artigo 13.º); a suspensão da jurisdição do T.P.I. sobre o crime de agressão até que uma definição satisfatória desse tipo fosse alcançada (artigo 5.º, parágrafo 2.º); a inclusão expressa de crimes sexuais contra mulheres (artigo 7º, parágrafo 1º, alínea g), a ausência da pena capital como punição, mas somente a pena de prisão e multa (artigo 77.º); a tipificação exclusiva de crimes que possuíam natureza costumeira, de forma a excluir o narcotráfico (artigo 5.º); e a especificação detalhada dos crimes de guerra no próprio Estatuto (artigo 8.º). Cf. SCHABAS, William Anthony. **United States Hostility to the International Criminal Court: It's All About the Security Council**. *European Journal of International Law*, v. 15, n. 4, p. 708-709, 2004; SCHEFFER, David. **The United States and the International Criminal Court**, *American Journal of International Law*, v. 93, n.1, p. 12-13, 1999; SCHEFFER, David. **U.S. Policy and the International Criminal Court**. *Cornell International Law Journal*, v. 32, n. 3, p. 530-531, 1999.

[60] Apesar dos Estados Unidos não serem parte do Estatuto de Roma, seus nacionais ainda podem ser julgados e condenados pelo T.P.I., vez que a jurisdição deste tribunal se estende a crimes cometidos no território de um Estado parte do Estatuto, independente da nacionalidade do acusado. Assim, se um norte americano cometer um genocídio, um crime de guerra ou um crime contra a humanidade no território de um Estado parte do Estatuto de Roma, esse norte americano pode ser julgado

Internacional de Justiça, que exige o consentimento estatal para a aplicação da norma[61], o Estatuto do T.P.I. prevê uma mudança extraordinária e admite que, em certas circunstâncias, um nacional possa vir a ser julgado, sem que seja necessário a demonstração do consentimento estatal[62]. O vínculo entre consentimento e autoridade da sentença deixa de ser, portanto, uma regra absolutamente fundamental. O Estado perderia o absoluto controle da produção normativa e tal fato era certamente contrário à posição norte-americana. A sucessão dos acontecimentos, contudo, demonstra bem os limites da atuação hegemônica e o potencial normativo do pluralismo jurídico.

Como demonstra Willian Schabas, os Estados Unidos pareciam perfeitamente favoráveis a constituição de um Tribunal Penal Internacional que seguisse o modelo proposto pela Comissão de Direito Internacional, em 1994. Nele, imaginava-se uma jurisdição penal que refletisse o modelo das Nações Unidas e que viesse a ser coordenada e subordinada pela atividade

pelo T.P.I.. Cf. Estatuto de Roma do Tribunal Penal Internacional, 1 de julho de 2002, artigo 12.º, parágrafo 2.º; SCHABAS, William Anthony. **An Introduction to the International Criminal Court**. 3. ed., Cambridge: Cambridge University Press, 2007, p.24.

[61] Estatuto da Corte Internacional de Justiça, 26 de junho de 1945, artigo 36.º; CORTE INTERNACIONAL DE JUSTIÇA. *Caso do Ouro Monetário Apreendido em Roma em 1943, Itália v. França, Reino Unido e Estados Unidos*, C.I.J. Rec. 1954, p.32; CORTE INTERNACIONAL DE JUSTIÇA. *Caso do Timor Leste, Portugal v. Austrália*, C.I.J. Rec. 1995, p.101.

[62] Seria o caso de um crime previsto no Estatuto de Roma que foi cometido no território de uma parte contratante, pelo nacional de um Estado que ainda não tenha ratificado esse tratado (artigo 12, parágrafo 2º, alínea a do Estatuto) e também o caso de uma crise específica que foi submetida à jurisdição do T.P.I. pelo Conselho de Segurança, agindo nos termos do Capítulo VII da Carta das Nações Unidas, ainda que o suposto crime tenha ocorrido no território ou foi cometido por nacionais de um Estado não parte (artigo 13, alínea b do Estatuto). Essa segunda possibilidade já foi aplicada para permitir que nacionais sudaneses, inclusive o próprio Presidente em exercício Omar al-Bashir, sejam investigados e julgados pelo T.P.I., por graves violações de direitos humanos e direito internacional humanitário em Darfur. A crise humanitária do oeste do Sudão foi submetida ao Promotor do Tribunal através da Resolução n.º 1593, datada de 31 de março de 2005. Relevante notar que o Sudão nunca ratificou o Estatuto, mas somente o assinou em 8 de setembro de 2000. A sua assinatura foi retirada em 26 de agosto de 2008. Para maiores informações sobre a jurisdição do T.P.I. sobre nacionais de Estados não membros: MORRIS, Madeline. **The Jurisdiction of the International Criminal Court Over Nationals of Non-Party States**. *ILSA Journal of International & Comparative Law*, v. 6, p. 663-369, 2000; SCHARF, Michael. The ICC's jurisdiction over the nationals of non-party states: a critique of the U.S. position. ***Law and Contemporary Problems***, v. 64, n. 1, p. 67-117, 2001; AKANDE, Dapo. **The Jurisdiction of the International Criminal Court over Nationals of Non-Parties: Legal Basis and Limits.** *European Journal of International Law*, v. 1, p.618-650, 2003.

centralizada do Conselho de Segurança, em moldes semelhantes aos tribunais ad hoc criados para a Ex-Iugoslávia e Ruanda[63].

Neste sentido, embora o governo Clinton tenha, como um de seus últimos atos, em 31 de dezembro de 2000, assinado o Estatuto, a administração Bush era profundamente contrária ao Tribunal e diversas medidas foram tomadas no sentido de esvaziar o alcance da jurisdição penal internacional. A primeira delas veio no sentido de revogar a assinatura e, na sua impossibilidade, recorreu-se ao artigo 18.º da Convenção de Viena sobre o Direito dos Tratados[64], deixando claro ao Secretário Geral das Nações Unidas, em uma comunicação de 6 de maio de 2002, sua intenção de não se tornar parte do Estatuto[65].

Novas medidas foram tomadas e, seguindo o previsto no artigo 98.º, parágrafo 2º, do Estatuto de Roma[66], os Estados Unidos passaram a pressionar Estados partes e mesmo não partes com a intenção de concluir tratados bilaterais que pudessem prever certa imunidade a seus nacionais, sobretudo forças militares baseadas em um Estado hóspede[67]. Em suma, tais acordos previam a impossibilidade de entrega de um acusado de nacionalidade norte americana ao Tribunal[68]. O ataque à jurisdição do T.P.I. era frontal e veio a ser

[63] SCHABAS, William Anthony. **United States Hostility to the International Criminal Court: It's All About the Security Council.** *European Journal of International Law*, v. 15, n. 4, p. 701, 2004.

[64] O artigo 18 da Convenção de Viena sobre o Direito dos Tratados, ao regular a revogação da assinatura, estipula que "[u]m Estado é obrigado a abster-se da prática de atos que frustrariam o objeto e a finalidade de um tratado, quando: tiver assinado ou trocado instrumentos constitutivos do tratado, sob reserva de ratificação, aceitação ou aprovação, enquanto não tiver manifestado sua intenção de não se tornar parte no tratado".

[65] Dados sobre a revogação da assinatura pelos Estados Unidos estão disponíveis em: <https://treaties.un.org/pages/ViewDetails.aspx?src=TREATY&mtdsg_no=XVIII--10&chapter=18&lang=en#EndDec>. Acesso em: 11 ago. 2015.

[66] O artigo 98.º, parágrafo 2º, estabelece que "[o] Tribunal pode não dar seguimento à execução de um pedido de entrega por força do qual o Estado requerido devesse atuar de forma incompatível com as obrigações que lhe incumbem em virtude de acordos internacionais à luz dos quais o consentimento do Estado de envio é necessário para que uma pessoa pertencente a esse Estado seja entregue ao Tribunal, a menos que o Tribunal consiga, previamente, obter a cooperação do Estado de envio para consentir na entrega."

[67] O vínculo entre o artigo 98.º, parágrafo 2º e tais tratados veio a ser reconhecido pelo preâmbulo da Resolução n.º 1593 do Conselho de Segurança, onde se atestou a "[...] existência de acordos referidos no artigo 98.º-2 do Estatuto de Roma".

[68] Até 11 de dezembro de 2006, acordos dessa natureza já foram firmados com 102 Estados, como, por exemplo, Afeganistão, Índia, Paquistão, Cingapura, Filipinas, Camboja, Bolívia, Colômbia, Nicarágua, Haiti, Honduras, Israel, Argélia, Jordânia, Geórgia, Bósnia Herzegovina, Macedônia, Albânia, Tadjiquistão, Azerbaijão, Uzbequistão e Cazaquistão. Por outro lado, diversos Estados já

reconhecido pelo próprio Parlamento Europeu, que se opôs a tais tratados alegando inconsistência com o Estatuto de Roma[69]. O mesmo pode ser dito da diplomacia brasileira, que rejeitou de pronto o estabelecimento de tais acordos, em 4 de setembro de 2002[70].

A confrontação entre os Estados Unidos e o T.P.I. se tornaria ainda mais intensa e, em 2002, Washington "informa que vetaria qualquer resolução do Conselho de Segurança relativa às tropas de paz ou operações de segurança coletiva até que o Conselho viesse a adotar uma resolução que excluísse os membros de tais operações da jurisdição do Tribunal Penal Internacional"[71]. Em agosto de 2002, será finalmente assinado pelo Presidente Bush o Ato de Proteção aos Membros do Serviço Americano[72]. Nele, está finalmente proibida a cooperação das agências do governo norte-americano com o T.P.I., impõe-se restrições à participação nas forças de paz das Nações Unidas, proíbe-se assistência militar dos Estados Unidos aos Estados partes do Estatuto e, o que é absolutamente um contrassenso flagrante, permite-se o uso da força com a intenção de liberar qualquer cidadão americano detido ou preso em nome do T.P.I.[73]. Em decorrência desse último elemento, essa lei foi sarcasticamente apelidada de Ato da Invasão de Haia ("Hague Invasion Act"), vez que

demonstraram publicamente que não irão se vincular a tais tratados, entre eles estão Croácia, Costa Rica, Equador, Quênia, Namíbia, Peru, Samoa e África do Sul. Normalmente, a sua negociação é marcada por uma clara extorsão pelos norte americanos, de forma que se um Estado se recusa a assina-lo, os Estados Unidos ameaçam cortar seu apoio tático e militar ao país. Cf. COALITION FOR THE INTERNATIONAL CRIMINAL COURT. *Status of US Bilateral Immunity Agreements* (BIAs). Disponível em: <http://www.iccnow.org/documents/CICCFS_BIAstatus_current.pdf>. Acesso em: 11 ago. 2015.

69 PARLAMENTO EUROPEU. *Resolução sobre o Tribunal Penal Internacional* (T.P.I.), Documento n.º P5_TA-PROV (2002)0449, 24 de outubro de 2002; CONSELHO DA UNIÃO EUROPEIA. *Princípios Orientadores da UE sobre os Acordos celebrados entre um Estado Parte do Estatuto de Roma do Tribunal Penal Internacional e os Estados Unidos relativos às condições de Entrega de Pessoas ao Tribunal*, Documento n.º 12488/1/02, Bruxelas, 30 de setembro de 2002.

70 JOHNSON, Chalmers. **Nemesis**: The Last Days of the American Republic. Nova York: Holt Paperback, 2008, p.169; COALITION FOR THE INTERNATIONAL CRIMINAL COURT. Summary of Information on So-Called "Article 98" Agreements. Disponível em: <http://www.iccnow.org/documents/CICCImpunityTable11April03.pdf>. Acesso em: 11 ago. 2015.

71 Nesta ocasião, os EUA ameaçaram retirar suas tropas de paz do Timor Leste, caso não seja reconhecida a imunidade destas. Cf. SCHABAS, William Anthony. **An Introduction to the International Criminal Court**. 3. ed., Cambridge: Cambridge University Press, 2007, p. 29.

72 O nome original da lei, em inglês, é "American Service-Members' Protection Act".

73 ESTADOS UNIDOS. Ato de Proteção aos Membros do Serviço Americano. 2 de agosto de 2002, Seções 2004-2008.

permite os Estados Unidos invadirem essa cidade holandesa para recuperar seus nacionais que estejam sob a custódia daquela Corte para julgamento[74].

Incapaz de conter o avanço do direito internacional na direção do combate à impunidade, a oposição norte-americana contribuiu para a convicção de que a comunidade internacional deve se unir na busca de objetivos comuns. O relativo desenvolvimento do T.P.I., a superação da oposição norte-americana e a consagração de que suas atividades são distintas e dissociadas, em parte, da autoridade do Conselho de Segurança demonstra bem como uma ação conjunta da comunidade internacional pode ser emancipatória e a convergência pode conter o uso do direito internacional como atributo de hegemonia.

3. O Direito Internacional na Esfera Jurisdicional como um Instrumento de Equilíbrio e Controle

O direito internacional pode igualmente servir de base jurídica para o estabelecimento de equilíbrio, permitindo o controle do comportamento desviado dos membros mais poderosos da sociedade internacional. Pode-se observar, neste sentido, as regras que orientam o contraditório junto a C.I.J. ou qualquer outra jurisdição internacional[75]. O processo jurisdicional funda-se normalmente no princípio da igualdade das partes e, para tanto, permite o desenvolvimento dos argumentos apresentados com base na aplicação do direito e de regras de conduta equilibradas. Agindo deste modo, a estrutura processual no âmbito jurisdicional serve de contrapeso ao poder diplomático, econômico e militar[76]. A natureza teoricamente imparcial, neutra e desinteressada da jurisdição[77] reforça a legitimidade da sentença dotada de autoridade da coisa

[74] HUMAN RIGHTS WATCH, U.S.: 'Hague Invasion Act' Becomes Law, 3 de Agosto de 2002. Disponível em: <https://www.hrw.org/news/2002/08/03/us-hague-invasion-act-becomes-law>. Acesso em: 11 ago. 2015.

[75] Destaca-se os artigos 44.º-72.º das Regras da C.I.J., que regimentam a submissão de Memoriais escritos e também os argumentos orais das partes em casos litigiosos. Essas Regras podem ser encontradas no seguinte link: <http://www.icj-cij.org/documents/index.php?p1=4&p2=3&p3=0>. Acesso em: 13 ago. 2015.

[76] ROSEANNE, Shabtai. **The Law and Practice of the International Court**. v. III. Haia: Martinus Nijhoff, 1997, p. 1079.

[77] O artigo 20.º do Estatuto da C.I.J. e o artigo 4.º das Regras afirmam que todo juiz, no ato de sua posse, assume o compromisso solene de exercer as suas atribuições de forma honrosa, fiel, imparcial e consciente, revelando aquilo que os Estados esperam dessa Corte em suas funções jurisdicionais.

julgada[78] e impõe uma norma cuja criação deve ser destituída de considerações políticas, tanto aos olhos das partes, quanto aos da comunidade internacional.

Além disso, a própria função jurisdicional das certas cortes internacionais tem, cada vez mais, assumido uma função pública emancipatória. Reflexo disso pode ser encontrado na jurisprudência recente da C.I.J.. Essa Corte tem ganhado espaço e relevância cada vez maior como foro de debate e controle da hegemonia de certos Estados, se afastando do conceito de jurisdição limitada à resolver litígios de interesse puramente estatal, para se tornar, progressivamente, a guardiã dos interesses da humanidade. É nesse âmbito que se enquadra o *Caso sobre a Caça de Baleias na Antártida* (2014), iniciado pela Austrália e que resultou na condenação do Japão pela matança de cetáceos nos mares antárticos[79]. Outra disputa relevante é *o Caso sobre as Obrigações relativas às Negociações sobre a Cessação da Corrida Armamentista Nuclear e o Desarmamento Nuclear*, no qual as Ilhas Marshall indiciaram todos os nove Estados possuidores de armas nucleares (China, Coreia do Norte, França, Índia, Israel, Paquistão, Rússia, Reino Unido e Estados Unidos), os acusando de descumprir as suas obrigações no que diz respeito à cessação da corrida armamentista nuclear e ao desarmamento nuclear[80]. Em ambos os casos, Austrália e Ilhas Marshall iniciaram seus respectivos processos com vistas a atender interesses que não possuem uma natureza essencialmente individual, mas são de cunho coletivo, capazes de afetar toda a sociedade internacional de forma difusa.

[78] Estatuto da Corte Internacional de Justiça, 26 de junho de 1945, artigos 59.º-60.º; CORTE INTERNACIONAL DE JUSTIÇA. *Caso sobre a Aplicação da Convenção para a Prevenção e Repressão do Crime de Genocídio, Bósnia e Herzegovina v. Sérvia e Montenegro*, C.I.J. Rec. 2007, p. 89-101; CORTE INTERNACIONAL DE JUSTIÇA. *Pedido de Interpretação do Julgamento de 11 de Junho de 1998, no Caso Relativo à Disputa Territorial e Marítima entre Camarões e Nigéria, Camarões v. Nigéria*, Objeções Preliminares, C.I.J. Rec. 1999, p.39. Sobre os efeitos das sentenças da C.I.J.: BRANT, Leonardo Nemer Caldeira. **A Corte Internacional de Justiça e a Construção do Direito Internacional**. CEDIN: Belo Horizonte, 2005, p. 388-435.

[79] CORTE INTERNACIONAL DE JUSTIÇA. *Caso sobre a Caça de Baleias na Antártida, Austrália v. Japão*, C.I.J. Rec.2014, p.71-72

[80] CORTE INTERNACIONAL DE JUSTIÇA. *The Republic of the Marshall Islands files Applications against nine States for their alleged failure to fulfill their obligations with respect to the cessation of the nuclear arms race at an early date and to nuclear disarmament*, Nota de Imprensa no. 2014/18, 25 de abril de 2014. Disponível em: <http://www.icj-cij.org/presscom/files/0/18300.pdf>. Acesso em: 12 dez. 2015.

4. O Direito como Instrumento de uma Governança Descentralizada Internacional

Finalmente, o direito internacional reflete igualmente a criação de uma rede internacional de pequenas comunidades da qual a ação pode ir muito além de um modelo rígido de soberania igualitária. O direito internacional, nesse contexto, pode dar legitimidade a uma ação descentralizada da coletividade humana no seu conjunto[81]. A reação ao domínio pode ser, portanto, fragmentada dentre os membros da coletividade internacional.

A descentralização da resistência ao poder estatal se evidencia no alargamento da plêiade de atores atuantes na formação, aplicação e interpretação das normas internacionais. Destaca-se, por exemplo, a apresentação de amicus curiae perante a Corte Interamericana de Diretos Humanos, cuja possibilidade está prevista no artigo 41.º das Regras de Procedimento da Corte Interamericana. Com isso, indivíduos, empresas, universidades, organizações não governamentais, escritórios de advocacia e clínicas de direitos humanos já opinaram em procedimentos perante essa Corte, a ajudando a encontrar soluções adequadas para questões muito relevantes e delicadas, como a proteção de migrantes ilegais[82], fertilização *in vitro*[83], direitos das mulheres[84] e pena de morte[85]. Além disso, no tocante à formação de normas internacionais, destaca-se que mais de 200 organizações não governamentais foram acreditadas para participar na Conferência de Roma, de forma a contribuir para a redação e adoção do Estatuto do T.P.I.[86].

[81] CORTE INTERNACIONAL DE JUSTIÇA. *Usinas de Celulose no Rio Uruguai, Argentina v. Uruguai*, C.I.J. Rec. 2010, Opinião Separada do Juiz A. A. Cançado Trindade, p. 207; CANÇADO TRINDADE, Antonio Augusto. **La Recta Ratio dans les Fondements du Jus Gentium comme Droit International de L'Humanité**, *Revista da Faculdade de Direito da UFMG*, Belo Horizonte, n.º 58, p. 103-111, 2011; CANÇADO TRINDADE, Antonio Augusto. **Desafios e Conquistas do Direito Internacional dos Direitos Humanos no Início do século XXI**. XXXIII Curso de Direito Internacional Organizado, Comissão Jurídica Interamericana da OEA, Rio de Janeiro, 2006, p. 469-477.

[82] CORTE INTERAMERICANA DE DIRETOS HUMANOS. *Condição Legal e os Direitos dos Migrantes não Documentados*, Parecer Consultivo OC-18/03, 17 de setembro de 2003, Ser. A N.º 18, p. 4-9.

[83] CORTE INTERAMERICANA DE DIRETOS HUMANOS. *Caso Artavia Murillo et al. v. Costa Rica*, Julgamento de 28 de novembro de 2012, Ser. C N.º 257, p. 6-9.

[84] CORTE INTERAMERICANA DE DIRETOS HUMANOS. *Caso González et al. v. México*, Julgamento de 16 de novembro de 2009, Ser. C N.º 205, p. 5-6.

[85] CORTE INTERAMERICANA DE DIRETOS HUMANOS. *Restrições à Pena de Morte*, Parecer Consultivo OC-3/83, 8 de setembro 1983, Ser. A N.º 3, p. 2.

[86] WASHBURN, John. The **Negotiation of the Rome Statute for the International Criminal**

O efeito político de tal conjuntura é um elemento gerador de uma poderosa capacidade de pressão política.[87] Isso indica um procedimento de governança e não de governo, que pode ser identificado, por exemplo, na formação do direito internacional do meio ambiente, já que esse subsistema normativo surgiu a partir de pressões políticas descentralizadas[88].

Conclusão

Assim como todo sistema social de regras, o direito internacional não está imune às influências políticas dos sujeitos de direito. Com isso, certas normas internacionais são adotadas com o intuito de preservar e perpetuar a preponderância dos Estados mais influentes. Contudo, o direito internacional também possui instrumentos capazes de colocar em cheque o "domínio" das grandes potências. O direito internacional assume, assim, a forma de um sistema normativo emancipatório e anti-hegemônico, que acolhe e protege interesses de grupos não dominantes. Isso se evidencia nas normas internacionais referentes à descolonização, nas quais se assegura o direito dos povos dominados à autodeterminação. Também percebe-se que o direito internacional tem, cada vez mais, descentralizado os processos de criação, interpretação e aplicação de suas normas, permitindo que uma grande gama de atores participem e influenciem esses processos. É nesse sentido que temos

Court and International Lawmaking in the 21st Century. *Pace International Law Review*, v. 11, n. 2, 1999, p. 367.

[87] Esse elemento de pressão política, com a capacidade de provocar mudanças efetivas na seara internacional, se revela latente na Ordem Executiva do Presidente Barack Obama, emitida em 22 de janeiro de 2009, com a finalidade de reavaliar a detenção de todos os internos na Prisão de Guantánamo e também fechá-la em definitivo "[...] logo que possível, e em não mais do que um ano a partir da data da presente ordem" (ESTADOS UNIDOS, *Ordem Executiva – Revisão e Distribuição de Indivíduos Detidos na Base Naval de Guantánamo e Fechamento das Instalações de Detenção*, A Casa Branca, 22 de janeiro de 2009, seções 3 e 4). Até a presente publicação, a ordem não tinha sido cumprida e a prisão continua funcionando, o que levou a Comissão Interamericana de Direitos Humanos a emitir o "Relatório sobre o Fechamento de Guantánamo", objetivando denunciar as violações de direitos humanos na base militar e recomendar o seu fechamento (COMISSÃO INTERAMERICANA DE DIREITOS HUMANOS. Towards the Closure of Guantanamo, OAS/Ser.L/V/II. Doc. 20/15, 3 de junho de 2015).

[88] SANDS, Philippe. **Principles of Internacional Environmental Law**. 2. ed. Cambridge: Cambridge University Press, 2003, p. 25-122; SOARES, Guido Fernando Silva. **Direito Internacional do Meio Ambiente**: Emergência, Obrigações e Responsabilidades. São Paulo: Editora Atlas, 2001, p. 39-93.

a possibilidade de apresentação de amigos curiae na Corte Interamericana de Diretos Humanos e também a intensa participação de organizações não governamentais em conferências internacionais relevantes. Esse arcabouço nos permite concluir que o direito internacional é muito mais do que mero garantidor de interesses dominantes, mas se revela um sistema normativo contra-hegemônico, garantidor de liberdades a grupos e pessoas menos influentes. O direito internacional se mostra, assim, um sistema de regras e princípios que concilia elementos de poder com elementos de solidariedade entre os membros da comunidade internacional.

Referências

Acordo Constitutivo do Fundo Monetário Internacional, 22 de julho de 1944.

AKANDE, Dapo. **The Jurisdiction of the International Criminal Court over Nationals of Non-Parties: Legal Basis and Limits.** *European Journal of International Law*, v. 1, 2003.

ASSOCIAÇÃO DE DIREITO INTERNACIONAL, *Recognition/Non-recognition in Contemporary International Law*, Relatório Final da Conferência de Sófia, Relator: Prof. Aziz Tuffi Saliba, 2012.

BANTEKAS, Ilias e NASH, Susan. **International Criminal Law**. Londres: Routledge-Cavendish, 2007.

BENZING, Markus. **The Complementarity Regime of the International Criminal Court: International Criminal Justice between State Sovereignty and the Fight against Impunity**. *Max Planck Yearbook of United Nations Law*, v. 7, 2003.

BRANT, Leonardo Nemer Caldeira. **A Corte Internacional de Justiça e a Construção do Direito Internacional**. CEDIN: Belo Horizonte, 2005.

CANÇADO TRINDADE, Antonio Augusto. **Desafios e Conquistas do Direito Internacional dos Direitos Humanos no Início do século XXI**. *XXXIII Curso de Direito Internacional Organizado*. Comissão Jurídica Interamericana da OEA, Rio de Janeiro, 2006.

__________. **La Recta Ratio dans les Fondements du Jus Gentium comme Droit International de L'Humanité**. *Revista da Faculdade de Direito da UFMG*, Belo Horizonte, n. 58, 2011.

Carta das Nações Unidas, 26 de junho de 1945.

CASSESE, Antonio. **International Criminal Court**. Oxford: Oxford University Press, 2003.

__________. **The Statute of the International Criminal Court: Some Preliminary Reflections**. *European Journal of International Law*, v. 10, 1999.

COALITION FOR THE INTERNATIONAL CRIMINAL COURT. *Status of US Bilateral Immunity Agreements* (BIAs). Disponível em: <http://www.iccnow.org/documents/CICCFS_BIAstatus_current.pdf>. Acesso em: 11 ago. 2015.

__________. *Summary of Information on So-Called "Article 98" Agreements*. Disponível em: <http://www.iccnow.org/documents/CICCImpunityTable11April03.pdf>. Acesso em:

11 ago. 2015.
COMISSÃO INTERAMERICANA DE DIREITOS HUMANOS. *Towards the Closure of Guantanamo*, OAS/Ser.L/V/II. Doc. 20/15, 3 de junho de 2015.
CONSELHO DA UNIÃO EUROPEIA. *Princípios Orientadores da UE sobre os Acordos celebrados entre um Estado Parte do Estatuto de Roma do Tribunal Penal Internacional e os Estados Unidos relativos às condições de Entrega de Pessoas ao Tribunal*, Documento n.º 12488/1/02, Bruxelas, 30 de setembro de 2002.
CORTE INTERAMERICANA DE DIRETOS HUMANOS. *Restrições à Pena de Morte*, Parecer Consultivo OC-3/83, 8 de setembro 1983, Ser. A, n.º 3.
_________. *Condição Legal e os Direitos dos Migrantes não Documentados*, Parecer Consultivo OC-18/03, 17 de setembro de 2003, Ser. A, n.º 18.
_________. *Caso González et al. v. México*, Julgamento de 16 de novembro de 2009, Ser. C, n.º 205.
_________. *Caso Artavia Murillo et al. v. Costa Rica*, Julgamento de 28 de novembro de 2012, Ser. C, n.º 257.
CORTE INTERNACIONAL DE JUSTIÇA. *Caso do Estatuto Internacional do Sudoeste Africano*, C.I.J. Rec. 1950.
_________. *Caso do Ouro Monetário Apreendido em Roma em 1943, Itália v. França*, Reino Unido e Estados Unidos, C.I.J. Rec. 1954.
_________. *Barcelona Traction, Light and Power Company, Bélgica v. Espanha*, C.I.J. Rec. 1970.
_________. Opinião Consultiva sobre as *Consequências Legais aos Estados da Presença Contínua da África do Sul na Namíbia* (Sudoeste Africano) não obstante a Resolução do Conselho de Segurança n.º 276 (1970), C.I.J. Rec. 1971.
_________. Opinião Consultiva sobre o *Sahara Ocidental*, C.I.J. Rec. 1975.
_________. *Caso do Timor Leste, Portugal v. Austrália*, C.I.J. Rec. 1995.
_________. Pedido de Interpretação do Julgamento de 11 de Junho de 1998, no *Caso Relativo à Disputa Territorial e Marítima entre Camarões e Nigéria, Camarões v. Nigéria*, Objeções Preliminares, C.I.J. Rec. 1999.
_________. Opinião Consultiva sobre o *Muro no Território Ocupado da Palestina*, C.I.J. Rec. 2004.
_________. Opinião Consultiva sobre a *Conformidade com o Direito Internacional da Declaração Unilateral de Independência do Kosovo*, C.I.J. Rec. 2010, Opinião Separada do Juiz A. A. Cançado Trindade.
_________. Caso sobre a *Aplicação da Convenção para a Prevenção e Repressão do Crime de Genocídio, Bósnia e Herzegovina v. Sérvia e Montenegro*, C.I.J. Rec. 2007.
_________. *Usinas de Celulose no Rio Uruguai, Argentina v. Uruguai*, C.I.J. Rec. 2010, Opinião Separada do Juiz A. A. Cançado Trindade.
_________. *Caso sobre a Caça de Baleias na Antártida*, Austrália v. Japão, C.I.J. Rec.2014.
_________. *The Republic of the Marshall Islands files Applications against nine States for their alleged failure to fulfill their obligations with respect to the cessation of the nuclear arms race at an early date and to nuclear disarmament*, Nota de Imprensa no. 2014/18, 25 de abril de 2014. Disponível em: <http://www.icj-cij.org/presscom/files/0/18300.pdf>. Acesso em: 12 dez. 2015.

DAILLIER, Patrick e PELLET, Alain. **Droit International Public**. 7 ed. Paris: LGDJ, 2002.

Declaração sobre os Princípios de Direito Internacional relativos às Relações Amigáveis de e Cooperação entre os Estados em conformidade com a Carta das Nações Unidas, Resolução da AGNU n.º 2625(XXV), UNDoc.A/RES/2625, 24 de outubro de 1970.

ESTADOS UNIDOS. **Ato de Proteção aos Membros do Serviço Americano**. 2 de agosto de 2002.

__________. *Ordem Executiva – Revisão e Distribuição de Indivíduos Detidos na Base Naval de Guantánamo e Fechamento das Instalações de Detenção*, A Casa Branca, 22 de janeiro de 2009.

Estatuto da Corte Internacional de Justiça, 26 de junho de 1945.

Estatuto de Roma do Tribunal Penal Internacional, 1 de julho de 2002.

FASTENRATH, Ulrich. «Articles 73-74». In SIMMA, Bruno (org.). **The Charter of the United Nations**: A Commentary. Oxford: Oxford University Press, 1995.

GALANO III, Anthony. **International Monetary Fund Response to the Brazilian Debt Crisis: Whether the Effects of Conditionality Have Undermined Brazil's National Sovereignty?** *Pace International Law Review*, v. 6, 1994.

GARCIA, Eugênio Vargas. **Conselho de Segurança das Nações Unidas**. Brasília: FUNAG, 2013.

GEIGER, Rudolf. «Articles 86-91». In SIMMA, Bruno (org.). **The Charter of the United Nations**: A Commentary. Oxford: Oxford University Press, 1995.

HUMAN RIGHTS WATCH. U.S.: 'Hague Invasion Act' Becomes Law, 3 de Agosto de 2002. Disponível em: <https://www.hrw.org/news/2002/08/03/us-hague-invasion-act-becomes-law>. Acesso em: 11 ago. 2015.

JOHNSON, Chalmers. **Nemesis: The Last Days of the American Republic**. Nova York: Holt Paperback, 2008.

MAZZUOLI, Valério de Oliveira. «Artigos 73-74». In BRANT, Leonardo Nemer Caldeira (org.). **Comentário à Carta das Nações Unidas**. Belo Horizonte: CEDIN, 2008.

MORRIS, Madeline. **The Jurisdiction of the International Criminal Court Over Nationals of Non-Party States**. *ILSA Journal of International & Comparative Law*, v. 6, 2000.

OKHOVAT, Sahar. **The United Nations Security Council: Its Veto Power and Its Reform**, Centro para o Estudo da Paz e Conflitos, Universidade de Sydney, Artigos de Trabalho n. 15/1, 2011.

Pacto da Sociedade das Nações, Conferência de Paz de Paris, 28 de junho de 1919.

PARLAMENTO EUROPEU. *Resolução sobre o Tribunal Penal Internacional* (T.P.I.), Documento no. P5_TA-PROV(2002) 0449, 24 de outubro de 2002.

PAUL, James e NAHORY, Céline. **Theses Towards a Democratic Reform of the UN Security Council**, Global Policy Forum, 13 de junho de 2005.

Resolução da AGNU n.º 332 (IV), UNDocA/RES/332(IV), 2 de dezembro de 1949.

Resolução da AGNU n.º 267 (III), UNDoc.A/RES/267(III), 14 de abril de 1949.

Resolução da AGNU n.º 1514 (XV), UNDocA/RES/1514(IV), 14 de dezembro de 1960.

Resolução da AGNU n.º 2189 (XXI), UNDocA/RES/2189(XXI), 13 de dezembro de 1966.

Resolução da AGNU n.º 2621 (XXV), UNDocA/RES/2621(XXV), 13 de outubro de 1970.

Resolução do CSNU n.º 956, UNDocA/RES/956/1994, 10 de novembro de 1994.

ROSEANNE, Shabtai. **The Law and Practice of the International Court**. v. III. Haia: Martinus Nijhoff, 1997.

SANDS, Philippe. **Principles of Internacional Environmental Law**. 2. ed. Cambridge: Cambridge University Press, 2003.

SCHABAS, William Anthony. **United States Hostility to the International Criminal Court: It's All About the Security Council**. *European Journal of International Law*, v.15, n. 4, 2004.

_________. **An Introduction to the International Criminal Court**. 3. ed. Cambridge: Cambridge University Press, 2007.

SCHARF, Michael. **The ICC's jurisdiction over the nationals of non-party states: a critique of the U.S. position**. *Law and Contemporary Problems*, v. 64, n. 1, 2001.

SCHEFFER, David. **The United States and the International Criminal Court**, *American Journal of International Law*, v. 93, n. 1, 1999.

_________. **U.S. Policy and the International Criminal Court**. *Cornell International Law Journal*, v. 32, n. 3, 1999.

SHAW, Malcolm. **International Law**. 3ª ed. Cambridge: Cambridge University Press, 1991.

SOARES, Guido Fernando Silva. **Direito Internacional do Meio Ambiente**: Emergência, Obrigações e Responsabilidades. São Paulo: Editora Atlas, 2001.

Tratado da Antártida, 1 de dezembro de 1959.

WASHBURN, John. **The Negotiation of the Rome Statute for the International Criminal Court and International Lawmaking in the 21st Century**. *Pace International Law Review*, v. 11, n. 2, 1999.

O uso da força e a guerra no espaço marítimo

Fernando Loureiro Bastos[1]

Introdução

O enquadramento jurídico-internacional aplicável aos espaços marítimos e às atividades que nestes podem ser prosseguidas foi-se desenvolvendo ao longo dos últimos cinco séculos, tendo como um dos seus marcos fundadores a posição vencedora da oposição entre os defensores de um *mare liberum* e os propugnadores de um *mare clausum*[2]. Em contraponto à partilha do acesso aos mares entre as potências ibéricas, autorizada por uma bula papal e acordada pelo Tratado de Tordesilhas em 1494, o holandês Hugo Grócio defendeu no início do século XVII a liberdade de navegação e a abertura dos espaços marítimos a todos aqueles que estivessem em condições de os utilizar. Sendo decisiva para a expansão ultramarina das potências ocidentais, a liberdade dos mares afirmou-se a partir do século dezoito como um dos princípios estruturantes do Direito Internacional[3].

[1] Professor da Faculdade de Direito da Universidade de Lisboa e Investigador Principal do Instituto de Ciências Jurídico-Políticas.

[2] Uma síntese da evolução do Direito Internacional do Mar pode ser encontrada em TREVES, que inicia o seu estudo afirmando, p. 1, que "[t]he law of the sea is a branch of international law as old as international law itself".

[3] Sobre a evolução histórica do princípio da liberdade do alto mar ver ALVES PEREIRA, António Celso; ALVES PEREIRA, João Eduardo. «A liberdade do alto mar – antecedentes históricos dos artigos 87.º a 90.º da Convenção das Nações Unidas sobre o Direito do Mar». In: PANNO BEIRÃO, André; ALVES PEREIRA, António Celso (organizadores). **Reflexões sobre a Convenção do Direito do Mar**. Brasília: Fundação Alexandre Gusmão, 2014, p. 223-254.

Na atualidade, não obstante as mudanças estruturais que tiveram lugar no Direito Internacional e na Comunidade Internacional (de Estados) depois do final da Segunda Guerra Mundial[4], a liberdade do alto mar continua a ser absolutamente essencial para a compreensão da atuação dos sujeitos internacionais no mar, seja em tempo de paz seja em tempo de guerra.

Nesse sentido, o artigo 87.º da Convenção das Nações Unidas sobre o Direito do Mar (CNUDM), concluída em 1982 e em vigor desde 1994, depois de nove anos de negociações, proclama expressivamente que o "alto mar está aberto a todos os Estados, quer costeiros quer sem litoral". Do mesmo modo que o artigo 89.º do mesmo tratado multilateral, comummente designado como a Constituição dos Oceanos, determina que "[n]enhum Estado pode legitimamente pretender submeter qualquer parte do alto mar à sua soberania". Daqui resulta que o número 2 do artigo inicialmente citado reforce a ideia de que as liberdades do alto mar "devem ser exercidas por todos os Estados, tendo em devida conta os interesses de outros Estados no exercício da liberdade do alto mar".

Com efeito, em termos distintos do que sucede com o território terrestre, a soberania e a jurisdição que os Estados costeiros podem exercer nos diversos espaços marítimos está limitada pela necessidade de serem conciliados os diversos usos possíveis dos mares e dos oceanos. O enquadramento da atuação nos diversos espaços marítimos só será, por isso, adequadamente compreendido se tiver como ponto de partida uma perspetiva de distribuição de poderes entre os diversos sujeitos da Comunidade Internacional e não uma aproximação de tipo territorial, na medida em que esta é, por natureza, exclusiva e excludente.

Com algumas exceções muito circunscritas, como sejam as ilhas artificiais e as plataformas usadas para o aproveitamento económico de recursos naturais não vivos, os usos dos mares e dos oceanos são levados a cabo por navios, com a nacionalidade de um qualquer Estado integrante da Comunidade Internacional[5], independentemente da existência de um vínculo substancial a ligar o navio ao Estado de bandeira[6]. Este vínculo jurídico é particularmente

[4] Sobre a questão, nomeadamente a identidade entre a Comunidade Internacional de Estados e os membros da Organização das Nações Unidas, as considerações que desenvolvemos em LOUREIRO BASTOS, Fernando. **A internacionalização dos recursos naturais marinhos**. Lisboa: AAFDL, 2005, p. 90 a 101.

[5] Em casos específicos, em conformidade com o artigo 93.º CNUDM, os navios podem ainda navegar "arvorando a bandeira" da Organização das Nações Unidos.

[6] Nesse sentido, GUILFOYLE afirma que "[i]t appears that, in practice, 'genuine link' either

relevante dado que irá determinar o tipo de relações que se podem estabelecer entre navios com a mesma nacionalidade e entre navios com nacionalidades diferentes, tendo em consideração a exclusividade de jurisdição do Estado de bandeira (também designado como Estado de pavilhão)[7].

Daqui resulta que uma abordagem introdutória à temática do uso da força e da guerra no espaço marítimo[8] implique, antes de mais, com uma intenção de enquadramento, uma prévia referência às divisões jurídicas existentes nos mares e nos oceanos e aos diversos tipos de navios que podem navegar nas suas águas.

Previamente a cumprir esse desiderato importa, no entanto, deixar uma pequena nota sobre a coexistência de regimes jurídico-internacionais criados em épocas diversas, na medida em que o regime jurídico-internacional da guerra no espaço marítimo tem particularidades que só podem ser adequadamente entendidas se se recordar que o Direito Internacional não é produzido por uma estrutura centralizada de poder. Com efeito, embora exista um único Direito Internacional, e todos os seus sujeitos estejam integrados numa mesma Comunidade Internacional, o Direito Internacional tem sido, e continua a ser, criado e aplicado de uma forma primacialmente descentralizada. Daqui decorre que, não existindo uma autoridade central à qual tenham sido conferidos poderes de apreciação da validade das normas internacionais, a possibilidade de existirem incoerências e mesmo incompatibilidades entre as normas que regem os diversos domínios da vida internacional é algo que

has no independent content outside each flag State's municipal law on nationality of vessels or is merely synonymous with a flag State fulfilling its duties regarding vessels granted its nationality". GUILFOYLE, Douglas. «The high seas». In: ROTHWELL, Donald R. et al (editores). **The Oxford Handbook of the Law of the Sea**. Oxford: Oxford University Press, 2015, p. 216.

7 Sobre os poderes do Estado de bandeira ver a síntese atualizada de BARNES, Richard A. «Flag states». In: ROTHWELL, Donald R. et al (editores). **The Oxford Handbook of the Law of the Sea**. Oxford University Press, 2015, p. 304-324.

8 A temática dos usos militares dos mares e oceanos e o uso da força e da guerra no espaço marítimo não integra normalmente as matérias analisadas nas obras gerais de Direito Internacional do Mar. Exceções relevantes na literatura jurídica de Direito Internacional do Mar mais atualizada podem ser encontradas no capítulo de KRASKA, sobre "Military Operations", integrado no Oxford Handbook of the Law of the Sea, p. 866 a 887 (KRASKA, James. «Military Operations». In: ROTHWELL, Donald R. et al (editores). **The Oxford Handbook of the Law of the Sea**. Oxford: Oxford University Press, 2015, p. 866-887), e no capítulo dedicado aos "Military Uses of the Oceans", p. 278 a 307, do manual de ROTHWELL e STEPHENS (ROTHWELL, Donald R.; STEPHENS, Tim. **The International Law of the Sea.** 2. ed. Oxford and Portland. Oregon: Bloomsbury, 2016).

constitui uma das especificidades do Direito Internacional[9]. Nestes termos, embora existam contemporaneamente princípios de Direito Internacional tendencialmente universais, resultantes do sistema instituído pela Organização das Nações Unidas, estes continuam a coexistir com ramos do Direito Internacional que se formaram e foram evoluindo ao longo dos tempos de acordo com uma perspetiva própria. Assim sendo, embora os diversos ramos de Direito Internacional não sejam estanques e haja uma progressiva interpenetração entre os seus regimes jurídicos, a autonomia e a igualdade soberana dos diversos sujeitos de Direito Internacional ainda permite a existência de dificuldades de articulação que podem ser particularmente relevantes em domínios, como o Direito Internacional da Guerra, que parecem existir numa espécie de limbo em relação a outros regimes jurídico-internacionais onde a dinâmica da vida internacional parece ser mais evidente[10].

Como veremos seguidamente, às dificuldades em conciliar universos de normas de Direito Internacional que foram sendo concebidas em tempos muito diferentes, vai-se ainda acumular neste domínio a questão da aplicação do Direito Internacional no espaço, na medida em que a divisão política dos mares e dos oceanos é radicalmente distinta nos períodos antes e depois de 1945.

É assim altura de passar ao primeiro dos pressupostos de enquadramento do uso da força e da guerra no(s) espaço(s) marítimo(s): um alerta para um espaço que sendo, à partida, único e interligado na perspetiva das ciências da Natureza é, simultaneamente, um espaço onde coexistem áreas com estatutos jurídico-internacionais distintos.

1. Os espaços marítimos

O terceiro considerando do preâmbulo da Convenção das Nações Unidas sobre o Direito do Mar afirma que os seus Estados partes estão "[c]onscientes

[9] Numa outra perspetiva, a da fragmentação no âmbito do Direito Internacional do Mar e os esforços que são desenvolvidos para a ultrapassar, ver HARRISON, James. **Making the Law of the Sea**: a Study in the Development of International Law. Cambridge: Cambridge University Press, 2013, p. 237 a 277. [first paperback edition].

[10] Nesse sentido, Rothwell e Stephans, afirmam, p. 281, que "[t]he law of naval warfare is therefore comprised of a mixture of the Hague Conventions, the 1949 Geneva Conventions and 1977 Additional Protocols, plus the relevant state practice, but has not formally taken into account the parallel developments in the international law of the sea". ROTHWELL, Donald R.; STEPHENS, Tim. **The International Law of the Sea**. 2. ed. Oxford and Portland. Oregon: Bloomsbury, 2016.

de que os problemas do espaço oceânico estão estritamente inter-relacionados e devem ser considerados como um todo". Não obstante esta proclamação, desde o final da Segunda Guerra Mundial os Estados têm vindo a intensificar as divisões políticas existentes nos mares e nos oceanos[11], em alternativa à opção por um ordenamento espacial que tenha na sua base considerações de natureza ecossistémica[12].

Durante séculos, no seguimento da consagração da ideia do *mare liberum*, a quase totalidade do espaço dos oceanos era jurídica-internacionalmente qualificada como "alto mar". Com efeito, até 1945, as zonas sujeitas à soberania e à jurisdição dos Estados costeiros estavam fundamentalmente limitadas aos mares territoriais, e pontualmente a zonas contíguas, com extensões variáveis, mas que não ultrapassavam poucas milhas marítimas (ou milhas náuticas). A partir do final da Segunda Guerra Mundial, esse panorama alterou-se de uma forma substancial, com o surgimento de novos espaços marítimos, como sejam as plataformas continentais, as zonas económicas exclusivas e as águas arquipelágicas.

Mas embora tenham surgido novos espaços marítimos, importa sublinhar que isso não significa que os poderes reconhecidos aos Estados costeiros sejam equivalentes a uma territorialização dos mares e dos oceanos, na medida em que os seus poderes têm de ser conciliados com as utilizações que são reconhecidas nos mesmos espaços aos restantes Estados, sejam costeiros ou Estados sem litoral.

Nestes termos, em razão da preservação da liberdade de navegação, que constitui um aspeto absolutamente essencial do Direito Internacional do Mar, a liberdade do alto mar continua a ser decisiva para a compreensão dos poderes que podem ser exercidos pelos Estados costeiros e por todos os restantes Estados nos espaços marítimos situados além das águas interiores e dos mares territoriais (e, identicamente, além das águas arquipelágicas, quando os

[11] Sobre os diversos espaços marítimos e os poderes dos Estados costeiros ver as sínteses: LOUREIRO BASTOS, Fernando. «Os poderes do Estado Português no Mar». In: VIEIRA MATIAS, Nuno et al (coordenadores). **Políticas Públicas do Mar**: Para um Novo Conceito Estratégico Nacional. Lisboa: Esfera do Caos, 2010, p. 30-65; e LOUREIRO BASTOS, Fernando. «O Direito Internacional do Mar e os poderes dos Estados costeiros». In: FONSECA, Rui Guerra da et al (coordenadores). **Direito Administrativo do Mar**. Lisboa: Almedina, 2014, p. 15-31.

[12] Sobre uma abordagem ecossistêmica aplicada à divisão espacial do espaço marinho ver a análise de RIBEIRO, Marta Chantal da Cunha Machado. **A protecção da biodiversidade marinha através de áreas protegidas nos espaços marítimos sob soberania ou jurisdição do Estado**: discussões e soluções jurídicas contemporâneas: o caso português. Coimbra: Coimbra Editora, 2013, p. 437 a 480.

Estados insulares estejam em condições de preencher os requisitos estabelecidos na Parte IV da Convenção das Nações Unidas sobre o Direito do Mar).

A necessidade de ser conciliados as atividades exclusivamente reservadas aos Estados costeiros e os diversos usos que continuam abertos a todos os terceiros Estados, com particular relevo para a navegação, é particularmente relevante na zona económica exclusiva[13]. Com efeito, de acordo com um regime jurídico qualificado como *sui generis*, tendo em consideração as suas diferenças em relação aos preexistentes regimes jurídico-internacionais do mar territorial e do alto mar[14], o artigo 55.º CNUDM prevê expressamente que a zona económica exclusiva está "sujeita ao regime jurídico específico (...), segundo o qual os direitos e a jurisdição do Estado costeiro e os direitos e liberdades dos demais Estados são regidos pelas disposições pertinentes da presente Convenção". Daqui decorre, nos termos do n.º 1 do artigo 58.º CNUDM, que na "zona económica exclusiva, todos os Estados, quer costeiros quer sem litoral, gozam, das liberdades de navegação e sobrevoo e de colocação de cabos e ductos submarinos, a que se refere o artigo 87.º, bem como de outros usos do mar internacionalmente lícitos, relacionados com as referidas liberdades, tais como os ligados à operação de navios, aeronaves, cabos e ductos submarinos e compatíveis com as disposições da presente Convenção".

Assim sendo, na apreciação da temática do uso da força e da guerra no espaço marítimo importa ter presente que a quase totalidade dos mares e dos oceanos está aberta à navegação livre de qualquer navio, independentemente da sua nacionalidade, quer se esteja no alto mar quer se esteja numa zona económica exclusiva, na medida em que o regime deste espaço marítimo é distinto do de mar territorial, no âmbito do qual os navios estrangeiros apenas

[13] Nesse sentido, ROTHWELL e STEPHENS afirmam que "all of the high seas provisions dealing with ships and their status, prohibitions, and enforcement also have application within the EEZ subject to any express reservations. The exercise of these high seas freedoms and rights within the EEZ is only constrained by an obligation to have 'due regard' to the rights and interests of the coastal state within that area, including compliance with relevant laws and regulations of the coastal state which are not incompatible with Part V of the LOSC". ROTHWELL, Donald R.; STEPHENS, Tim. **The International Law of the Sea**. 2. ed. Oxford and Portland. Oregon: Bloomsbury, 2016, p. 179.

[14] Sobre o regime jurídico da zona económica exclusiva ver LOUREIRO BASTOS, Fernando. «O contributo do Tribunal Internacional do Direito do Mar para a clarificação dos poderes dos Estados costeiros na zona económica exclusiva». In: RIBEIRO, Marta Chantal (coordenadora). **20 Anos da Entrada em Vigor da CNUDM**: Portugal e os recentes desenvolvimentos no Direito do Mar. Porto: CIIMAR – FDUP, 2015, p. 40-41 (e-book disponível em <http://www.ciimar.up.pt/>).

gozam de um direito de passagem inofensiva[15] (ou inocente, de acordo com a terminologia vigente no português do Brasil).

Esclarecidas as questões relacionadas com o âmbito de aplicação espacial, é ocasião de passar a uma referência aos navios de guerra, na medida em que esta qualificação é decisiva no enquadramento das relações entre navios no âmbito do uso da força e da guerra no espaço marítimo, tanto nas situações em que estes têm a mesma nacionalidade, como em todas as outras em que têm nacionalidades diferentes.

2. Os navios de guerra

Embora a Constituição dos Oceanos não forneça uma definição genérica de navio[16], importa recordar que as atuações e as atividades nos mares e nos oceanos são fundamentalmente prosseguidas por navios, na medida em que as situações de ocupação permanente dos espaços marítimos apenas têm lugar em situações excecionais. Com efeito, seja para o transporte de mercadorias ou de pessoas, a pesca, as atividades de recreio, a recolha de dados no âmbito da investigação científica, as atividades de prospeção para efeitos de aproveitamento económico dos recursos naturais não vivos ou os usos militares do mar, a livre circulação dos navios – de qualquer tipo de navio e dos navios de todas as nacionalidades – é um pressuposto fundamental do modelo de funcionamento da atuação no espaço marítimo, na medida em que este continua a ser o resultado da aplicação do paradigma do *mare liberum*.

[15] Sobre o direito de passagem inofensiva, ver TANAKA, p. 86 a 89, que refere que "[i]t may be considered that the right of innocent passage became established in the middle of the nineteenth century" (p. 86), e TOMKA, p. 638 e 639, relativamente ao contributo do Tribunal Internacional de Justiça sobre a matéria. (TANAKA, Yoshifumi. **The International Law of the Sea**. 2. ed. Cambridge: Cambridge University Press, 2015. TOMKA, Peter. «The contribution of the International Court of Justice to the Law of the Sea». In: ATTARD, David et al (editores). **The IMLI Manual on International Maritime Law**. v. I, The Law of the Sea. Oxford: Oxford University Press, 2014, p. 618-642).

[16] De acordo com BARNES, p. 311, "the LOSC does not define the term 'ship', so the precise object of the flag State jurisdiction might be unclear. Some instruments define the term 'ship' as a vessel intended for use in navigation. Thus navigation seems determinative of the scope of flag State control and would normally exclude devices permanently fixed to the seabed, such as oil and gas platforms" (BARNES, Richard A. «Flag states». In: ROTHWELL, Donald R. et al (editores). **The Oxford Handbook of the Law of the Sea**. Oxford University Press, 2015, p. 304-324).

Sendo a liberdade de navegação passível de ser exercida na totalidade da extensão dos mares e dos oceanos, daqui decorre que os navios podem prosseguir as suas atividades, tenham ou não uma natureza económica, em locais que tanto podem ser próximos como igualmente distantes ou muito distantes do território do Estado que lhes atribuiu a sua nacionalidade ou pavilhão. Em qualquer dos casos, em razão do princípio da exclusividade do Estado do pavilhão[17], o exercício normal dos poderes de fiscalização e de sanção das atividades ilegais levadas a cabo nos espaços marítimos é feita por navios de guerra ou equiparados. Sendo a nacionalidade o critério decisivo para o enquadramento jurídico-internacional destas atividades fácil se torna entender as razões que têm presidido à muito generalizada prática de optar pelo registo dos navios em Estados em relação aos quais não existe um "vínculo substancial"[18], na medida em que muitos destes Estados não estão dotados de navios de guerra que lhes permitam exercer um controlo efetivo das atividades que são prosseguidas pelos navios privados que arvoram o seu pavilhão.

Em conformidade com o artigo 29.º CNUDM, a qualificação de um navio como "navio de guerra" é o resultado do preenchimento cumulativo de quatro condições: i) em primeiro lugar, é necessário que o navio pertença "às forças armadas de um Estado"; ii) em segundo lugar, é preciso que o navio "ostente sinais exteriores próprios de navios de guerra da sua nacionalidade"; iii) em terceiro lugar, é exigido que o navio esteja sob "o comando de um oficial devidamente designado pelo Estado cujo nome figure na correspondente lista de oficiais ou seu equivalente"; e iv) e, finalmente, em quarto lugar, é ainda indispensável que a tripulação a bordo "esteja submetida às regras da disciplina militar".

Os navios de guerra e os navios de Estado utlizados para fins não comerciais gozam de imunidade de jurisdição em relação a quaisquer outros navios que não tenham a sua nacionalidade. No alto mar, em conformidade com os artigos 95.º e 96.º CNUDM, é mesmo expressivamente afirmado que os navios em questão "gozam de completa imunidade de jurisdição". No mar territorial, em

[17] Nesse sentido, o artigo 92.º CNUDM estabelece que os "navios devem navegar sob a bandeira de um só Estado e, salvo nos casos excepcionais previstos expressamente em tratados internacionais ou na presente Convenção, devem submeter-se, no alto mar, à jurisdição exclusiva desse Estado".

[18] Sobre o "vínculo substancial" (*genuine link*) e as bandeiras de conveniência ver ATTARD e MALLIA, p. 248 a 256, com análise detalhada da jurisprudência do Tribunal Internacional do Direito do Mar sobre a matéria (ATTARD, David; MALLIA, Patricia. «The High Seas». In: ATTARD, David et al (editores). **The IMLI Manual on International Maritime Law**. Volume I. The Law of the Sea. Oxford: Oxford University Press, 2014, p. 239-275).

consonância com o artigo 32.º CNUDM, a imunidade de jurisdição continua a estar adequadamente salvaguardada, não obstante a necessidade do seu exercício ser conciliado com os poderes do Estado costeiro, em particular através do cumprimento das leis e regulamentos deste Estado relativos à passagem inofensiva (de modo a que tenha lugar uma atuação que não desrespeite as alíneas a) a f) e k) do n.º 2 do artigo 19.º CNUDM). O artigo 20.º CNUDM determina ainda que no decurso da passagem pelo mar territorial "os submarinos e quaisquer outros veículos submersíveis devem navegar à superfície e arvorar a sua bandeira"[19].

Estando brevemente referenciados os dois pressupostos de enquadramento subjacentes ao tema específico do presente estudo, é momento de avançar com algumas notas sobre o uso da força no espaço marítimo.

3. O uso da força no espaço marítimo

O Direito Internacional do Mar posterior a 1945, com destaque para a Convenção das Nações Unidas sobre o Direito do Mar, foi concebido, organizado e orientado numa perspetiva da promoção de relações pacíficas e de cooperação entre os Estados. Nesse sentido, em termos gerais, o artigo 301.º CNUDM, com a epígrafe "utilização do mar para fins pacíficos", proclama expressivamente que "os Estados Partes devem abster-se de qualquer ameaça ou uso da força contra a integridade territorial ou a independência política de qualquer Estado, ou de qualquer outra forma incompatível com os princípios de direito internacional incorporados na Carta das Nações Unidas". Em sentido concordante, o artigo 88.º CNUDM proclama que o "alto mar será utilizado para fins pacíficos", e o artigo 138.º CNUDM estabelece que os comportamentos dos Estados na Área, entendida como os fundos marinhos além da jurisdição nacional, devem ser desenvolvidos no "interesse da manutenção da paz e da segurança e da promoção da cooperação internacional e da compreensão mútua".

Assim sendo, quando se fala em uso da força no espaço marítimo estão-se fundamentalmente a considerar situações em que o exercício eficaz de poderes por um Estado, seja na qualidade de Estado costeiro, de Estado de bandeira ou de Estado do porto, com o objetivo de reprimir a violação de obrigações

[19] Sobre as razões históricas que justificam esta exigência ver as referências de DE LUPIS, Ingrid Detter. **The Law of War**. Cambridge University Press, 1987, p. 266 e 267.

resultantes de fontes de Direito Internacional do Mar, sejam estas de natureza internacional ou constantes em leis e regulamentos emitidos pelos Estados em conformidade com o direito internacional em vigor[20], implica a utilização de força por parte das suas autoridades. O uso da força corresponde ao exercício legítimo de prerrogativas de autoridade pelo Estado, em tempo de paz, de modo a impor ou a reprimir comportamentos que estão em desconformidade com regimes jurídico-internacionais aplicáveis aos espaços marítimos.

No artigo 73.º CNUDM, no âmbito da Parte V, relativamente à "exploração, aproveitamento, conservação e gestão dos recursos vivos" está expressamente previsto que o Estado costeiro pode "tomar as medidas que sejam necessárias" para fazer cumprir as leis e regulamentos que tenham sido adotadas em conformidade com a Convenção das Nações Unidas sobre o Direito do Mar. Nos termos do número 1 as medidas necessárias incluem "visita, inspecção, apresamento e medidas judiciais", sendo ainda acrescentado que as sanções a aplicar, de acordo com o número 3, "não podem incluir penas privativas da liberdade, salvo acordo em contrário dos Estados interessados, nem qualquer outra forma de pena corporal".

Nos artigos 224.º e 225.º CNUDM, por seu turno, no âmbito da Parte XII, relativamente à proteção e preservação do meio marinho, estes poderes são expressamente qualificados como "poderes de polícia", estando previsto que só podem ser exercidos por "funcionários oficialmente habilitados" a exercer as suas funções "em navios de guerra ou outros navios de guerra ou aeronaves militares ou outros navios ou aeronaves que possuam sinais claros e sejam identificáveis como estando ao serviço de um governo e para tanto autorizados". A alínea a) número 1 do artigo 226.º CNUDM prevê que normalmente a "inspecção material" de uma embarcação "deve ser limitada a

[20] Daqui resulta que o uso da força terá lugar em situações de aplicação do direito (*enforcement*) quando os navios privados não respeitaram ordens anteriores que os sujeitavam a visita e inspeção, seja da documentação a bordo, seja da embarcação e dos seus equipamentos e/ou, ainda, da tripulação que nestes prestam serviço. Nesse sentido, Rothwell e Stephen esclarecem, p. 451 e 452, que "[c]oastal state maritime regulation and enforcement is predominantly concerned with policing functions directed at ensuring law and order within a coastal state's maritime zones. This may involve the investigation of crimes and the arrest of suspected perpetrators, in much the same way as police operate ashore. However, given that maritime offences may occur many miles from shore, in circumstances where offending vessels may evade arrest, and detention and arrest may involve risk to a boarding party, distinctive practices have developed in the use of force against ships at sea during policing operations, such as firing of warning shots 'across the bow'". (ROTHWELL, Donald R.; STEPHENS, Tim. **The International Law of the Sea**. 2. ed. Oxford and Portland. Oregon: Bloomsbury, 2016).

um exame dos certificados, registos e outros documentos que a embarcação é obrigada a ter a bordo", só sendo justificável "uma inspecção material mais pormenorizada" nas circunstâncias previstas nas suas subalíneas i), ii) e iii).

Os poderes de autoridade que podem ser exercidos pelo Estado variam em função da qualidade que legitimam esses poderes – seja como Estado costeiro, Estado de bandeira ou Estado do porto – e ainda do local onde essas prerrogativas de autoridade estão a ser exercidas, na medida que variam consoante o espaço marítimo em apreciação. O exemplo da zona contígua é particularmente adequado a entender a variação de poderes que estão ao dispor dos Estados. Neste caso específico, o exercício de poderes pelo Estado costeiro está condicionado, antes de mais, à prévia reivindicação de uma zona contígua, que não poderá ultrapassar as "24 milhas marítimas, contadas a partir das linhas de base que servem para medir a largura do mar territorial", em conformidade com o nº 2 do artigo 33.º CNUDM. Existindo em paralelo um mar territorial, que não poderá ultrapassar as 12 milhas marítimas (artigo 3º CNUDM), os poderes do Estado costeiro na zona contígua estão circunscritos ao espaço compreendido entre os limites exteriores do mar territorial e da zona contígua, normalmente compreendidos entre as 12 e as 24 milhas marítimas. Neste espaço marítimo, que poderá coexistir com uma zona económica exclusiva, o Estado apenas poderá exercer as prerrogativas de autoridade que estão previstas no número 1 do artigo 33.º CNUDM, seja para "evitar as infracções às leis e regulamentos aduaneiros, fiscais, de emigração ou sanitários no seu território ou no seu mar territorial" ou para "reprimir as infracções às leis e regulamentos no seu território ou no seu mar territorial", e no artigo 303.º CNUDM, de forma a controlar o tráfico de objetos arqueológicos e históricos achados no mar. Nestes termos, ao reivindicar uma zona contígua em conformidade com o Direito Internacional, o Estado costeiro está a alargar os seus poderes de fiscalização e de sancionamento de navios estrangeiros, que não lhe seriam reconhecidos se o espaço marítimo em questão continuasse a ser qualificado como alto mar ou tivesse apenas o estatuto de zona económica exclusiva[21].

O uso da força por parte dos Estados pressupõe em termos gerais que tenha havido um prévio e legítimo exercício do direito de visita ou do direito de perseguição por parte de navios com o pavilhão desse Estado.

[21] Sobre os poderes que podem ser exercidos na zona contígua, com a análise do caso português durante a vigência da Lei nº 33/77, de 12 de maio, ver MARQUES GUEDES, Armando M. **Direito do Mar**, 2. ed. Coimbra: Coimbra Editora, 1998, p. 135-149.

O direito de visita é uma prerrogativa que pode e deve ser exercida pelos navios de guerra ou equiparados em relação aos navios que arvoram o seu pavilhão, nomeadamente para dar cumprimento ao estabelecido no artigo 94.º CNUDM, quando este determina, em termos muito compreensivos, no seu número 1, que "[t]odo o Estado deve exercer, de modo efectivo a sua jurisdição e o seu controlo em questões administrativas, técnicas e sociais sobre navios que arvoram a sua bandeira". Relativamente aos navios estrangeiros, o direito de visita pode ter lugar em duas situações distintas. Por um lado, quando o direito de visita está expressamente previsto num tratado internacional. E, por outro lado, quando o navio de guerra ou equiparado tenha "um motivo razoável para suspeitar" que o navio estrangeiro está numa das situações enquadradas pelo número 1 do artigo 110.º CNUDM, com destaque para a situação em que haja suspeitas de que o "navio se dedica à pirataria"[22].

Uma perseguição juridicamente legitimada terá lugar em todas as situações em que o navio infrator, seja nacional ou estrangeiro, não tenha acatado as ordens que foram emitidas pelo navio de guerra ou equiparado[23] com objetivo de exercer o seu direito de visita ou de inspeção. A existência de um direito de perseguição (ou *hot pursuit* na terminologia internacionalmente consagrada)[24] é particularmente relevante em relação aos navios estrangeiros, na medida em que funciona como uma exceção à exclusividade de jurisdição do Estado de bandeira e, consequentemente, como uma extensão da sua jurisdição a locais onde não exerce, nem poderia exercer, soberania ou jurisdição enquanto Estado costeiro[25].

[22] Sobre a questão ver PETRIG, p. 851-853, que defende que o direito de visita previsto no artigo 110 CNUDM existe quando um navio "is 'cruising with pirate intent'" (p. 852). (PETRIG, Anna. Piracy. In: ROTHWELL, Donald R. et al (editores). **The Oxford Handbook of the Law of the Sea**. Oxford: Oxford University Press, 2015, p. 843-865)

[23] Nesse sentido, o nº 5 do artigo 111.º CNUDM prevê que o "direito de perseguição só pode ser exercido por navios de guerra ou aeronaves militares, ou por outros navios ou aeronaves militares, ou por outros navios ou aeronaves que possuam sinais claros e sejam identificáveis como navios e aeronaves ao serviço de um governo e estejam para tanto autorizados".

[24] Sobre o direito de perseguição (*hot pursuit*) ver ATTARD e MALLIA, p. 263 a 266, que chamam a atenção para o requisito da continuidade da perseguição ao afirmarem que "[e]ssentially, hot pursuit enables a coastal State to exercise its enforcement powers far beyond its territorial sea by maintaining an uninterrupted and continuous chase of a vessel that has violated its laws and has managed to escape" (ATTARD, David; MALLIA, Patricia. The High Seas. In: ATTARD, David et al (editores). The *IMLI Manual on International Maritime Law*. Volume I. **The Law of the Sea**. Oxford: Oxford University Press, 2014, p. 239-275).

[25] Assim se podem compreender os termos enfáticos em que o n.º 7 do artigo 111.º CNUDM esclarece que um navio objeto de perseguição não poderá exigir ser posto em liberdade "pelo

A perseguição de um navio estrageiro, em conformidade com o nº 1 do artigo 111.º, só poderá ter lugar quando as autoridades do Estado costeiro "tiverem motivos fundados para acreditar que o navio infringiu as suas leis e regulamentos". A perseguição deverá iniciar-se em qualquer um dos espaços marítimos sujeitos à soberania ou jurisdição do Estado costeiro, nos termos conjugados dos números 1 e 2, e cessa "no momento em que o navio perseguido entre no mar territorial do seu próprio Estado ou no mar territorial de um terceiro Estado".

A utilização da força pelas autoridades do Estado nos espaços marítimos está sujeita a limites de necessidade e proporcionalidade e a "considerações de humanidade" (*considerations of humanity*), conforme ficou claramente demonstrado pela jurisprudência do Tribunal Internacional do Direito do Mar no Caso Saiga II, em 1999, e, mais recentemente, em 2014, no Caso Virgínia G[26].

Sendo legítimo o uso da força em tempo de paz em situações devidamente justificadas, importa agora terminar esta breve panorâmica com uma referência à guerra no espaço marítimo.

4. A guerra no espaço marítimo

Durante séculos o Direito Internacional era dividido em Direito da Paz e Direito da Guerra. Com a criação da Organização das Nações Unidas, após o final da Segunda Guerra Mundial, o enquadramento jurídico-internacional do recurso à guerra como instrumento de atuação do Estado alterou-se substancialmente, tendo em consideração que um dos seus objetivos centrais, plasmado no número 1 do artigo 1.º do seu tratado instituidor, é "manter a paz e a segurança internacionais e para esse fim: tomar medidas coletivas eficazes para prevenir e afastar ameaças à paz e reprimir os actos de agressão, ou outra qualquer ruptura da paz". Em consonância, no número 4 do artigo 2.º da Carta das Nações Unidas, está previsto que "[o]s membros deverão abster-se, nas suas relações internacionais, de recorrer à ameaça ou ao uso da

simples facto de o navio e a sua escolta terem atravessado uma parte da zona económica exclusiva ou do alto mar, se as circunstâncias a isso obrigarem".

26 Sobre a questão, com referência à jurisprudência relevante neste domínio, ver ROTHWELL e STEPHENS, p. 453 a 455, que chamam a atenção para que "[t]he firing of weapons and direct use of force against foreign ships at sea is a significant matter with the potential for serious diplomatic consequences between the States involved". ROTHWELL, Donald R.; STEPHENS, Tim. **The International Law of the Sea**. 2. ed. Oxford and Portland. Oregon: Bloomsbury, 2016.

força, quer seja contra a integridade territorial ou a independência política de um Estado, quer seja de qualquer outro modo incompatível com os objetivos das Nações Unidas".

Embora a proibição do uso da força nas relações internacionais seja qualificada como norma de *ius cogens*, e o princípio seja absolutamente central na estruturação do Direito Internacional contemporâneo[27], a permanência de um ramo de Direito Internacional dedicado à regulação da guerra é incontornável, como o demonstra a atenção que alguns dos Estados militarmente mais poderosos dedicam ao assunto. Um exemplo particularmente significativo da manutenção da sua relevância é a recente publicitação, em junho de 2015, pelo Department of Defense dos Estados Unidos da América, de um *Law of War Manual*, com 1204 páginas, elaborado pelo Office of General Counsel, no qual é incluído um capítulo XIII dedicado ao *Naval Warfare*.

Sendo o atual enquadramento jurídico-internacional da guerra no espaço marítimo necessariamente moldado pela evolução do Direito Internacional posterior à Segunda Guerra Mundial, a compreensão do seu regime jurídico-internacional implica que se tenha em consideração três questões básicas.

Em primeiro lugar, é necessário fixar com a máxima clareza possível as fontes de Direito Internacional, em particular as de natureza convencional, aplicáveis a um conflito armado no espaço marítimo. A resposta não é fácil, tendo em consideração que a maioria dos tratados que lidam diretamente com esta matéria foram concluídos antes da Primeira Guerra Mundial, aquando das conferências de Paz da Haia de 1899 e de 1907[28], e não integraram no seu âm-

[27] Sobre a questão da consensual qualificação da proibição do uso da força nas relações internacionais como uma norma de *ius cogens*, ver a bibliografia citada na nota de rodapé 165 da p. 98 do nosso **A internacionalização dos recursos naturais marinhos**, e, para uma síntese atualizada da questão das normas de Direito Internacional que podem ser qualificadas como de *ius cogens* ver DUARTE, Maria Luísa. **Direito Internacional Público e ordem jurídica global do século XXI**. Lisboa: AAFDL Editora, 2016, pp. 175-184.

[28] Estes tratados incluem: i) a III Convenção da Haia de 29 de julho de 1899, para a adaptação à guerra no mar dos princípios da Convenção de Genebra de 22 de Agosto de 1864 (que visava o melhoramento das condições dos feridos dos exércitos no campo de batalha); ii) a VI Convenção da Haia de 18 de Outubro de 1907, sobre o estatuto dos navios mercantes inimigos aquando do romper das hostilidades; iii) a VII Convenção da Haia de 18 de Outubro de 1907, sobre a conversão de navios mercantes em navios de guerra; iv) a VIII Convenção da Haia de 18 de Outubro de 1907, sobre o lançamento/utilização de minas de contato submarinas; v) a IX Convenção da Haia de 18 de Outubro de 1907, sobre os bombardeamentos por forças navais em tempo de guerra; vi) a X Convenção da Haia de 18 de Outubro de 1907, para a adaptação à guerra no mar dos princípios da Convenção de Genebra; vii) a XI Convenção da Haia de 18 de Outubro de 1907, sobre restrições relativas ao direito de captura em guerra naval; viii) a XII Convenção da Haia de 18 de Outubro de

bito as mudanças que tiveram lugar durante o decurso de mais de um século, seja a radical alteração de perspetiva relativamente ao tratamento das pessoas envolvidas e afetadas por um conflito armado[29], seja os desenvolvimentos tecnológicos ao nível do armamento que pode ser utilizado. A dificuldade pode ser ultrapassada, em parte, pelo recurso a uma compilação privada de normas sobre a matéria: o *Manual de São Remo sobre o Direito Internacional Aplicável aos Conflitos Armados no Mar*, de junho de 1994. Preparado no âmbito do Instituto Internacional de Direito Humanitário, com a colaboração de especialistas de vinte e quatro Estados, durante um período de seis anos, o *Manual de São Remo* está dividido em seis partes[30] e articulado em 183 parágrafos. Importa salientar que embora não seja um documento vinculativo, pelo que o seu cumprimento não poderá ser imposto, enquanto tal, aos Estados envolvidos num conflito armado, as normas compiladas procuraram na sua formulação seguir o mais fielmente possível a prática dos Estados e as fontes internacionais em vigor[31].

Em segundo lugar, em razão das especificidades do meio marítimo e da potencialidade dos mares e dos oceanos para usos paralelos por um conjunto indeterminado de sujeitos, a localização das hostilidades é fundamental para a configuração dos direitos e dos deveres dos Estados em guerra. Com efeito, não sendo os mares e os oceanos passíveis de uma ocupação permanente, a

1907, sobre o criação de um tribunal de presas; e ix) a XIII Convenção da Haia de 18 de Outubro de 1907, sobre os direitos e obrigações das potências neutrais em tempo de guerra. Os textos destes compromissos internacionais podem ser encontrados, em língua inglesa, no sítio do Avalon Project. Documents in Law, History and Diplomacy, a funcionar no âmbito da Lillian Goldman Law Library da Yale Law School.

[29] Nesse sentido é paradigmático que o segundo parágrafo do *Manual de São Remo* preveja que "[i]n cases not covered by this document or by international agreements, civilians and combatants remain under the protection and authority of the principles of international law derived from established custom, from the principles of humanity and from the dictates of the public conscience".

[30] As partes do *Manual de São Remo* ocupam-se sucessivamente das seguintes matérias: i) Part I – General provisions, §§ 1 a 13; ii) Part II – Regions of operations, §§ 14 a 37; iii) Part III – Basic rules and target discrimination, §§ 38 a 77; iv) Part IV – Methods and means of warfare at sea, §§ 78 a 111; v) Part V – Measures short of attack: interception, visit, search, diversion and capture, §§ 112 a 158; e vi) Part VI – Protected persons, medical transports and medical aircraft.

[31] Em 1995 foi publicado pelo Instituto Internacional de Direito Humanitário um comentário ao *Manual de São Remo*, sob a coordenação de DOSWALD-BECK (DOSWALD-BECK, Louise (editor). **San Remo Manual on International Law Applicable to Armed Conflicts at Sea**. International Institute of Humanitarian Law: Cambridge University Press, 1995). Em língua portuguesa ver a síntese de MARQUES ANTUNES, que aprecia a questão numa perspetiva simultaneamente jurídica e de aplicação prática (MARQUES ANTUNES, Nuno. «Aspectos jurídicos da guerra no mar e das operações navais: brevíssimas notas sobre o *Manual de São Remo*». In: MARQUES ANTUNES, Nuno. **Estudos em Direito Internacional Público**. Lisboa: Almedina, 2004, p. 41-58).

atuação dos beligerantes não visa a apropriação de novos espaços onde possam vir exercer soberania ou jurisdição, desde logo porque esta seria contrária ao modelo de *mare liberum* que estrutura a atuação nos mares e nos oceanos, mas antes criar ou projetar uma superioridade naval conducente à vitória no espaço terrestre. Assim sendo, no alto mar, os beligerantes estão obrigados a respeitar os direitos dos Estados neutros, com particular destaque para a liberdade de navegação dos navios que arvoram os seus pavilhões. Em contraponto, os beligerantes não podem praticar atos de guerra nas águas interiores, nos mares territoriais e nas águas arquipelágicas dos Estados neutros e, ainda, nos estreitos usados pela navegação internacional que estejam situados nas suas costas[32]. Mais complexa poderá ser, no entanto, a conciliação de posições nas zonas económicas exclusivas e nas plataformas continentais, tendo em consideração os direitos que são internacionalmente reconhecidos aos Estados costeiros. Com efeito, tendo em consideração que estes espaços poderão ser utilizados como alto mar pelos beligerantes[33], as operações militares são jurídico-internacionalmente legítimas e poderão vir a causar sérias perturbações aos Estados costeiros na captura dos recursos marinhos vivos, na exploração dos recursos naturais não vivos e no aproveitamento dos espaços para a produção de energia.

E, finalmente, em terceiro lugar, sendo a atuação nos espaços marítimos prosseguida por navios, a distinção entre navios de guerra e navios mercantes vai ser determinante nas relações que se venham a estabelecer entre os navios dos Estados em guerra e os navios dos Estados neutros, em particular no que respeita às questões relacionadas com o exercício dos direitos de visita, de busca e de captura. Com efeito, não obstante os navios mercantes dos Estados neutros gozarem de liberdade de navegação, os navios de guerra dos Estados beligerantes estão internacionalmente autorizados a controlar as suas atividades e proceder a buscas sempre que haja suspeitas de estarão a auxiliar o esforço de guerra da outra parte. Caso estas suspeitas se confirmem, os navios

[32] Nesse sentido, KRASKA, p. 878, que refere que "[f]urthermore, belligerants may not carry out hostilities in permanently neutralized waters such as those around Antarctica or the Aaland Islands, situated between Sweden and Finland". (KRASKA, James. «Military Operations.» In: ROTHWELL, Donald R. et al (editores). **The Oxford Handbook of the Law of the Sea**. Oxford: Oxford University Press, 2015)

[33] Importa ter em consideração que, na opinião de KRASKA, p. 878, "[e]ven beyond the conduct of manoeuvre operations and the use of military force in a neutral State's EEZ, belligerents are entitled to lay mines in the EEZ and on the continental shelf, so long as the neutral State is notified of the danger and the size of the minefield and the type of the mines laid do not endanger artificial islands, installations and structures" (*Ibidem*, p. 878).

mercantes com o pavilhão de um Estado neutro podem ser capturados como presa pelo navio de guerra do Estado beligerante[34].

Terminada esta panorâmica em relação ao uso da força e à guerra no espaço marítimo, é momento de concluir este estudo com seis breves conclusões.

Considerações finais

Em primeiro lugar, importa salientar que os regimes jurídico-internacionais do uso da força e da guerra no espaço marítimo devem ser aplicados e interpretados tendo em consideração os regimes genericamente previstos na Carta da Organização das Nações Unidas, relativamente ao uso da força nas relações internacionais, e da Convenção das Nações Unidas do Direito do Mar, no que respeita aos espaços marítimos e aos direitos que foram reconhecidos aos diversos tipos de Estados.

Em segundo lugar, a criação de novos espaços marítimos posteriormente ao final da Segunda Guerra Mundial, com destaque para a zona económica exclusiva, não alterou de forma substancial os termos em que pode ser exercida a liberdade de navegação, em particular pela extensão à zona económica exclusiva das tradicionais liberdades do alto mar, a serem exercidas pelos diversos navios que a cruzam com o devido respeito pelo estatuto reconhecido aos Estados costeiros, em particular no que respeita aos poderes conferidos para o aproveitamento económico deste espaço marítimo.

Em terceiro lugar, a qualificação de uma embarcação como navio de guerra ou equiparada é determinante do tipo de poderes que estas podem exercer em situações de uso da força ou de guerra no espaço marítimo, tendo em consideração o estatuto de imunidade de que gozam em relação a todo e qualquer navio estrangeiro.

Em quarto lugar, o uso da força pelos Estados no espaço marítimo em tempo de paz corresponde ao exercício legítimo de prerrogativas de autoridade de modo a permitir sancionar adequadamente a violação de regimes jurídicos aplicáveis aos espaços marítimos, seja na qualidade de Estado de bandeira, de Estado costeiro ou de Estado do porto.

[34] Sobre o conceito de presa e a distinção em relação a outras figuras relacionadas no âmbito dos efeitos da guerra sobre a propriedade ver DE LUPIS, Ingrid Detter. **The Law of War**. Cambridge University Press, 1987, p. 303-316.

Em quinto lugar, o uso da força pelos Estados em tempo de paz constitui o ponto culminante de uma relação entre navios de guerra e navios privados que foi desencadeada pelo exercício legítimo do direito de visita e do direito de perseguição e está sujeita a limites de necessidade e proporcionalidade e a "considerações de humanidade".

E, finalmente, em sexto lugar, a guerra no espaço marítimo é regulada por um regime jurídico-internacional complexo e fragmentado, sedimentado ao longo dos séculos, e que deve ser aplicado e interpretado na atualidade em conformidade com princípios distintos daqueles que estiverem na sua origem, tendo em consideração que passou a ser um instrumento excecional e de último recurso na relação entre Estados.

Referências

ALVES PEREIRA, António Celso; ALVES PEREIRA, João Eduardo. «A liberdade do alto mar – antecedentes históricos dos artigos 87.º a 90.º da Convenção das Nações Unidas sobre o Direito do Mar». *in*: PANNO BEIRÃO, André e ALVES PEREIRA, António Celso (organizadores). **Reflexões sobre a Convenção do Direito do Mar**. Brasília: Fundação Alexandre Gusmão, 2014, p. 223-254.

ATTARD, David; MALLIA, Patricia. «The High Seas». *in*: ATTARD, David et al (editores). **The IMLI Manual on International Maritime Law**. Volume I. The Law of the Sea. Oxford: Oxford University Press, 2014, p. 239-275.

BARNES, Richard A. «Flag states». *in*: ROTHWELL, Donald R. et al (editores). **The Oxford Handbook of the Law of the Sea**. Oxford University Press, 2015, p. 304-324.

DE LUPIS, Ingrid Detter. **The Law of War**. Cambridge: Cambridge University Press, 1987.

DOSWALD-BECK, Louise (editor). **San Remo Manual on International Law Applicable to Armed Conflicts at Sea**. *International Institute of Humanitarian Law*: Cambridge University Press, 1995.

DUARTE, Maria Luísa. **Direito Internacional Público e ordem jurídica global do século XXI**. Lisboa, AAFDL Editora, 2016.

GUILFOYLE, Douglas. «The high seas». *in*: ROTHWELL, Donald R. et al (editores). **The Oxford Handbook of the Law of the Sea**. Oxford: Oxford University Press, 2015, p. 203-225.

HARRISON, James. **Making the Law of the Sea: a Study in the Development of International Law**. Cambridge: Cambridge University Press, 2013 [first paperback edition].

KRASKA, James. «Military Operations». *in*: ROTHWELL, Donald R. et al (editores). **The Oxford Handbook of the Law of the Sea**. Oxford: Oxford University Press, 2015, p. 866-887.

LOUREIRO BASTOS, Fernando. **A internacionalização dos recursos naturais marinhos**. Lisboa: AAFDL, 2005.

LOUREIRO BASTOS, Fernando. «Os poderes do Estado Português no Mar». *in*: VIEIRA MATIAS, Nuno *et al* (coordenadores). **Políticas Públicas do Mar: Para um Novo Conceito Estratégico Nacional**. Lisboa: Esfera do Caos, 2010, p. 30-65.

LOUREIRO BASTOS, Fernando. «O Direito Internacional do Mar e os poderes dos Estados costeiros». *in*: FONSECA, Rui Guerra da *et al* (coordenadores). **Direito Administrativo do Mar**. Lisboa: Almedina, 2014, p. 15-31.

LOUREIRO BASTOS, Fernando. «O contributo do Tribunal Internacional do Direito do Mar para a clarificação dos poderes dos Estados costeiros na zona económica exclusiva». *in*: RIBEIRO, Marta Chantal (coordenadora). **20 Anos da Entrada em Vigor da CNUDM: Portugal e os recentes desenvolvimentos no Direito do Mar**. Porto: CIIMAR – FDUP, 2015, p. 37-53 (e-book disponível em <http://www.ciimar.up.pt/>).

MARQUES ANTUNES, Nuno. «Aspectos jurídicos da guerra no mar e das operações navais: brevíssimas notas sobre o Manual de São Remo». *in*: MARQUES ANTUNES, Nuno. **Estudos em Direito Internacional Público**. Lisboa: Almedina, 2004, p. 41-58. [anteriormente publicado em Anais do Clube Militar Naval, V. CXXVIII, Outubro-Dezembro 1998, p. 787-805].

MARQUES GUEDES, Armando M. **Direito do Mar**. 2.ª ed. Coimbra: Coimbra Editora, 1998.

PETRIG, Anna. «Piracy». In: ROTHWELL, Donald R. et al (editores). **The Oxford Handbook of the Law of the Sea**. Oxford: Oxford University Press, 2015, p. 843-865.

RIBEIRO, Marta Chantal da Cunha Machado. **A protecção da biodiversidade marinha através de áreas protegidas nos espaços marítimos sob soberania ou jurisdição do Estado:** discussões e soluções jurídicas contemporâneas: o caso português. Coimbra: Coimbra Editora, 2013.

ROTHWELL, Donald R.; STEPHENS, Tim. **The International Law of the Sea**. 2.ª ed. Oxford and Portland. Oregon: Bloomsbury, 2016.

TANAKA, Yoshifumi. **The International Law of the Sea**. 2.ª ed. Cambridge: Cambridge University Press, 2015.

TOMKA, Peter. «The contribution of the International Court of Justice to the Law of the Sea». *in*: ATTARD, David et al (editores). **The IMLI Manual on International Maritime Law**. Volume I, The Law of the Sea. Oxford: Oxford University Press, 2014, p. 618-642.

TREVES, Tullio. «Historical development of the law of the sea». *in*: ROTHWELL, Donald R. *et al* (editores). **The Oxford Handbook of the Law of the Sea**. Oxford: Oxford University Press, 2015, p. 1-23.

DIREITO HUMANITÁRIO
E AS CATÁSTROFES CAUSADAS PELA GUERRA

Direito humanitário e as catástrofes causadas pela guerra

Renata Mantovani de Lima[1]
Carlos Alberto Simões de Tomáz[2]

Introdução

O envolvimento dos Estados em disputa de poder, a diversidade étnica, cultural e religiosa do elemento humano que compõe esses Estados, a ameaça terrorista, bem como o desenvolvimento econômico e tecnológico, fundamentam e implicam o aumento do poder destrutivo dos conflitos armados, uma cruel e triste realidade da história da humanidade. Aliado a tal fato, a proporção de vítimas envolvidas em conflitos, quer combatentes, ex-combatentes, e população civil, atingiu níveis alarmantes no final de século XX[3].

É certo, contudo, que a natureza dos conflitos vem se modificando desde o fim da Guerra Fria, repercutindo em uma progressiva diminuição de vítimas fatais. Se as duas Grandes Guerras vitimaram cerca de 70 milhões de pessoas, os conflitos atuais, embora crescentes e numerosos, somam algo em torno

[1] Advogada, Doutora e Mestre pela Pontifícia Universidade Católica de Minas Gerais, com pesquisas realizadas na Universidade de Pisa-Itália, Professora da Graduação e Mestrado da Universidade de Itaúna/MG.

[2] Professor da Universidade Vilha Velha. Mestre em Direito das Relações Internacionais (UNICEUB/DF). Doutor em Direito Público (UNISINOS/RS). Pós-Doutor em Filosofia do Direito (Universidade de Coimbra). Magistrado.

[3] No total os conflitos armados do século XX provocaram cerca de 90 milhões de vítimas fatais. Informações disponíveis nos documentos – barômetros elaborados pelo Heidelberg Institute on International Conflict Research. Disponível em: <http://www.hiik.de/en/index.html>. Acesso em: 08 mai 2016.

dos 3 milhões[4]. Todavia, no balanço, ferimentos, mutilações, deslocamentos e sofrimento de pessoas, destruição do meio ambiente e de bens chocam todo o orbe.

Atualmente, os conflitos interestatais cederam lugar para os conflitos intraestatais[5]. Nesse sentido, é possível depreender que, se aparentemente, ou ainda teoricamente, a cooperação entre os Estados, o respeito às normas de direitos humanos e os mecanismos de negociação vem se mostrando "mais eficientes", e consequentemente evitando ou minorando a eclosão de guerras, no plano interno de muitos Estados o mesmo não ocorre. Aliás, é aí que as maiores violações aos direitos humanos e ao direito humanitário tomam lugar nos últimos tempos. Os conflitos que anteriormente tinham progressão mundial e fundamento em uma disputa ideológica passam a se destacar por sua natureza cultural e política que por sua vez provoca a desintegração de um conjunto de valores capazes de fundamentar a legitimidade do Estado, ou do Poder vigente[6].

Em conflitos desse tipo, a transgressão e o desrespeito aos direitos das minorias mostram-se evidentes, os prejuízos e perdas incomensuráveis, e a paz e segurança internacionais ameaçadas. Embora a guerra seja considerada um ilícito internacional, sua prevenção e punição devem sempre ser buscadas em sede de cooperação internacional. Para fazer frente a essas questões e com o intuito de compor essas relações, medidas de diferentes espécies são adotadas pela sociedade internacional e por organismos internacionais. Apenas a título de exemplo citam-se as declarações de repúdio por parte dos Estados, as intervenções humanitárias e a instauração de Tribunais pela Organização das Nações Unidas. É certo, contudo, que isso não basta, pois é preciso cuidar dos males ocasionados pela guerra, salvaguardando a humanidade das suas consequências e catástrofes. E é esse o principal objetivo do Direito Humanitário: cunhado nos princípios de humanidade e dignidade universalmente reconhecidos, proteger pessoas dos flagelos e hostilidades da guerra.

[4] MARSHALL, Monty G. **Major Episodes of Political Violence 1946-2002**. Center for Systemic Peace, 2003.

[5] "In 2010, a total of 363 conflicts were observed. Among these were six wars and 22 severe crises, amounting to 28 highly-violent conflicts, i.e. conflicts fought out with the use of massive violence". **19th Annual Conflict Analysis**. Disponível em: <http://www.hiik.de/en/index.html>. Acesso em: 08 mai 2016.

[6] CICR. *Los conflictos armados relacionados con la desintegración de las estructuras del Estado*. Documento preparatorio del Comité Internacional de la Cruz Roja para la primera reunión periódica sobre el derecho internacional humanitário. Ginebra, 19-23 de enero de 1998. Disponível em: < http://www.icrc.org/spa/resources/documents/misc/5tdlnd.htm>. Acesso em: 08 mai 2016.

A sociedade internacional, cada vez mais, busca seu fortalecimento, sobretudo por meio das Organizações Internacionais, sejam regionais ou mundiais. Nesse particular, cuidam e resguardam de medidas diversas para a manutenção e promoção da paz, dos direitos humanos e do desenvolvimento. Para tanto, zelam pelos princípios norteadores do Direito Internacional, quais sejam a manutenção da paz, resolução pacífica das controvérsias, proibição do uso da força, autodeterminação dos povos, isonomia e soberania dos Estados, e o da boa-fé.

Desse modo, em um primeiro momento, serão apresentadas as bases históricas que determinaram a criação do Direito Humanitário. Posteriormente, serão tecidas considerações sobre seu arcabouço e algumas pontuações sobre as tristes consequências da guerra.

1. O Desenvolvimento do Direito Internacional Humanitário

A construção de uma normativa internacional voltada para o tema pode ser verificada ao longo de diversos pontos da história da humanidade. Isso porque, intrinsecamente ligado aos fatos sociais, o Direito acaba sendo condicionado pelos comportamentos da sociedade, que, por sua vez, é igualmente condicionada pelas normas jurídicas. Nesse particular é necessário esclarecer que condicionar implica em influir, interferir, fazendo gerar a expectativa de que Direito e sociedade hajam de acordo com determinada forma[7]. É evidente que para regular tanto as relações internas quanto as relações internacionais, impõe-se a necessidade de normativas jurídicas específicas.

Concernente à esfera internacional é de se dizer que, com o crescente aumento e intensidade das relações entre os atores estatais, aliado à delicada complexidade dessas mesmas relações, os conflitos entre as nações de todo o orbe tornam-se algo potencial. Emerge, então, a necessidade de institucionalização e imposição de regras que, alicerçadas no direito das gentes[8],

[7] As normas sociais quando institucionalizadas impõem certos padrões de comportamento que objetivam reger e regular a vida social. Por isso mesmo é que acaba por interferir nas condutas das pessoas no meio social. Desse modo é certo que a sociedade interage com o direito e é por ele influenciada. Assim, ao instituir normas jurídicas, moldam a sociedade; contudo esta também dita padrões que sai da informalidade, adotando a roupagem da positivação.

[8] O direito das gentes posiciona o indivíduo no centro do sistema das relações internacionais. Antônio Augusto Cançado Trindade discorre acerca do assunto: "Em última análise, todo o Direito existe para o ser humano, e o direito das gentes não faz exceção a isto, garantindo ao indivíduo

suplantem a limitação dos ordenamentos jurídicos internos em equacionar condutas que extrapolem fronteiras nacionais, além de nortear a punição de transgressões cujos efeitos se projetam para toda a sociedade internacional.

Por Direito Internacional Humanitário, entende-se todo um arcabouço jurídico, estabelecido por meio de tratados ou pelos costumes, com o fito de dirimir as questões surgidas em conflitos armados internacionais ou não-internacionais. Tais normas resguardam pessoas e propriedades expostas ou que podem ser afetadas pelo conflito. Assim, limita-se o direito dos conflitantes, tanto nos métodos, quanto nos meios e recursos empregados.

Assim, para compreender o Direito Internacional Humanitário é necessário buscar antecedentes relacionados à eclosão das guerras, uma vez que, o surgimento de normas que salvaguardam os indivíduos no plano internacional decorre de guerras, conflitos armados e enfrentamentos em geral. Dito isso, é necessário, ainda que sinteticamente, demarcar suas influências.

1.1 Antecedentes Históricos

A tarefa de demarcar, com exatidão, o marco inicial do Direito Internacional Humanitário é difícil e propiciadora de múltiplas posições doutrinárias[9]. Contudo, é irrefutável que determinados antecedentes denotam o surgimento e desenvolvimento de um movimento normativo comum à sociedade internacional. Lado outro, acontecimentos contemporâneos contribuíram para uma convergência no sentido de instituir e aprimorar os mecanismos repressivos e

seus direitos e o respeito de sua personalidade". Esse mesmo autor fornece ainda reflexões de importantes teólogos acerca do direito das gentes. Para de Francisco Suárez, "o direito das gentes revela a unidade e universalidade do gênero humano; os Estados têm necessidade de um sistema jurídico que regule suas relações, como membros da sociedade universal". Na apreciação de Francisco de Vitória, "o direito das gentes regula uma comunidade internacional constituída de seres humanos organizados socialmente em Estados e coextensiva com a própria humanidade; a reparação das violações de direitos (humanos) reflete uma necessidade internacional atendida pelo direito das gentes, com os mesmos princípios de justiça aplicando-se tanto aos Estados como aos indivíduos ou povos que o formam". Já na concepção do *jus gentium* de Hugo Grotius "o Estado não é um fim em si mesmo, mas um meio para assegurar o ordenamento social consoante a inteligência humana". TRINDADE, Antônio Augusto Cançado. **Direitos Humanos**: Personalidade e Capacidade Jurídica Internacional do Indivíduo, p. 202 e 239.

[9] Nesse sentido, afirma Sandra Szurek: "Sem dúvida não é possível datar com precisão a aparição de um novo ramo do direito como é possível situar a fonte de um rio e as divergências doutrinais têm essencialmente, na matéria, os elementos que podem ser considerados determinantes". SZUREK, Sandra. «**Historique** de la Formation du Droit international Pénal» *in* ASCENCIO, H., DECAUX, E. e PELLET, A., Droit international pénal. Paris: Pedone, 2000, p. 07.

preventivos relacionados aos conflitos armados. Consequentemente, foi possível vislumbrar uma notável evolução do sistema Internacional Humanitário que reflexamente tende a combater a impunidade dos grandes perpetradores de delitos no âmbito de uma sociedade internacional fortemente caracterizada por sua descentralização e heterogeneidade[10].

O Direito dos Conflitos Armados é tão antigo quanto a prática da guerra que acompanha o homem dos primórdios aos dias atuais. A própria história, em grande parte, é estudada sob a ótica de batalhas e disputas políticas. Em suas origens, a guerra caracterizava-se pela ausência de qualquer regra para além da lei do mais forte. Na Antiguidade surgem os primeiros esboços do Direito Humanitário, a exemplo do Código de Hamurabi que em seu epílogo enuncia: "decreto estas leis a fim de evitar que o forte oprima o fraco". Outras civilizações antigas como a China, Índia, Pérsia, Grécia e Muçulmanos, também argumentaram favoravelmente pela necessidade de humanidade ou ética nas guerras.

Na Idade Média, o cristianismo progride com um movimento de reforma espiritual, procurando conter os numerosos abusos praticados, baseados na lei do mais forte e transformar as igrejas e mosteiros em locais de asilo, onde a violência não poderia adentrar, além de moderar as atividades militares. Criam-se, assim, as primeiras instituições humanitárias: a Paz de Deus e a Trégua de Deus. A primeira, definida em 989 d.C, no Concílio de Charroux, proclamou a inviolabilidade das igrejas, dos mosteiros, dos pobres, do clero, dos mercadores, dos peregrinos, dos agricultores e dos seus bens. A segunda, instituída pelo Concílio de Elne em 1027, proibiam os combates durante certos períodos do calendário litúrgico, sendo prevista a excomunhão como sanção para os casos de violação destes princípios[11].

[10] Pellet também trata da sociedade internacional como um *sujeito menor de direito internacional.* Explica: "No estado atual do direito internacional, a comunidade internacional não pode passar de um sujeito menor de direito. Sujeito menor, em primeiro lugar pela amplitude de sua capacidade de fruição. Sujeito menor sobretudo porque se torna necessário recorrer à forma de uma organização internacional e porque subsiste o risco de uma recuperação das competências da comunidade internacional pela coletividade dos Estados membros desta organização". PELLET, Alain. **Direito Internacional Público**, p. 412. Antonio Remiro Brotóns, por sua vez, caracteriza a sociedade internacional contemporânea como universal, heterogênea e polimórfica. BROTÓNS, Antonio Remiro. **Derecho Internacional**, p. 317.

[11] Juramento que os senhores tinham de prestar: "1 – Não invadirei, por forma alguma, a igreja; não forçarei os celeiros situados em volta da igreja, em virtude da proteção que lhe é devida; 2 – Não assaltarei clérigo ou monge que não trazem armas seculares, nem aquele que os acompanha sem lança nem escudo, nem lhes roubarei o cavalo, a não ser que tenham cometido alguma falta pela

É certo, contudo, que os fins humanitários destas instituições não eram exclusivos. A ideia da guerra justa também se desenvolveu na época medieval, ainda que seu conceito tenha sido cunhado por Santo Agostinho (354-430). O combate, nesse caso, poderia ser tolerado quando se tratasse de uma causa justa ou defensiva. Nesse caso, reservava-se a proteção unicamente às vítimas do Estado que conduzia uma guerra dessa índole. Mas, além de Agostinho, outros pensadores se enveredaram nessa tradição: Tomás de Aquino (1225--1274); Francisco de Vitória (1483-1546); Francisco Suárez (1548-1617); Vattel (1714-1767); Hugo Grócio (1583-1645), em seu clássico livro Jure Belli ac Pacis ("Sobre os direitos de guerra e paz"), de 1625; Samuel Pufendorf (1632-1694) e Christian Wolff (1679-1754).

Grócio, porém, é provavelmente aquele que mais se dedicou à elaboração do conceito e da doutrina. No entanto, apenas com o Iluminismo e sua doutrina humanista é que se limita a beligerância aos militares, poupando a população civil das catástrofes causadas pela guerra. Rousseau (*O Contrato Social*, 1762) e Emeric de Vattel (*Direito das Gentes*, 1758) foram os seus principais autores, tendo ambos enterrado a tese da guerra justa e sua justificação decorrente da razão soberana dos Estados.

qual tenha motivos de queixa; 3 – Não roubarei nem boi, nem vaca, nem porco, nem ovelha, nem cabrito, nem cabra, nem burro, nem a carga que este leva, nem égua nem poldro por adestra; 4 – Não prenderei camponês ou camponesa, nem agentes da ordem ou mercadores, nem lhes roubarei o dinheiro, exigirei resgate ou lhes apreenderei os haveres, nem os fustigarei para lhes apanhar seus bens; 5 – Não tomarei pela força nem mula, nem macho, cavalo, égua ou poldro nas pastagens, desde o primeiro dia de Março até à Festa de Todos-os-Santos (Período do ano em que os animais estão nos campos), salvo se achar que me fazem mal; 6 – Não incendiarei nem destruirei casas; 7 – Não cortarei, nem arrancarei, nem vindimarei as vinhas de outrem sob pretexto de guerra, a não ser que elas se encontrem nas minhas próprias terras; 8 – Não destruirei o moinho e não roubarei o trigo que nele se encontrar, a não ser que eu esteja em missão ou integrado numa hoste e que isto suceda nas minhas terras; 9 – Não protegerei nenhum conhecido salteador de estradas; 10 – Não assaltarei nenhum negociante, nem peregrino, e não me apossarei dos seus bens, a não ser que aqueles estejam em falta; 11 – Não matarei os animais dos aldeões, a não ser por necessidade minha ou dos meus. Não roubarei um vilão nem lhe tomarei perfidamente os bens por ordem do seu senhor; 12 – Não assaltarei as mulheres nobres cujos maridos estejam ausentes, nem aqueles que as acompanhem; 13 – Não tomarei o vinho de quem o leva num carro, nem os bois que o puxam". O texto diz muito do que eram os costumes feudais na época. Os que jurassem a "Trégua de Deus", tinham o perdão dos seus pecados, quem não a jurasse, seria excomungado. Numa época em que o medo das penas do Inferno era intenso, esta atitude da Igreja permitiu que se desenvolvesse um espírito mais nobre, associando à guerra considerações morais e religiosas, que, pouco a pouco, acabarão por se impor. GRIMBERG, Carl. **História Universal**: O Fim da Idade Média. Tradução Jorge de Macedo. Lisboa: Publicações Europa América, v. 13, 1989.

1.2 Origem e Evolução do Direito Internacional Humanitário

Conforme parte da doutrina, sustentar que o Direito Internacional Humanitário é um ramo novo do Direito é bastante excessivo, eis que o desenvolvimento de regras, que por sua vez revelam tal disciplina, pode ser constatado desde há muito, através de diferentes capítulos da história[12]. Como tradicional ramo do Direito Internacional seu marco originário pode ser lembrado pela emblemática Batalha de Solferino, mais precisamente em 24 de junho de 1859.

Naquela oportunidade, na comuna italiana da região de Lombardia, denominada Solferino, travou-se uma batalha entre as tropas francesas e sardas, comandadas pelo imperador Napoleão III, contra soldados austríacos que causaram a morte de aproximadamente 40.000 pessoas após 15 horas de carnificina e derramamento de sangue. Dessas, cerca de 60% faleceram em razão de ferimentos que não puderam ser tratados. Os serviços médicos dos exércitos francês e sardo ficaram sobrecarregados. À época a média era de 0.1 médico para cada 500 feridos.

Jean-Henry Dunant, um comerciante suíço que, por acaso, esteva na região a negócios, testemunhou a sangrenta batalha e horrorizado com o sofrimento de soldados, reuniu voluntários locais com o intuito de prestar auxílio humanitário às vítimas da guerra. O grupo cuidou de todos os homens de forma igual, independente de que lado haviam lutado, inspirando as mulheres a inventar a frase *tutti fratelli* (todos irmãos).

Diante do que presenciara, retornou para casa transtornado e em 1862 redigiu o livro *Lembranças de Solferino*, em que formulou um duplo desejo: o de que, em tempo de paz, em cada país fosse constituída uma sociedade voluntária de socorros; e o de que os Estados ratificassem um princípio internacional no sentido de assegurar proteção e assistência às vítimas de lutas e conflitos armados.

Em 1863, por meio da criação de um Comitê composto por cinco pessoas (Dunant, os médicos Appia, Maunoir e Moyner e o General Dufour), foi instituída a Cruz Vermelha e solicitado às autoridades helvéticas a convocação de uma Conferência Diplomática, responsável pela assinatura, por representantes de 12 Estados, da Convenção de Genebra de 1864 que cuidava da melhoria da situação dos militares feridos e doentes durante batalhas.

[12] CONDORELLI, Luigi. **Avant-Propos**, p. XV.

A partir da assinatura da Convenção de Genebra de 1864, sob os auspícios do Comitê Internacional da Cruz Vermelha, a quem compete revisar os tratados referentes ao Direito Internacional Humanitário, importantes acordos surgiram, destacando-se, cronologicamente, os seguintes:

- Declaração de São Petersburgo de 1868 (que regulamentava o emprego de projéteis explosivos ou inflamáveis);
- Convenções assinadas na primeira Conferência da Paz de Haia de 1899 (tratando acerca das leis e costumes de guerra terrestre e sobre a adaptação à guerra marítima dos princípios da Convenção de Genebra de 1864);
- Revisão e aprimoramento em 1906 da Convenção de Genebra de 1824;
- Convenções assinadas na segunda Conferência de Paz de Haia em 1907 (as quais representam os principais documentos sobre a guerra terrestre e a marítima);
- Protocolo de Genebra de 1925 (trata sobre a proibição do emprego, na guerra, de gases asfixiantes, tóxicos ou similares e de métodos bacteriológicos);
- Pacto Kellog-Briand, assinado em 1928 (que colocou a guerra "fora da lei");
- Convenções de Genebra de 1929 (eram duas as Convenções de Genebra de 1929, sendo que a primeira revisava e aprimorava a Convenção de Genebra de 1906 e a segunda dispunha acerca do trato dos prisioneiros de guerra);
- Convenções de Genebra de 1949 (num total de quatro Convenções);
- Convenção de Haia de 1954 (para proteção dos bens culturais em caso de conflito armado);
- Convenção sobre a proibição de desenvolvimento, produção e armazenamento de armas bacteriológicas e tóxicas sobre sua destruição, assinada no ano de 1972;
- Protocolos Adicionais de 1977 às Convenções de Genebra de 1949 (o primeiro trata acerca da proteção das vítimas dos conflitos armados de caráter internacional e o segundo relativo aos conflitos armados sem caráter internacional);
- Convenção sobre proibições e restrições ao emprego de determinadas armas convencionais (há três protocolos relacionados a esta Convenção), assinada em 1980;

- Convenção de 1993 sobre a proibição do desenvolvimento, produção, armazenamento e emprego de armas químicas e sobre sua destruição;
- Protocolo sobre armas laser que causem cegueira, assinado em 1995;
- Emenda, em 1996, ao II Protocolo da Convenção de 1980, o qual trata sobre proibições e restrições ao emprego de minas e outros artefatos;
- Convenção sobre proibição ao emprego, armazenamento, produção e transferência de minas pessoais e sobre sua destruição, assinada no ano de 1997.

Embora inúmeros sejam os instrumentos do ius in bello, dois conjuntos de leis humanitárias, atualmente, destacam-se por sua importância no âmbito do Direito Internacional dos Conflitos Armadas, quais sejam: as Convenções de Genebra de 1949 e seus Protocolos Adicionais de 1977.

É sobre esses documentos que se assenta a base fundamental do Direito Internacional dos Conflitos Armados, cuja finalidade precípua é a de enunciar as regras aplicáveis durante os conflitos armados, sejam eles internacionais ou nacionais, de maneira a restringir os direitos dos combatentes, através da limitação de condutas nas hostilidades, e proteger os direitos dos não combatentes – tanto os civis, quanto os militares fora de combate – enunciando os mecanismos de proteção das pessoas que caíram no poder do inimigo.

2. As Catástrofes Geradas pela Guerra

Os conflitos armados, independente da dimensão territorial e capacidade destrutiva, deixam marcas profundas além de graves consequências. A barbárie é contínua ao longo do tempo e toma proporções absurdas, não apenas na quantidade de mortes, danos de todas as ordens, mas de suas inovações tecnológicas, poder destrutivo e de meios inimagináveis ao considerarmos, principalmente, as ações terroristas.

É certo que com a eclosão dos confrontos bélicos ao longo da história da humanidade a corrida armamentista proporcionou um considerável desenvolvimento dos armamentos militares, como tanques, aviões, radares, bombas, energia nuclear. Um avanço, cada vez mais, altamente tecnológico e científico.

Os custos dos conflitos armados em vidas humanas crescem constantemente:

Período	Mortes	População Mundial	% da população mundial
Séc. XVI	1.600.000	493.300.000	0,32%
Séc. XVII	6.100.000	579.100.000	1,05%
Séc. XVIII	7.000.000	757.400.000	0,92%
Séc. XIX	1.172.900.000	1.172.900.000	1,65%
Séc. XX	2.519.500.000	2.519.500.000	4,35%

Fonte: **Relatório do Desenvolvimento Humano do PNUD-ONU**, 2005, p. 175

Além das violações atuais ao corpo normativo internacional construído ao longo dos últimos anos, deve-se considerar como danosos efeitos dos conflitos armados as perdas humanas e os danos materiais muito vezes de difíceis mensuração. Para além das sequelas imediatas, uma tal agressão causaria danos de longo prazo no ambiente. Sérias consequências severas sobre a saúde pública, decorrente da contaminação da água, do solo, e da própria cadeia alimentar, com urânio empobrecido e outras substâncias tóxicas.

Nos conflitos do final do século XX e início do século XXI, a destruição de vários poços de petróleo acarretaram consequências fortemente negativas, tanto do ponto de vista ecológico como econômico. Em 1991, por exemplo, as forças do Iraque destruíram setecentos poços de petróleo no Kuwait, sendo que em 1998 ainda existiam 10 milhões de metros cúbicos do solo contaminando. Dois quintos dos aquíferos de água potável do Kuwait continuam contaminados. Dez milhões de barris de petróleo afetaram mais de 1500 Km da costa do Golfo. Durante 9 meses os poços de petróleo ardiam em fogo e a temperatura na zona desceu em média 10 graus centígrados. Estima-se que mil pessoas tenham morrido em consequência da poluição do ar. Ao se atingirem locais industriais e militares tais como fábricas de armamento ou refinarias, é gerada uma poluição química aguda no local. Assim, os danos à atmosfera foram incomensuráveis.

A fome, o desemprego, perda dos bens e o deslocamento de pessoas são resultados catastróficos que acabam eivando vidas. Em razão da completa falta de estrutura nos locais de confronto, há de se considerar uma taxa assombrosa de desemprego o que implica crise financeira também alavancada por gastos exorbitantes de cunho militar. A isso soma-se a discriminação, as maiores dificuldades de acesso aos serviços de saúde, as doenças, a decomposição do núcleo familiar, o abuso físico e sexual e a exploração laboral, com as consequências sobre a saúde mental.

São múltiplas as consequências dos conflitos armados sobre a área da saúde, nela incluídas instituições, pessoas e recursos dedicados a prestar serviços de saúde, como os de formação de pessoal profissional e técnico, à pesquisa em saúde e à formulação e implementação de políticas sanitárias.

Infelizmente, uma escalada de conflitos envolvendo ataques químicos ou nucleares aumentará significativamente a mortalidade nos conflitos. Os conflitos não afetam apenas os locais de confrontos bélicos, mas todo o globo que acaba em maior ou menor medida sofrendo com danos ao meio ambiente, reflexos financeiros e com deslocamentos duradouros e em larga escala. Esses deslocamentos atingem negativamente a sociedade internacional como um todo, visto que a perda de produtividade e de capital enfraquece a economia. A saída de pessoas profissionalmente qualificadas do país diminui a prestação de serviços básicos. A infraestrutura sobrecarregada em meios urbanos e o aumento da pressão no mercado de trabalho podem resultar em privações para a população residente.

De igual modo, as reações negativas da sociedade internacional, especialmente dos países islâmicos, antecipam um crescimento da tensão internacional, um incremento da corrida aos armamentos e uma expansão do recrutamento e das ações dos grupos terroristas.

Considerações Finais

Uma análise do arcabouço do Direito Internacional Humanitário e seu processo de desenvolvimento e consolidação permite inferir que há lições a serem aprendidas e que os desafios enfrentados no passado podem trazer as diretrizes e a esperança para a superação dos desafios atuais. São diversas, graves e complexas as consequências proporcionadas pelas guerras sobre a vida, a qualidade de vida, a saúde, a atenção da saúde, a prevenção das doenças no território bélicos, dentre outros tantos aspectos. Pretender descrevê-los, seria tarefa extremamente árdua e delicada. Ao mesmo tempo, observa-se que vários fenômenos podem ser igualmente expressão e consequência do conflito e, portanto, afetar diversas vítimas e alterar tanto sua qualidade de vida como as distintas dimensões físicas, afetivas e psicossociais da saúde.

Segundo Michel Deyra, o Direito Internacional Humanitário (DIH) ou Direito Internacional dos Conflitos Armados (DICA) pretende "humanizar a guerra, disciplinando os seres humanos nos seus atos de violência armada e dar proteção àqueles que se encontram em situação de perigo"[13].

No entanto, é possível observar o crescente movimento de reconstrução e efetiva proteção de direitos fundamentais, colocados como paradigmas da ordem internacional contemporânea. A repressão de conflitos armados, a defesa da pluralidade religiosa, étnica e política, ou mesmo a luta contra a impunidade devem ser objetivos constantemente perseguidos, inobstante o fato de se tratar de uma tarefa longa e árdua.

A crescente percepção de que certos crimes cometidos dentro de um território nacional possuem repercussão em âmbito internacional, além de violarem direitos individuais básicos e indisponíveis, traz consigo a necessidade de se desenvolver um sistema de preservação da paz. Desse modo, conflitos intraestatais que até então não se inseriam na competência do Conselho de Segurança, assumem caráter transnacional, tornando-se objeto das resoluções emitidas com fulcro no Capítulo VII da Carta da ONU.

O Direito Humanitário, por sua vez, passa a ser considerado fundamental para qualquer sistema legal, sobrepondo-se, até mesmo, às normas internas dos Estados, o que evidencia o reconhecimento do vínculo existente entre o plano interno e a realidade internacional.

É necessário compreender que uma sociedade livre da impunidade, baseada em uma cultura de responsabilidade e compromissada com a construção da verdade e da justiça, institui pilares sólidos na busca da realização e respeito ao Direito Humanitário e aos Direitos Humanos.

Referências

BROTÓNS, Antonio Remiro. **Derecho internacional**. Madrid: McGraw-Hill, 1997

CONDORELLI, Luigi. «Avant-Propos». *in*: LA ROSA, Anne Marie. **Jurisdictions Pénales Internationales**: La Prócedure et La Preuve. Paris: Presses Universitaires de France, 2003.

DEYRA, Michel. **Direito Internacional Humanitário**. *Procuradoria Geral da República: Gabinete de Documentação e Direito Comparado*, 1.ª ed., 2009.

GRIMBERG, Carl. **História Universal: O Fim da Idade Média**. v. 13. Tradução de Jorge de Macedo. Lisboa: Publicações Europa América, 1989.

[13] DEYRA, Michel. **Direito Internacional Humanitário**. *Procuradoria Geral da República: Gabinete de Documentação e Direito Comparado*, 1.ª ed. 2009, p.16.

HEIDELBERG INSTITUTE ON INTERNATIONAL CONFLICT RESEARCH. *Conflict Barometer 2002: Global Conflict Panorama*, December 1, 2002.

HEIDELBERG INSTITUTE ON INTERNATIONAL CONFLICT RESEARCH. *Conflict Barometer 2003: Global Conflict Panorama*, December 1, 2003.

MARSHALL, Monty G. **Major Episodes of Political Violence 1946-2002**. *Center for Systemic Peace*, 2003.

SZUREK, Sandra. «Chapitre 2: Historique de la Formation du Droit international Pénal.» *in*: ASCENSIO, Hervé; DECAUX, Emmanuel; PELLET, Alain. **Droit International Pénal**. Paris: A. Pedone, 2000.

TRINDADE, Antônio Augusto. Cançado**. O Direito Internacional em um Mundo em Transformação**. Rio de Janeiro: Renovar, 2002.

On the tactics (not the ethics) of humanitarian intervention: Brazil's approach to R2P

Aziz Tuffi Saliba[1]
Dawisson Belém Lopes[2]
Pedro Vieira[3]

Introduction

The maintenance of 'international peace and security' was a paramount concern of the world community in the aftermath of the Second World War. What is perhaps the most important international document in history – the United Nations Charter – placed the maintenance of international peace and security in its very first paragraph and article.

In its pursuit of peace, the UN Charter outlawed the use of force (Article 2, paragraph 4), allowing only two exceptions: (I) the use of force in self-defense (Article 51); and (II) the use of force authorized by the Security Council under Chapter VII of the UN Charter. In addition to these provisions limiting the use of force, the UN Charter enshrined the Principle of Non-Intervention in Article 2(7), proscribing international interference in domestic affairs. This principle also appeared in General Assembly Resolution 2625 and is enshrined

[1] Vice-Dean of the School of Law at the Federal University of Minas Gerais (UFMG), Brazil, and President of the International Law Association (ILA) – Brazilian Branch.
[2] Professor of international and comparative politics at the Federal University of Minas Gerais (UFMG) and researcher of the National Council for Technological and Scientific Development (CNPq) in Brazil.
[3] Undergraduate degree in Law from the Federal University of Minas Gerais (UFMG), Brazil.

in International Customary Law, as the International Court of Justice recognized in Nicaragua case (Nicaragua Judgment 1986, 202).

Another important development after the Second World War was a greater concern for the protection of individuals, even against their own state. The Charter of the United Nations pledged to promote and encourage "respect for human rights and for fundamental freedoms for all without distinction as to race, sex, language, or religion." Many relevant documents ensued, such as the Universal Declaration of Human Rights (Cançado Trindade 2002, 627-670); the Convention on the Prevention and Punishment of the Crime of Genocide; the International Covenant on Civil and Political Rights; the International Covenant on Economic, Social and Cultural Rights; and other resolutions and treaties.

Notwithstanding the greater concern with the protection of individuals, the international community has repeatedly witnessed mass atrocities. On some occasions—such as in East Pakistan (1971), Pol Pot's Cambodia (1978), or Idi Amin's Uganda (1979)—whereas the international community stood by, foreigners chose to intervene. The absence of authorization by the United Nations Security Council and the impossibility to characterize such interventions as self-defense make them, for most scholars, illegal under international law (Byers and Chesterman 2003, p. 177-203), although perhaps "morally justifiable." (BUCHANAN, 2003, p. 130-174).

After the end of the Cold War, the United Nations Security Council increased its activities and the number of UN military operations expanded (SALIBA, 2012). Considering that the United Nations set up 60 operations until 2005, nearly 2/3 of them were established from 1989 to 1999 (DINIZ, 2006, p. 305-309), whereas only 1/5 of the total was created during the Cold War (FONTOURA, 2005, p. 65-70). However, the tragedies in Rwanda and in the Balkans were a reminder that the world community still needed a mechanism to deal with mass atrocities that, even if not perfect, would at least be of an "acceptable imperfection." Certainly, more could and should have been done to avert genocide.

In this context, the debate over humanitarian intervention[4] gained momentum and new contours. Humanitarian intervention has been regard-

[4] Humanitarian Intervention has been defined in many ways, as evidenced by Marcelo Böhlke in **A Proibição do Uso da Força no Direito Internacional Contemporâneo** (Rio de Janeiro, Renovar 2011), p. 236-238. This articles adopts the definition presented by the Danish Institute of International Affairs, according to which Humanitarian Intervention means "coercive action by states involving the use of armed force in another state without the consent of its government, with

ed as the sole way to prevent gross and systematic human rights violations in some situations (PATTISON, 2010), although some fear that it may be used selectively and become an instrument of powerful actors to promote their interests (AMARAL JÚNIOR, 2003, p. 156-158; EVANS, 2006-2007, p. 705). An additional concern is that the authorization of the use of force in a fashion not foreseen in the UN Charter would undermine the principle of non-intervention and the prohibition on the use of force (SIMMA, 1999).

The International Commission on Intervention and State Sovereignty (ICISS) issued a report and presented it to the UN Secretary-General in 2001 (ICISS 2001, VII). This report highlights the fact that current state practice characterizes sovereignty as a responsibility, instead of the traditional understanding of sovereignty as control (ICISS 2001, 2.15). Thus, sovereignty must be seen as an instrument for the protection of the life and safety of citizens.

The report construes intervention not as a right, but rather, as a responsibility of the international community, who must discharge it whenever a state fails to perform its primary 'responsibility to protect' the persons under its jurisdiction. Furthermore, when carrying out its responsibility, the international community must address the main causes of internal disturbance (responsibility to prevent); choose the appropriate measures to deal with the problem, only resorting to military intervention in extreme situations (responsibility to react); and offer full assistance in the aftermath of the intervention to render possible the reconstruction of the state (responsibility to rebuild) (EVANS, 2006-2007, p. 709).

At the 2005 UN World Summit, the assembled heads of state endorsed the concept of "Responsibility to Protect," which was enshrined in UNGA Resolution 60/1 (UNGA 2005, Resolution 60/1), incorporating many elements of the report produced by ICISS (Kolb 2012, 5-6). This resolution recognized the primary obligation of each individual state to protect its population from gross violations of human rights and international humanitarian law and stressed international community's duty to assist individual states in fulfilling their primary obligation. However, it also stated that, should peaceful means be inadequate and the primary duty of the state to protect its population be

or without authorization from the United Nations Security Council, for the purpose of preventing or putting to a halt gross and massive violations of human rights or international humanitarian law." **Humanitarian Intervention: Legal and Political Aspects** (Copenhagen, Danish Institute of International Affairs 1999), p. 1.

disregarded, the international community would be entitled to take collective action in an appropriate manner (BELLAMY, 2009).

Brazil has actively participated in the debate around the "Responsibility to Protect" (R2P) doctrine. More recently, has even proposed what it believes to be a new approach – the "Responsibility while Protecting" corollary to R2P. The aim of this article is to analyze the Brazilian reaction to "Responsibility to Protect" and its proposal of "Responsibility while Protecting." This analysis will be based mostly on the statements of Brazilian Presidents and Ministers of External Relations.

1. The Brazilian Position on the "Responsibility to Protect" Doctrine: Brazilian Foreign Policy in the Twentieth Century

Brazil's international cooperation standards regarding peace operations have varied considerably through the twentieth century. Initially, Brazil aided the efforts undertaken by the League of Nations. An important instance of this participation is the Leticia Affair, between Colombia and Peru (FONTOURA, 2005, 46 and 211). After Peruvian citizens attacked and occupied in 1932 the area of Leticia, which was situated in Colombian territory, the League of Nations appointed Brazil, alongside Spain and the United States, as member of the Committee responsible for governing the disputed area pending the conclusion of diplomatic negotiations between the parties. The dispute was settled in 1934, through the mediation of Brazilian Minister of External Relations Afonso Arinos de Mello Franco. The so-called Rio de Janeiro Protocol upheld the territorial limits established in Treaty of Salomón-Lozano (1922), which had recognized the area as a part of Colombia (CERVO; BUENO, 2012, p. 259-261).

After the creation of the United Nations, Brazil participated in operations during the 1950s and the 1960s. Despite the request made by the United Nations Secretary-General, President Vargas refused to send Brazilian troops to participate in the Korean War (1950-1953) (Ricupero 2006, 56; Visentini 2013, 28; Cervo and Bueno 2012, 302). However, Brazil deployed its military personnel in Sinai (UNEF I) in 1956—which aimed to hold the ceasefire between Israel and Egypt—and in Congo from 1960 to 1964 (NASSER, 2012; FONTOURA, 2005, p. 214).

In the 1970s, Brazil distanced itself from the United Nations, due to its search for autonomy through distance (FONSECA JR., 1998, p. 359).

As evidenced by Brazilian Ambassador João Augusto de Araújo Castro when he discussed the freezing of world power, Brazil realized that developed states would use multilateral institutions and rules to preserve their power in the international system. The national response to this reality deemed inacceptable was twofold. First, Brazil chose to stay aloof from multilateral organizations and adopted a critical stance towards the superpowers, especially the United States (FONSECA JR., 1998). Thus, during the 1970s and part of the 1980s, Brazil did not take a non-permanent seat at the United Nations Security Council (UNSC) and refused to engage in peace operations (NASSER; 2012). Furthermore, Brazil revoked in 1977 the Military Agreement signed with the United States in 1952, an act that – notwithstanding the absence of practical relevance of this agreement in the end of the 1970s – is one of the most emblematic examples of Brazilian diplomatic reaction to a world reality considered unsatisfactory (SOUTO MAIOR; 2006, p. 502-506). Second, Brazil diversified its international partnerships with the First World countries – such as the Federal Republic of Germany, with which Brazil celebrated a Nuclear Agreement in 1975 – and Third World countries, thus focusing its foreign policy on providing means for national economic development (DORATIOTO; VIDIGAL 2015, p. 91-98; FONSECA JR., 2006; SOUTO MAIOR, 2006). On the one hand, Brazil strengthened its bilateral ties with European, Arab and African countries (SOUTO MAIOR, 2006; MESSARI, 2006; SOMBRA SARAIVA, 2010, p. 174-181). The one-month tour in nine African nations undertook by Brazil Minister of External Relations Mário Gibson Barboza in 1973 is an evidence of the investment in bilateral ties with states which thus far had not been the primary target of Brazil's foreign policy. On the other hand, it supported multilateral initiatives that intended to reform the international system, such as the proposed New Economic International Order (NEIO) and the search for development expressed by Third World countries at the United Nations Conference on Trade and Development (UNCTAD) (VISENTINI, 2012, 66-78).

In 1988, Brazil's election to a non-permanent seat at the UNSC evidenced a shift in Brazilian foreign policy and represented the beginning of a pursuit for `autonomy through participation` (FONSECA JR., 1998, 363). Adapting itself to the world's changes in the aftermath of the Cold War, foreign policy pundits concluded that Brazil should participate in the creation of international norms and setting of a multilateral agenda as a means to safeguard national interests (VIGEVANI AND OLIVEIRA 2004). Despite its more active stance towards international issues, and especially to United Nations operations, Brazilian diplomacy maintained its pro-peace tradition and emphasized the need for peaceful settlement of controversies, absolute respect for state sovereignty, and the principle of non-intervention as centerpieces of the UN Charter (ALSINA JÚNIOR, 2003, p. 74). Consequently, Brazil has only participated in UN peace enforcement operations under Chapter VI of the UN Charter, which does not involve resorting to military measures (FONTOURA, 2005, p. 273-274).

In a manner consistent with traditional principles of its foreign policy, Brazil maintained, even after the end of the Cold War, its opposition to the concept of humanitarian intervention, which was then considered a violation of international principles, especially that of state sovereignty, and was thus contrary to the notion of cooperation and strict equality among states. As Cardoso's former foreign minister Celso Lafer once stressed, "[U]nder the Brazilian Foreign Policy perspective, the relationship among states is and must continue to be dependent on stimulation and limitation of cooperation, and not on impositions. [...] we condemn the thesis of a right to intervene, contrary to a world structure based on equality" (LAFER, 1992, p. 75). Furthermore, the use of force based on humanitarian intervention would undermine the UN Charter provisions concerning non-interference and the prohibition of the use of force, since this treaty did not authorize the use of force on these grounds (AMORIM, 2002-2003, p. 58-59).

Brazil has expressed its position through statements made by the authorities and votes in international organizations. First, Brazil condemned the US intervention in Grenada Island and upheld the principle of non-intervention and the principle outlawing the use of force in international relations. In his statement on this issue, Brazilian Minister of External Relations concluded that resorting to force to sort out the issue was inconsistent with the UN and OAS Charters (SARAIVA GUERREIRO, 1983, p. 19).

As a response to the invasion of Grenada and to other military interventions in Central America (for instance, operations in Nicaragua and El Salvador) carried out by the United States during the government of Ronald Reagan, some Latin American states (Mexico, Panama, Venezuela and Colombia) have created the Contadora Group to manage peaceful solutions for Central America's instability. Brazil, alongside other South American states (Argentina, Uruguay and Peru), has framed the Support Group in order to back actions of Contadora Group. In 1986, both groups merged into the Rio Group, which remained an important forum to discuss Latin American common interests (Cervo and Bueno 2012, 482-483; Visentini 2013, 81-82). In

2010, the Rio Group and the CALC (Portuguese and Spanish acronyms for the Summit of Latin American and Caribbean States on Integration and Development) were incorporated into CELAC (Community of Latin American and Caribbean States).

Second, especially during the government of Lula da Silva, Brazil abstained from following UNGA decisions concerning the situation of human rights in Iran (United for Iran 2012; Conectas 2011) and from a resolution presented by the United States to the UN Human Rights Commission condemning the situation of human rights in Cuba (Council on Hemispheric Affairs 2005). In addition to that, relying on the principles of non-intervention and state sovereignty, Brazil, as a non-permanent member of UNSC, abstained from a proposed resolution under Chapter VII of the UN Charter that addressed the situation in Darfur (UNSC 2005, Resolution 1593).

Finally, Brazil also upheld Security Council Resolution 1244, which, pursuant to the Brazilian Foreign Minister Celso Amorim, recalled the commitment of all UN Members to the sovereignty and territorial integrity of Yugoslavia. In this regard, Brazil also ascertained that the states that had recognized Kosovo's independence prior to a final decision by the United Nations disregarded the prevalence of the United Nations' multilateral decision on this issue (G1 2008).

The exclusion of military means from the Brazilian foreign affairs agenda accompanied the cultivation of an image of peaceful power and the reinforcement of diplomatic solutions as the most suitable manner to deal with political and social crises (FONTOURA, 2005, p. 273-274). This political and diplomatic position reflects Brazil's Constitution of 1988, which enshrines in article 4 the peaceful settlement of disputes as a cornerstone of national foreign policy. Brazilian accession to the Treaty on Non-Proliferation of Nuclear Weapons on 18 September 1998, after years condemning the discriminatory nature of this treaty[5], rendered its image as a peaceful nation even stronger. These examples highlight Brazilian qualification as a "puissance essentiellement civile" – "essentially civil power" (VALADÃO, 2008, p. 33) –, which, as pointed out by former President Fernando Henrique Cardoso, may lead

[5] Many Brazilian scholars have fiercely criticized Brazil's decision to accede to the Nuclear Treaty of Non-Proliferation. In this regard, see ROCHA, Antônio Jorge Ramalho. «O Brasil e os Regimes Internacional». In **Relações Internacionais do Brasil: Temas e Agendas**, v. 2, eds. Henrique Altemani and Antônio Carlos Lessa. São Paulo: Saraiva.

the country to "become the world's first 'soft' superpower because of [its] strengthening economy, size and population alone" (MEAD, 2011).

Nevertheless, it can be argued that peaceful diplomacy[6] did not emerge as a calling, but rather as a need. This can be seen from the pragmatic and goal-oriented way in which the Baron of Rio Branco (the Brazilian diplomatic corps' patron) handled political controversies by way of peaceful diplomacy in the beginning of the twentieth century – at a time when Brazil did not have as many strategic possibilities as it enjoys in contemporary world politics (PEREIRA, 2012; GOES, 1991; BUENO, 2012). In this regard, this peaceful tradition, evinced chiefly through the reinforcement of state sovereignty and non-intervention, has been upheld by Brazil and many other South American states as a way to prevent the United States from meddling in their domestic affairs (KENKEL, 2012; CERVO; BUENO 2012, p. 191-202).

Brazil has thus evoked idealistic concepts in order to address concerns related to a realistic approach of international relations, a behavior described by Amado Luiz Cervo as "realism of the weak" (1994). In other words, Brazil has defended certain principles of International Law – such as non-intervention, state sovereignty, and peaceful settlement of disputes – to safeguard national autonomy and avoid external interference in internal matters (SPEKTOR, 2004, p. 200; CERVO, 2008, p. 26-31). As former Minister of External Relations Luiz Felipe Lampreia once pointed out,

> [a]s a middle power of deep peaceful tradition, we may not, nonetheless, support the unilateral use of military means [...]. This support would legitimate the law of the stronger, it would disregard the primacy of international law which is the greatest protection each state enjoys. Therefore, at the Security Council Brazil has always defended the absolute respect for multilateral norms (Lampreia 1999, p. 327).

[6] Pacifism as a trans-historical value of Brazilian diplomacy is something open to contestation in the literature, as Brazil has fought a few wars in the 19th century (see how the Paraguay War was devastating, in terms of material and human losses, for all those countries involved), at a time the Brazilian state was one – and the only – South American empire. For further reference in this regard, See DORATIOTO, Francisco. 2002. **Maldita Guerra**: Nova História da Guerra do Paraguai. São Paulo: Companhia das Letras; DORATIOTO, Francisco. 2008. **O Império do Brasil e a Argentina** (1822-1889). *Textos de História*. 16 (2): 217-247; DORATIOTO, Francisco. 1994. **A participação brasileira no golpe de Estado de 1894 no Paraguai**: A Missão Cavalcanti. *Textos de História*. 2 (4): 145-174.

2. The Brazilian Military's Deployment to Command UN Peacekeeping Operations in Haiti and the Idea of 'Non-Indifference'

In 2004, despite its support for the principles of non-interference, prohibition on the use of force, and state sovereignty, Brazil evinced an emerging support for interventions to ensure democratic order when President Lula agreed to deploy Brazilian armed forces in Haiti to command a UN Peacekeeping Operation authorized by the UNSC under Chapter VII of the UN Charter (UNSC 2004, Resolution 1576).

In his statement regarding this issue, President Lula highlighted the necessity of developing a South American cooperation arrangement in the field of defense; he also stressed that this process must respect the principles of non-intervention and sovereignty. Pursuant to former President Lula da Silva, South American states should "articulate a vision of defense in the region relying on common values and principles, such as the respect for sovereignty and for self-determination, territorial integrity of States and non-intervention in domestic affairs" (Lula da Silva, 2008).

The statement made by Brazilian former President Lula da Silva highlighted many traditional principles of Brazilian foreign policy. The subornation of national decisions to these principles expresses the continuity that allegedly marks the actions of Brazilian Ministry of External Relations throughout history (Cervo, 2008). Besides, this stance represents the Ministry's respect for Brazilian Constitutional Law, since Brazil's 1988 Federal Constitution laid down a set of legal principles to serve as legal ratio and influence the Brazilian diplomats' positions on international legal issues.[7] Among these principles, it is worth citing national independence (article 4 (I)), self-determination (article 4 (III)), non-intervention (article 4 (IV)) and peaceful settlement of disputes (article 4 (VII)).

Participating in the UN Peacekeeping Operation in Haiti represents a shift in Brazilian foreign policy since it indicates that, although the principles of state sovereignty and non-intervention still play a pivotal role in its external relations, Brazil has perceived that these international rules must be interpreted in a manner consistent with the idea of non-indifference (AMORIM, 2010b;

[7] One can still find an updated version of this argument in Brazil's governmental option not to invest in military, but in social policies instead, what denotes the level of priority attributed to the latter to the detriment of the former, as well as a Brazilian perspective of transforming into 'soft-power weaponry' its alleged expertise over social policy management.

AMORIM, 2005a). This notion might be defined, from a Brazilian perspective, as the willingness to provide assistance, mainly in terms of diplomacy, when required, and when a state deems it pertinent, to settle a political or social crisis (AMORIM, 2004; AMORIM, 2005c).

3. The "Responsibility to Protect" (R2P) Doctrine

3.1. The Prevalence of Non-Coercive Measures and Peaceful Settlement of Disputes

At the 2005 UN World Summit, the assembled heads of state endorsed the concept of "Responsibility to Protect," which has been enshrined in UNGA Resolution 60/1 (UNGA 2005, Resolution 60/1). In this occasion, Brazil delivered statements discussing its concerns about the emerging notion of R2P and, even after the summit, Brazilian authorities have highlighted the pitfalls of the R2P doctrine. Two main aspects are worth noting in Brazilian statements: (I) the prevalence of non-coercive measures; and (II) the primacy of the peaceful settlement of disputes.

Brazil has upheld the idea that there should be subordination to and a chronological sequence among the three pillars of R2P (STUENKEL, 2014), stressing that the protection of human rights, democracy, and respect for the rule of law hinge on the adoption of preventive measures. As Brazilian Permanent Representative to the United Nations, Ambassador Maria Luiza Ribeiro Viotti contended, "[p]revention must also focus on helping countries to promote policies aimed at improving the standards of living of their populations [since] [t]angible progress in economic and social issues bears a positive impact on the political and the security situation." (VIOTTI, 2011a). Furthermore, given that "[h]uman security is mainly the result of just and equitable societies" (AMORIM, 2005b, p. 3-4), the actions of preventive nature must be discharged simultaneously with policies stimulating social and economic development in order to achieve political stability and peace. Thus, from the Brazilian point of view, political solutions of non-coercive nature – such as mediation and diplomacy – are the most suitable means to address the political and social crises, which lead to gross breaches in International Law (VIOTTI, 2011a).

Brazil has thus pointed out that the use of force, the third pillar of the R2P concept, must only take place when it is proven that non-coercive measures have been exhausted and there are no viable peaceful ways to settle the controversy (AMORIM, 2005b). The emphasis on the prevalence of peaceful solutions to international disputes stems from Brazilian perception that "it is an illusion to believe that we can combat the dysfunctional politics at the root of grave human rights violations through military means alone, or even economic sanctions, to the detriment of diplomacy and persuasion" (AMORIM, 2005b, p. 3-4). Therefore, Brazil has persistently warned against the hazardous consequences of coercive measures, since intervention can only tackle the consequences of problems and not the root causes of human rights violations.

3.2. The United Nations Security Council authorization and necessary reforms

In addition to the prevalence of non-coercive measures and peaceful settlements of controversies, Brazil initially considered consent of the affected state as a necessary condition to the legality of humanitarian intervention. This position was consistent with the concept prevailing in the United Nations until the beginning of the 1990s (Fontoura 2005, p. 96, 254). In this sense, Brazil upheld the General Assembly Resolution 46/182 (Declaration on Strengthening of the Coordination of Humanitarian Emergency Assistance of the United Nations), which stated that "[t]he sovereignty, territorial integrity and national unity of states must be fully respected in accordance with the Charter of the United Nations. In this context, humanitarian assistance should be provided with the consent of the affected country and in principle on the basis of an appeal by the affected country" (UNGA 1991, Resolution 46/182).

The difficulties faced in obtaining the consent of affected states have hindered United Nations military operations throughout history. Thanks to these previous experiences, the United Nations has sustained that consent could not be construed as a requirement which prevents United Nations from fulfilling its role in the maintenance of international peace and security (Diniz 2005, p. 313-314). This proposal was laid down in "An Agenda for Peace", a report issued by Secretary-General Boutros Boutros-Ghali (BOUTROS--GHALI, 1992). The need of revisiting the requirement of consent appeared also in another document produced by the UN, the Brahimi Report, when it recognized that "[e]xperience shows, however, that in the context of modern peace operations dealing with intra-state/transnational conflicts, consent may be manipulated in many ways by the local parties" (BRAHIMI, 2000, p. 9).

Taking into account the shift in UN approach towards consent, Brazil slightly changed its reasoning to express the idea that humanitarian intervention should preferably be accompanied by authorization given by the affected state (SOUZA NETO, 2010, p. 191).

Furthermore, Brazil has highlighted that military action should not be taken based on unilateral assessment of the situation. It has recalled that the UN Charter only authorizes the unilateral use of force in cases of self-defense, which are, by their very nature, provisory, inasmuch as it may only be carried out until the Security Council takes measures to deal with the matter.

In a manner consistent with this understanding, Brazil has reinforced the idea that actions based on "Responsibility to Protect" must be preceded by a multilateral decision (AMORIM, 2010a) of the competent UN organ, the Security Council (AMORIM, 2005b; AMORIM, 2003). The pivotal role of the UNSC on this issue has led Brazil to draw attention to reforming the structure of this organ, a subject of major importance in Brazil's view. Brazil has thereby sustained its claim that Security Council lacks representativeness insofar as it does not incorporate, chiefly as permanent members, the developing countries of Africa, Latin America, and Asia. Brazil has stressed, moreover, that the reform process is also important because of the UNSC agenda and its expanding responsibilities, which entails the necessity of taking legitimate decisions and having the capacity to ensure they are followed through. As former Minister of External Relations Celso Amorim pointed out, "[w]e cannot accept the perpetuation of imbalances that run contrary to the spirit of multilateralism. [...] It is not reasonable to expect that the Council can continue to expand its agenda and responsibilities without addressing its democratic deficit" (AMORIM, 2005b, 4).

It is important to stress that the Brazilian position regarding the role of the Security Council on the R2P issue underlies a great concern: the selectivity (HOLZGREFE 2003, p. 46-47; PATTISON 2010, p. 169-173; AMARAL JÚNIOR 2003, p. 120-124) of the operations based on "Responsibility to Protect" (VIOTTI, 2011a, 4-5; VIOTTI, 2011b, Annex, 3). Brazil has criticized the conclusion of the ICISS Report that force could be used unilaterally by "concerned states" relying on R2P. Pursuant to Brazil's point of view, this assessment might not be accepted, since it could lead to the use of force for purposes other than offering assistance to those who need it (AMORIM, 2011b, 235).

Consequently, we can conclude that the Brazilian argument concerning the reinforcement of Security Council's role has a twofold objective. First,

Brazil intended to restrict the use of force on the grounds of "Responsibility to Protect," which would hinge upon a multilateral assessment of the situation — a condition expected to considerably diminish the arbitrariness in decision making with respect to the use of force (STUENKEL; TOURINHO, 2014). Still from Brazil's perspective, the importance of the Security Council goes beyond the authorization to the use of force relying upon the Responsibility to Protect, since it must, moreover, ensure the accountability of those to whom authority is granted to resort to force, if they breach International Law (VIOTTI 2011b; Annex, 4, letter (i)).

Second, Brazil aimed to highlight the necessity of reform in the UNSC, since the decisions of this organ must be representative in order to discharge the new tasks assigned to it (STUENKEL; TOURINHO, 2014). This second Brazilian goal became even clearer in the statement by President Dilma Rousseff at the opening of the 66th Session of the United Nations General Assembly, when she stated that the UNSC composition does not reflect the contemporary world reality and, therefore, its resolutions lack "credibility and effectiveness" (LOPES, 2012, p. 191-199). President Rousseff also took the opportunity to assert that Brazil is prepared to bear the responsibility of being a permanent UNSC member (ROUSSEFF, 2011, p. 5-6).

4. The "Responsibility while Protecting" (RwP): Doctrine and First Reactions to it

From official statements, Brazil's critical stance on "Responsibility to Protect" is evident. The country has stressed the prevalence of the second pillar of this concept, related to the provision of assistance and capacity-building to the states by the international community (STUENKEL, 2014). Moreover, it has reinforced the subsidiary and last-resort character of the third pillar – the use of military force –, which requires the previous exhaustion of all peaceful means to tackle the matter and the authorization of the UNSC to the international use of force relying on R2P (VIOTTI, 2011a, 4-5).

More recently, Brazil has highlighted the fact that the international community, whilst using force on the grounds of "Responsibility to Protect," must comply with material, temporal, and formal limitations. Their objective is to ensure that the operations carried out based on this exception do not worsen conflicts and harm the civilian population (VIOTTI, 2011b, Annex, 5). The material requirement evinces that military intervention should be used only in extreme situations, in order to prevent mass atrocities, such as genocide, war crimes, ethnic cleansing and crimes against humanity. The temporal condition recalls the last-resource nature of military action, which should take place upon the manifest failure of the individual state to exercise its responsibility to protect and upon the exhaustion of all peaceful means (BELLAMY, 2010). Finally, the formal limitation determines that the Security Council, based on a case-by-case evaluation, should be the only organ entitled to authorize R2P operations.

In its endeavor to limit the scope of "Responsibility to Protect," Brazil has set forth that "Responsibility to Protect" must accompany "Responsibility while Protecting." This notion first appeared in 2011 during the statement by President Dilma Rousseff at the opening of the 66th Session of the United Nations General Assembly. She reminded the audience of the civilian casualties in recent military interventions and reinforced the importance of diplomacy and social and economic development during conflict prevention. In conclusion, she stated that the international community had paid too much attention to "Responsibility to Protect," but had overlooked the "responsibility in protecting" (ROUSSEFF, 2011, 5). [8]

The concept of "Responsibility While Protecting (RwP)" brings to light the outrageous consequences of the failure of the international community to take appropriate measures – such as in Rwanda – and highlights the drawbacks of prior humanitarian interventions (POMMIER, 2011, p. 1080; MASSINGHAM, 2009, p. 819). As President Dilma Rousseff stressed in her speech at the General Assembly in 2011, "[t]he world suffers today from the painful consequences of interventions that aggravated existing conflicts. They allowed terrorism to penetrate into places where it previously did not exist, gave rise to new cycles of violence and multiplied the number of civilian victims" (ROUSSEFF, 2011, p. 5). Hence, Brazil contends that compliance with international humanitarian law, human rights law, and the rules concerning the use of force (*Jus ad Bellum*) are essential elements of these actions based on R2P, insofar as they might not cause greater harm than they are meant to prevent.

[8] Rousseff (n 58) p. 5. Afterwards, the expression "responsibility in protecting" has been replaced in Brazilian statements for the expression "responsibility while protecting", nonetheless they make reference to the same idea and have the same Portuguese translation "Responsibilidade ao Proteger".

It is possible to infer from official Brazilian statements that the consequences of military intervention in Libya during the "Arab Spring" led Brazil to develop and emphasize the "Responsibility while Protecting" doctrine (VIOTTI, 2012). The UNSC Resolutions 1970 and 1973, related to the military intervention in Lybia, represented a turning point in military operations based on Responsibility to Protect. For the first time, UNSC authorized military action to prevent mass atrocities in a functioning state, regardless of its previous consent to the operations (BELLAMY; WILLIAMS, 2011). Furthermore, a section of UNSC Resolution 1973 addressed the "Protection of Civilians" and determined that state members should "take all necessary measures, notwithstanding paragraph 9 of resolution 1970 (2011), to protect civilians and civilian populated areas under threat of attack in the Libyan Arab Jamahiriya" (Resolution 1973 2011). Thus, UNSC Resolution 1973 evinced that Responsibility to Protect and Protection of Civilians are intertwined (POMMIER 2011; BELLAMY 2012).

Despite national commitment to the promotion of Human Rights and to the prevention of mass atrocities, Brazil did not, as a UNSC non-permanent member, support Resolution 1973. Alongside Germany and other BRICS members (India and the UNSC permanent members China and Russia), Brazil abstained from this decision of the Security Council. The country feared that the broad authorization for military actions enshrined in this resolution could divert it from the initial purpose of protecting civilian, thus becoming an instrument for toppling Gaddafi's government (SPEKTOR, 2012; Pommier 2011). As former Brazil's Minister of External Relations Antonio Patriota stated, "[t]here is a growing perception that the concept of the responsibility to protect might be misused for purposes other than protecting civilians, such as regime change. This perception may make it even more difficult to attain the protection objectives pursued by the international community." (VIOTTI, 2011b, Annex, 3).

Brazil's stance is consistent with its traditional emphasis on the respect of International Law, and with the beliefs that the protection of civilians, during warfare, and of general population, when outside the context of war, must be a concern of international community and may entail the use of force in order to prevent serious breaches of Human Rights Law and International Humanitarian Law (Stuenkel 2014). However, given its last-resource nature, the force should not be used indiscriminately, being preceded by the exhaustion of all diplomatic measures available to deal with the dispute. After concluding that military force must be deployed, all necessary steps should be taken in order to avoid aggravating conflicts and causing more human suffering, especially among civilian population, than the military intervention was meant to prevent (Pommier 2011). As Antonio Patriota contended, "[t]he use of force must produce as little violence and instability as possible and under no circumstance can it generate more harm than it was authorized to prevent; [...] action must be judicious, proportionate and limited to the objectives established by the Security Council" (VIOTTI, 2011b, Annex, 3, (e) and (f)).

Brazilian emphasis on the protection of civilians is evident in declarations issued by multilateral entities in which the country participates as a member. For instance, BRICS countries stressed the importance of this subject in their 6th Summit Final Declaration, which addressed specifically the situations of Mali, Syria and Palestine (Fortaleza Declaration 2014, paras. 32, 37 and 38). The apprehension about the situation in Syria also appeared in the 5th IBSA Summit Final Declaration. While IBSA members reinforced "their commitment to the sovereignty and territorial integrity of Syria" (Tshwane Declaration 2011, § 82), they reaffirmed their belief that a Syrian–led peaceful process of political changes would be the best manner to end the conflict and to ensure the protection of the civilian population. Accordingly, as a part of international efforts to put an end on Syrian crisis, IBSA countries sent, in August 2011, a Joint Delegation to Syria to contribute with the implementation of the reforms promised by the Syrian government (BRUN, 2012, p. 87).

Thus, in accordance with the Brazilian perspective, recent military interventions have shown that "Responsibility to Protect" may be misused and may aggravate existing conflicts, and thereby the use of force on these grounds must accompany the idea of "Responsibility while Protecting." This is said to be one of the main concerns underpinning Brazil's new approach towards the Responsibility to Protect doctrine (TOURINHO; STUENKEL; BROCKMEIER, 2015).

One can certainly add to the set of reasons behind Brazil's stance the opportunities envisaged by the Ministry of External Relations to participate in debates around the definition of the world security agenda in a privileged position, inasmuch as Brazil displays the image of a pacifist country, what would legitimate its call for preventive diplomacy before any military action should take place. The Brazilian Ministry of External Relations' calculation involves the assumption that it can be cheaper for Brasília, both from political and economic angles, to work on legal definitions and operational concepts than to afford humanitarian interventions that can prematurely lead to a 'boots-on-the-ground' situation in foreign countries.[9]

By focusing on procedures rather than principles and norms, Brazil protects itself against the perceived risks of intervention (negative sovereignty). After all, Brazil still sees itself as a potential target of such 'humanitarian' enterprises. Conversely, RwP would represent Brazil's 'ticket to ride', in terms of international acceptance and recognition, as a country that actually matters for the collective management of the world order. On the other hand, Brazil faces a classic middle-power dilemma: in proposing stricter criteria for humanitarian interventions, it somehow absorbs the normativity related to R2P.

5. First Reactions

On 21 February 2012, the Brazilian Ministry of Foreign Affairs organized an informal discussion on "Responsibility while Protecting", at the United Nations headquarters. The event was co-chaired by Brazil's Minister of External Relations, Ambassador Antonio de Aguiar Patriota, and the United Nations Special Adviser for the Responsibility to Protect, Dr. Edward Luck. The discussions were based on a "concept note" (KOLB, 2012, 7-8), which had previously been presented to the United Nations General Assembly.[10]

An analysis of the speeches delivered by the states reveals different perceptions of Responsibility to Protect, as well as of Responsibility while Protecting. For instance, whereas the Australian delegation stated that Responsibility to Protect is now "widely accepted", Venezuela took the view that there is "no consensus on the scope and nature of the responsibility to protect." Also, the different ways to refer to Responsibility to Protect in the discussions may demonstrate that a lack of consensus regarding its nature still persists: Australia used the word "principle", the U.S. called R2P "a concept", Kenya

[9] Over time, Brazil has excelled at forging concepts that helped the country to place itself among the nations of the world. For that reason, Brazil has more than once been acknowledged as a 'normative entrepreneur.' For more on normative entrepreneurship, please see Marjo Koivisto, **Normative State Power in International Relations** (Oxford: OUP, 2012). For more on Brazil and its foreign policy normative traditions, cf. Dawisson Belém Lopes, **Política externa e democracia no Brasil** (São Paulo: Unesp, 2013).

[10] Most (but not all) statements made at the informal meeting are available at: <http://www.responsibilitytoprotect.org/index.php/component/content/article/35-r2pcs-topics/4002--informal-discussion-on-brazils-concept-of-responsibility-while-protecting>. Accessed on 4 Feb. 2013.

spoke of an "emerging norm", Denmark preferred the term "doctrine" and some others chose not to use any word or expression to qualify it.

The discussions gave the impression that the relation between R2P and RwP still needs to be refined. Brazilian Minister Antonio Patriota proposed in his opening speech that the "concepts of 'responsibility to protect' and 'responsibility while protecting' should evolve together, based on an agreed set of fundamental principles, parameters and procedures". The Netherlands stated that "RwP is not a separate concept but a contribution to the ongoing discussion on the implementation of R2P." Ghana also took the view that RwP was not "a new concept but rather an initiative to clarify the concept of R2P. Costa Rica, however, treated RwP as a reflex of Brazil's concern regarding R2P when force is applied. Costa Rica further added that such 'concerns' are "more of an operative than of a conceptual character".

Some points of the Brazilian proposal faced strong opposition from some of the participants. Among others, Australia, Costa Rica, Germany, Ghana, the European Union and the U.S. opposed the notions that the "three pillars must follow a strict line of political subordination and chronological sequencing", that the third pillar "applies to exceptional circumstances and when measures provided for in the first and second pillars have manifestly failed" and that "the international community must be rigorous in its efforts to exhaust all peaceful means available".

The main grounds for objection were the need that the criteria or guidelines remain flexible "so as not to tie the hands of the Council in cases where action is needed" and the fact that even after force has been used, diplomacy may still be utilized. Additionally, in response to the proposition that the Security Council developed procedures "to monitor and assess the manner in which resolutions are interpreted and implemented to ensure responsibility while protecting", the Netherlands cautioned that "micro management from the Council might result in a decreased appetite to implement Security Council mandates."

It should be noted that some participants showed more enthusiasm about RwP, such as Malasya, Kenya, and South Africa. The latter went as far as to say that Responsibility while Protecting "not only promotes accountability when the international community has to resort to the use of force, but managed correctly, it will engender closer cooperation between the UN and the international community."

Besides the statements delivered during this informal meeting, formal declarations issued by bi-regional and multilateral fora which Brazil joins as a member also evince support for the concept of Responsibility while Protecting. During the III Summit of South American-Arab countries (October 2nd 2012), states "fully support[ed] the concept of Responsibility while Protecting (RwP) and stress[ed] the need for its discussion at the United Nations and in the League of Arab States and UNASUR member countries" (Lima Declaration 2012). Concurrently, at the Meeting of the Zone of Peace and Cooperation of the South Atlantic (ZPCAS), the 7th Ministerial Conference recognized "the helpful contribution by Brazil through the concept of Responsibility while Protecting as an important complement to the concept of Responsibility to Protect" (Montevideo Declaration 2013). Furthermore, the Ministerial Conference expressed the willingness of ZPCAS participants to engage in further dialog on this relevant issue.

Both the informal meeting and these formal declarations may have served as a first test to the Brazilian proposal, showing which points of the RwP doctrine are more likely to face opposition and issues that need a reassessment in the future. Ever since then, Brasília has adopted a much lower profile when addressing the issue of humanitarian intervention at the United Nations (STUENKEL; TOURINHO, 2014). For Brazilian foreign policy, RwP has probably lost its main strategic uses, especially after Minister Patriota's resignation in August 2013. It remains to be seen if, from a more philosophical or practical perspective, the concept can still play a role in current international affairs.

Conclusion

Brazilian foreign policy has continually relied upon the principles of non--intervention and state sovereignty. Brazil has continually highlighted that the use of force on the grounds of humanitarian intervention undermine the very rationale of the United Nations system, since the UN Charter has not foreseen these actions as an exception that allows the use of force.

After the development of the "Responsibility to Protect" doctrine after the report of the ICISS was published and, chiefly, through its adoption by the 2005 World Summit and Resolution 60/1 of the United Nations General Assembly, Brazil has endeavored to limit its scope. It has also stressed the prevalence of non-coercive and diplomatic measures (the second pillar of the "Responsibility to Protect" doctrine) and, thus, has drawn attention to the subsidiary and last-resource character of military intervention (the third pillar of the "Responsibility to Protect" doctrine).

Brazil has pointed out, moreover, that the use of force based on "Responsibility to Protect" must be discharged in accordance with international humanitarian law, human rights law, and the rules regarding the use of force (Jus ad Bellum), since these actions should not worsen the conflicts and do harm to the civilian population. Consequently, Brazilian reasoning has led to the development of the concept of "Responsibility while Protecting," which aims to show the importance of complying with a legal framework during these operations.

Brazil has set forth, likewise, the importance of reform in the structure of the Security Council so as to incorporate, as permanent members, developing states from Africa, Latin America, and Asia. Pursuant to the Brazilian position, the role of the Security Council in the "Responsibility to Protect" issue is essential, inasmuch as it must authorize all actions and ensure accountability of those to whom authority is granted to resort to force in cases that they breach international law.

However, due to this considerable resistance faced at the diplomatic level, Brasília has apparently withdrawn RwP, after having introduced it with great fanfare at the United Nations General Assembly in 2011, and attempted to make it a winning card for niche diplomacy. In the end, one can claim, it proved not to be Brazil's 'ticket to ride' yet.

References

ALSINA JR., João Paulo Soares. **Para que o Brasil precisa de Forças Armadas?** *Cena Internacional.* 5 (2), p. 59-90, 2003.

AMARAL JÚNIOR, Alberto do. **O Direito de Assistência Humanitária**. Rio de Janeiro: Renovar. 2013.

AMORIM, Celso. **Multilateralismo Acessório**. *Política Externa*. 11 (3), p. 55-61. 2002-2003.

________. 2004. **Lecture of Brazilian Minister of External Relations**. Seminar *The Actuality of San Tiago Dantas*. Rio de Janeiro, September 24th 2004.

________. 2005a. **Making Reality the Benefits of Democracy**. XXXV General Assembly of Organization of American States (OAS). Fort Lauderdale, June 6th 2005.

________. 2005b. Statement of Brazilian Minister of External Relations. *Opening of the 60th Session of United Nations General Assembly*, New York, September 17th 2005.

________. 2005c. **The External Politic of Lula Government: 2 years**. *Plenarium Journal*, November 25th 2005.

________. 2010a. Statement of Brazilian Minister of External Relations. *Cerimônia de Entrega da Grã-Cruz da Ordem Piana pelo Núncio Apostólico*. Brasília, March 4th 2010.

_________. 2010b. *Special Session of Human Rights Committee regarding Haiti.*

_________. 2011a. Discurso do Embaixador Celso Amorim, por ocasião da transmissão do cargo de Ministro de Estado das Relações Exteriores, em Brasília – 1 de janeiro de 2003. *in*: **Discursos, Palestras e Artigos do Chanceler Celso Amorim 2003-2010**. v. 1. Brasília: Ministério das Relações Exteriores.

_________. 2011b. *O Brasil e os Novos Conceitos Globais e Hemisféricos de Segurança*. *in*: **Discursos, Palestras e Artigos do Chanceler Celso Amorim 2003-2010**. v. 1. Brasília: Ministério das Relações Exteriores.

BELLAMY, Alex J. **Responsibility to protect**. Cambridge: Polity, 2009.

_________. **The Responsibility to Protect – Five Years On**. *Ethics & International Affairs*, 24 (2), p. 143-169, 2010.

_________; WILLIAMS, Paul D. **The new politics of protection? Côte d'Ivoire, Libya and the responsibility to protect**. *International Affairs*, 87(4), p. 825-850.

BÖHLKE, Marcelo. **A Proibição do Uso da Força no Direito Internacional Contemporâneo**. Rio de Janeiro: Renovar, 2011.

BOUSTHROS-GHALI, Bouthros. 1992. **An Agenda for Peace: preventive diplomacy, peacemaking and peacekeeping**. Report of the Secretary-General pursuant to the statement adopted by the Summit Meeting of the Security Council on 31 January 1992. United Nations, A/47/277 – S/2411, June 17th 1992.

BRAHIMI, Lakhdar. Report of the Panel on United Nations Peace Operations. Organzição das Nações Unidas, A/55/305 – S/200/809, August 21st 2000.

BRUN, Élodie. **La diplomacia brasileña hacia el Medio Oriente: una estrategia oscilante**. *Revista Iberoamericana de Filosofía, Política y Humanidades, Araucaria*, 14 (28), p. 73-90, 2012.

BUCHANAN, Allen. «Reforming the international law of humanitarian intervention». *in*: **Humanitarian Intervention: Ethical, Legal, and Political Dilemmas**, eds. J L Holzgrefe and Robert O Keohane. Cambridge: CUP, 2003.

BUENO, Clodoaldo. **O Barão do Rio Branco no Itamaraty (1902–1912)**. *Revista Brasileira de Política Internacional*, 55(2) p. 170-189, 2012.

BYERS, Michael; CHESTERMAN, Simon. «Changing rules about rules? Unilateral humanitarian intervention and the future of international law». *in*: HOLZGREFE, J L; KEOHANE, Robert O (eds.). **Humanitarian Intervention**: Ethical, Legal, and Political Dilemmas. Cambridge: CUP, 2003.

CANÇADO TRINDADE, Antônio Augusto. **O Direito Internacional em um mundo em transformação**. Rio de Janeiro: Renovar, 2002.

CERVO, Amado Luiz. **Inserção Internacional: Formação dos conceitos brasileiros**. São Paulo: Saraiva, 2008.

_________. org. **O desafio internacional**. Brasília: Editora Universidade de Brasília, 1994.

_________; BUENO, Clodoaldo. **História da Política Exterior do Brasil**. Brasília: Unb, 2012.

CONECTAS HUMAN RIGHTS. *Brazil abstains again in UN human rights vote against Iran.* Disponível em: <http://www.conectas.org/en/foreign-policy/brazil-abstains-again--in-un-human-rights-vote-against-iran>. Acesso em: 3. Feb. 2013.

COUNCIL ON HEMISPHERIC AFFAIRS. *Cuba, The U.N. Human Rights Commission and the OAS Race*. Disponível em: <http://www.coha.org/cuba-the-un-human-rights--commission-and-the-oas-race>. Acesso em 3. Feb. 2013.

DANISH INSTITUTE OF INTERNATIONAL AFFAIRS. **Humanitarian Intervention: Legal and Political Aspects.** Copenhagen: Danish Institute of International Affairs, 1999.

DINIZ, Eugenio Diniz. «O Brasil e as Operações de Paz». *in*: ALTEMANI, Henrique; LESSA, Antônio Carlos. (eds.) **Relações Internacionais do Brasil**: Temas e Agendas. v. 2. São Paulo: Saraiva, 2006.

DORATIOTO, Francisco. **A participação brasileira no golpe de Estado de 1894 no Paraguai**: A Missão Cavalcanti. Textos de História, 2 (4), p. 145-174, 1994.

________. **Maldita Guerra: Nova História da Guerra do Paraguai**. São Paulo: Companhia das Letras, 2002.

________. **O Império do Brasil e a Argentina** (1822-1889). *Textos de História*, 16 (2), p. 217-247, 2008.

________; VIDIGAL, Carlos Eduardo. «História das Relações Internacionais do Brasil». *in*: ALTEMANI, Henrique; LESSA, Antônio Carlos (coords.) **Temas Essenciais em R.I.**, v. 5. São Paulo: Saraiva, 2015.

EVANS, Gareth. **From Humanitarian Intervention to R2P**. Wis. Int'l L.J., 24 (3), p. 705--722, 2006-2007.

Fifth Summit of Heads of State and Government of India-Brazil-South Africa (IBSA) Dialogue Fórum. 2011. Tshwane Declaration. 18 October 2011. Disponível em: <http://sistemas.mre.gov.br/kitweb/datafiles/Berlim/pt-br/file/Tshwane%20Declaration.pdf>. Acesso em: 7. mar. 2016.

FONSECA JR., Gelson. **A Legitimidade e Outras Questões Internacionais**: Poder e Ética entre as Nações. São Paulo: Paz e Terra, 1999.

________. «Mundos Diversos, Argumentos Afins: Notas sobre Aspectos Doutrinários da Política Externa Independente e do Pragmatismo Responsável». *in*: ALBURQUE, José Augusto Guilhon; SEITENFUS; Ricardo; DE CASTRO, Sergio Henrique Nabuco (coords). **Sessenta Anos de Política Externa (1930-1990)**. v. 1. Rio de Janeiro: Lumen Juris, 2006.

FONTOURA, Roberto Campos Tarrisse da. **O Brasil e as Operações de Manutenção da Paz das Nações Unidas**. Brasília: Fundação Alexandre de Gusmão, 2005.

G1. *Brasil não toma posição sobre autonomia do Kosovo*. Disponível em: <http://g1.globo.com/Noticias/Mundo/0,,MUL303878-5602,00.html>. Acesso em: 3 Feb. 2013.

GOES, Synesio Sampaio. **Navegantes, Bandeirantes, Diplomatas**. Brasília: Funag, 1991.

HOLZGREFE, J. L. «The Humanitarian Intervention in Debate». *in*: HOLZGREFE, J L; KEOHANE, Robert O (eds.). **Humanitarian Intervention**: Ethical, Legal, and Political Dilemmas. Cambridge: CUP, 2003.

III Summit of South American-Arab Countries. 2012. Lima Declaration. October 2nd 2012. Disponível em: <http://www.rree.gob.pe/politicaexterior/Documents/Lima%20Declaration%202-10-2012%20PDF.pdf>. Acesso em: 7 mar. 2016

INTERNATIONAL COMMISSION on Intervention and State Sovereignty. 2001. **The Responsibility to Protect**. Disponível em: <http://www.iciss.ca/report-en.asp>. Acesso em: 3 Feb. 2013.

KENKEL, Kai Michael. **Brazil and R2P: Does Taking Responsibility Mean Using Force?** *Global Responsibility to Protect* 4, p. 5-32, 2012.

KOIVISTO, Marjo. **Normative State Power in International Relations**. Oxford: OUP, 2012.

KOLB, Albert S. **The Responsibility to Protect (R2P) and the Responsibility while Protecting (RwP): Friends or Foes?** *Global Governance Institute Analysis*, Paper 6, 2012.

LAFER, Celso. Statement by the Brazilian Minister of External Relations at the Superior School of War, in Rio de Janeiro, August 24th 1992. *Resenha de Política Exterior Brasileira*. Brasília, Ministry of External Relations, 71, p. 59-79, 1992.

LAMPREIA, Luiz Felipe. **Diplomacia brasileira: palavras, contextos e razões**. Rio de Janeiro: Lacerda Editores, 1999.

LOPES, Dawisson Belém. **A ONU entre o Passado e o Futuro**: A Política da Autoridade. Curitiba: Editora Appris, 2012.

__________. **Política externa e democracia no Brasil**. São Paulo: Unesp, 2013.

LULA DA SILVA, Luiz Inácio. 2008. Statement of Brazilian President at the *Extraordinary Meeting of Chiefs of State and of Government of the Union of South American Nations*. Brasília, May 23rd, 2008. Disponível em: <http://www.comunidadandina.org/prensa/discursos/lula23-5-08.htm>. Acesso em: 3 Feb. 2013.

MEAD, Walter Russell. July/August 2011. **Making Progress: A Conversation with Fernando Henrique Cardoso.** *The American Interest*. Disponível em: <http://www.the-american-interest.com/article.cfm?piece=998>. Acesso em: 3 Feb. 2013.

MESSARI, Nizar. «O Brasil e o Mundo Árabe». *in*: ALTEMANI, Henrique; LESSA, Antônio Carlos. (eds.). **Relações Internacionais do Brasil**: Temas e Agendas, v. 1. São Paulo: Saraiva, 2006.

MILITARY AND PARAMILITARY Act*ivities in and Against Nicaragua (Nicar. v. U.S.)*, 1986 I.C.J. 14, 202 (June 27).

MILITARY AND PARAMILITARY *Activities in and Against Nicaragua (Nicar. v. U.S.)*, 1984 I.C.J. 392, 426 (November 26)

NASSER, Filipe. 2012. «Pax Brasiliensis: Projeção de Poder e Solidariedade na Estratégia Diplomática de Participação Brasileira em Operações de Paz da Organização das Nações Unidas». *in*: KENKEL, Kai Michael; DE MORAES, Rodrigo Fracalossi (orgs). **O Brasil e as operações de paz em um mundo globalizado**: entre a tradição e a inovação. Brasília: Ipea, 2012.

PATTISON, James. **Humanitarian Intervention and Responsibility to Protect: Who Should Intervene?** Oxford: OUP, 2010.

PEREIRA, Manoel. **Barão do Rio Branco – 100 anos de memória**. Brasília: Funag, 2012.

RICUPERO, Rubens. «O Brasil, a América Latina e os EUA desde 1930: 60 anos de uma relação triangular». *in*: ALBUQUERQUE, José Augusto Guilhon; SEITENFUS, Ricardo; DE CASTRO, Sergio Henrique Nabuco (coords). **Sessenta Anos de Política Externa (1930-1990)**, v. 1. Rio de Janeiro: Lumen Juris, 2006.

ROCHA, Antônio Jorge Ramalho. «O Brasil e os Regimes Internacional». *in*: ALTEMANI, Henrique; LESSA, Antônio Carlos. (eds.). **Relações Internacionais do Brasil**: Temas e Agendas., v. 2. São Paulo: Saraiva, 2006.

ROUSSEFF, Dilma. Statement of Brazilian President. *Opening of the 66th Session of the United Nations General Assembly*, New York, September 21st 2011.

SALIBA, Aziz Tuffi. **Is the Security Council *legibus solutus*?** An analysis of the legal restraints of the UNSC. *Michigan State International Law Review*. 20(2), p. 401-419, 2012.

SARAIVA GUERREIRO, Ramiro Elísio. Press Release regarding *the US use of force in Grenada*. Resenha de Política Exterior do Brasil, 39, p. 119, 1983.

SIMMA, Bruno. **NATO, the UN and the Use of Force: Legal Aspects**. EUR. J. INT'L L., 10, p.1-22, 1999.

SIXTH BRICS SUMMIT. Fortaleza Declaration. July 16th 2014. Disponível em: <http://brics.itamaraty.gov.br/media2/press-releases/214-sixth-brics-summit-fortaleza--declaration>. Acesso em: 6 mar. 2016.

SOUTO MAIOR, Luiz Augusto P. «O *Pragmatismo Responsável*». *in*: ALBUQUERQUE, José Augusto Guilhon; SEITENFUS, Ricardo; DE CASTRO, Sergio Henrique Nabuco (coords). **Sessenta Anos de Política Externa (1930-1990)**. v. 1. Rio de Janeiro: Lumen Juris, 2006.

SOUZA NETO, Danilo Marcondes. **A política brasileira para as operações de paz e intervenções humanitárias**: normas, ética e regionalização no envolvimento brasileiro na MINUSTAH. Master Thesis, Catholic University of Rio de Janeiro, Institute of International Relations, 2010.

SOMBRA SARAIVA, José Flávio. **The new Africa and Brazil in the Lula era**: the rebirth of Brazilian Atlantic Policy. *Revista Brasileira de Política Internacional*, 53, p.169-182, 2010.

SPEKTOR, Matias. **Origens e direção do Pragmatismo Ecumênico e Responsável (1974-1979)**. *Revista Brasileira de Política Internacional*, 47(2), p 191-222, 2004.

________. 2012. **Humanitarian Interventionism Brazilian Style?** Americas Quartely. Disponível em: <http://www.americasquarterly.org/ humanitarian/interventionism--brazilian-style>. Acesso em: 7 mar. 2016.

STUENKEL, Oliver. **The BRICS and the Future of R2P: Was Syria or Lybia the exception?** *Global Responsibility to Protect*, 6, p. 3-28, 2014.

________; TOURINHO, Marcos. **Regulating Intervention: Brazil and the responsibility to protect**. *Conflict, Security & Development*, 14 (4) p. 379-402, 2014.

TOURINHO, Marcos; STUENKEL, Oliver; BROCKMEIER, Sarah. ***Responsibility while Protecting*: Reforming R2P Implementation**. *Global Society*, 30 (1), p. 134-150, 2016.

UNITED FOR IRAN. 2012. **Toward a Human Rights and Democracy Agenda for Iran**: An Assessment of the International Response to the Crackdown since 2009. Disponível em: <www.united4iran.org/.../U4I_report2012.19.pdf>. Acesso em: 3 feb. 2013.

UNITED NATIONS General Assembly. 2005. Resolution 60/1. 2005 *World Summit Outcome* adopted by the General Assembly, October 24th 2005. Disponível em: <http://www.un.org/ga/search/view_doc.asp?symbol=A/RES/60/1>. Acesso em: 3 Feb. 2013.

UNITED NATIONS General Assembly. 1991. Resolution 46/182. Declaration on *Strengthening of the Coordination of Humanitarian Emergency Assistance of the United Nations*. UNGAOR, 46th sess., UN Doc. A/RES/46/182 (1991).

UNITED NATIONS Security Council. 2004. Resolution 1576. 5090th *Security Council Meeting*, on 29 November 2004.

UNITED NATIONS Security Council. 2005. Resolution 1593. Disponível em: <http://www.un.org/News/Press/docs/2005/sc8351.doc.htm>. Acesso em: 3 Feb. 2013.

VALADÃO, Alfredo. «L'UE et le Brésil: um partenariat naturel». *in*: GREVI, Giovanni; VASCONCELOS, Álvaro de. **Partnerships for effective multilateralism**: EU relations with Brazil, China, India and Russia. Paris: Institute for Security Studies, 2008.

VIGEVANI, Tullo; FERNANDES OLIVEIRA, Marcelo de. **A política externa brasileira na era FHC**: um exercício de autonomia pela integração. *Revista de Sociologia da USP*. 15(2), p. 31-61, 2004, São Paulo: Departamento de Sociologia da Faculdade de Filosofia, Letras e Ciências Humanas da Universidade de São Paulo.

VII Ministerial Conference of the Zone of Peace and Cooperation of the South Atlantic. 2013. Montevideo Declaration. January 16th 2013. Disponível em: <http://www.mrree.gub.uy/frontend/page?1,inicio,ampliacionppal2,O,es,0,PAG;CONC;1961;39;D;declaracion-de-montevideo-vii-reunion-ministerial-de-la-zopacas>. Acesso em: 7 mar. 2016.

VIOTTI, Maria Luiza Ribeiro. 2011a. **Responsibility to Protect**. Comments of Brazilian Permanent Representative to the United Nations on the Secretary-General Report *The role of regional and sub-regional arrangements in implementing the responsibility to protect*, New York, July 12th 2011.

__________. 2011b. **Responsibility while Protecting: elements for the development and promotion of a concept**. Annex to the letter dated 9 November 2011 from the Permanent Representative of Brazil to the United Nations addressed to the Secretary-General. New York, November 11th 2011.

__________. 2012. Statement of Permanent Representative of Brazil to the United Nations. **R2P in 2022: the Next Decade**, January 18th 2012.

REFUGIADOS EM TEMPOS DE GUERRA

Refugiados e os princípios constitucionais da prevalência dos direitos humanos e da não intervenção

Maria Garcia[1]

1. Refugiados

A Lei n.º 9474, de 1997 estabelece, no Brasil, o Estatuto dos Refugiados determinando no art. 1.º:

> Será reconhecido como refugiado todo indivíduo que:
> I – devido a fundados temores de perseguição por motivos de raça, religião, nacionalidade, grupo social ou opiniões políticas encontre-se fora de seu país de nacionalidade e não possa ou não queira acolher-se à proteção de tal país;
> II – não tendo nacionalidade e estando fora do país onde antes teve sua residência habitual, não possa ou nao queira regressar a ele, em função das circunstâncias descritas no inciso anterior;

[1] Professora Associada Livre-Docente da PUC / SP. Professora de Direito (Constitucional, Educacional e Biodireito Constitucional). Procuradora do Estado de São Paulo (IPESP). Ex-Assistente Jurídico da Reitoria da USP. Coordenadora do Programa de Direito Constitucional da Pós-Graduação da PUC-SP. Membro da CoBi Comissão de Bioética do HCFMUSP. Membro do Instituto dos Advogados de São Paulo/IASP. Membro-fundador e atual Diretora Geral do Instituto Brasileiro de Direito Constitucional IBDC. Coordenadora da Revista de Direito Constitucional e Internacional. Membro da Academia Paulista de Letras Jurídicas (Cadeira Enrico T. Liebman). Associada Honorária do CONPEDI. Vice-Presidente do Instituto dos Advogados de São Paulo (IASP) Triênio 2016-2018. Membro do Conselho Superior de Direito da Federação do Comércio – FECOMERCIO.

III – devido a grave e generalizada violação de direitos humanos, é obrigado a deixar seu país de nacionalidade para buscar refúgio em outro país.

O Título VII da citada Lei n.º 9474 / 1997 prevê a repatriação, a integração local e o reassentamento no Brasil, art.º 46 "de forma planificada e com a participação coordenada dos órgãos estatais e, quando possível, de organizações não-governamentais, identificando áreas de cooperação e de determinação de responsabilidades".

Refugiado, registra a Enciclopédia Larousse[2] "diz-se ou aquele que se afastou do local de sua residência para fugir aos efeitos da guerra, das perseguições políticas:

> (...) Desde 1980, o número mundial de refugiados dobrou, chegando a cerca de 16 milhões no inicio da década de 90. Os principais grupos de refugiados são: na Ásia, os afegãos (cerca de 5 milhões), os vietnamitas, os cambojanos e os tâmeis (de Sri Lanka); na África, os etíopes, os somalis, os sudaneses, os moçambicanos e os liberianos; no Oriente Médio, os palestinos (quase 3 milhões), os iranianos, os libaneses e os iraquianos (especialmente do Curdistão); na America Latina, os quatemaltecos e os salvadorenhos; na Europa, os mulçumanos bósnios, os sérvios e diversos grupos da antiga Iugoslávia. Em 1995 e 1996, a situação dos refugiados de Ruanda, Burundí e Zaire foi foco de atenção da imprensa internacional.Segundo dados da Anistia Internacional, o número de refugiados em fins de 1995 já atingia a marca dos 20 milhões em todo o mundo. Somente a guerra civil que atingiu a ex – Iugoslávia deixou mais de 2 milhões de refugiados no final de 1995.

Em sua obra *O Direito Internacional entre ordem e caos*[3], Franck Attar (1994, p. 521-523) refere a "certos movimentos de populações às quais o direito internacional consagra um lugar à parte. Trata-se das migrações provocadas por situações exógenas (guerras, perseguições catástrofes naturais etc.), suscitando o êxodo de *refugiados*, isto é, de advindos de um Estado, constrangidos a fugir, a fim de pedir asilo num Estado de acolhimento".

[2] Nova Cultural, Rio de Janeiro, 1998, "De acordo com os principais textos em vigor é considerada refugiada qualquer pessoa que, devido a uma agressão, ocupação estrangeira ou acontecimento que perturbe a ordem pública do país onde reside, e por medo de ser perseguida por sua raça, religião nacionalidade, grupo social ou opiniões políticas, abandona seu local de residência por outro, fora do seu país de origem ou do pais a que pertença por nacionalidade".

[3] Paris: Hachette, 1994, p. 521-523. Tradução livre.

O Alto Comissariado de Refugiados (HCR), criado pela Convenção de 28/7/1948 sobre o estatuto de refugiados e apátridas, em janeiro de 1993 estimava em 18,9 milhões o número de refugiados no mundo.

> Põe-se então a questão crucial da reinstalação das "pessoas deslocadas". É aqui que intervêm os Estados.
>
> Longe de conformar-se à observação de Vittoria segundo a qual "todas as nações têm por inhumano, se nenhum motivo particular o justifique, acolher mal os estrangeiros e viajantes" ou como quer Kant, reivindicando um "direito de hospitalidade" universal – os sujeitos originários do direito internacional submetem a outorga de asilo territorial à sua inteira discrição".
>
> E acrescenta:
>
> "Se o artigo 14 da Declaração de 1948 estipulava que "diante da perseguição, toda pessoa tem o direito de procurar asilo e de beneficiar - se do asilo em outros países", o direito positivo não chegou a consagrar essa disposição declaratória que não adquiriu, até agora, caráter costumeiro (...) Com efeito, o Pacto de 1966 sobre os direitos civis e políticos ou a convenção europeia dos direitos do homem permaneceram curiosamente mudas sobre a questão[4].

Em seguimento à (des)ordem internacional de guerras, conflitos, epidemias, terrorismo, Attar refere a arguição esporádica de uma "obrigação moral", invocando-se, mesmo, a idéia da "solidariedade planetária"[5].

2. O *dever de ingerência*

Conforme refere em sequência Frack Attar[6] "O estudo das relações internacionais após 1945 colocou em evidência um novo fenômeno: o papel sempre

[4] "Uma convenção de 28/7/1951 contém, entretanto, o estatuto dos refugiados (completada por um protocolo de 31/1/1967). Os Estados que a ratificaram (em numero assaz limitado e muitas vezes com reservas) comprometeram-se a conceder aos refugiados (mas sem nenhum dever de admissão dos refugiados em seu território), tratamento baseado em princípios como a não-discriminação, o acesso ao ensino primário, assistência social, o tratamento nacional em matéria de liberdade religiosa, o acesso aos tribunais nacionais, o beneficio da legislação trabalhista em vigor, a liberação de documentos de identidade e de viagem..." (p. 523).

[5] E, com referência ao meio-ambiente, a idéia de "patrimônio comum da humanidade; o direito das gentes "desenhando os contornos (ainda evanescentes) de uma comunidade internacional que, ainda que em gestação, revela as potencialidades de uma eclosão a vir. Mas sejamos prudentes" afirma (p. 532),

[6] Op. cit., p. 527 e ss.

crescente das ONG – "ditas humanitárias" levando socorro mundial às vítimas das mais diversas adversidades tais como guerras, epidemias, sismos, etc."

Assim, em 8/12/1988 a Assembleia Geral da ONU votou a Resolução 43/131 que conclamava os Estados solicitando o auxilio de facilitar o acesso, em seu território, às ONG e OIG propondo-se a levar socorro às vítimas de "catástrofes naturais e situações de urgência do mesmo gênero".

> Um ano mais tarde, o IDI – Instituto de Direito Internacional adotou uma resolução ("A proteção dos direitos do homem e o princípio da não ----------intervenção nos assuntos internos dos Estados") cujo artigo 5.º estipulava que "o oferecimento, por um Estado, um grupo de Estados, uma organização internacional ou um organismo humanitário imparcial tal como o CICR – Comitê Internacional da Cruz Vermelha, de socorros alimentares ou sanitários a um Estado cuja população está gravemente ameaçada na sua vida ou saúde não seria considerada como uma intervenção ilícita nos assuntos internos desse Estado.

Registra Attar: "Foi a posição defendida pela CIJ – Corte Internacional de Justiça em 1986 (Nicaraguá). Em 14/9/1990, a resolução 45/100 da Assembléia Geral criou os "corredores de urgência humanitária" para encaminhar a ajuda necessária às populações sudanesas e croatas. Depois, a resolução 688 do Conselho de Segurança, obrigando o Iraque a "permitir acesso imediato às organizações humanitárias internacionais".

> Face a tal evolução", acrescenta, "alguns falaram do dever de ingerência. Não cabe ao jurista julgar esta "obrigação moral" que representa o socorro à, populações vitimas de catástrofes" (e acresce: "o que não impede ao cidadão aprovar esse "dever").
>
> Em compensação", continua Attar, "pergunta-se, se esse "dever" criou um direito (entendido como obrigação legal).
>
> Em outros termos": conclúi, "a necessidade de levar socorro implica a possibilidade de poder revogar o principio da competência territorial do Estado. Por ora, nenhuma disposição de direito positivo permite aderir a essa conclusão[7].

[7] Op. cit., p. 527-528. E anota: "M. J. Domestici-Met evoca um "início de consagração costumeira" do princípio, citando a Corte Internacional de Justiça (1986): "O fornecimento de ajuda estritamente humanitária às pessoas ou forças que se encontrem em outro país (...) não deveria ser considerado intervenção ilícita".

O que leva, no entanto, à ousada indagação: porque não o seria? Admita-se, mesmo, que a evolução tecnológica das comunicações tornou o mundo pequeno, aproximando os povos de tal maneira que uma das suas consequências positivas seria de transformar o significado de "humanidade", tornando-a cada vez mais concreta, de modo a reconhecermo-nos mutuamente como humanos e, portanto, "cidadãos do mundo".

3. Os princípios das relações internacionais da República

A Constituição de 1988 consagra, no art. 4º, refere Ferraz Filho[8] "critérios norteadores da atividade política do Brasil nas relações internacionais, seja atuando diretamente com outro Estado, seja atuando em orgãos internacionais seja firmando pactos ou tratados, entre os quais:

> "(...)
> II – prevalência dos direitos humanos;
> (...)
> IV – não intervenção;"
>
> A garantia dos direitos individuais e sociais bem como daqueles que atualmente vêm sendo chamados de direitos de terceira e quarta geração, constitúi condição *sine qua non* para o posiciomanento dos Estados na ordem internacional (...) Este inciso coloca para o Brasil a imprescindibilidade dos direitos fundamentais e sua promoção e defesa nas relações políticas estabelecidas com outros Estados.
>
> Além disso, o inciso acentua a palavra *prevalência*. Prevalência quer dizer sobreposição a outros pontos de vista da mesma problemática, isto é, quando existir conflito entre direitos humanos e quaisquer outros benefícios que possam existir, sob algum ponto de vista, para o Brasil, a nação dará *prevalência* aos direitos relativos à pessoa humana.

Ressalta Flávia Piovesan[9]:

[8] José Francisco Cunha Ferraz Filho. **Constituição Federal Interpretada**. São Paulo: Manole, 2013, p. 9-12

[9] PIOVESAN, Flávia. **Comentários à Constituição do Brasil**. In: CANOTILHO, J. J. Gomes; MENDES, Gilmar Ferreira, SARLET, Ingo W; STRECK, Lênio Luiz (coords.). São Paulo: Almedina/ Saraiva, 2013, p. 157-158

> Fortalece-se a idéia de que a proteção dos direitos humanos não se deve reduzir ao domínio reservado do Estado, porque revela tema de legitimo interesse internacional. (...) e a cristalização da idéia de que o individuo deve ter direitos protegidos na esfera internacional, na condição de sujeito de direitos. (...) Surge, pois, a necessidade de interpretar os antigos conceitos de soberania estatal e não intervenção, à luz dos princípios inovadores da ordem constitucional – dentre eles, destaque-se o princípio da prevalência dos direitos humanos.

O *princípio da não intervenção* vem determinado em "dispositivo inovador na história constitucional brasileira", afirma George B. Galindo[10] que, ademais, sublinha

> De todos os tipos de intervenção, a que mais tem causado acaloradas controvérsias tem sido a intervenção militar, especialmente quando é rotulada de "humanitária", ou seja, quando se guia por postulados de proteção aos direitos humanos. Qualquer discussão sobre a legalidade (ou mesmo legitimidade) da intervenção humanitária, adverte, "precisa partir do art. 2.º da Carta das Nações Unidas que proíbe, como principio geral, que os Estados se utilizem da força ou da ameaça do uso da força contra outros Estados. O princípio é complementado pelos artigos contidos no Capítulo VII da Carta que permitem que o Conselho de Segurança tome medidas relativas à ameaça ou ruptura da paz ou qualquer ato de agressão. Tais medidas podem significar até mesmo o uso da força pela própria ONU ou por algum Estado com sua autorização. Dentro desse quadro", esclarece, "estar-se-ia diante do único tipo de intervenção permitida pela Constituição brasileira[11].

[10] George Rodrigo Bandeira Galindo: idem, p. 160 – 164 "O século XIX", registra, "nas Américas, foi repleto de intervenções, doutrinas e políticas para justificá-las ou condená-las. A doutrina Monroe, a doutrina (ou tese) Drago, a política do *Big Stick* são apenas alguns exemplos de ações e reações em face das intervenções realizadas na América Latina durante o século XIX, mas que também se entenderam por boa parte do século XX. Em várias ocasiões, a diplomacia brasileira, em conjunto com a diplomacia de outros Estados latino-americanos, ressaltou a importância do principio da não intervenção no plano internacional. Por isso não é estranho que esteja ele presente na Constituição de 1988, embora nenhum texto brasileiro anterior o tenha consagrado". (p. 161)

[11] "Especialmente após o fim da guerra fria, o Conselho de Segurança já autorizou o uso da força com o envio de tropas para a manutenção da paz em virtude da alegação de maciças violações a direitos humanos. Nesse sentido, pode-se dizer que a Carta da ONU, conjuntamente com a prática reiterada do Conselho de Segurança, tem permitido a intervenção humanitária sob os auspícios da própria Organização". (p. 162)

Contudo, indaga: "Poderia haver a intervenção humanitária ainda sem a autorização do Conselho de Segurança, ou seja, à sua margem?" E explicita:

> Durante a década de 1990 diversos autores começaram a insistir mais fortemente na idéia de que Estados liberais teriam o direito de intervir em Estados que violam direitos humanos (Estados fora da lei). John Rawls é "um bom exemplo disso".[12]

Bandeira Galindo trata, a seguir, da doutrina da responsabilidade de proteger (*responsability to protect* ou R2P), objeto de estudo da Comissão Internacional sobre Intervenção e Soberania do Estado – comissão independente – com uma abordagem muito especial sobre a questão[13]:

> Para a Comissão, soberania significa essencialmente responsabilidade e, mais precisamente, responsabilidade para proteger o próprio povo. Externamente, a responsabilidade que advém da soberania é o respeito a outras soberanias; internamente, a responsabilidade do Estado existiria em razão da proteção da dignidade e dos direitos básicos dos indivíduos. Soberania não seria somente atributo, mas também ônus.
>
> Mas o relatório vai além ao estabelecer que sempre que se verificar que tal responsabilidade não está sendo cumprida pelo próprio Estado, seja por não querer ou por não poder, tal responsabilidade de proteger recai sobre a própria comunidade internacional. O Conselho de Segurança seria a melhor entidade para agir nessas situações". (...)

[12] "A adoção de tais posturas gerava um paradoxo com a realidade internacional da regulação da força pela Organização das Nações Unidas. Ora, se a ONU congrega a quase totalidade dos Estados e, dentro desse universo, existem Estados liberais e não liberais, Estados "dentro da lei" e Estados "fora da lei", as decisões do Conselho de Segurança em intervir ou não intervir em uma dada situação não necessariamente representariam a vontade dos Estados liberais ou "dentro da lei". Por isso, o direito de intervenção poderia existir até mesmo à margem da Carta das Nações Unidas (...). Em 1999 a OTAN bombardeou o território da ex-Iugoslávia em resposta à repressão e ao deslocamento forçado de indivíduos pertencentes à etnia albanesa no território do Kosovo. O bombardeio, no entanto, não foi precedido por nenhuma autorização expressa do Conselho de Segurança. Alguns membros da OTAN basearam a ação militar em uma autorização implícita prévia do Conselho de Segurança; outros, porém fundamentaram-na em um direito de intervenção humanitária. Tais variações de interpretação mostram, por si próprias, que a intervenção humanitária à margem da Carta da ONU estava envolvida por uma névoa intensa". (p. 162-163).

[13] *International Comission on Intervention and State Sovereignty*. **The responsability to protect**. Ottawa: IDCR, 2001. Disponível em <http://www.iciss.ca/pdf/Comission Report.pdf>. Acesso em: 16 set. 2008 (p. 163, nota 10).

Mais:

> A responsabilidade de proteger abrangeria três níveis: prevenção, reação e reconstrução. A prevenção deve ser esgotada para que se chegue aos dois níveis seguintes. Ademais, a prevenção e a reação devem ser minimamente intrusivas. Ainda que limitada, a reação – o equivalente, em termos gerais, à intervenção armada – é possível. No entanto, ela só poderia acontecer: (a) em caso de perda de vidas em larga escala; (b) em caso de limpeza étnica em larga escala[14].

Comenta o autor, afinal que o conhecimento do relatório originou muita discussão sobre o conceito, "a ponto de a Assembleia Geral da ONU, ao final da Cúpula Mundial de 2005, aprovar uma resolução consagrando a responsabilidade de cada Estado de proteger suas populações de genocídio, crimes de guerra, limpeza étnica e crimes contra a humanidade, além de reconhecer a responsabilidade das Nações Unidas em ajudar a proteger as populações nesses casos, inclusive com o uso da força"[15].

E conclui:

> Eis a grande potencialidade que o princípio constitucional da não intervenção abre para o Brasil: poder discutir no plano internacional, medidas para evitar qualquer tipo de intervenção, enfatizando o papel da prevenção a violações de direitos humanos.
>
> E se, mesmo com a prevenção, a comunidade internacional precisar agir militarmente em um Estado, que isso seja feito nos limites de segurança coletiva de que o Brasil faz parte há mais de cinquenta anos: o sistema da Carta das Nações Unidas[16].

[14] "O debate sobre intervenção humanitária girou, por muito tempo, em torno de um direito a intervir. O relatório deliberadamente fugiu do debate por identificar nele três problemas: (1) foca-se demais nas questões dos direitos e prerrogativas e se esquece das necessidades urgentes das pessoas beneficiadas; (2) o foco na intervenção esquece das medidas que devem ser tomadas anteriormente e posteriormente a uma ação armada; (3) a linguagem relativa ao direito de intervenção faz a intervenção triunfar sobre a soberania. A mudança da terminologia permitiria alcançar: (1) o foco na questão de quem precisa da assistência e não em quem considera a intervenção; (2) a definição de que a responsabilidade primária reside no próprio Estado; a responsabilidade da comunidade internacional só entra em jogo quando o Estado não pode ou não quer agir; (3) a idéia de que a responsabilidade de proteger não é apenas a responsabilidade de reagir, mas também responsabilidade de prevenir e reconstruir (p. 163)".

[15] **World Summit Outcome Document**, G. A. Res. 60/1, §§ 138 – 140, U. N. Doc. A/60/L. 1 (Sept. 20, 2005) (p. 163)

[16] Op. cit., p. 163 – 164

4. O art. 5.º–X da Constituição

Na ordem interna, o art. 5.º–X da Constituição de 1988 prescreve situação assemelhada:

> "XI – a casa é asilo inviolável do individuo, ninguém nela podendo penetrar sem consentimento do morador, *salvo em caso de flagrante delito ou desastre, ou para prestar socorro, ou, durante o dia por determinação judicial*". (grifamos)

Comenta Ferraz Filho[17]: "Para os gregos antigos, *oikos*, casa, era o espaço onde o individuo humano se realizava. (...) Esse espaço privado possui a proteção constitucional de inviolabilidade (...) salvo em casos especiais".

Relaciona-se o exemplo à questão vista sob o prisma internacional: o mesmo direito e as situações de exceção à sua inviolabilidade, caso em que poderá justificar-se a intervenção de outros indivíduos e/ou a autoridade passível de atender à situação prevista, de excepcionalidade àquele direito fundamental.

Juntam-se aqui, paralelas as situações interna e internacional exigindo soluções que se assemelham.

Luís Fontoura[18] tem palavras fortes precisamente para as ocorrências de Kosovo:

> Nada se poderá dizer de suficientemente pesado para condenar a política criminosa de Slobodam Milosevici; nenhuma sanção poderá corresponder à justa retribuição merecida pelo crime hediondo que sob sua instigação ou comando direto se vem perpetrando, no Kosovo, contra populações de etnia albanesa.

Pondera o autor, fundadamente, que "não está indiscutivelmente aceite a possibilidade de os países verem invadidas as suas fronteiras por poderes que pretendam solucionar questões suas, internas, qualquer que seja a sua natureza".

> Assim, "é viva a consciência de que cada país é uma parcela inviolável do Mundo, com alma sentimentos e destino próprios, enraizados num passado sempre atual.

[17] Op. cit., p. 19

[18] «A palmatória do mundo», *in* **Breviário dos dias comuns**, Universitária Editora, Lisboa, 2003, p. 118-120

> Estão ainda firmes os princípios que têm localizado, ao longo dos séculos, a conduta internacional dos Estados, não obstante sua episódica violação[19].

Conclui, no entanto:

> Tudo isso não faz esquecer o que, em concreto, se passa no Kosovo onde se estava a concretizar um verdadeiro holocausto.
>
> (...) Os que lá estavam e não eram sérvios, os que foram chacinados, os que foram forçados à debandada, não invocaram direitos que devessem prevalecer – mas tinham direitos à vida e à vida com dignidade.
>
> O que impunha à comunidade internacional o dever de todos os esforços para soluções rápidas e eficazes que não ferissem, no entanto, sentimentos ligados, profundamente, à identidade dos povos e interesses igualmente respeitáveis.

5. *O menino morto...*

No estudo *O menino morto, cidadão do mundo...*[20] aludindo à ONU e à defesa da Paz e ao constitucionalismo internacional (Ferrajoli), deixamos claro, na questão, tão atual, dos refugiados no mundo que *a solução está na origem*:

> Temos, assim, a convicção de um necessário ponto de junção ou de encontro, entre o direito constitucional interno e o direito constitucional internacional, o que se poderia denominar Direito da Coexistência e da Paz pois não há como ignorar essa necessidade para a convivência mundial.

[19] "Nem mesmo a legitimação das Nações Unidas, organização universal, tem tornado as intervenções, a esse titulo, coisa aceite sem mais. Além de constituírem agressão a convicções profundas e a regras de comportamento vividas pelos séculos, a sua utilização não se tem verificado, por outro lado, em todas as situações que a aceitação do novo principio poderia justificar. E são muitas e por todo o lado. Isto é, a ONU não tem tido um comportamento uniforme na matéria. Se chamou a si a responsabilidade de algumas derrogações da soberania de Estados em seu entender prevaricadores tem, também, ignorado realidades semelhantes noutros casos, criando iniludível idéia de arbítrio, que não pode favorecer, por isso a consolidação do princípio em gestação. Estão as gentes, por isso, ainda muito longe de aceitar que um poder supra nacional possa sobrepor-se às suas escolhas soberanas, certas ou erradas" (p. 118-119)

[20] *In Revista de Direito Constitucional e Internacional*, n. 93/2015, Revista dos Tribunais, São Paulo, p. 263 e ss. (p. 270)

Conforme ressaltamos "Ocorre, portanto, ponderar que hoje, ante a imagem indelével do menino morto, recostado na areia da praia (de um modo tão natural, como adormecido), urge considerar as providências, as medidas efetivas e imperiosas, por um organismo internacional, mediante normas aplicáveis de intervenção juridicamente fundada, conforme Habermas, para "a construção de um Estado, isto é, para reconstruir, nas regiões pacificadas, as infraestruturas destruídas ou arruinadas"[21].

Sob a invocação do que sublinha Habermas[22]: "Somente a garantia (dos) direitos humanos dá origem ao estado de cidadãos que, na qualidade de sujeitos de iguais direitos, têm a faculdade de exigir que se os respeite, na sua dignidade humana".

Assim, "Cada vez que um solicitante de asilo é expulso a porta fechada num aeroporto; cada vez que refugiados, na sua fuga da pobreza, naufragam na travessia entre a Libía e a ilha de Lampeduza, ou cada vez que se dispara uma bala nos arames da fronteira com o México, os cidadãos do Ocidente nos enfrentamos com uma nova questão inquietante".

> A primeira declaração de direitos humanos estabeleceu um modelo que pode inspirar aos refugiados, aos que se vêem forçados a viver na miséria, aos excluídos e humilhados, e que pode transmitir-lhes a consciência de que seu sofrimento não tem a característica de um destino natural.

Daí que se torna imperiosa uma mudança de mentalidades para a "divisão Ocidente/Oriente", na qual a prevalência dos direitos humanos (Constituição brasileira de 1988, art. 4.º, II) se imponha à atuação dos Estados, sem hipocrisias, tergiversações, "razões de Estado", e outras quaisquer motivações.

Com efeito, é ainda Habermas[23], que resume e sublinha:

> Na transiçao de uma ordem marcada pelo Estado nacional para uma cosmopolita não se sabe exatamente o que é mais perigoso: o mundo (que naufraga) dos sujeitos soberanos do direito internacional que perderam há tempos a sua inocência ou a situação misturada/confusa de instituições e de

[21] "Que humanidade somos?" indaga Lya Luft (Revista *Veja*, 16-9-15) "Em que estamos nos transformando? Nas multidões de migrantes atuais, crianças e bebês de colo, agarrados à mãe, ou nos braços do pai, tentam fugir da morte."

[22] HABERMAS, Jürgen. **La Constitución de Europa.** Madrid: Trotta, 2012 (op. cit., p. 273)

[23] HABERMAS, Jürgen. **A constelação pós-nacional. Ensaios políticos**. São Paulo: Littera Mundi, 2001, p. 149-151.

conferências supranacionais que podem atribuir legitimações questionáveis, mas que ainda continuam dependentes da boa vontade dos Estados poderosos e das alianças.

Nessa situação lábil é verdade que os direitos humanos oferecem o único fundamento de legitimação dentre todos os reconhecidos para a política da comunidade dos povos; quase todos os Estados adotaram o teor da carta dos direitos humanos da ONU (entrementes aperfeiçoada).

No entanto, a validade universal, o conteúdo e a precedência dos direitos humanos permanecem controversos.

O discurso acerca dos direitos humanos, baseado em argumentos normativos, é inclusive acompanhado da dúvida fundamental se acaso a forma de legitimação política nascida no Ocidente seria de um modo geral aceita sob as premissas de outras culturas. De modo radical, intelectuais ocidentais defendem mesmo a afirmação segundo a qual por detrás da reivindicação de validade (*Gültigkeit*) universal dos direitos humanos esconde-se apenas uma pérfida reivindicação de poder (*Macht*) do Ocidente[24].

Habermas propõe "uma interpretação dos direitos humanos que seja justa com o mundo moderno também do ponto de vista de outras culturas":

a) Esse modelo inicia-se com as relações horizontais dos cidadãos uns com os outros e introduz as relações dos cidadãos com o aparato estatal, necessário em termos funcionais, apenas em um segundo passo, portanto já com base no direito fundamental existente. (...)

b) A questão inicial pressupõe como sendo conforme a fins e não problemático o meio, como que imposto, do direito positivado e que coage. A criação de

[24] "Isso não é casual. Obter distância das suas próprias tradições e expandir perspectivas estreitas constituem, justamente, características do racionalismo ocidental. A história européia da interpretação e efetivação dos direitos humanos é a história de uma tal *descentralização* do nosso modo de ver. Os direitos (supostamente) iguais foram apenas gradativamente estendidos aos grupos reprimidos, marginalizados e excluídos (...) Eles não teriam servido sempre" (os direitos humanos) "como o escudo de uma falsa universalidade – de uma humanidade imaginária, por detrás da qual um Ocidente imperialista podia esconder a sua particularidade e o seu interesse próprio? (...) Decerto também no discurso intercultural encontramos argumentos que o porta-voz dos outros retirou de uma critica européia do poder e da razão para mostrar que a validade dos direitos humanos permanece, apesar de tudo, presa ao contexto de nascimento europeu. Mas aqueles críticos do Ocidente que extraem de suas próprias tradições a sua autoconsciência não rejeitam de modo algum os direitos humanos como um todo. Pois hoje outras culturas e regiões do planeta estão expostas aos desafios da modernidade social de modo semelhante, como ocorreu, por sua vez com a Europa quando ela, por assim dizer, "descobriu" os direitos humanos e o Estado constitucional democrático". (p. 151, 153)

uma associação de pessoas jurídicas individuais, que valem como portadoras de direitos subjetivos, não é tratada (como é usual no direito racional) como uma decisão carente de fundamento normativo. Uma fundamentação funcional é suficiente, porque nas sociedades complexas, quer na Asia ou na Europa, evidentemente, não existe nenhum equivalente funcional para o trabalho de integração do direito positivo. Esses tipos de normas criados artificialmente, ao mesmo tempo coagentes e protetores da liberdade, também se afirmaram na construção de uma forma abstrata de solidariedade civil entre estranhos que querem permanecer estranhos um ao outro.

c) Por último, o modelo da práxis que gera a Constituição é compreendido de tal modo que os direitos humanos não são encontrados como dados morais. Antes eles são constructos nos quais como que está escrito na testa que não podem ter um status político facultativo como o direito moral. Como direito subjetivo já são desde o berço de natureza jurídica e já segundo o seu conceito apontam para uma positivação com base em entidades legislativas.

Explica Habermas que os direitos humanos "possuem uma cabeça de Janus, voltada ao mesmo tempo para a moral e para o direito. Independentemente do seu conteúdo moral, eles possuem a forma de direitos jurídicos". Assim,

> Relacionam-se como normas morais com tudo que "porta o rosto humano", mas como normas jurídicas protegem as pessoas individualmente apenas à medida que elas pertencem a uma comunidade jurídica – via de regra, são cidadãos de um Estado nacional".
>
> E pergunta: Portanto, existe uma tensão peculiar entre o sentido universal dos direitos humanos e as condições locais da sua efetivação: eles devem valer de modo ilimitado para todas as pessoas – mas como pode-se atingir isso?

Trata-se de questão que nos leva, certamente, ao início destas reflexões – permanecendo em suspenso, diante de tantas especificas circunstâncias: a garantia dos direitos humanos no século XXI demanda, no entanto, com referência a "tudo que porta o rosto humano" – firme-se, por um organismo internacional, a intervenção pacífica de proteção aos indivíduos, reconstrução das instituições e devolução, da devida autonomia ao Estado/Sociedade, sob o princípio-fundamento dos direitos humanos.

Referências

ATTAR, Franck. **O Direito Internacional entre ordem e caos**. Paris, Hachette, 1994.

ENCICLOPÉDIA LAROUSSE. Rio de Janeiro: Nova Cultural, 1998.

FERRAZ FILHO, José Francisco Cunha. **Constituição Federal Interpretada**. São Paulo: Manole, 2013, p. 9-12.

International Comission on Intervention and State Sovereignty. **The responsability to protect**. Ottawa: IDCR, 2001, p. 163, nota 10. Disponível em: <http://www.iciss.ca/pdf/Comission Report.pdf>. Acesso em: 16 set. 2008.

FONTOURA, Luís. «A palmatória do mundo.» *in*: **Breviário dos dias comuns**. Lisboa: Universitária Editora, 2003, p. 118-120

HABERMAS, Jürgen. **A constelação pós-nacional**. Ensaios políticos. São Paulo: Littera Mundi, 2001, p. 149-151.

__________. **La Constitución de Europa**. Madrid: Trotta, 2012.

LUFT, Lia. **Que humanidade somos?**. *Revista Veja*. 16 set. 2015.

PIOVESAN, Flávia. «Comentários à Constituição do Brasil.» *in*: CANOTILHO, J. J. Gomes; MENDES, Gilmar Ferreira, SARLET, Ingo W; STRECK, Lênio Luiz (coords.). São Paulo: Almedina/Saraiva, 2013, p. 157-158.

World Summit Outcome Document, G. A. Res. 60/1, §§ 138 – 140, U. N. Doc. A/60/L. 1 (Sept. 20, 2005)" (p. 163)

Os refugiados em tempo de novos conflitos armados

Isabel Cabrita[1]

Estamos a enfrentar a maior crise de refugiados e de deslocação do nosso tempo.
Ban-Ki-moon, Secretário-geral da ONU

1. Contextualização do tema

Desde a sua criação após a Segunda Guerra Mundial, a Organização das Nações Unidas, através do Alto Comissariado das Nações Unidas para os Refugiados (ACNUR)[2], tem dedicado os seus esforços à proteção internacional dos refugiados e à procura de soluções duradouras que lhes permitam reconstruir as suas vidas com dignidade e segurança. Aquando da criação do ACNUR em

[1] Licenciada em Direito pela Faculdade de Direito da Universidade de Lisboa. Mestre em Relações Internacionais e Doutora em Ciências Sociais, na especialidade de Relações Internacionais pelo Instituto Superior de Ciências Sociais e Políticas da Universidade de Lisboa. Professora no Instituto Superior de Ciências Sociais e Políticas da Universidade de Lisboa e Investigadora do Centro de Administração e Políticas Públicas e do Instituto do Oriente. Membro da Direção da Sociedade Portuguesa de Direito Internacional. E-mail: <icabrita@iscsp.ulisboa.pt>

[2] A Assembleia Geral das Nações Unidas (AGNU) decidiu criar o ACNUR através da sua Resolução 319 A (IV), de 3 de dezembro de 1949. O ACNUR foi instituído no dia 1 de janeiro de 1951 como órgão subsidiário da AGNU. Desde então, o ACNUR conduz a sua ação de acordo com o seu Estatuto, adotado pela Resolução 428 (V) da AGNU, no dia 14 de dezembro de 1950, e tendo sempre como referência as circunstâncias específicas dos refugiados, que são pessoas que precisam de proteção internacional. Com a autorização do seu Comité Executivo e da AGNU, o ACNUR também tem atuado em benefício de outros grupos de pessoas entre os quais se destacam os *apátridas* e os *deslocados internos*.

1951, havia um milhão de refugiados sob a sua responsabilidade e a maioria eram Europeus.

Nas duas últimas décadas, o número de pessoas em deslocação forçada por motivo de perseguição e conflitos armados aumentou substancialmente na maior parte das regiões do mundo passando de 37.3 milhões de pessoas em 1996 para 65.3 milhões em 2015, o que representa um aumento de 75%. Entre 1999 e 2011, o número de pessoas nesta situação permaneceu relativamente estável, flutuando à volta de seis pessoas em 1000, ou uma pessoa em cada 167. Mas nos últimos cinco anos, e coincidindo com o início da "Primavera Árabe" e do conflito armado na República Árabe Síria, esta proporção aumentou drasticamente, chegando a cerca de nove pessoas por 1000 habitantes no fim de 2015, ou uma pessoa em cada 113. Isto significa que uma em cada 113 pessoas no mundo é refugiada, requerente de asilo ou deslocada interna.

O número de pessoas em deslocação forçada no mundo no fim de 2015 é o mais elevado desde a Segunda Guerra Mundial. Em cada minuto do dia, em média, vinte e quatro pessoas foram forçadas a deslocar-se das suas casas, o que dá uma média de 34 000 pessoas por dia. Por sua vez, no total registou-se um aumento de 12.4 milhões de pessoas em deslocação forçada em relação a 2014, o que representa um aumento de cerca de 10% em relação ao total de 59,5 milhões de pessoas registadas em 2014.

Numa perspetiva comparativa, o número total de pessoas em deslocação forçada em 2015 é maior do que a população do Reino-Unido. E se as pessoas nesta situação formassem um país, este seria o 21º país do mundo.

Para além da deslocação forçada ter sido a mais elevada de sempre, o número de pessoas que voltaram a instalar-se no país que deixaram ou que encontraram outra solução estável (naturalização no primeiro país de asilo ou reinstalação num segundo país de asilo) foi, pelo contrário, muito baixo[3].

Com efeito, apenas cerca de 201.4 mil refugiados puderam voltar para os seus países de origem (a maioria para o Afeganistão, o Sudão e a Somália). Ora, este número, quando comparado com os números de meados da década de 90 do século XX, é significativamente mais baixo.

[3] O estatuto de refugiado é uma *condição temporária*. Daí que o ACNUR procure soluções de longo prazo para os refugiados. A experiência do ACNUR tem demonstrado que depois de um conflito armado, a maioria dos refugiados prefere voltar ao seu país de origem assim que existem condições de segurança. Além disso, o próprio ACNUR encoraja o *regresso voluntário*, ajudando os refugiados, por exemplo, ao nível do transporte e, por vezes, ajudando na reconstrução de casas, escolas e estradas. Neste sentido, cfr. ACNUR. **Refugee Protection**: A Guide to International Refugee Law. Geneva: Inter-Parliamentary Union and UNHCR, 2001, p. 21 e ss.

Quanto à naturalização, apenas 32.000 refugiados foram naturalizados em 2015, a maioria no Canadá e em França, e em relação à reinstalação noutro país só cerca de 107 mil refugiados é que foram admitidos em programas de reinstalação em trinta países, o que representa apenas 0,66% dos refugiados sob o mandato do ACNUR[4].

Como se toda esta situação não fosse, já por si, suficientemente dramática, em junho de 2016, o Alto-Comissário da ONU para os Refugiados, Filippo Grandi, veio chamar a atenção para o facto de a procura de proteção também se estar a tornar cada vez mais perigosa. E, neste contexto, referiu o número assustador de refugiados e migrantes que têm morrido anualmente no mar e o encerramento das fronteiras em terra que tem impedido as pessoas de fugirem da guerra[5].

Perante tal cenário, e com o fim de contribuir para o diálogo entre o Direito Internacional e as Relações Internacionais no âmbito da urgente necessidade de transformação da atual *cultura da guerra e da violência* numa futura *cultura da paz e da não-violência*, colocam-se as seguintes questões: Quais são os conflitos armados que estão na origem da maior crise de refugiados e de deslocação do nosso tempo? Porque é que os novos conflitos armados provocaram um aumento vertiginoso do número de pessoas em deslocação forçada? Os refugiados são as principais vítimas dos novos conflitos armados?

Para responder às questões colocadas estabelecemos os seguintes tópicos para a nossa reflexão: 1) definir o conceito de refugiado e identificar as fontes do Direito Internacional mais relevantes para a proteção dos refugiados em situação de conflito armado; 2) distinguir o conceito de refugiado de conceitos afins (*v.g.*, requerente de asilo, deslocado interno e migrante); 3) conhecer os números da crise (refugiados, requerentes de asilo e deslocados internos existentes no mundo, novas deslocações forçadas (2015-2016), identificação dos conflitos que mais contribuíram para a crise, países e regiões do mundo com maior número de pedidos de asilo e países e regiões que têm acolhido mais refugiados; 4) conhecer as características dos novos conflitos armados e os desafios que impõem à proteção internacional dos refugiados.

[4] Sobre os números da crise da deslocação forçada, cfr. ACNUR. **Global Trends Forced Displacement in 2015**. Disponível em: <http://www.unhcr.org/global-trends-2015.html>. Acesso em: 15 jul. 2015

[5] Cfr. ACNUR. Idem.

2. Conceito de refugiado e fontes reguladoras

2.1. Noção

Quanto à definição do conceito de *refugiado*, há que distinguir antes de mais entre o Direito Internacional universal e o Direito Internacional regional.

No plano do Direito Internacional universal, a definição do conceito de *refugiado* encontra-se no artigo 1.º-A da Convenção de Genebra relativa ao Estatuto dos Refugiados de 28 de julho de 1951 (*Convenção de Genebra*), alterada pelo Protocolo de Nova Iorque de 31 de janeiro de 1967 (*Protocolo*), que são as principais fontes reguladoras do Direito Internacional dos Refugiados[6].

O *refugiado* é definido como "uma pessoa que receando com razão ser perseguida em virtude da sua raça, religião, nacionalidade, filiação em certo grupo social ou das suas opiniões políticas, se encontre fora do país de que tem a nacionalidade e não possa ou, em virtude daquele receio, não queira pedir a proteção daquele país; ou que, se não tiver a nacionalidade e estiver fora do país no qual tinha a sua residência habitual após aqueles acontecimentos, não possa ou, em virtude do dito receio, a ele não queira voltar".[7]

A definição de refugiado aplica-se, portanto, tanto a *estrangeiros* (os nacionais de um outro Estado), como a *apátridas* (pessoas que não sejam consideradas por qualquer Estado como seus nacionais)[8].

[6] Após a Segunda Guerra Mundial, a "Convenção de Genebra" protegia sobretudo refugiados europeus, pois limitava a definição de refugiado às pessoas que se enquadrassem na definição nela contida, mas apenas em consequência dos acontecimentos ocorridos antes do dia 1 de janeiro de 1951. Porém, com o passar do tempo e o aparecimento de novas situações de refúgio acabou por ser criado o Protocolo de 1967, que ampliou as disposições da Convenção de 1951 às pessoas que se enquadram na definição da Convenção, sem considerar a data limite de 1 de janeiro de 1951.

[7] O artigo 1.º-F da Convenção de Genebra de 1951 enumera as pessoas, que se considera *não merecerem proteção internacional* ("que cometeram um crime contra a paz, um crime de guerra ou um crime contra a Humanidade, segundo o significado dos instrumentos internacionais elaborados para prever disposições relativas a esses crimes; que cometeram um grave crime de direito comum fora do país que deu guarida, antes de neste serem aceites como refugiados; que praticaram atos contrários aos objetivos e princípios das Nações Unidas"). Normalmente é durante o processo de determinação da condição de refugiado que surgem os factos determinantes para a incidência das cláusulas de exclusão. Porém, se os factos que justificam a exclusão só se tornarem conhecidos depois de a pessoa ter sido reconhecida como refugiada, isso levará à anulação da decisão previamente tomada. Neste sentido, cfr. ACNUR. **Manual de Procedimentos e Critérios Para a Determinação da Condição de Refugiado de Acordo Com a Convenção de 1951 e o Protocolo de 1967 Relativos ao Estatuto dos Refugiados**, 2011, p. 30.

[8] Sobre a noção de *apátrida*, cfr. artigo 1.º da Convenção sobre o Estatuto dos Apátridas de 28 de setembro de 1954.

Observa-se que a definição de refugiado coloca a tónica no *receio fundado de perseguição*. Esta expressão contém um elemento subjetivo (o "receio") e outro objetivo (o requisito "fundado") e ambos os elementos devem ser tidos em consideração. O receio é um *estado de espírito* da pessoa que pede o asilo, mas não basta averiguar o estado de espírito do requerente para que seja reconhecida a condição de refugiado, também é necessário avaliar as declarações feitas pelo requerente. Em regra, o receio do requerente de asilo pode ser considerado como fundado se ele conseguir demonstrar, de modo razoável, que a sua permanência no país de origem se tornou intolerável pelos motivos previstos na definição de refugiado, ou que por esses mesmos motivos, seria intolerável regressar ao seu país[9].

Quanto à noção de *perseguição*, não existe uma definição universalmente aceite. Porém, tem-se entendido que se pode retirar do artigo 33.º da Convenção de Genebra que *a ameaça à vida ou à liberdade em virtude da raça, religião, nacionalidade, filiação em certo grupo social ou opiniões políticas* é sempre caracterizada como perseguição. Além disso, o ACNUR tem defendido que outras violações graves dos direitos humanos também podem ser caracterizadas como perseguição[10].

Ainda em relação à *perseguição*, note-se que normalmente está relacionada com a ação das autoridades públicas do país. Contudo, também pode resultar de atos praticados por segmentos da própria sociedade, se forem conhecidos e tolerados pelas autoridades, ou quando estas se recusam ou não conseguem oferecer uma proteção eficaz[11].

O conceito de refugiado é indissociável do direito de asilo territorial reconhecido pelo artigo 14.º da Declaração Universal dos Direitos Humanos de 1948, que estabelece que perante a perseguição, qualquer pessoa tem, salvas as exceções previstas no seu nº2, o direito de procurar e de beneficiar de asilo em outros países; assim como, pela Declaração sobre o Asilo Territorial, adotada pela Assembleia Geral das Nações Unidas, no dia 14 de dezembro de 1967.

No plano do Direito Internacional regional, a única região do mundo que ampliou a definição de refugiado através de uma convenção internacional para incluir outras situações além das previstas na Convenção de Genebra de 1951 e seu Protocolo de 1967 foi *África*.

[9] Neste sentido e para um maior desenvolvimento, cfr. ACNUR. **Manual de Procedimentos e Critérios Para a Determinação da Condição de Refugiado de Acordo Com a Convenção de 1951 e o Protocolo de 1967 Relativos ao Estatuto dos Refugiados**, 2011, p. 12-13.

[10] Cfr. Idem, p. 14.

[11] Cfr. Idem, p. 17.

Com efeito, no dia 10 de setembro de 1979, foi adotada a Convenção da Organização da Unidade Africana que Rege os Aspetos Específicos dos Problemas dos Refugiados em África. Esta Convenção estabelece uma definição de refugiado composta por duas partes (v. artigo I). A primeira parte é igual à definição da Convenção de Genebra e seu Protocolo (v. artigo I, 1). A segunda parte, porém, vem ampliar esta definição estabelecendo que o termo *refugiado* também se aplica "a qualquer pessoa, que devido a uma agressão, ocupação externa, dominação estrangeira ou a acontecimentos que perturbem gravemente a ordem pública, numa parte ou na totalidade do seu país de origem, ou do país de quem nacionalidade, seja obrigada a deixar o lugar da residência habitual para procurar refúgio noutro lugar fora do seu país de origem ou de nacionalidade" (v. artigo I, 2).

No entanto, a *América Latina* também recomendou a extensão do conceito de refugiado estabelecido na Convenção de 1951 e seu Protocolo de 1967 na Declaração de Cartagena de 1984[12] como resposta a vários conflitos que surgiram na região, nomeadamente na Nicarágua, El Salvador e Guatemala, que provocaram um enorme fluxo de refugiados. Segundo o disposto nesta Declaração também se deve considerar como refugiados "as pessoas que tenham fugido dos seus países porque a sua vida, segurança ou liberdade tenham sido ameaçadas pela violência generalizada, a agressão externa, os conflitos internos, a violação massiva dos direitos humanos ou outras circunstâncias que tenham perturbado gravemente a ordem pública" (III, terceira).

Apesar da Declaração de Cartagena não ser obrigatória para os Estados, na prática a maioria dos Estados da América Latina aplicam a definição ampliada de refugiado; tendo alguns Estados incorporado esta definição na sua própria legislação nacional[13].

Por sua vez, no quadro do direito da *União Europeia* (DUE), convém realçar que desde a reunião extraordinária do Conselho Europeu de Tampere, nos dias 15 e 16 de outubro de 1999, a União Europeia se tem empenhado em estabelecer um Sistema Europeu Comum de Asilo (SECA), baseado na aplicação integral e global da Convenção de Genebra de 1951 e seu Protocolo de 1967.

Na perspetiva do direito derivado da União Europeia, o "estatuto de refugiado" é uma das duas vertentes – a par do estatuto de "proteção subsidiária"

[12] A *Declaração de Cartagena* foi adotada pelo Colóquio sobre Proteção Internacional dos Refugiados na América Central, México e Panamá: Problemas Jurídicos e Humanitários, realizado em Cartagena, Colômbia, entre 19 e 22 de novembro de 1984.

[13] Neste sentido, cfr. ACNUR. **Refugee Protection:** A Guide to International Refugee Law. Geneva: Inter-Parliamentary Union and UNHCR, 2001, p. 15.

– do estatuto mais amplo de (beneficiário) de "proteção internacional" (v. art. 2.º, a) da Diretiva 2011/95/UE do Parlamento Europeu e do Conselho, de 13 de dezembro de 2011).

Os Estados-membros da União Europeia deverão reconhecer o "estatuto de refugiado" às pessoas que tenham um "receio fundado de perseguição" na aceção do artigo 1.º A da Convenção de Genebra de 1951. Nos termos do artigo 9.º da Diretiva 2011/95/EU, esse ato de perseguição deve: "a) Ser suficientemente grave, devido à sua natureza ou persistência para constituir uma violação grave dos direitos humanos fundamentais, em especial os direitos que não podem ser derrogados, nos termos do artigo 15.º, nº 2 da Convenção Europeia dos Direitos Humanos[14]; b) Constituir um cúmulo de várias medidas, incluindo violações dos direitos humanos suficientemente graves para afetar o indivíduo de forma semelhante à referida na alínea a)."

A Diretiva 2011/95/UE também especifica que a perseguição pode assumir diversas formas, previstas no nº 2, do artigo 9.º. Além disso, a perseguição deve ser atribuível a um dos cinco motivos de perseguição previstos na Convenção de Genebra de 1951: raça, nacionalidade, religião, pertença a um determinado grupo social e opinião política (v. artigo 10.º).

As pessoas que não sejam elegíveis para beneficiar do estatuto de refugiado poderão beneficiar do "estatuto de proteção subsidiária" se ficassem expostas a um risco real de sofrer ofensas graves (a pena de morte ou a execução, a tortura ou a pena ou tratamento desumano ou degradante e a ameaça grave e individual contra a vida ou a integridade física de um civil, resultante de violência indiscriminada em situações de conflito armado internacional ou interno) se fossem obrigadas a regressar ao país de origem ou no qual tinham a sua residência habitual (v. artigo 15.º da Diretiva 2011/95/EU).

Ainda em relação ao conceito de refugiado, sublinha-se que a noção consagrada ao nível do Direito Internacional universal não inclui os designados *refugiados de guerra*. Isto é, as pessoas que são forçadas a deixar o país de que

[14] Segundo o artigo 15.º, nº 2 da CEDH, "em caso de guerra ou de outro perigo público que ameace a vida da nação" os Estados partes não podem tomar medidas que derroguem o direito à vida (salvo no caso de morte resultante de atos lícitos de guerra), o direito a não ser submetido a tortura, nem a penas ou tratamentos desumanos ou degradantes, o direito a não ser mantido em escravidão ou servidão e o direito à não condenação, por uma ação ou omissão, que no momento em que foi cometida, não constituía infração no direito nacional ou internacional no momento da sua prática e à não aplicação de uma pena mais grave do que a aplicável no momento em que a infração foi cometida".

têm a nacionalidade ou no qual tinham a sua residência habitual em função de conflitos armados internacionais ou não internacionais.

No entanto, a "invasão estrangeira ou a ocupação da totalidade ou parte do território de um país"[15] pode desencadear uma perseguição pelos motivos enumerados na Convenção de Genebra. Nesses casos, a condição de refugiado dependerá da capacidade do requerente de asilo em demonstrar que possui um "receio fundado de perseguição" no território ocupado, bem como demonstrar se tem ou não condições de se valer da proteção do seu governo ou de um governo que foi incumbido da responsabilidade de zelar pela proteção da população do país vitimado pelo conflito armado, sendo que essa proteção deve ser considerada efetiva[16]. E o mesmo pode acontecer ao nível de conflitos armados internos, em que o conflito e a perseguição podem existir em simultâneo. De facto, o conflito pode ser o meio escolhido pelo perseguidor para reprimir e eliminar certos grupos.

Além disso, na maior parte dos casos as pessoas que fogem de conflitos armados caem no âmbito da definição de refugiado da Convenção de 1951 e seu Protocolo de 1967. Isto é, para além do fator guerra têm um "receio fundado de perseguição" por causa da sua raça, religião, nacionalidade, filiação em certo grupo social ou das suas opiniões políticas. Por exemplo, as pessoas que fugiram da limpeza étnica durante o conflito na Bósnia e Herzegovina (1992-1995) na ex-Jugoslávia e do genocídio no Ruanda em 1994 estavam a fugir da perseguição nos termos da referida Convenção, na qual o meio de perseguição era o próprio conflito armado.

Além disso, a prática do ACNUR tem sido a de considerar as pessoas que fogem do seu país de nacionalidade ou de residência devido a conflitos armados como "refugiados sob o mandato". Isto significa que estas pessoas podem invocar a proteção do ACNUR. Todavia, é evidente que podem ocorrer

15 Segundo o Direito Internacional Humanitário (DIH), a invasão estrangeira ou a ocupação de território estrangeiro é um tipo de conflito armado internacional (v. artigo 2.º, par. 2 comum às Convenções de Genebra de 12 de agosto de 1949). Para um desenvolvimento sobre a noção de "invasão estrangeira e ocupação de território", v., por todos, FERRARO, Tristan (ed.). **Expert Meeting Occupation and Other Forms of Administration of Foreign Territory**. Geneva: ICRC, 2012. Disponível em: <https://www.icrc.org/eng/assets/files/publications/icrc-002-4094.pdf>. Acesso em: 05 out. 2017.

16 Neste sentido, cfr. ACNUR. **Manual de Procedimentos e Critérios Para a Determinação da Condição de Refugiado de Acordo Com a Convenção de 1951 e o Protocolo de 1967 Relativos ao Estatuto dos Refugiados**, 2011, p. 35.

diferenças entre a proteção dada pelo ANUR e a proteção dada por um Estado que apenas ratificou a Convenção de 1951 e o seu Protocolo de 1967[17].

Por último, não se pode deixar de referir que, na prática, se tem reconhecido que as pessoas que fogem de conflitos armados, não podem ser enviadas para o país de onde fugiram. A maior parte dos Estados garante a estas pessoas algum tipo de proteção. Por outro lado, é preciso recordar que os refugiados tendem a ficar perto de casa e, portanto, muitos Estados mesmo não sendo Partes dos instrumentos jurídicos internacionais sobre refugiados, acabam por acolher das maiores populações de refugiados do mundo[18]. Por exemplo, a maior parte dos refugiados do conflito armado na Síria encontram-se nos países vizinhos. No fim de 2015, o Líbano registava 1.1 milhões de refugiados no país e a Jordânia 628.000, apesar de ambos os Estados não serem partes do Protocolo de 1967[19].

2.2 Fontes do direito internacional universal com relevância para a proteção dos refugiados em situação de conflitos armados

Como já foi dito, a Convenção de Genebra de 1951 e o Protocolo de 1967 constituem a pedra basilar da proteção internacional dos refugiados. Estas convenções contêm três tipos de disposições: 1) Disposições que contêm uma definição básica de quem é (e de quem não é) um refugiado e de quem, tendo sido refugiado, deixou de sê-lo; 2) Disposições que definem o estatuto jurídico dos refugiados e os seus direitos e obrigações no país de refúgio; 3) Disposições sobre a aplicação dos instrumentos sob o ponto de vista administrativo e diplomático.

No entanto, os refugiados também são protegidos pelo Direito Internacional dos Direitos Humanos (DIDH) e, *se estiverem num país que está envolvido num conflito armado*, também se lhes aplica o Direito Internacional Humanitário (DIH)[20].

[17] Os tratados internacionais respeitantes aos refugiados apenas se aplicam aos Estados que os ratificaram. A Convenção de 1951 foi ratificada por 144 Estados e Protocolo de 1967 foi ratificado por 146 Estados. Cfr. ACNUR. **The 1951 Refugee Convention**. Disponível em: <https://treaties.un.org/pages/ShowMTDSGDetails.aspx?src=UNTSONLINE&tabid=2&mtdsg_no=V-5&chapter=5&lang=en#Participants>. Acesso em: 26 jul. 2016.

[18] Neste sentido, cfr. ACNUR. **Refugee Protection**: A Guide to International Refugee Law. Geneva: Inter-Parliamentary Union and UNHCR, 2001, p. 65.

[19] Cfr. ACNUR. **Global Trends Forced Displacement in 2015**. Geneva: UNHCR, 2016, p. 16

[20] O DIH também é designado por Direito Internacional dos Conflitos Armados ou Direito da Guerra.

Quanto ao DIDH, os refugiados, como qualquer ser humano, são protegidos pelas disposições sobre direitos humanos estabelecidas na Carta Internacional dos Direitos Humanos (Declaração Universal dos Direitos Humanos, Pacto Internacional sobre os Direitos Civis e Políticos e Pacto Internacional sobre os Direitos Económicos, Sociais e Culturais), assim como, pelas normas das Convenções Internacionais sobre direitos humanos específicos (p. ex., Convenção sobre os Direitos da Criança, Convenção contra a Tortura e Outras Penas ou Tratamentos Cruéis ou Degradantes, Convenção Internacional para a Proteção de Todas as Pessoas contra os Desaparecimentos Forçados, etc.).

No respeitante ao DIH, os refugiados que se encontram num Estado envolvido por um conflito armado são protegidos pelas disposições do DIH convencional e consuetudinário respeitantes à proteção dos civis em tempo de guerra. E, além disso, têm uma proteção especial garantida pelo disposto no artigo 44.º da IV Convenção de Genebra Relativa à Proteção das Pessoas Civis em Tempo de Guerra de 12 de agosto 1949 e no art. 73.º do I Protocolo Adicional às Convenções de Genebra relativo à Proteção das Vítimas dos Conflitos Armados Internacionais de 8 de junho de 1977[21]: esta proteção suplementar reconhece a vulnerabilidade dos refugiados enquanto estrangeiros nas mãos de uma Parte de um conflito armado internacional. Contudo, enquanto a IV Convenção de 1949 foi universalmente ratificada, o I Protocolo Adicional de 1977 só foi ratificado por 176 Estados[22]. Na prática, isto significa que o I Protocolo Adicional tem uma eficácia limitada porque não se aplica aos Estados envolvidos em conflitos armados internacionais que não o tenham ratificado, o que acontece frequentemente[23].

2.3. Conceitos afins

2.3.1. Requerentes de asilo

Ao nível internacional, o conceito de "requerente de asilo" é definido como uma pessoa que pretende ser admitida num país como refugiado e que aguarda

[21] O art. 73.º dispõe que os refugiados (e os apátridas) "serão em qualquer circunstância e sem qualquer discriminação, pessoas protegidas, nos termos das disposições dos Títulos I e III Convenção IV".

[22] Cfr. CICV. **Treaties, States Parties and Commentaries**.

[23] Neste último sentido, cfr. HENCKAERTS, Jean-Marie. **Study on Customary Humanitarian Law**: A Contribution to the Understanding and Respect for the Rule of Law in Armed Conflict. *International Review of the Red Cross*, v. 87, n. 857, p.175-212. March 2005, p. 177.

uma decisão relativamente ao seu requerimento para obter o estatuto de refugiado segundo os instrumentos internacionais e nacionais aplicáveis. Em caso de indeferimento, tem que abandonar o país e poderá ser expulsa[24], tal como qualquer estrangeiro em situação irregular, exceto se for autorizada a permanecer por razões humanitárias ou outros fundamentos relacionados[25].

Quanto ao direito derivado da União Europeia, utiliza um termo diferente para quem pretende ser reconhecido como refugiado – "requerente de proteção internacional"[26] – definido como aquele que apresentou um "pedido de proteção internacional". O requerente de proteção internacional pode ser um nacional de um país de terceiro[27] ou um apátrida (v. artigo 2.º, alínea h), da Diretiva 2011/95/EU).

2.3.2. Deslocados internos

No plano internacional entende-se por deslocados internos (DIs) as "pessoas, ou grupos de pessoas, forçadas ou obrigadas a fugir ou abandonar as suas casas ou seus locais de residência habituais, particularmente em consequência de, ou com vista a evitar, os efeitos dos conflitos armados, situações de violência generalizada, violações dos direitos humanos ou calamidades humanas ou naturais, e que não tenham atravessado uma fronteira internacionalmente reconhecida de um Estado."[28]

Os DIs não estão cobertos pela Convenção de Genebra de 1951 e respetivo Protocolo de 1967, nem pelo Estatuto do ACNUR, nem por nenhuma convenção equivalente à Convenção de 1951. Contudo, o ACNUR tem estado envolvido com os DIs desde os anos 70 do século XX a pedido da Assembleia Geral das Nações Unidas e do Secretário-Geral. E o alcance das suas atividades em relação aos DIs tem aumentado vertiginosamente nos últimos anos, o que

[24] Entende-se por *expulsão* qualquer forma de transferência não voluntária de um território.

[25] Cfr. OIM. **Glossary on Migration, International Migration Law Series Nº 25**. 2011.

[26] Cfr. artigo 2.º, alínea c) do Regulamento de Dublin alterado – Regulamento (EU) Nº 604/2013, do Parlamento e do Conselho, de 26 de junho de 2013.

[27] Segundo o direito derivado da União Europeia, entende-se por nacional de um país de terceiro "uma pessoa que não seja cidadão da União Europeia, nem nacional de um Estado participante no Regulamento de Dublin por força de um acordo com a União Europeia" (v. artigo 2.º, alínea a) do Regulamento de Dublin alterado – Regulamento (EU) Nº 604/2013, do Parlamento e do Conselho, de 26 de junho de 2013).

[28] Cfr. *Princípios Orientadores sobre os Deslocados Internos das Nações Unidas* (E/CN.4/1998/53/Add.2.). Disponível em: <http://www.un-documents.net/gpid.htm>. Acesso em: 05 out. 2017.

se compreende porque as causas e consequências da fuga forçada dos DIs são semelhantes às dos refugiados[29].

Não obstante o que foi dito, note-se que o Direito Internacional protege as pessoas contra as deslocações e durante as deslocações através do DIDH e em situação de conflito armado através do DIH enquanto civis[30].

Além disso, ainda existe um instrumento internacional específico sobre deslocados internos, baseado nos referidos ramos do Direito Internacional – os Princípios Orientadores sobre os Deslocados Internos das Nações Unidas (E/CN.4/1998/53/Add.2.): este instrumento estabelece os standards e os princípios a serem aplicados em todos os estágios da deslocação, incluindo a prevenção da deslocação, durante a deslocação e soluções duradoras para a deslocação[31].

2.3.3. Migrantes

Não existe uma definição universalmente aceite do termo *migrantes*. O termo "migrantes" tanto é utilizado num sentido amplo para referir as pessoas que se deslocam do país da sua residência habitual ou da sua nacionalidade para outro país[32], como é utilizado num sentido restrito para incluir os casos em que a decisão de migrar é livremente tomada pelo indivíduo em questão, por "razões de conveniência pessoal" e sem a intervenção de fatores externos que o forcem a tal[33].

O conceito de migrantes em sentido amplo também *inclui os refugiados e os requerentes de asilo*, uma vez que inclui as pessoas que se deslocam de um país para outro país independentemente do motivo da sua deslocação[34].

[29] Neste sentido, cfr. ACNUR. **Refugee Protection**: A Guide to International Refugee Law. Geneva: Inter-Parliamentary Union and UNHCR, p. 27.

[30] O DIH tem um papel importante, sobretudo, na prevenção das deslocações dado que proíbe as transferências forçadas, salvo se a segurança da população ou imperiosas razões militares o exigirem (v. artigo 49.º da IV Convenção de Genebra de 1949).

[31] Os Princípios Orientadores sobre os Deslocados Internos das Nações Unidas fazem parte do chamado *soft law*, portanto, não são obrigatórios.

[32] Neste sentido, cfr. INTER-PARLIAMENTARY UNION; INTERNATIONAL LABOUR ORGANIZATION; UNITED NATIONS (Office of the High Commissioner of Human Rights). **Migration, Human Rights and Governance Handbook for Parliamentarians Nº 24**. 2015.

[33] Neste sentido, cfr. ACNUR. **Manual de Procedimentos e Critérios Para a Determinação da Condição de Refugiado de Acordo Com a Convenção de 1951 e o Protocolo de 1967 Relativos ao Estatuto dos Refugiados**, 2011, p. 16.

[34] Neste sentido, v., por exemplo, ACNUR. **Migration and Human Rights**. Disponível em: <http://www.ohchr.org/EN/Issues/Migration/Pages/MigrationAndHumanRightsIndex.aspx>. Acesso em: 05 out. 2017.

Quanto ao conceito de migrantes no sentido restrito, não abrange as pessoas que fogem do país da sua residência habitual ou da sua nacionalidade para outro país para fugir à perseguição em conformidade com o estabelecido no artigo 1.º-A da Convenção relativa ao Estatuto dos Refugiados de 1951 e seu Protocolo de 1967, ou para fugir às outras situações previstas no artigo I, 2 da Convenção da Organização da Unidade Africana que Rege os Aspetos Específicos dos Problemas dos Refugiados em África de 10 de setembro de 1979. Ou seja, *não abrange os refugiados, nem os requerentes de asilo.*

Quando o ACNUR se refere a refugiados e migrantes, está a utilizar a expressão "migrantes" para aludir às pessoas que, diferentemente dos refugiados e requerentes de asilo, *deixam voluntariamente* o seu país para se instalarem noutro lugar. Além disso, quando a motivação para deixar o país da nacionalidade ou da residência habitual for *exclusivamente económica*, o ACNUR utiliza o termo "migrantes económicos"[35].

Por último, salienta-se que a proteção jurídica internacional de que beneficiam os migrantes está *diretamente relacionada com o motivo da sua deslocação.* Se fogem do seu país para escapar à perseguição e a conflitos armados ou situações de violência ou de desordem generalizada e grave são refugiados e requerentes de asilo e têm direito a uma proteção especial garantida essencialmente pela Convenção de Genebra de 1951 e o seu Protocolo de 1967, pois são considerados como pessoas que necessitam de proteção internacional. Se deixarem o seu país por qualquer outra razão, os migrantes não gozam desta proteção especial. Os migrantes que deixam voluntariamente o seu país para se instalar noutro lugar gozam, como qualquer ser humano, da proteção dos instrumentos jurídicos que constituem a Carta Internacional dos Direitos Humanos[36]; assim como, da proteção de outros instrumentos

[35] Neste sentido, v., por exemplo, ACNUR. **UNHCR viewpoint: Refugee or Migrant**. Disponível em: <http://www.unhcr.org/news/latest/2016/7/55df0e556/unhcr-viewpoint-refugee-migrant-right.html>. Acesso em: 14 jul. 2016

O ACNUR, contudo, reconhece que a distinção entre um migrante por motivos económicos e um refugiado nem sempre é clara. Isto porque por detrás de medidas económicas que afetam os modos de vida de uma pessoa, pode haver intenções ou objetivos raciais, religiosos ou políticos dirigidos contra um grupo específico (por exemplo, imposição de impostos discriminatórios sobre um grupo étnico ou religioso específico). Neste sentido e para mais desenvolvimentos, cfr. ACNUR. **Manual de Procedimentos e Critérios Para a Determinação da Condição de Refugiado de Acordo Com a Convenção de 1951 e o Protocolo de 1967 Relativos ao Estatuto dos Refugiados**, 2011, p. 16-17.

[36] Para um desenvolvimento sobre a aplicação do DIDH aos migrantes, v., por todos, INTER-PARLIAMENTARY UNION; INTERNATIONAL LABOUR ORGANIZATION; UNITED

jurídicos internacionais que visam expressamente os direitos dos migrantes, como por exemplo, a Convenção Internacional sobre a Proteção dos Direitos dos Trabalhadores Migrantes e dos Membros das suas Famílias de 18 de dezembro de 1990 e o Protocolo Adicional à Convenção das Nações Unidas contra a Criminalidade Organizada Transnacional contra o Tráfico Ilícito de Migrantes por Via Terrestre, Marítima e Aérea.

3. Os números da crise

No fim de 2015 existiam 21.3 milhões de refugiados no mundo, – 16.1 milhões estavam sob o mandato do ACNUR e 5.2 milhões sob a proteção da Agência da ONU para os refugiados palestinianos (UNRWA) –, 3.2 milhões de pessoas esperavam uma decisão em relação ao seu pedido de asilo em países desenvolvidos[37] e 40.8 milhões eram DIs.

Quanto às regiões do mundo que estavam a acolher mais refugiados sob o mandato do ACNUR no fim de 2015, temos:

i) Em primeiro lugar, a África Subsariana com 4.4 milhões de pessoas: estes refugiados são provenientes da Somália, Sudão do Sul, República Democrática do Congo, Sudão e República Centro-Africana;
ii) Em segundo lugar, e com um número praticamente igual de refugiados, surge a Europa com 4.391.400 refugiados: a maioria destes refugiados vivia na Turquia (2.5 milhões), Alemanha (316.000), Federação Russa (314.000), França (273.100), Suécia (169.500), Reino-Unido (123.100) e Itália (118.100);
iii) Em terceiro lugar, a Região da Ásia-Pacífico com 3.8 milhões de refugiados;
iv) Em quarto lugar, a região do Médio Oriente e Norte de África com 2.7 milhões de refugiados;
v) Em quinto lugar, por último, a região das Américas com 746.800 refugiados.

NATIONS (Office of the High Commissioner of Human Rights). **Migration, Human Rights and Governance Handbook for Parliamentarians n. 24**. 2015.

[37] Este é o maior número de requerentes de asilo registado pelo ACNUR até ao presente.

Ao nível dos Estados de asilo, os seis países que acolhiam mais refugiados no mundo no fim de 2015 eram os seguintes: Turquia (2,5 milhões)[38], Paquistão (1.6 milhões), Líbano (1.1. milhões)[39], República Islâmica do Irão (979.400), Etiópia (736.100) e Jordânia (664.100). No entanto, entre os dez países que acolhiam mais refugiados também se encontravam o Quénia, o Uganda, a República Democrática do Congo e o Chade.

No que respeita aos países de origem dos refugiados no fim de 2015, verifica-se que mais de metade dos refugiados (54%) veio de três países: República Árabe Síria (4.9 milhões de pessoas), Afeganistão[40] (2.7 milhões de pessoas) e Somália (1.1. milhão). No entanto, também fazem parte da lista dos 10 maiores países de origem, nomeadamente o Sudão (628.800), a República Democrática do Congo, (541.500), a República Centro-Africana (471.100), Mianmar/Birmânia (451.800), a Eritreia (411.300) e a Colômbia (340.300).

Em relação aos pedidos de asilo pendentes no fim de 2015, o país que registava o maior número de pedidos era a África do Sul (cerca de um milhão e cem mil), seguida pela Alemanha, o país europeu com o maior número de pedidos (420. 600)[41]. Outros países com mais de 100.00 pedidos foram os Estados Unidos (286.200), a Turquia (212.400) e a Suécia (157 mil). Já os países que originaram números significativos de requerentes de asilo foram o Afeganistão (259.900), a Síria (245.800), o Iraque (237.200) e a Etiópia (77.900).

Quanto aos países com maior número de DIs no fim de 2015, temos os seguintes: Colômbia (6.9 milhões), República Árabe Síria (6.6 milhões) e Iraque (4.4 milhões).

Desde o fim de 2011 até ao fim de 2015 (últimos quatro anos), o número de refugiados sob o mandato do ACNUR aumentou de 10.4 milhões para 16.1 milhões, o que representa um aumento de 55%. Este aumento deveu-se

[38] A Turquia foi pelo segundo ano consecutivo o país que acolheu mais refugiados no mundo devido ao conflito na Síria. Só em 2015, este conflito provocou um milhão de refugiados (homens, mulheres e crianças) e a maioria (946.800) foram acolhidos pela Turquia.

[39] O Líbano foi o país que acolheu o maior número de refugiados em relação à sua população nacional contando com 183 refugiados por 1000 habitantes. A Jordânia foi o segundo (87 em 1000) e Nauru o terceiro (50 em 1000).

[40] Os refugiados Afegãos constituem o maior grupo de *refugiados prolongados* sob o mandato do ACNUR (entendendo-se por tal os refugiados da mesma nacionalidade que estão no exílio num determinado país há cinco anos ou mais). Estes refugiados estão na República Islâmica do Irão e no Paquistão há mais de três décadas Estes refugiados chegaram a estes países desde 1979. No fim de 2015, o Irão acolhia 951.000 refugiados afegãos e o Paquistão 1.6 milhões.

[41] Em 2014, a Alemanha apenas recebeu 226.200 pedidos de asilo.

fundamentalmente ao conflito na República Árabe da Síria, mas também a significativos fluxos de refugiados do Afeganistão, Burundi e Sudão do Sul.

Quanto aos novos deslocados forçados (2015) devido a conflitos e perseguições, registavam-se 12.4 milhões de pessoas. Este número, por sua vez, inclui 1.8 milhões de novos refugiados[42], dos quais 51% do total são crianças e muitas delas não acompanhadas (o maior número até hoje registado pelo ACNUR)[43], 8.6 milhões de DIs[44] e 2.45 milhões de novos pedidos de asilo em países desenvolvidos (este número representa um aumento de 48% em relação a 2014, com 1.66 milhões de pedidos, e é o maior número alguma vez registado pelo ACNUR). Em relação aos novos pedidos de asilo em 2015, realça-se que 98.400 pedidos foram solicitados por crianças não acompanhadas, a maioria afegãs, eritreias, sírias e somalis[45].

Os países que geraram maior número de novos refugiados em 2015 foram os seguintes: Síria (mais de um milhão), Burundi, Sudão do Sul (162.100), Ucrânia (148.400), República Centro-Africana (85.000), Nigéria (68.200), Eritreia (32.500), Somália (13.700) e Sudão (10.900).

Os três países que acolheram mais novos refugiados em 2015 foram, nomeadamente a Turquia (946.800 refugiados da Síria, a quem ofereceu proteção temporária), a Federação Russa (149.600 refugiados da Ucrânia também com proteção temporária) e a República Unida da Tanzânia (123.400 refugiados do Burundi). Porém, também receberam um número significativo de novos refugiados o Sudão, a Etiópia, o Ruanda, os Camarões, República Democrática do Congo e o Uganda.

Ainda a respeito do acolhimento de refugiados, não se pode deixar de dizer que a União Europeia tem tido grandes dificuldades na gestão da crise de refugiados. Em 2015 e nos primeiros meses de 2016, mais de 1.2 milhões de pessoas chegaram ao Sul da Europa por barco[46]. Nestas travessias, morreram, ou desapareceram, cerca de 3.771 pessoas no Mar Mediterrâneo.

[42] Dos novos refugiados (2015), 1 milhão fugiram do conflito na Síria.

[43] As *crianças não acompanhadas* são aquelas que entram no território de um Estado sem ser acompanhadas por um adulto por elas responsável.

[44] O país que gerou mais novos DIs em 2015 foi o Iémen (2.5 milhões, o que equivale a cerca de 10% da população do país).

[45] Este é o maior número de pedidos de asilo por crianças desde 2006, ano em que o ACNUR começou a registar os dados.

[46] ACNUR. **Europe Emergency**. Disponível em: <http://www.unhcr.org/europe-emergency.html>. Acesso em: 26 jul. 2016.

Quanto aos países que receberam mais pedidos de asilo em 2015, temos, em primeiro lugar, a Alemanha com 441.900 pedidos (o que representa mais do dobro do que em 2014 e o oitavo aumento consecutivo no país)[47]. Os requerentes de asilo foram, na sua maioria, sírios (158.700). Mas a Alemanha também recebeu muitos pedidos de pessoas da Albânia (53.800), Sérvia, Kosovo, Afeganistão, Iraque e Eritreia. O segundo país foi os Estados Unidos com 172.700 pedidos (o que representa um aumento de 42% em relação a 2014). O aumento dos pedidos de asilo nos Estados Unidos deveu-se a pessoas provenientes do México, El Salvador Guatemala e Honduras e relativamente às suas causas prendem-se, fundamentalmente, com a violência e perseguição levada a cabo por organizações criminosas transnacionais, violência provocada por gangues e cartéis de droga. E o terceiro país com mais pedidos de asilo foi a Suécia com 156.400 (mais do dobro do que em 2014). Neste país, apesar de ter havido um aumento do número de pedidos por parte de Sírios, o aumento tem a ver com outras nacionalidades, nomeadamente Afegãos e Iraquianos[48].

4. Os novos conflitos armados: características e desafios

Partindo dos números da crise pode concluir-se que os dez conflitos armados que mais contribuíram para a atual crise mundial dos refugiados foram os seguintes: República Árabe Síria – que deu origem à pior crise humanitária dos últimos vinte e cinco anos –, Afeganistão, Somália, Sudão do Sul, Sudão, República Democrática do Congo, República Centro-Africana, Mianmar/Birmânia, Eritreia e Colômbia.

No respeitante aos conflitos armados que geraram o maior número de refugiados nos últimos cinco anos, registam-se os conflitos da Síria, Afeganistão, Burundi e Sudão do Sul.

Em 2015, os conflitos da Síria, Burundi e Sudão do Sul continuaram a ser as principais fontes de refugiados do mundo. No entanto, a Ucrânia, a República Centro-Africana, a Nigéria, a Eritreia, a Somália e o Sudão também contribuíram para o aumento do número de refugiados nesse ano[49].

[47] Para maior desenvolvimento, cfr. ACNUR. **Global Trends Forced Displacement in 2015**, p. 38.

[48] Sobre os números da crise, v. por todos, ACNUR. **Global Trends Forced Displacement in 2015**.

[49] Os países que mais sofreram com os três principais conflitos na origem de novos refugiados em 2015 foram a Turquia, o Líbano e a Jordânia devido ao conflito da Síria e o Uganda e a República Democrática do Congo devido aos conflitos do Burundi e do Sudão do Sul.

Além disso, observa-se que alguns dos conflitos que geraram mais refugiados nos últimos anos também deram origem a numerosos DIs: no fim de 2015, a Síria tinha 6.6 milhões de pessoas deslocadas no interior do país e o Sudão do Sul tinha 1.65 milhões.

Por outro lado, verifica-se que alguns dos conflitos que têm suscitado grandes preocupações humanitárias em diversos continentes nos últimos cinco anos não se incluem na lista dos dez países com maior número de refugiados. Por exemplo: o conflito do Iraque, que entre 2014 e 2015 gerou 4.4. milhões de DIs, apesar de ter dado origem apenas a 222 mil refugiados que procuraram asilo na região, o conflito do Iémen, que gerou 2.5 milhões de DIs por comparação a 170.000 refugiados e o conflito da Líbia com 435.000 DIs e 100.000 refugiados[50].

Segundo Jakob Kellenberger, ex-presidente do Comité Internacional da Cruz Vermelha (CICV)[51]: "A deslocação interna constitui talvez um dos desafios humanitários mais intimidadores da atualidade. O impacto não é apenas sobre muitos milhares de DIs, mas também sobre inúmeras famílias que os acolhem e comunidades residentes e é difícil ou mesmo impossível de medir." [52]

Por último, a análise dos factos mais recentes permite dizer que, desde 2015 até à presente data (fim de julho de 2016), os conflitos que geraram o maior número de refugiados nos últimos cinco anos não melhoraram, tendo nalguns casos piorado. O conflito da Síria assumiu uma dimensão "devastadora e avassaladora"[53] com a população de Alepo a morrer devido aos bombardeamentos e à fome[54]. Quanto ao conflito do Afeganistão, no dia 20 de julho de 2016, o então Secretário da Defesa dos Estados Unidos, Ashton Carter, declarou que previa a continuação da presença militar no país devido ao ressurgimento da insurgência Taliban[55]. No Sudão do Sul, depois do último acordo de paz

[50] Sobre os números dos DIs, cfr. ACNUR. **Global Report 2015**. Disponível em: <https://www.unhcr.or.th/en/support/reports>. Acesso em: 29 jul. 2016.

[51] Jakob Kellenberger foi presidente do CICV desde agosto de 1998 até junho de 2012.

[52] CICV. **Deslocamento Interno: Enfrentar os Desafios**. Genebra. 2009. Disponível em: <https://www.icrc.org/por/assets/files/other/icrc_007_4014.pdf>. Acesso em: 30 jul. 2016.

[53] Cfr. CICV. **Situação em Alleppo è "devastadora e avassaladora"**. 21 jul 2016. Disponível em: <https://www.icrc.org/pt/document/situacao-em-aleppo-e-devastadora-e-avassaladora-afirmou-responsavel-pelo-cicv-na-siria>. Acesso em: 29 jul. 2017

[54] No dia 18 de julho de 2016, a ONU alertou para falta de alimentos em Alepo.

[55] Em julho de 2016, o Afeganistão conta com a presença de 9.800 militares norte-americanos e 13.223 militares da OTAN. Cfr. Council on Foreign Relations. **Global Conflict Tracker.** Disponível em: <http://www.cfr.org/global/global-conflict-tracker/p32137#!/p32137>. Acesso em: 20 jul. 2016.

celebrado em agosto de 2015 entre o Presidente Salva Kiir Mayardit e o anterior Vice-Presidente Rieck Machar, ambas as partes do conflito violaram o acordo e culpam a outra parte pela violação do cessar-fogo. No Burundi, um dos três países mais pobres do mundo, a crise política continua. Desde julho de 2016, que os Estados Unidos, a União Africana e vários Estados Europeus têm insistido nas negociações de paz mas até agora sem sucesso.

Quanto ao conflito do Iraque, no dia 25 de julho de 2016, o Conselho de Segurança das Nações Unidas prorrogou o mandato da Missão de Assistência das Nações Unidas no país (UNAMI)[56] por mais um ano reiterando "a sua grave preocupação pela atual situação de segurança no Iraque provocada pela continuada presença e ameaça de grupos terroristas, em particular o Estado Islâmico do Levante e do Iraque e grupos armados associados".

Identificados os principais conflitos que deram origem ao maior número de refugiados e à crise da deslocação forçada mundial, vejamos agora quais são as suas principais características.

Parece haver consenso em relação às seguintes características dos novos conflitos armados:

i) Em primeiro lugar, a diversidade das situações de conflito: desde conflitos em que as tecnologias e os armamentos mais sofisticados são utilizados em confrontos assimétricos, até aos conflitos que se caracterizam por uma tecnologia pouco desenvolvida e com um importante nível de fragmentação dos grupos armados envolvidos;
ii) Em segundo lugar, a predominância de conflitos armados não internacionais[57]: esta característica está relacionada com a fragilidade dos

[56] A UNAMI foi estabelecida pela resolução do Conselho de Segurança das Nações Unidas 2233 (2015).

[57] Sublinha-se, no entanto, que alguns conflitos armados não internacionais atualmente existentes começaram por ser conflitos armados internacionais (p. ex., invasão do Afeganistão em outubro de 2001 após os ataques às Torres Gémeas no dia 11 de setembro de 2001, levados a cabo pela Al-Qaeda e invasão do Iraque em março de 2003). Outros conflitos, pelo contrário, começaram por ser um conflito armado não internacional e depois transformaram-se num conflito armado internacional (p. ex., o conflito na Líbia inspirado nos protestos populares pró-democracia da Tunísia e Egito começou em fevereiro 2011 como conflito armado não internacional, porém foi "internacionalizado" com os ataques aéreos iniciados no dia 19 de março de 2011 pela coligação internacional que contou com os Estados Unidos, Reino-Unido, França, Itália e Canadá). No caso da Líbia a situação ainda é mais complicada porque o conflito voltou a transformar-se sendo agora um conflito armado não internacional. Sobre o conflito da Líbia, cfr. ARIMATSU, Louise; CHOUDHURY, Mohbuba. **The Legal Classification of the Armed Conflicts in Syria, Yemen and Lybia**. *International Law PP 2014/01*. London: Chatam House. Mar 2014, p. 37 ss.

Estados, que permitiu o desenvolvimento de milícias locais e grupos armados[58]. Estes conflitos caracterizam-se frequentemente por uma violência extrema e ataques repetidos contra civis, com o fim de os aterrorizar (*v.g.*, Boko Haram na Nigéria[59], Estado Islâmico do Levante e do Iraque no Iraque e Síria[60], Al-Qaeda da Península Arábica no Iémen, etc.). Além disso, também se observa neste tipo de conflitos o desaparecimento progressivo da distinção entre os confrontos ideológicos e os confrontos não ideológicos provocado pela emergência de grupos armados não estaduais com origem em organizações criminosas;

iii) Em terceiro lugar, a duração: alguns dos conflitos existem há mais de duas ou três décadas (*v.g.* Afeganistão, Colômbia, Somália, Sudão do Sul, República Centro-Africana);

iv) Em quarto lugar, a crescente complexidade dos conflitos resultante da multiplicidade das partes, sobretudo nos últimos cinco anos: esta complexidade resulta do apoio de outros Estados ou Organizações aos Governos ou de outros Estados a grupos armados não estaduais (*v.g.* Síria, Iraque, Iémen). Esta intervenção dificulta a caracterização do conflito armado em termos jurídicos (v. conflito sírio)[61];

v) Em quinto lugar, por último, a expansão geográfica dos conflitos e a regionalização dos conflitos, em consequência do envolvimento estrangeiro (v. atual situação no Médio Oriente desde a "Primavera Árabe", mas também o Norte de África ou a Africa Ocidental)[62].

Resta agora averiguar qual é a principal causa da fuga das pessoas dos seus Estados de origem para outros Estados, ou para outras partes do território

[58] Por exemplo, atualmente, existem na Líbia cerca de 1700 grupos armados, incluindo combatentes leais ao Estado Islâmico do Levante e do Iraque.

[59] As ações do grupo armado não estadual, Boko Haram, na Nigéria incluem ataques em massa a cidades e vilas, saques, homicídios, sequestros de mulheres e meninas e o recrutamento forçado de homens e meninos para a guerra.

[60] Os combatentes do EI utilizam minas, atentados suicidas e carros bomba.

[61] Sobre a dificuldade de caracterização do conflito na Síria, cfr. ARIMATSU, Louise; CHOUDHURY, Mohbuba. **The Legal Classification of the Armed Conflicts in Syria, Yemen and Lybia**. *International Law PP 2014/01*. London: Chatam House. Mar 2014, em particular, p. 18.

[62] Sobre as características dos novos conflitos armados, v. por todos, CICV. **International Humanitarian Law and the Challenges of contemporary armed conflicts.** Geneva, October 2011. Disponível em: <https://www.icrc.org/en/document/international-humanitarian-law-and-challenges-contemporary-armed-conflicts>. Acesso em: 28 jul. 2016.

do seu Estado. Aqui, parece que tudo aponta para que seja o facto de os civis serem as *principais vítimas da maior parte dos novos conflitos armados*[63].

Com efeito, os civis são as principais vítimas dos conflitos, essencialmente, em duas situações:

Por um lado, quando os combates se desenrolam em áreas densamente povoadas. A título ilustrativo, recorde-se a trágica situação de Alepo – grande cidade do Norte da Síria, onde os civis não têm onde se esconder –[64] e o caso da cidade de Kramatorsk no leste da Ucrânia – uma das cidades que mais sofreu com o conflito iniciado em abril de 2014, onde os rebeldes estacionavam os tanques junto aos edifícios, pediam aos habitantes para apagar as luzes e dali lançavam ataques bélicos contra o exército ucraniano, que respondia com mísseis destruindo os edifícios, incluindo os lares de muitas famílias[65].

Por outro lado, quando os civis são deliberadamente atacados. Veja-se, por exemplo, os ataques deliberados e generalizados contra a população civil e a clara intenção do grupo Estado Islâmico do Iraque e do Levante no Iraque de "acabar com a rica etnia e a diversidade religiosa no Iraque", a utilização de mulheres e meninas como escravas sexuais e o recrutamento de meninos de apenas oito anos para treinos militares[66].

Além disso, pode-se afirmar que o principal problema subjacente à situação dos civis consiste nas numerosas violações das Convenções de Genebra e dos seus Protocolos Adicionais de 1977 praticadas no âmbito dos novos conflitos armados. Neste sentido, leiam-se, por exemplo, as palavras do presidente do CICV, Peter Maurer, proferidas no dia 10 de dezembro de 2015 (dia do encerramento da Conferência Internacional da Cruz Vermelha e do Crescente Vermelho): "o direito internacional humanitário é violado todos os dias, em

[63] Neste sentido, cfr. CICV. **International Humanitarian Law and the Challenges of contemporary armed conflicts.** Geneva, October 2015, op. cit., p. 5; KELLENBERG, Jakob. **Strengthening Legal Protection for Victims of Armed Conflicts**. The ICRC Study on the Current State of International Humanitarian Law. *International Review of the Red Cross*, v. 92, Nº 879 p. 799-804, September 2010, p. 801.

[64] Valter Gros, que dirigia o Gabinete do CICV em Alepo, disse em abril de 2016: "onde quer que se esteja ouvem-se explosões e disparos". E acrescentou: "Não há nenhum bairro da cidade que não tenha sido atingido. As pessoas vivem no limite. Toda a gente teme pela vida e ninguém sabe o que vai acontecer a seguir." Cfr. **Na grande cidade de Alepo, os civis não têm onde se esconder**. *Público*. 29 abr 2016.

[65] Cfr. **Ucrânia: Em Kramatorsk vive-se a "mísseis" e àgua**. *Euronews*. 4 jul 2014.

[66] Cfr. **ONU: Abusos dos direitos humanos no Iraque são generalizados e severos**. *Rádio ONU*. 25 mar 2015. Disponível em: <http://www.unmultimedia.org/radio/portuguese/2015/03/onu-abusos-dos-direitos-humanos-no-iraque-sao-generalizados-e-severos/index.html#.V5t2CY--cHKg>. Acesso em: 29 jul. 2016.

todos os conflitos existentes no mundo" [67]. Em sentido próximo, vejam-se também as palavras de Marianne Gasser, chefe da delegação do CICV na Síria, cerca de um ano depois (21 de julho de 2016), perante "a situação devastadora e avassaladora" na cidade de Alepo: "Todas as partes em conflito e as que têm influência sobre elas devem parar de ignorar as normas da guerra. Os civis e a infraestrutura civil devem ser protegidos."[68].

Perante tal cenário, cabe ainda perguntar se as violações do DIH são um resultado da inadequação das suas regras.

A resposta à referida questão é não. Com efeito, a maioria dos jusinternacionalistas considera que as violações do DIH não se devem à inadequação das suas regras, mas a outros aspetos, nomeadamente à falta de mecanismos para a sua implementação, à incerteza relativa à sua aplicação em algumas situações e a uma falta de consciência das mesmas por parte dos dirigentes políticos, comandantes, combatentes e do público em geral[69].

Quanto às medidas que têm sido tomadas para combater as violações do DIH, sublinha-se que se verifica uma tendência para criminalizar e punir as mais graves violações do DIH. Não obstante, ainda faltam mecanismos que permitam acabar com as violações do DIH e reparar os prejuízos sofridos pelas vítimas[70].

Neste contexto, pode-se afirmar que a comunidade internacional enfrenta em matéria de novos conflitos armados e refugiados os seguintes *desafios*:

i) Não deve permitir que a violação do DIH caia na normalidade, porque o que é inadmissível é uma "guerra sem limites"[71];

[67] CICV. **No agreement by States on mechanism to strengthen compliance with rules of war.** Geneva, 10 dez 2015. Disponível em: <https://www.icrc.org/en/document/no-agreement-states--mechanism-strengthen-compliance-rules-war>. Acesso em: 14 jul. 2016

[68] CICV. **Situação em Alleppo é "devastadora e avassaladora".** 21 jul 2016. Disponível em: <https://www.icrc.org/pt/document/situacao-em-aleppo-e-devastadora-e-avassaladora-afirmou--responsavel-pelo-cicv-na-siria>. Acesso em: 29 jul. 2017

[69] Neste sentido, cfr., HENCKAERTS, Jean-Marie. **Study on Customary Humanitarian Law**: A Contribution to the Understanding and Respect for the Rule of Law in Armed Conflict. *International Review of the Red Cross*, v. 87, n. 857, p.175-212. March 2005, p. 176.

[70] Neste sentido, cfr. KELLENBERG, Jakob. **Strengthening Legal Protection for Victims of Armed Conflicts**. The ICRC Study on the Current State of International Humanitarian Law. *International Review of the Red Cross*, v. 92, n. 879 p. 799-804, September 2010, p. 801.

[71] Neste sentido, cfr. DURHAM, Helen. **Atrocities in conflict mean we need the Geneva Conventions more than ever**. *The Guardian*. 5 abr. 2016.

ii) Ter consciência que "pior do que um mau Estado é a ausência de Estado". Ou seja, os líderes políticos em vez de culparem os governos autoritários (ou "ilegítimos") por todos os problemas de política externa, deveriam refletir sobre os desastrosos resultados da mudança de regime político no Iraque, na Líbia, na Somália e no Iémen, em particular, após uma intervenção militar estrangeira e quando as sociedades são relativamente pobres e estão divididas em tribos, etnias ou religiões. Isto, porque a falta de uma autoridade "legítima" ou efetiva cria um vazio de poder que permite a emergência dos piores tipos de extremismo (terrorismo local ou transnacional)[72];

iii) Em virtude da "anarquia madura"[73] do sistema internacional, cabe fundamentalmente aos Estados a responsabilidade de ajudar os outros Estados e os grupos armados organizados a acabarem com os conflitos e regressarem à paz e à segurança. Para tal, o caminho parece ser a aposta na escuta atenta e no diálogo com vista a efetivas negociações de paz;

iv) A comunidade internacional deveria olhar profundamente para todo o sofrimento e destruição provocados pelos novos conflitos armados e não para as justificações que lhes têm sido dadas pelos líderes políticos, quaisquer que estas sejam, pois ninguém devia ser obrigado a passar pelo sofrimento provocado pela guerra.

Referências

ACNUR. **Europe Emergency**. Disponível em: <http://www.unhcr.org/europe-emergency.html>. Acesso em: 26 jul. 2016.

__________. **Global Report 2015**. Disponível em: <https://www.unhcr.or.th/en/support/reports>. Acesso em: 29 jul. 2016.

__________. **Manual de Procedimentos e Critérios Para a Determinação da Condição de Refugiado de Acordo Com a Convenção de 1951 e o Protocolo de 1967 Relativos ao Estatuto dos Refugiados**, 2011.

__________. **Migration and Human Rights**. Disponível em: <http://www.ohchr.org/EN/Issues/Migration/Pages/MigrationAndHumanRightsIndex.aspx>. Acesso em: 29 jul 2016

__________. **Refugee Protection: A Guide to International Refugee Law**. Geneva: Inter-Parliamentary Union and UNHCR, 2001.

[72] Neste sentido cfr. WALT, Stephen M. **The Top 5 Foreign Policy Lessons of the Past 20 Years**. *Foreign Policy*. 18 nov. 2014.

[73] Expressão do Professor Adriano Moreira.

________. **The 1951 Refugee Convention**. Disponível em: <https://treaties.un.org/pages/ShowMTDSGDetails.aspx?src=UNTSONLINE&tabid=2&mtdsg_no=V-5&chapter=5&lang=en#Participants>. Acesso em: 26 jul. 2016.

________. **UNHCR viewpoint: Refugee or Migrant**. Disponível em: <http://www.unhcr.org/news/latest/2016/7/55df0e556/unhcr-viewpoint-refugee-migrant-right.html>. Acesso em: 14 jul. 2016.

________. **Global Trends Forced Displacement in 2015**. 20 junho 2016. Disponível em: <http://www.unhcr.org/global-trends-2015.html>. Acesso em: 15 jul. 2015.

ARIMATSU, Louise; CHOUDHURY, Mohbuba. **The Legal Classification of the Armed Conflicts in Syria, Yemen and Lybia**. *International Law PP 2014/01*. London: Chatam House. Mar 2014.

CICV. **Deslocamento Interno: Enfrentar os Desafios**. Genebra. 2009. Disponível em: <https://www.icrc.org/por/assets/files/other/icrc_007_4014.pdf>. Acesso em: 30 jul. 2016.

________. **International Humanitarian Law and the Challenges of contemporary armed conflicts.** Geneva, Outubro 2011. Disponível em: <https://www.icrc.org/eng/resources/documents/report/31-international-conference-ihl-challenges-report-2011-10-31.htm>. Acesso em: 28 jul. 2016.

________. **Resumo das Convenções de Genebra de 12 de agosto de 1948 e dos seus Protocolos Adicionais**. 2.ª ed. Genebra: CICV, 2012. Disponível em: <https://www.icrc.org/por/assets/files/publications/0368.007_resumo-das-convenções.pdf>. Acesso em: 29 jul 2016

________. **International Humanitarian Law and the Challenges of Contemporary Armed Conflicts**. Geneva, October 2015. Disponível em: <https://www.icrc.org/en/document/international-humanitarian-law-and-challenges-contemporary-armed-conflicts>. Acesso em: 28 jul. 2016.

________. **No agreement by States on mechanism to strengthen compliance with rules of war**. 10 dez 2015. Disponível em: <https://www.icrc.org/en/document/no-agreement-states-mechanism-strengthen-compliance-rules-war>. Acesso em: 14 jul. 2016.

________. **Treaties, States Parties and Commentaries**. Disponível em: <https://www.icrc.org/ihl.nsf/INTRO/470?OpenDocument>. Acesso em: 27 jul. 2016.

________. **Situação em Alleppo** é **"devastadora e avassaladora"**. 21 jul. 2016. Disponível em: <https://www.icrc.org/pt/document/situacao-em-aleppo-e-devastadora-e-avassaladora-afirmou-responsavel-pelo-cicv-na-siria>. Acesso em: 29 jul. 2017.

COUNCIL ON FOREIGN RELATIONS. **Global Conflict Tracker**. Disponível em: <http://www.cfr.org/global/global-conflict-tracker/p32137#!/p32137>. Acesso em: 20 jul. 2016.

DURHAM, Helen. **Atrocities in conflict mean we need the Geneva Conventions more than ever**. *The Guardian*. 5 abr. 2016. Disponível em: <https://www.theguardian.com/global-development/2016/apr/05/atrocities-in-conflict-mean-we-need-the-geneva-conventions-more-than-ever>. Acesso em: 14 jul. 2016.

FERRARO, Tristan (ed.). **Expert Meeting Occupation and Other Forms of Administration of Foreign Territory**. Geneva: ICRC, 2012. Disponível em: <https://www.icrc.org/eng/assets/files/publications/icrc-002-4094.pdf>. Acesso em: 29 jul 2016.

HENCKAERTS, Jean-Marie. **Study on Customary Humanitarian Law**: A Contribution to the Understanding and Respect for the Rule of Law in Armed Conflict. *International Review of the Red Cross*, v. 87, n. 857, p.175-212. March 2005.

INTER-PARLIAMENTARY UNION; INTERNATIONAL LABOUR ORGANIZATION; UNITED NATIONS (Office of the High Commissioner of Human Rights). **Migration, Human Rights and Governance Handbook for Parliamentarians N.º** 24. 2015. Disponível em: <http://www.ohchr.org/Documents/Publications/MigrationHR_and_Governance_HR_PUB_15_3_EN.pdf>. Acesso em: 28 jul 2016

KELLENBERG, Jakob. **Strengthening Legal Protection for Victims of Armed Conflicts**. The ICRC Study on the Current State of International Humanitarian Law. *International Review of the Red Cross*, v. 92, n. 879, p. 799-804, September 2010.

Na grande cidade de Alepo, os civis não têm onde se esconder. *Público*. 29 abr. 2016.

OIM. **Glossary on Migration, International Migration Law Series**, n 25, 2011.

ONU. **United Nations Treaty Collection**. Disponível em: <https://treaties.un.org/pages/ParticipationStatus.aspx?clang=_en>. Acesso em: 12 jul. 2016.

ONU. **Abusos dos direitos humanos no Iraque são generalizados e severos**. *Rádio ONU*. 25 mar. 2015. Disponível em: <http://www.unmultimedia.org/radio/portuguese/2015/03/onu-abusos-dos-direitos-humanos-no-iraque-sao-generalizados-e--severos/index.html#.V5t2CY-cHKg>. Acesso em: 29 jul. 2016.

UCRÂNIA: Em Kramatorsk vive-se a "mísseis" e água. *Euronews*. 4 jul. 2014.

WALT, Stephen M. **The Top 5 Foreign Policy Lessons of the Past 20 Years**. *Foreign Policy*. 18 nov. 2014.

PROTEÇÃO DO PATRIMÔNIO HISTÓRICO, ARTÍSTICO E CULTURAL EM SITUAÇÃO DE GUERRA

Proteção do patrimônio histórico, artístico e cultural em casos de guerra

Ana Carolina Souza Fernandes[1]
Vladmir Oliveira da Silveira[2]

Introdução

A guerra sempre foi considerada como uma forma legítima de solução dos conflitos internacionais. Entretanto, com o passar do tempo, passou-se a limitar a guerra até finalmente considerá-la um ilícito, quando se declarou o direito à paz. Deste modo, há um bom tempo a guerra deve atender algumas premissas decorrentes do *jus in bello*, ou seja, dos direitos a serem observados em períodos de contendas armadas, com caráter eminentemente humanista.

Se, por um lado, o ordenamento jurídico internacional buscou regular o chamado Direito Internacional Humanitário, com o advento das Convenções de Genebra e seus Protocolos (*Convenções de Genebra*), por outro, a partir da Carta da Organização das Nações Unidas (ONU), prestigiou-se a solução pacífica, nos termos de seu artigo 33.º. Infrutífera a solução pacífica

[1] Mestre em Direito com Ênfase em Relações Econômicas Internacionais pela Pontifícia Universidade Católica de São Paulo (PUC/SP). Pós-graduada em Direito dos Contratos e Direito Societário (L.LM) pelo Insper – Instituição de Ensino e Pesquisa. Pós-graduada em Direito Civil pela Faculdade Autônoma de Direito (FADISP). Bacharel em Direito pela FADISP. Advogada.

[2] Pós-Doutor pela Universidade Federal de Santa Catarina (UFSC). Doutor e Mestre em Direito pela PUC/SP. Professor de Direito na PUC/SP e na Universidade Federal do Mato Grosso do Sul (UFMS). Foi presidente do Conselho Nacional de Pesquisa e Pós-Graduação em Direito – CONPEDI (2009-2013). Advogado.

submeter-se-iam às partes ao crivo do Conselho de Segurança, para que sejam tomadas as decisões acerca das medidas que entende apropriado diante da análise do caso em concreto (artigos 39.º e seguintes). Fato é que o Direito Internacional Humanitário busca dar dignidade às vítimas da guerra, enquanto a ONU procura dar à guerra um caráter de ilicitude internacional.

De qualquer forma, a guerra por si só causa transtornos não somente psicológicos à população civil envolvida, mas também patrimoniais (no sentido de coletividade de bens pertencentes à história e à cultura de determinado País e/ou região) e até mesmo ambientais, se considerarmos as diversas formas de degradação do meio ambiente como resultado dos armamentos utilizados nesse tipo de conflito (como, por exemplo, poluição decorrente do uso de substâncias químicas, devastação florestal, dentre outros)[3].

É por tal razão que alguns instrumentos normativos internacionais foram promulgados no âmbito da ONU, a saber: (i) a Convenção de Haia de 1954, que trata da Convenção para a Proteção de Bens Culturais em caso de Conflito Armado; e (ii) a Convenção de 1970, propondo medidas a serem adotadas para proibir a importação, exportação e transferência de propriedades ilícitas dos bens culturais.

No âmbito nacional, por sua vez, o Decreto sem número, de 27 de novembro de 2003, criou a Comissão Nacional para Difusão e Implementação do Direito Internacional Humanitário no Brasil, com vistas a trabalhar em conjunto tanto com a Cruz Vermelha Brasileira quanto com o Comitê Internacional da Cruz Vermelha para, principalmente, buscar formas de proteção não só aos não envolvidos no combate, como também ao patrimônio brasileiro.

Assim, o presente artigo pretende se debruçar sobre essas questões, isto é, sobre a guerra, as razões pelas quais se entende importante a proteção do patrimônio, as motivações e objetos de cada um dos tratados internacionais promulgados, e, por fim, como o Brasil lida internamente com essa temática.

[3] Ainda que não seja habitual fazer citação em introdução, entende-se importante informar que inobstante a existência de diversos tratados internacionais voltados à proteção do patrimônio histórico, artístico e cultural, nas quais serão analisados ao longo do presente artigo, não há, até o presente momento, qualquer tratado internacional que verse sobre a questão na seara ambiental. Entretanto, o Programa das Nações Unidas para o Meio Ambiente (PNUMA), organização internacional responsável por questões relativas ao meio ambiente, por meio da Resolução A/RES/56/4 da Assembleia Geral, instituiu o Dia Internacional para Prevenção da Exploração do Meio Ambiente na Guerra e em Conflitos Armados, celebrado em 06 de novembro de cada ano (ORGANIZAÇÃO DAS NAÇÕES UNIDAS. Disponível em: <http://www.un.org/en/ga/search/view_doc.asp?symbol=A/RES/56/4>. Acesso em: 24 abr. 2016).

Tudo isso para fins de indagação acerca da importância de se proteger a população civil e, em última análise, sua identidade e memória representada por meio de seu patrimônio. A resposta a essa problemática dar-se-á por meio de estudos legislativos, jurisprudenciais e literários, utilizando-se do método dedutivo.

1. A guerra como propulsor do direito internacional humanitário

Antes de adentrar no tema, importa esclarecer que a palavra *guerra* será utilizada ao longo do presente artigo para fins de adequação ao título da obra, não obstante ter sido consagrada a expressão *conflitos armados* nos tratados e jurisprudências internacionais[4].

A guerra, nos parece, é uma realidade constante na vida em sociedade, na qual não se consegue dissociar. Montesquieu[5] já alertava que "assim que os homens estão em sociedade, perdem o sentimento de sua fraqueza; a igualdade que existia entre eles finda, e o estado de guerra começa". Hugo Grotius[6] dizia que "a guerra é o estado de indivíduos, considerados como tais, que resolvem suas controvérsias pela força". Raymond Aron[7] reitera essa assertiva lecionando que:

[4] Leciona Celso Duvivier de Albuquerque Mello que "(...) se a doutrina do estado de guerra no DI ainda existe, ela tende a perder o seu papel relevante. A palavra *guerra* ficou extremamente difícil de ter fixado o seu sentido, que (...) os redatores dos tratados a partir de 1920 não mais a utilizam. (...). A palavra *guerra* ainda existe no DIP, porque ainda há um interesse para ser utilizada em um conflito de grande amplitude, por exemplo, 2° Guerra Mundial. (...). Além da imprecisão do elemento subjetivo e por consequência do estado de guerra, um outro fator conduz ao seu desaparecimento que tende a regulamentar os conflitos armados (guerra em sentido material) no sentido de humanizá-las. (...). Esta expressão surge para atender à realidade política da sociedade internacional; isto é, não há guerras, mas conflitos armados. E estes passam a serem diretamente regulamentados pelo DIH" (MELLO, Celso Duvivier de Albuquerque. **Direitos Humanos e Conflitos Armados**. São Paulo: Editora Renovar, 1997, p. 112-113). A Carta da ONU, ato contínuo, cinge-se a estatuir que "os membros da Organização, em suas relações internacionais, abster-se-ão de recorrer à ameaça ou ao uso da força (...)" (artigo 2.°, § 4°), evitando o uso da palavra *guerra*.

[5] MONTESQUIEU, Charles de. **O Espírito das Leis**. São Paulo: Martins Fontes, 2000, p. 15.

[6] GROTIUS, Hugo. **O Direito da Guerra e da Paz** (*De Jure Belli ac Pacis*). v. I. 2. ed. Rio Grande do Sul: Editora UNIJUI, 2005, p. 71-72.

[7] ARON, Raymond. **Paz e Guerra entre as Nações.** 1ª. ed. Tradução Sérgio Bath. Brasília: Editora Universidade de Brasília, 2002, p. 219.

> A guerra é de todas as épocas e civilizações. Os homens sempre se mataram, empregando os instrumentos fornecidos pelo costume e a técnica disponível: com machados e canhões, flechas ou projéteis, explosivos químicos ou reações atômicas; de perto ou de longe; individualmente ou em massa; ao acaso ou de modo sistemático.

A guerra pode ter diferentes contornos, sejam eles geográficos, econômicos, políticos, religiosos, etc., podendo ser considerada, a nosso entender, como o mecanismo de imposição mais cruel produzido pelo homem. Por tal razão, é que interessa ao direito internacional humanitário estabelecer os parâmetros de *justiça*, *legalidade* e *permissibilidade* da guerra como forma de proteção não só aos direitos humanos, como também da identidade cultural e patrimonial da população atingida.

Todavia, a literatura, a legislação e a jurisprudência internacionais têm certa dificuldade em definir o que seria, de fato, a guerra ou até mesmo quando ela tem início, levando Celso Duvivier de Albuquerque Mello ousar no sentido de dizer que a guerra é um "conceito juridicamente indeterminado"[8]. Isso porque tratados internacionais pretéritos, como, por exemplo, a III Convenção de Haia relativa à Abertura de Hostilidades (1907) preconiza em seu preâmbulo a necessidade de se declarar a guerra, sendo ratificado no artigo 1.º que as hostilidades não devem ser iniciadas sem aviso prévio e explícito, na forma de uma declaração de guerra ou de um ultimato[9].

A expressão conflitos armados também não foi definido nas Convenções de Genebra, mas seus contornos sim. A IV Convenção de Genebra (1949) estipula, em seu artigo 2.º:

> Além das disposições que devem entrar em vigor já em tempo de paz, a presente Convenção aplicar-se-á em caso de guerra declarada ou de qualquer outro conflito armado que surja entre duas ou várias das Altas Partes Contratantes, mesmo que o estado de guerra não seja reconhecido por uma delas.
>
> A Convenção aplicar-se-á igualmente em todos os casos de ocupação total ou parcial do território de uma Alta Parte Contratante, mesmo que esta ocupação não encontre qualquer resistência militar.

[8] MELLO, Celso Duvivier de Albuquerque. **Direitos Humanos e Conflitos Armados**. São Paulo: Editora Renovar, 1997, p. 111.

[9] Celso Duvivier de Albuquerque Mello entende que "há uma preocupação no mundo jurídico em se saber quando se passou da paz para a guerra; isto é, quando cessam de serem aplicadas determinadas normas e outras passam a ser aplicadas." MELLO, Celso Duvivier de Albuquerque. **Direitos Humanos e Conflitos Armados**. São Paulo: Editora Renovar, 1997, p. 112.

> Se uma das Potências em conflito não for parte na presente Convenção, as Potências que nela são partes manter-se-ão, no entanto, ligadas pela referida Convenção, nas suas relações recíprocas. Além disso, elas ficarão ligadas por esta Convenção à referida Potência, se esta aceitar e aplicar as suas disposições.

O I Protocolo (1977), que trata de conflitos armados internacionais preconiza em seu artigo 1° que:

> (...).
> 4. As situações a que se refere o parágrafo precedente compreendem os conflitos armados nos quais os povos lutam contra a dominação colonial e a ocupação estrangeira e contra os regimes racistas, no exercício dos direitos de livre determinação dos povos, consagrado na Carta das Nações Unidas e na Declaração sobre os Princípios de Direito Internacional referente às Relações de Amizade e Cooperação entre os Estados, em conformidade com a Carta das Nações Unidas.

Por fim, o II Protocolo (1977), que versa sobre os conflitos armados não internacionais, preconiza em seu artigo 1.°, número 3 estão fora do campo de aplicação "às situações de tensões internas e distúrbios internos, tais como os motins, os atos esporádicos e isolados de violência e outros atos análogos que não são considerados conflitos armados".

Assim, há uma ampliação nas hipóteses caracterizadoras dos conflitos armados, quais sejam: (i) não envolve necessariamente intervenção militar (como ocorre atualmente nos conflitos do Oriente Médio, por exemplo); (ii) desnecessária a sua declaração e/ou reconhecimento, bastando não ser um evento simplesmente esporádico e pontual; e (iii) compreendem qualquer tipo de conflito na busca da efetivação do princípio universal da autodeterminação (desprendendo-se da ideia de que os conflitos têm fins tão somente econômicos e/ou territorial).

As Convenções de Genebra, ao classificar os conflitos armados em internacionais e não internacionais[10] – se desvinculando da ideia de que a *guerra* só

[10] Não obstante já reconhecida essa diferença nas Convenções de Genebra, o Tribunal Penal Internacional para a Ex-Iugoslávia, ao julgar o caso The Prosecutor v. Dusko Tadic, a reiterou, inclusive ao alegar que mesmos conflitos internos (ou seja, não internacionais) podem adquirir contornos internacionais, a depender das circunstâncias do caso concreto. Nesse sentido: "It is indisputable that an armed conflict is international if it takes place between two or more States. In addition, in case of an internal armed conflict breaking out on the territory of a State, it may become international (or, depending upon the circumstances, be international in character alongside

é assim considerada quando há somente Estados Constitucionais[11] envolvidos –, se propõe a inferir sua ocorrência a partir do uso de força[12], qualquer seja sua natureza, independentemente da intensidade do confronto e sem a necessidade daquela formalidade de ser "declarada".

Seja o estado de guerra ou a existência de conflitos armados, o que concerne o Direito Internacional Humanitário é a proteção das pessoas fora de combate ou os não envolvidos nas hostilidades, respeitados sempre os princípios da neutralidade, da não-discriminação e da responsabilidade[13]. Ademais, as Convenções de Genebra buscaram, a cada promulgação, salvaguardar os sujeitos não abrangidos em convenções anteriores.

2. Conceito de patrimônio

Tivemos a oportunidade de tratar, no item anterior, acerca do surgimento do Direito Internacional Humanitário como resultado das perversidades perpetradas durante períodos de guerra. O primeiro tratado internacional a esse respeito é datado de 1864. A preocupação das organizações internacionais com o respeito à dignidade da pessoa humana e a primazia da vida humana vem de longa data. O mesmo não ocorreu com a proteção do patrimônio

an internal armed conflict) if (i) another State intervenes in that conflict through its troops, or alternatively if (ii) some of the participants in the internal armed conflict act on behalf of that other State" (**TRIBUNAL PENAL INTERNACIONAL PARA A EX-IUGOSLÁVIA. The Prosecutor v. Dusko Tadic**. Caso n. IT-94-1-A, de 15 de julho de 1999. Disponível em: <www.icty.org/x/cases/tadic/acjug/en/tad-aj990715e.pdf>. Acesso em 24 de abril de 2016).

11 Utiliza-se a terminologia "Estados Constitucionais" ao invés de simplesmente "Estado-Nação", uma vez que utiliza-se o referencial teórico da teoria da democracia em detrimento da teoria geral do Estado.

12 Vide parágrafo 7, p. 155; parágrafo 22, p. 160 (**TRIBUNAL PENAL INTERNACIONAL PARA A EX-IUGOSLÁVIA. The Prosecutor v. Dusko Tadic**. Caso n. IT-94-1-A, de 15 de julho de 1999. Disponível em: <www.icty.org/x/cases/tadic/acjug/en/tad-aj990715e.pdf>. Acesso em: 24 abr. 2016).

13 Leciona Francisco Rezek: "O sistema protetivo das Convenções de Genebra repousa sobre alguns princípios, como o da *neutralidade* (a assistência humanitária jamais pode ser vista como uma intromissão no conflito; em contrapartida, todas as categorias de pessoas protegidas devem abster-se, durante todo o tempo, de qualquer atitude hostil), o da *não-discriminação* (o mecanismo protetivo não pode variar em função da raça, do sexo, da nacionalidade, da língua, da classe ou das opiniões políticas, filosóficas e religiosa das pessoas), e o da *responsabilidade* (o Estado preponente, e não o corpo da tropa, é responsável pela sorte das categorias de pessoas protegidas e pela fiel execução das normas convencionais)" REZEK, Francisco. **Direito Internacional Público: Curso Elementar**. 10. ed. rev. atual. São Paulo: Editora Saraiva, 2005, p. 375-376).

histórico, cultural e artístico em casos de guerra, cujo primeiro tratado internacional é datado de 1954.

É importante ressaltar que as consequências das guerras não se limitam somente aos serem humanos; as guerras dizimam monumentos e obras históricas; as guerras devastam as paisagens naturais; as guerras destroem bens materiais e imateriais de uma determinada civilização; as guerras atingem crenças, modos de vida, expressões e práticas culturais. E como infere Fernando Fernandes da Silva, "a perda de um bem cultural acarreta a perda do conhecimento a ser transmitido para as futuras gerações"[14], na medida em que o patrimônio representa a identidade nacional. Por tal razão que se diz que "a possibilidade da perda do patrimônio é ao mesmo tempo a 'causa e efeito da proteção'"[15].

Situado no Capítulo da Educação, da Cultura e do Desporto, a Constituição Federal de 1988, no artigo 216, determina que:

> Art. 216.º. Constituem patrimônio cultural brasileiro os bens de natureza material e imaterial, tomados individualmente ou em conjunto, portadores de referência à identidade, à ação, à memória dos diferentes grupos formadores da sociedade brasileira, nos quais se incluem:
> I – as formas de expressão;
> II – os modos de viver, fazer e criar;
> III – as criações científicas, artísticas e tecnológicas;
> IV – as obras, objetos, documentos, edificações e demais espaços destinados às manifestações artístico-culturais;
> V – os conjuntos urbanos e sítios de valor histórico, paisagístico, artístico, arqueológico, paleontológico, ecológico e científico.

Depreende-se que cumpre ao Estado[16] definir o que é – ou o que poderá vir a ser – considerado patrimônio, porquanto é possível aprender a história de determinado povo, examinando-o e estudando-o em sua coletividade. Ademais, podemos melhor compreender a identidade de um povo, a partir

[14] SILVA, Fernando Fernandes de. **As Cidades Brasileiras e o Patrimônio Cultural da Humanidade**. 2. ed. São Paulo: EDUSP, 2012, p. 43.

[15] BO, João Batista Lanari. **Proteção do Patrimônio na UNESCO**: Ações e Significações. Brasília: UNESCO, 2003, p. 27.

[16] Por meio do Instituto de Patrimônio Histórico e Artístico Nacional (IPHAN), autarquia federal vinculada ao Ministério da Cultura. Para maiores informações, ver: <http://portal.iphan.gov.br/pagina/detalhes/872>. Acesso em 24 abr. 2016.

das realizações que ocorreram no passado e hoje existem sob a forma de património, enquanto soma de bens detentores de algum valor.

Como forma de regular o referido dispositivo, o Brasil promulgou 02 (duas) leis a esse respeito, a saber: (i) o Decreto-Lei n. 25, de 30 de novembro de 1937, objetivando a proteção do patrimônio histórico e artístico nacional e instituindo a figura jurídica do tombamento e (ii) a Lei n. 3.924, de 26 de julho de 1961, que dispõe sobre os monumentos arqueológicos e pré-históricos.

No primeiro caso, a legislação brasileira conceitua o patrimônio nacional como o "conjunto dos bens móveis e imóveis existentes no país e cuja conservação seja de interesse público, quer por sua vinculação a fatos memoráveis da história do Brasil, quer por seu excepcional valor arqueológico ou etnográfico, bibliográfico ou artístico", como também "os monumentos naturais, bem como os sítios e paisagens que importe conservar e proteger pela feição notável com que tenham sido dotados pela natureza ou agenciados pela indústria humana" (artigo 1.° combinado com o §1°)[17].

No segundo caso, que, em certa medida, complementa o primeiro, o artigo 2° esclarece que são monumentos arqueológicos ou pré-históricos:

> a) as jazidas de qualquer natureza, origem ou finalidade, que representem testemunhos de cultura dos paleoameríndios do Brasil, tais como sambaquis, montes artificiais ou teses, poços sepulcrais, jazigos, aterrados, estearias e quaisquer outras não especificadas aqui, mas de significado idêntico a juízo da autoridade competente;
>
> b) os sítios nos quais se encontram vestígios positivos de ocupação pelos paleoameríndios tais como grutas, lapas e abrigos sob rocha;
>
> c) os sítios identificados como cemitérios, sepulturas ou locais de pouco uso prolongado ou de aldeiamento, "estações" e "cerâmicos", nos quais se encontram vestígios humanos e de interesse arqueológico ou paleoetnográfico;
>
> d) as inscrições rupestres ou locais como sulcos de polimentos de utensílios e outros vestígios de atividade de paleoameríndios.

[17] Excluem-se deste conceito, nos termos do artigo 3.°, as obras de origem estrangeira: "1) que pertençam às representações diplomáticas ou consulares acreditadas no país; 2) que adornem quaisquer veículos pertencentes a empresas estrangeiras, que façam carreira no país; 3) que se incluam entre os bens referidos no art. 10 da Introdução do Código Civil, e que continuam sujeitas à lei pessoal do proprietário; 4) que pertençam a casas de comércio de objetos históricos ou artísticos; 5) que sejam trazidas para exposições comemorativas, educativas ou comerciais; 6) que sejam importadas por empresas estrangeiras expressamente para adorno dos respectivos estabelecimentos".

No âmbito internacional, a Organização das Nações Unidas para a Educação, a Ciência e a Cultura ("UNESCO"), "graças à sua vocação interdisciplinar, desempenha um papel pioneiro na convergência das vertentes natural e cultural no conceito de patrimônio"[18], muito embora esteja passível de críticas porquanto entendemos que não acompanha a evolução e a transformação da sociedade internacional.

3. Instrumentos normativos internacionais de proteção do patrimônio

A importância da preservação do patrimônio está devidamente reconhecida como resultado das aprofundadas discussões a respeito do tema no âmbito da UNESCO ao longo dos últimos anos. E não só sob o ponto de vista histórico, artístico e cultural; mas também criminal. O Estatuto de Roma do Tribunal Penal Internacional, na qual o Brasil é signatário[19], e que julga crimes de guerra determina o que segue:

> 1. O Tribunal terá competência para julgar os crimes de guerra, em particular quando cometidos como parte integrante de um plano de ou de uma política ou como parte de uma prática em larga escala desse tipo de crimes.
> 2. Para os efeitos do presente Estatuto, entende-se por "crimes de guerra":
> a) As violações graves às Convenções de Genebra, de 12 de Agosto de 1949, a saber, qualquer um dos seguintes atos, dirigidos contra pessoas ou bens protegidos nos termos da Convenção de Genebra que for pertinente:
> (...)
> iv) Destruição ou a apropriação de bens em larga escala, quando não justificadas por quaisquer necessidades militares e executadas de forma ilegal e arbitrária;
> (...)
> b) Outras violações graves das leis e costumes aplicáveis em conflitos armadas internacionais no âmbito do direito internacional, a saber, qualquer um dos seguintes atos:
> (...)

[18] BO, João Batista Lanari. **Proteção do Patrimônio na UNESCO:** Ações e Significações. Brasília: UNESCO, 2003, p. 30.

[19] E incorporado no ordenamento jurídico por meio do Decreto n. 4.388, de 25 de setembro de 2002.

ii) Dirigir intencionalmente ataques a bens civis, ou seja bens que não sejam objetivos militares;

(...)

iv) Lançar intencionalmente um ataque, sabendo que o mesmo causará perdas acidentais de vidas humanas ou ferimentos na população civil, danos em bens de caráter civil ou prejuízos extensos, duradouros e graves no meio ambiente que se revelem claramente excessivos em relação à vantagem militar global concreta e direta que se previa;

v) Atacar ou bombardear, por qualquer meio, cidades, vilarejos, habitações ou edifícios que não estejam defendidos e que não sejam objetivos militares;

(...)

ix) Dirigir intencionalmente ataques a edifícios consagrados ao culto religioso, à educação, às artes, às ciências ou à beneficência, monumentos históricos, hospitais e lugares onde se agrupem doentes e feridos, sempre que não se trata de objetivos militares;

(...)

xiii) Destruir ou apreender bens do inimigo, a menos que tais destruições ou apreensões sejam imperativamente determinadas pelas necessidades da guerra;

(...)

xxiv) Dirigir intencionalmente ataques a edifícios, material, unidades e veículos sanitários, assim como o pessoal que esteja usando os emblemas distintivos das Convenções de Genebra, em conformidade com o direito internacional; (...)".

Fato é que a Segunda Guerra Mundial demonstrou que muito precisava ser feito no que diz respeito à proteção do patrimônio[20], principalmente se levado em consideração que as forças nazistas destruíram e roubaram grande quantidade de patrimônio cultural por toda a Europa e, até hoje, jamais foram recuperados[21]. E é para evitar situações futuras desse porte que se dá início a adoção de uma série de tratados internacionais com esse fim e que passamos a analisar.

20 Neste sentido, ver: FOSTER, Catherine. **Stolen Art as War Booty:** Hostages or Harbingers of Peace? *The Christian Science Monitor*, 1995, p. 1.

21 EAGEN, Sarah. **Preserving Cultural Property: Our Public Duty**. A Look at How and Why We Must Create International Laws that Support International Actions. *Pace International Law Review*, v. 13, 2001, p. 421.

3.1. Convenção de Haia para Proteção de Bens Culturais (1954)

O preâmbulo da Convenção para a Proteção dos Bens Culturais em Caso de Conflito Armado de 1954[22] (*Convenção de Haia*) corrobora o contexto histórico de sua edição, bem como o racional por detrás da proteção do patrimônio. Dispõe que:

> (...) os bens culturais sofreram graves danos durante os últimos conflitos e que eles se encontram cada vez mais ameaçados de destruição devido ao desenvolvimento de tecnologia de guerra.
>
> (...) os atentados perpetrados contra os bens culturais, qualquer que seja o povo a quem eles pertençam, constituem atentados contra o patrimônio cultural de toda a humanidade, sendo certo que cada povo dá a sua contribuição para a cultura mundial.

Dividida em 7 (sete) Capítulos e 40 (quarenta) artigos, é o primeiro instrumento normativo internacional, de caráter universal, na qual define bens culturais, qualquer que seja sua origem ou seu proprietário, nos seguintes termos: (i) bens móveis ou imóveis, que apresentem uma grande importância para o patrimônio cultural dos povos (compreendendo arquitetura, história, arte, religioso, arqueológico, etc.); (ii) edifícios (tais como museus, bibliotecas, depósitos de arquivos, dentre outros); e (iii) centros monumentais.

Uma das principais críticas à Convenção de Haia dá-se pelo fato de que as disposições ali contidas funcionavam apenas na teoria, porquanto em tempos de guerra era de difícil aplicabilidade. Por um lado, o argumento poderia ser refutado utilizando-se, por exemplo, a atuação da ONU na devolução das barras de ouro roubados pelo Iraque do Kuwait durante a Guerra Fria[23]. De outro, o argumento poderia ser corroborado diante da Guerra da Independência da Croácia, que falhou na preservação de seu patrimônio (monumentos e igrejas), mesmo revestida de bandeiras e distintivos, nos termos da Convenção de Haia[24].

[22] Incorporado no ordenamento jurídico por meio do Decreto n.º 44/851, de 11 de novembro de 1958.

[23] LEWIS, Paul. *UN Helps Kuwait Recover Iraqi Loot*. Disponível em: <http://www.nytimes.com/1991/07/30/world/un-helps-kuwait-recover-iraqi-loot.html>. Acesso em: 25 abr. 2016.

[24] NEW YORK TIMES. *Targeting Croatia's Culture is a War Crime*. Disponível em: <http://www.nytimes.com/1991/10/28/opinion/l-targeting-croatia-s-culture-is-war-crime-608091.html>. Acesso em: 25 abr. 2016.

Outra crítica diz respeito ao uso excessivo da expressão "necessidade militar" para justificar o não cumprimento quanto à proteção do patrimônio. Ou seja, o patrimônio poderá ser completamente destruído sob a rubrica da necessidade militar. Portanto, acredita-se, pois, haver um abuso em potencial dos países ao invocar o conceito de necessidade militar durante um conflito armado, o que prejudica sobremaneira sua aplicabilidade em função de sua subjetividade[25].

A última crítica que envolve a Convenção de Haia é resumida por Raymond Aron[26]:

> Diversos fatores concorreram para a percepção de que a Convenção de 1954 mostrava-se insuficiente diante da escalada de conflitos, sobretudo com o desmoronamento da estrutura internacional a partir da queda do muro de Berlim, em 1989. A nova dinâmica assumida pelos eventos levaram a Conferência-Geral da UNESCO a adotar, em 1991, resolução em que se reconhecia explicitamente que o sistema de proteção ao patrimônio, em caso de conflito armado, não era mais satisfatório.

E por tal razão, a UNESCO editou o Segundo Protocolo da Convenção de Haia, celebrada em 26 de março de 1999 ("Segundo Protocolo")[27], cujo campo de aplicação se dá em tempos de paz, como também nas situações em que uma das partes envolvidas no conflito armado não é signatária do Segundo Protocolo. Adicionalmente, instituiu um Comitê Intergovernamental com objetivo de proteger os patrimônios objeto da Convenção de Genebra, cujas principais atribuições consistem em: (i) elaborar diretrizes para a implementação do Segundo Protocolo; (ii) conceder, suspender ou anular a proteção de patrimônios; (iii) promover a identificação dos patrimônios sob proteção reforçada, dentre outros (artigo 27.º, item 1).

3.2. Convenção sobre o Tráfico de Bens Culturais (1970)

A Convenção relativa às Medidas a serem Adotadas para Proibir e Impedir a Importação, Exportação e Transferência de Propriedades Ilícitas dos Bens

25 EAGEN, Sarah. **Preserving Cultural Property: Our Public Duty**. A Look at How and Why We Must Create International Laws that Support International Actions. *Pace International Law Review*, v. 13, 2001, p. 426.

26 ARON, Raymond. **Paz e Guerra entre as Nações**. 1. ed. Tradução Sérgio Bath. Brasília: Editora Universidade de Brasília, 2002, p. 41-42.

27 Incorporado no ordenamento jurídico por meio do Decreto n.º 5/760, de 24 de abril de 2006.

Culturais de 1970 ("Convenção sobre o Tráfico Ilícito")[28] teve como objetivo primordial "traduzir uma ansiedade dos países recém-descolonizados em fundamentar os atributos de sua nacionalidade"[29].

Depreende-se, pois, que a Convenção sobre o Tráfico Ilícito possui uma perspectiva de retenção nacional, ou seja, prestigia-se a manutenção do patrimônio histórico, artístico e cultural no país de origem dos mesmos. Reitera-se esse entendimento no preâmbulo que preconiza que "os bens culturais constituem um dos elementos básicos da civilização e da cultura dos povos, e que seu verdadeiro valor só pode ser apreciado quando se conhecem, com a maior precisão, sua origem, sua história e seu meio ambiente".

Ato contínuo, com 26 (vinte e seis) artigos, a Convenção sobre o Tráfico Ilícito propiciou: (i) o alargamento do conceito de patrimônio, compreendendo "quaisquer bens que, por motivos religiosos e profanos, tenham sido expressamente designados por cada Estado como de importância para a arqueologia, a pré-história, a história, a literatura, a arte ou a ciência" (artigo 1.°) e (ii) o incentivo à atuação das autoridades internas, no sentido de estabelecer uma legislação adequada (inclusive prescrevendo penalidades e sanções), órgãos de controle e promoção de cooperação e intercâmbio internacionais.

Desde sua edição, a Convenção sobre o Tráfico Ilícito chamou à atenção para um instituto internacional até então desconhecido: a repatriação, ou seja, a possibilidade de reivindicar propriedade sobre determinado patrimônio tirado ilicitamente de seu local de origem[30].

4. O Brasil e a Comissão Nacional de Direito Internacional Humanitário

A Comissão Nacional de Direito Internacional Humanitário[31] (*Comissão*) surgiu como forma de "propor às autoridades competentes as medidas necessárias à implementação e à difusão do Direito Internacional Humanitário no Brasil,

[28] Incorporado no ordenamento jurídico por meio do Decreto n.º 72/312, de 31 de maio de 1973.

[29] ARON, Raymond. **Paz e Guerra entre as Nações.** 1.ª ed. Tradução Sérgio Bath. Brasília: Editora Universidade de Brasília, 2002, p. 50.

[30] Para aprofundamento no assunto, ver: MERRYMAN, John Henry. **Two Ways of Thinking About Cultural Property.** *The American Journal of International Law*, v. 80, p. 842-845, 1986.

[31] Nos termos do artigo 2.°, farão parte desta Comissão membro do Ministério das Relações Exteriores (que presidirá), do Ministério da Justiça, do Ministério da Defesa, do Ministério da Saúde, do Ministério da Educação, do Ministério da Cultura, da Casa Civil da Presidência da República, da Secretaria Especial dos Direitos Humanos da Presidência da República e, por fim, um membro de cada uma das Casas do Congresso Nacional.

notadamente as Convenções de Genebra de 1949 e Protocolos Adicionais I e II de 1977[32], bem como em relações aos demais instrumentos sobre a matéria de que o Brasil seja parte" (artigo 1.º do Decreto sem número, de 27 de novembro de 2003).

Em outras palavras, a intenção por detrás da criação da Comissão é dar rapidez à formulação de regras internas a respeito do tema, considerando a forma como a norma internacional é incorporada no ordenamento jurídico brasileiro[33]. A simples assinatura tão somente autentica o texto do tratado internacional; não lhe reveste de obrigatoriedade. Nos dizeres de Celso Duvivier de Albuquerque Mello[34]:

> A assinatura no período histórico em que predominou a teoria do mandato para os plenos poderes era da maior importância, uma vez que ela obrigava o soberano que deveria obrigatoriamente ratificar o tratado, a não ser no caso em que o negociador excedesse os poderes recebidos. Todavia, com o desenvolvimento da ratificação como ato discricionário, a assinatura diminuiu consideravelmente de importância.

Esse entendimento é reiterado pelo disposto no Constituição Federal de 1988, em seu artigo 84, inciso VIII em conjunto com o artigo 49, inciso I. Isso porque compete privativamente ao Presidente da República "celebrar tratados, convenções e atos internacionais, sujeitos a referendo do Congresso Nacional", sendo que este resolverá "definitivamente sobre tratados, acordos ou atos internacionais que acarretem encargos ou compromissos gravosos ao patrimônio nacional". Ou seja, não basta a assinatura do Chefe do Poder Executivo ou de seu mandatário em tratados internacionais; há que ser o mesmo ratificado pelo Congresso Nacional e, posteriormente, promulgado por meio de decreto no Diário Oficial.

A Comissão, portanto, pressupõe que as autoridades internas atuem por iniciativa própria no sentido de conferir efetividade ao objeto dos tratados internacionais, não somente aos de direito humanitário, como também os

[32] Vale dizer que são 04 (quatro) as Convenções de Genebra vigentes atualmente e 03 (três) Protocolos, sendo o terceiro promulgado em 2005, portanto, após o Decreto em referência.

[33] Não obstante a promulgação da Emenda Constitucional n.º 45/2004, o fato de o objeto do tratado internacional envolver questões de direitos humanos, não afasta a necessidade de se observar o rito constitucional de incorporação interna. O que difere um tratado internacional de outro é que no caso deste último, passa a ter *status* de emenda constitucional e não simplesmente uma lei ordinária (infraconstitucional).

[34] MELLO, Celso Duvivier de Albuquerque. **Curso de Direito Internacional Público,** I Volume. 13.ª ed. rev. ampl. Rio de Janeiro: Renovar, 2001, p. 214.

voltados à proteção de bens históricos, culturais e artísticos em caso de conflito armado. Leciona Eduardo Bittencourt Cavalcanti[35] que:

> A experiência internacional tem demonstrado que a criação de uma Comissão Nacional não apenas favorece o estabelecimento de diretrizes e a coordenação de ações relativas à aplicação do direito humanitário, mas também reforça, do ponto de vista político, o compromisso real com as prerrogativas essenciais outorgadas às vítimas dos conflitos armados e constitui oportunidade de o Estado demonstrar disposição em cumprir com as obrigações fundamentais de respeitar e fazer respeitar o direito internacional humanitário.

Inclusive, a esse respeito, bem antes da ratificação do III Protocolo à Convenção de Genebra[36], por exemplo, o Ministério da Defesa brasileiro, em observância ao disposto no artigo 7.°[37], edita a Portaria Normativa n.º 926, de 13 de junho de 2008, com vistas a incluir o estudo do Direito Humanitário na formação das Forças Armadas, porquanto "limita o direito das partes em conflito a escolher livremente os métodos e meios a serem empregados na condução das hostilidades, bem como visa a proteger as pessoas e os bens afetados pelos referidos conflitos" (artigo 3.°).

A despeito da proteção do patrimônio histórico, artístico e cultural em casos de conflito armados, conforme já mencionado, o ordenamento jurídico brasileiro carece de legislação específica.

Considerações Finais

O presente artigo analisou o corpus iuris internacional de proteção do patrimônio histórico, artístico e cultural em casos de guerra. Difere, portanto, do chamado Direito Internacional Humanitário que formulou premissas com vistas a humanizar o lado perverso da guerra.

[35] CAVALCANTI, Eduardo Bittencourt. **A Relevância da Difusão do Direito Internacional dos Conflitos Armados na Evolução das Forças Armadas Brasileiras no Século XXI**. Disponível em: <www.defesa.gov.br/projetosweb/.../artigo-eduardo-bittencourt.pdf>. Acesso em: 23 abr. 2016.

[36] Por meio do Decreto n.º 7/196, de 01 de junho de 2010.

[37] Art. 7°. Difusão.

"As Altas Partes Contratantes comprometem-se, em tempo de paz e em tempo de conflito armado, a difundir o presente Protocolo o mais amplamente possível em seu respectivo País e, sobretudo, incluir seu estudo nos programas de instrução militar e a encorajar seu estudo pela população civil, de modo que este instrumento possa ser conhecido pelas forças armadas e pela população civil".

A ideia de que a preservação dos patrimônios em geral é a única forma de propiciar uma identidade nacional – ou até mesmo internacional – e manter viva a história dos povos, justifica-se, pois, a preocupação do direito internacional em regular tais situações, principalmente em tempos de guerra. Colocando de outra forma, o direito internacional revelou uma intenção positiva de uma cooperação mundial no que diz respeito à proteção e manutenção da herança cultural da humanidade.

A promulgação de cada uma das convenções aqui abordadas baseou-se em eventos históricos e, consequentemente, estes foram refletidos, de certa forma, em seus dispositivos. É verdade que alguns aspectos merecem críticas e outros elogios, mas ainda assim, é um primeiro passo que tende, ao longo do tempo e dos acontecimentos, ser aprimorado. A herança histórica, artística e cultural é demasiado importante para se prender a um conceito estático.

Referências

ARON, Raymond. **Paz e Guerra entre as Nações**. 1.ª ed. Tradução Sérgio Bath. Brasília: Editora Universidade de Brasília, 2002.

BO, João Batista Lanari. **Proteção do Patrimônio na UNESCO: Ações e Significações**. Brasília: UNESCO, 2003.

CAVALCANTI, Eduardo Bittencourt. **A Relevância da Difusão do Direito Internacional dos Conflitos Armados na Evolução das Forças Armadas Brasileiras no Século XXI**. Disponível em: <www.defesa.gov.br/projetosweb/.../artigo-eduardo-bittencourt.pdf>. Acesso em: 23 abr. 2016.

EAGEN, Sarah. **Preserving Cultural Property: Our Public Duty: A Look at How and Why We Must Create International Laws that Support International Actions.** *Pace International Law Review*, Volume 13, 2001, p. 408-448.

FOSTER, Catherine. **Stolen Art as War Booty: Hostages or Harbingers of Peace?** *The Christian Science Monitor*, 1995.

GROTIUS, Hugo. **O Direito da Guerra e da Paz (*De Jure Belli ac Pacis*)**. V. I. 2.ª ed. Rio Grande do Sul: Editora UNIJUI, 2005.

INSTITUTO DE PATRIMÔNIO HISTÓRICO E ARTÍSTICO NACIONAL. Disponível em: <http://portal.iphan.gov.br/pagina/detalhes/872>. Acesso em: 24 abr. 2016.

LEWIS, Paul. **UN Helps Kuwait Recover Iraqi Loot**. Disponível em: <http://www.nytimes.com/1991/07/30/world/un-helps-kuwait-recover-iraqi-loot.html>. Acesso em: 25 abr. 2016.

MELLO, Celso Duvivier de Albuquerque. **Direitos Humanos e Conflitos Armados**. São Paulo: Editora Renovar, 1997.

________. **Curso de Direito Internacional Público**. I Volume. 13.ª ed. rev. ampl. Rio de Janeiro: Renovar, 2001.

MERRYMAN, John Henry. **Two Ways of Thinking About Cultural Property**. *The American Journal of International Law*, v. 80, p. 831-853,1986.

MONTESQUIEU, Charles de. **O Espírito das Leis**. São Paulo: Martins Fontes, 2000.

NEW YORK TIMES. **Targeting Croatia's Culture is a War Crime**. Disponível em: <http://www.nytimes.com/1991/10/28/opinion/l-targeting-croatia-s-culture-is-war--crime-608091.html>. Acesso em: 25 abr. 2016.

ORGANIZAÇÃO DAS NAÇÕES UNIDAS. Disponível em: <http://www.un.org/en/ga/search/view_doc.asp?symbol=A/RES/56/4>. Acesso 24 abr. 2016.

REZEK, Francisco. **Direito Internacional Público: Curso Elementar**. 10.ª ed. rev. atual. São Paulo: Editora Saraiva, 2005.

SILVA, Fernando Fernandes de. **As Cidades Brasileiras e o Patrimônio Cultural da Humanidade**. 2.ª ed. São Paulo: EDUSP, 2012.

TRIBUNAL PENAL INTERNACIONAL PARA A EX-IUGOSLÁVIA. *The Prosecutor v. Dusko Tadic*. Caso n.º IT-94-1-A, de 15 de julho de 1999. Disponível em: <www.icty.org/x/cases/tadic/acjug/en/tad-aj990715e.pdf>. Acesso em: 24 abr. 2016.

DA PARTICIPAÇÃO DO SETOR PRIVADO COMO UMA DAS FORÇAS BÉLICAS CONTEMPORÂNEAS

Da desestatização da guerra à privatização da paz: uma introdução ao mercado global de empresas militares privadas

Henrique Lenon Farias Guedes[1]
Marcilio Toscano Franca Filho[2]

Introdução

Uma grande marca dos conflitos da História não recebe tanta atenção dos estudos especializados: a constante presença de atores privados, atuando, em alguns casos, de modo decisivo e imprescindível. Esses particulares historicamente participam dos conflitos, visando não à vitória de uma causa, mas a cumprir um contrato firmado com uma das partes da contenda. Muito além do

[1] Advogado inscrito na Ordem dos Advogados do Brasil, Doutorando em Direito Internacional pela Universidade de São Paulo (USP), Mestre em Direito Econômico pela Universidade Federal da Paraíba (Brasil) e professor do Centro Universitário de João Pessoa (Unipê). Currículo completo: http://lattes.cnpq.br/7424760119276769.

[2] Professor Visitante da Faculdade de Direito da Universidade de Torino e research fellow do Collegio Carlo Alberto, ambos na Itália. Membro do Executive Council da International Law Association (ILA, Londres, Reino Unido) e árbitro suplente do Tribunal Permanente de Revisão do MERCOSUL (Assunção, Paraguai). Doutor em Direito pela Universidade de Coimbra (Portugal). Pós-doutorado em Direito no Instituto Universitário Europeu de Florença (Itália), onde foi Calouste Gulbenkian Fellow. Professor do Centro de Ciências Jurídicas da Universidade Federal da Paraíba e Procurador do Ministério Pùblico junto ao Tribunal de Contas da Paraíba. Líder do Laboratório Internacional de Investigações em Transjuridicidade, o LABIRINT, vinculado ao Centro de Ciências Jurídicas da UFPB. Currículo completo: <http://lattes.cnpq.br/9944148580579344>.E -mail:<mfilho@tce.pb.gov.br>.

conceito de "mercenários", o presente texto trata do contemporâneo mercado de empresas militares privadas, corporações especializadas em serviços de segurança internacional terceirizados.

Em verdade, embora a contratação de exércitos privados tenha sido a regra na História dos conflitos, a prática tornou-se exceção por um breve período: da Paz de Vestefália, em 1648, ao fim da Guerra Fria, nos anos 1990, os centros de poder adotaram, de maneira preferencial, a forma de Estados, que – no mínimo, idealmente – se arvoravam o monopólio do direito e do uso da força sobre determinado território, tornando-se a contratação de exércitos privados, nesse intervalo histórico específico, um tabu. Embora o leitor habituado aos conceitos típicos do Estado moderno possa considerar o uso de exércitos privados algo excepcional ou mesmo impensável, é fato que, antes de Vestefália, não se faziam guerras sem tropas contratadas; depois da Guerra Fria, o Estado se afastou dos conflitos, e não se pode mais alcançar a paz, sem o auxílio de empresas militares privadas.

No breve hiato histórico, especialmente após a Revolução Francesa, em que os únicos Exércitos legítimos eram estatais, formaram-se, muito paulatinamente, regras para os conflitos, culminando com o direito internacional humanitário desenvolvido a partir do final do século XIX. A necessidade de regulação das condutas dos atores que se envolvem em guerras decorre não apenas de uma pretensa "humanização" dos conflitos, mas da convicção de que a paz é mais duradoura, quando as hostilidades não redundam em atrocidades a serem vingadas ou retribuídas. Contemporaneamente, contudo, quando exércitos privados são contratados, para participar das guerras, o problema da regulação volta ao seu ponto inicial, a um marco zero, pois, até o momento, os Estados não alcançaram o consenso necessário para a produção de um documento vinculante nas Nações Unidas, e as opções regulatórias tradicionais disponíveis no âmbito internacional são insuficientes para o multifacetado fenômeno da guerra por contrato.

Este texto pretende, inicialmente, apresentar o atual estado do mercado de empresas militares privadas, em função da gradual partida estatal da guerra e da consequente participação de atores privados nos conflitos contemporâneos. Em seguida, expõe as principais iniciativas de regulação do mercado, isto é, a proposta de um marco normativo no âmbito das Nações Unidas e o Código Internacional de Conduta Para Provedores de Serviços de Segurança Privada, o ICoC.

1. A desestatização da guerra

O direito internacional clássico habituou-se a encarar a guerra como fenômeno interestatal. Forjado especialmente a partir de Hugo Grotius (2005), no campo teórico, e da Paz de Vestefália, no campo político e jurídico, o ramo do direito especializado em regular as relações dos Estados se ocupou, em seus primeiros séculos, em disciplinar, em especial, as transações comerciais, os privilégios diplomáticos e as condutas dos combatentes, sempre pressupondo que apenas o Estado tinha o direito de fazer a guerra.[3]

Após a Segunda Guerra Mundial, contudo, a guerra se tornou um ilícito internacional, e a Carta das Nações Unidas (ONU)[4], ao mesmo tempo em que garantiu a paz e a segurança internacionais como propósitos da nascente organização, trouxe aos Estados o direito ao uso da força apenas em legítima defesa e nos limites autorizados pelo Conselho de Segurança (MIALHE, 2007, p. 157-159; SORTO, 2013, p. 341).

Em suma, a partir de 1945, o Estado não tinha mais um direito à guerra. O contexto político que sucedeu a Segunda Guerra Mundial, entretanto, forjou um conflito ficto, caracterizado por uma bipolaridade nas relações internacionais, a qual, em regra, opunha aliados dos Estados Unidos da América e da União das Repúblicas Socialistas Soviéticas em acordos securitários de legítima defesa, plenamente autorizados pelo artigo 51 da Carta da ONU; havia uma tensão militar permanente, mas não exatamente uma agressão direta. A queda do Muro de Berlim, em 1989, e o desaparecimento da URSS, em

[3] Um dos precursores do direito internacional clássico, Francisco de Vitória (1964) considerava, em texto de 1557, que apenas os Príncipes, e não as comunidades dentro dos Estados, poderiam fazer guerras. Na sua referencial obra de 1625, *De jure belli ac pacis*, Grotius (2005) distingue as guerras públicas e privadas, sendo que estas só seriam admitidas em caso de legítima defesa e na ausência da autoridade estatal. Em livro de 1650, o inglês Richard Zouche (1911, p. 32-33) distingue as guerras formais e informais, sendo que estas seriam conduzidas por indivíduos, e aquelas, por Estados, e, seguindo Santo Agostinho, afirma que apenas Príncipes, ou melhor, pessoas com autoridade poderiam conduzir guerras. O alemão Georg-Friedrich Von Martens (1802), em manual de direito internacional publicado por sucessivas vezes, entre o final do século XVIII e o início da centúria seguinte, sistematizou as situações em que se admitia a guerra como meio de uma Nação fazer valer seus direitos.

[4] Eis o primeiro artigo do documento: "Artigo 1º. Os propósitos das Nações unidas são: 1. Manter a paz e a segurança internacionais e, para esse fim: tomar, coletivamente, medidas efetivas para evitar ameaças à paz e reprimir os atos de agressão ou outra qualquer ruptura da paz e chegar, por meios pacíficos e de conformidade com os princípios da justiça e do direito internacional, a um ajuste ou solução das controvérsias ou situações que possam levar a uma perturbação da paz" (BRASIL, 1945).

1991, acarretou, no início, a percepção de um suposto "fim da História", com uma "nova ordem mundial", caracterizada pela expansão do livre-mercado e das democracias, tencionando criar a competição entre empresas, e não entre Estados (BROWNLIE; CRAWFORD, 2012, p. 750; KISSINGER, 1994, p. 805; MAGNOLI, 2004, p. 183).

Embora a narrativa otimista dos anos 1990 sobre o fim da História não componha o objeto deste texto, é importante ressaltar que a última década do século XX caracterizou-se por uma redução do papel do Estado na maioria dos países, seja no contexto do desmonte das ditaduras comunistas do Leste Europeu, seja na aplicação das receitas de recuperação econômica determinadas pelo Banco Mundial e pelo Fundo Monetário Internacional aos países em desenvolvimento. No mesmo sentido, a redução dos Exércitos públicos acompanhava o novo cenário de desaparecimento de inimigos bem definidos dos blocos pró-americanos e pró-soviéticos (SINGER, 2008, p. 53 e 68).

Por outro lado, a despeito de não haver mais, realmente, uma ameaça direta de países de matiz ideológica diversa, não é verdade que os conflitos encerraram com o mero desmonte institucional da União Soviética. As guerrilhas no Peru e na Colômbia, os grupos rebeldes em Serra Leoa e em Angola, as redes globais de terrorismo e, mais recentemente, o Estado Islâmico e os insurgentes na Ucrânia são exemplos de que, no contexto securitário contemporâneo, os distúrbios são intraestatais, sendo muito raro encontrar uma contenda vestefaliana típica, isto é, entre dois Estados com propósitos nacionais específicos (MCFATE, 2014, p. 93). A própria ONU, no relatório *A more secure world: our shared responsibility*, lançado em 2004, reconheceu a natureza transfronteiriça das ameaças atuais à paz, clamando a responsabilidade compartilhada de todos os Estados pela segurança internacional (ORGANIZAÇÃO, 2004, p. 9).

Em suma, por fatores econômicos e políticos, a guerra, depois do fim da Guerra Fria, não se caracterizou mais como um fenômeno estatal, isto é, em regra, nem os conflitos eram iniciados ou causados por Estados, nem o Estado podia prover sozinho os recursos humanos, para combater tais ameaças.

2. A privatização da paz

Apesar de não se encontrarem relatos de guerras inteiramente combatidas por tropas privadas, é verdade que, ao longo da História, a condução de batalhas ou a segurança de autoridades não prescindiram da participação de estrangeiros, que se interessavam apenas em cumprir um contrato e receber o pagamento pelos seus serviços, sendo irrelevante a natureza da causa envolvida (BRUYÈRE-OSTELLS, 2012, p. 8; KEEGAN, 2006, p. 246-351; SINGER, 2008, p. 19-21).

O apogeu do mercado de serviços militares é a transição do mundo medieval para a modernidade, que marcaria seu declínio. Pela descentralização do poder e pela especialização exigida para o manuseio das armas, os séculos XIII a XVII contaram com a expansão das companhias livres, dos "condottieri" e das milícias, instituições que, em latitudes diversas na Europa, celebravam contratos, para fazer o conflito (KEEGAN, 2006, p. 301; MCFATE, 2014, p. 30-31). A Paz de Vestefália de 1648, pondo fim à Guerra dos Trinta Anos, inaugurou uma novel ordem entre Estados soberanos, que se arvoravam monopolistas do poder político e do uso da força. Paulatinamente, Exércitos públicos foram criados, relegando companhias militares privadas à irrelevância. A Revolução Francesa, com os conceitos de cidadania e de nacionalidade atrelados ao Estado[5], sepultou a prática de contratar mercenários[6] (BRUYÈRE-OSTELLS, 2012, p. 10).

Contudo, uma vez que a redução dos Exércitos públicos, no final do século XX, não representou necessariamente uma diminuição das ameaças à segurança internacional, como já mencionado no tópico anterior, começaram a multiplicar-se, logo após o fim da Guerra Fria, corporações especializadas em prover serviços bélicos e de segurança. Embora a primeira empresa prestadora de serviços auxiliares a combatentes seja a britânica WatchGuard International, fundada em 1965, ela tinha um nicho de atuação muito específico, sem impactos para a identificação de um novo mercado (MCFATE, 2014, p. 37). A mais marcante pioneira, entre as empresas militares privadas, é a sul-africana Executive Outcomes, que se tornou famosa, em 1996, por restabelecer a autoridade do Governo central de Serra Leoa, derrotando, em pouco tempo, a Frente Unida Revolucionária, com uma logística completa para o combate direto (AVANT, 2006, p. 86-92; SINGER, 2008, p. 124-128). Um exército privado totalmente autônomo, como era a extinta Executive Outcomes, já não é encontrado no mercado (MCFATE, 2014, p. 14), que se

[5] Consoante lembra Bruyère-Ostells (2012, p. 8), a Marselhesa não deixa dúvidas quanto à rejeição às tropas contratadas: "Qual! Os grupos estrangeiros / Fariam a lei em nossos lares / Qual! Essas falanges mercenárias / Derrubariam nossos dignos guerreiros".

[6] Não sendo a diferenciação entre mercenários e empresas militares privadas o objetivo deste texto, remete-se a MANCINI et al., 2011.

especializou, contudo, em prover serviços de elite, auxiliando tropas oficiais em combates diretos, tal como fez a Blackwater em favor dos Estados Unidos, durante a Guerra do Iraque, tendo a empresa mantido, naquele conflito, um contingente maior que muitos dos Exércitos oficiais que ocupavam o país (AVANT, 2006, p. 239-240).

As contemporâneas empresas militares privadas também movimentam muitos recursos humanos e financeiros no treinamento de Exércitos e de forças de segurança. A Military Professional Resources Incorporated (MPRI) treinou, a partir de 1995, no contexto da desintegração da Iugoslávia, os Exércitos da Croácia e da Bósnia (SINGER, 2008, p. 124-128), enquanto a DynCorp International, contratada pelo Departamento de Estado americano, criou, recrutou e treinou um novo corpo militar para a Libéria, após décadas de sangrenta ditadura, encerrada em 2003 (MCFATE, 2014, p. 107). A Academi, empresa sucessora da Blackwater, também já teve a oportunidade de realizar o treinamento de forças especiais de segurança brasileiras em ações antiterrorismo, a fim de prepará-las para atuação na Copa do Mundo de 2014 (MELLO, 2014; PORTAL, 2014). Nesses casos, observa-se que as empresas mantêm, em seus quadros, agentes de elite com experiência profissional em forças públicas.

Para além dos contratantes estatais, o mercado de empresas militares privadas, com seus especializados funcionários armados, tornou-se importante para corporações transnacionais – por exemplo, companhias extrativistas ou agropecuárias – com atuação econômica em regiões inseguras ou arriscadas. A prevenção contra ataques de guerrilhas na Colômbia, nos anos 1990, ou a demanda por serviços de segurança marítima, capazes de garantir a travessia de navios na região do Chifre da África, na atual década, são exemplos de prestação de serviços para outras firmas (CABRERA, PERRET, 2012, p. 412-417; MCFATE, 2014, p. 62 e 138; SINGER, 2008, p. 12-14).

Afora permitirem a países periféricos obter serviços especializados que seus próprios Exércitos não teriam habilidade ou recursos, para prover, as empresas militares privadas também garantem a países centrais a manutenção de esforços bélicos sem os trâmites políticos ou as formalidades que o envio de forças oficiais exigem (MCFATE, 2014, p. 141); trata-se, afinal, de uma terceirização. Por outro lado, grande parte das empresas militares possuem funcionários de nacionalidade diversa do país de origem das companhias (GÓMEZ, 2008, p. 21), gerando exércitos corporativos compostos por indivíduos de diversas nacionalidades, sem vínculo específico com os países envolvidos no conflito em que prestam seus serviços.

Além de a mera existência de empresas militares privadas acarretar a dissociação do soldado em relação ao Estado, confirmando a desestatização da guerra, o crescimento do mercado e a diversificação de seus serviços implica que a garantia da segurança internacional, no século XXI, não prescinde de atores privados; a paz precisa ser contratada.

3. A política da regulação na ONU

Em um discurso de 1998, após reconhecer o sucesso de uma das primeiras empresas militares do mundo, a Executive Outcomes, na estabilização de Serra Leoa, o Secretário-Geral das Nações Unidas, Kofi Annan, afirmou que a ONU, ainda assim, não estaria disposta a contratar tais corporações, para suprir as necessidades securitárias de suas missões na África. O mundo, segundo ele, não estaria preparado, para privatizar a paz (ANNAN, 1998).

Em verdade, em julho de 2010, um grupo de trabalho liderado por José Luis Gómez del Prado apresentou ao Conselho de Direitos Humanos das Nações Unidas um relatório com as conclusões de cinco anos de pesquisas sobre empresas militares privadas, incluindo suas diferenças dos mercenários e os impactos de sua atuação para as populações atingidas, com relatos de violações a direitos humanos. O relatório foi acompanhado pela minuta de uma convenção internacional dedicada a delinear quais atividades seriam inerentemente estatais, não sujeitas à terceirização, bem como a limitar o uso da força pelas corporações (GÓMEZ, 2010a e 2010b).

As discussões da proposta de tratado internacional específico para a regulação de empresas militares privadas ocorreram durante a décima quinta sessão do Conselho de Direitos Humanos, em Genebra, entre setembro e outubro de 2010. Com sugestões de Estados contratantes e também de Estados territoriais, isto é, países em cujo território as empresas haviam prestado seus serviços, como Afeganistão, a minuta foi criticada pela Bélgica e pela Noruega, sob o argumento de que tal debate não se inseria na competência do CDH. Os Estados Unidos e o Reino Unido defenderam, na ocasião, a desnecessidade de um instrumento internacional sobre o tema, pois as responsabilidades das empresas já tinham sido explicitadas no Documento de Montreux, em 2008, e a conduta delas poderia ser estipulada em códigos de conduta exigíveis pelos Governos. Para a Suíça, que se absteve, um código de conduta poderia ser um relevante instrumento de transição, até que um grande número de Estados alcançasse um consenso sobre a regulação, o que, para os helvéticos, era a situação ideal. Afinal, não foi aprovada nenhuma minuta de convenção, sendo formado novo grupo de trabalho para avaliação e possível propositura de um marco internacional sobre as empresas militares privadas (GÓMEZ, MATEU, 2011, p. 82-90).

Em novembro de 2010, mês seguinte às discussões na ONU, foi lançado, em Genebra, o Código Internacional de Conduta Para Provedores de Serviços de Segurança Privada, o ICoC. O documento foi elaborado, nos anos anteriores, no contexto da Iniciativa Suíça e recebeu a adesão de diversos países, especialmente Estados Unidos e Reino Unido, que passaram, com a Confederação Helvética, a exigir a observância do código nas contratações públicas de empresas militares privadas (CONFEDERAÇÃO, 2013; ESTADOS, 2013; REINO, 2013). Em 2012, a própria ONU editou diretrizes para o uso de serviços armados prestados por empresas terceirizadas de segurança, exigindo que todas as contratadas pela organização internacional fossem signatárias do ICoC (ORGANIZAÇÃO, 2012, p. 7).

Em suma, quatorze anos depois do discurso de Kofi Annan sobre a privatização da paz, não apenas a ONU contava com empresas privadas, para garantir a segurança de seu pessoal em determinadas missões, como também a única possibilidade de regulação da conduta de tais companhias, no plano global, constava em um instrumento privado, e não em uma convenção internacional.

4. A Iniciativa Suíça

Historicamente envolvida na elaboração das "leis da guerra", a Confederação Helvética notabilizou-se, no início do século XXI, por incentivar a discussão sobre possíveis padrões internacionais para a atuação das empresas militares privadas. Em parceria com a Cruz Vermelha Internacional, a Suíça sediou diversas reuniões com representantes de Estados contratantes e territoriais, de entidades da sociedade civil e de corporações, produzindo dois importantes textos: o Documento de Montreux, de 2008, e o Código Internacional de Conduta Para Provedores de Serviços de Segurança Privada, de 2010.

O Documento de Montreux visa a elencar as obrigações, durante conflitos armados, decorrentes do direito internacional e pertinentes às empresas militares privadas, além de boas práticas para os Estados envolvidos com elas, na seguinte classificação: Estados de origem, em que as companhias estão sediadas; Estados contratantes; Estados territoriais, em que as empresas prestam seus serviços. Embora já tenha recebido a adesão de importantes países envolvidos[7] com o mercado, o Documento de Montreux reconhece, desde o início, que não cria novas obrigações (CONFEDERAÇÃO, 2008). A grande ressalva ao Documento de Montreux – que é, de fato, uma admirável iniciativa a ser incentivada pelo Estados e pelas empresas – é exatamente não ser vinculante, sendo insuficiente, por si só, para o controle das corporações transnacionais e para a imposição de condutas.

Em verdade, o Documento de Montreux entende que cabe aos Estados fiscalizar a atuação das empresas, porém o grande dilema de regulação de corporações transnacionais, genericamente consideradas, é a dificuldade de encontrar um sistema nacional que garanta a observância de padrões mínimos de conduta, especialmente contra a violação a direitos humanos. Isso atinge não apenas empresas militares, mas também as petrolíferas, as fabricantes de roupas e diversos outros ramos de atividade econômica.

O problema do "Business and Human Rights" tem motivado extensa literatura em direito internacional e já encontrou recomendação específica das Nações Unidas, consistentes nos princípios "Proteger, Respeitar e Remediar", lançados, em 2008, por John Ruggie, Representante Especial do Secretário-Geral da ONU Para Empresas e Direitos Humanos, para quem o Estado deve proteger os indivíduos de violações a direitos humanos e oferecer remédios judiciais adequados, enquanto também cabe às corporações respeitar os direitos humanos das populações atingidas por seus empreendimentos comerciais (MACLEOD, 2011, p. 347).

Visando a tornar-se um instrumento mais eficaz que o Documento de Montreux e expressamente corroborando os princípios de responsabilidade corporativa de John Ruggie (CONFEDERAÇÃO, 2010, p. 3), surgiu, em 2010, o Código Internacional de Conduta Para Provedores de Serviços de Segurança Privada (ICoC), que é, até o momento, a única iniciativa, no âmbito global, a oferecer a perspectiva de vinculação da conduta das empresas militares e de sanção à hipotética inobservância de suas prescrições.

Em 2013, quando o ICoC já tinha recebido a adesão de mais de setecentas empresas militares privadas (SIGNATORY, 2013), foi formada uma associação civil, com sede em Genebra e submetida ao direito suíço, para administrar a adesão de novas companhias e instituir um mecanismo supervisor das suas condutas, com potencial imposição de sanções às firmas desviantes.

[7] Os signatários originais do Documento de Montreux, em setembro de 2008, eram Afeganistão, África do Sul, Alemanha, Angola, Austrália, Áustria, Canadá, China, França, Estados Unidos da América, Iraque, Polônia, Reino Unido, Serra Leoa, Suécia, Suíça e Ucrânia.

Congregando Estados, empresas militares e entidades não-governamentais, a ICoC Association está em atividade, porém os procedimentos internos de apuração de responsabilidades e de denúncias ainda estão sendo desenvolvidos (INTERNATIONAL CODE OF CONDUCT ASSOCIATION, 2015a). Por outro lado, desde junho de 2015, os mecanismos de certificação consistem na aprovação de certificados de outras instituições; por exemplo, se a ICoCA reconhece o padrão ISO, as empresas devem buscar adquirir o certificado da instituição responsável e, só depois, validá-la junto à ICoCA (BUSINESS, 2015; INTERNATIONAL CODE OF CONDUCT ASSOCIATION, 2015b).

O código de conduta é dividido em oito partes. O preâmbulo visa a garantir a disposição das empresas em apoiar o *rule of law* e, ao tempo em que respeitariam os direitos humanos, também protegeriam os interesses de seus clientes. A segunda parte traz as definições dos conceitos empregados no documento, destacando que são empresas de segurança privada aquelas contratadas para a guarda e para a proteção de pessoas e objetos, desde que precisem portar, ou usar armas, para cumprir suas funções. A terceira parte regula a implantação do código, a quarta traz provisões gerais, afirmando que o código não cria novas obrigações no direito internacional[8], e a quinta traz compromissos para as companhias, estipulando, entre outras prescrições, que nenhuma das atividades das empresas pode contrariar sanções do Conselho de Segurança da ONU e que o código deve ser observado, ainda que não conste expressamente sua exigência no contrato firmado entre a companhia e seu cliente. A sexta parte traz princípios específicos para a conduta dos empregados das empresas – os soldados privados –, repetindo algumas disposições de direito internacional humanitário e vedando a apreensão ilegal de pessoas, o tráfico humano, a exploração sexual, o trabalho forçado e o trabalho infantil, entre outras condutas já condenadas pelo direito internacional. A sétima parte discute procedimentos administrativos, e a oitava contém disposição transitória sobre uma possível alteração do documento (CONFEDERAÇÃO, 2010).

Em suma, o código de conduta elenca as principais práticas de respeito aos direitos humanos das populações atingidas pela prestação de serviços das empresas militares privadas, além de apontar, ainda que resumidamente, algumas prescrições que garantem a saúde e a segurança do meio ambiente de trabalho.

[8] Como existe ampla tendência doutrinária a considerar a inaplicabilidade do direito internacional humanitário às empresas militares privadas (QUIRICO, 2011, p. 441-447; SOSSAI, 2011, p. 201-203), o código esforça-se em condensar as principais prescrições das "leis da guerra" e garantir que, na prática, as companhias cumpram as mesmas exigências feitas aos Estados, durante conflitos armados.

Considerações Finais

Este texto pretendeu oferecer uma introdução ao mercado global de empresas militares privadas, pontuando as causas de sua expansão contemporânea e os principais serviços oferecidos pelas corporações. O fenômeno da terceirização dos conflitos hodiernos é, porém, multifacetado, envolvendo contingências políticas e estratégicas que certamente merecem aprofundamento sob outras perspectivas, além da regulatória.

O surgimento de um mercado para serviços militares privados, em que o soldado não é mais "público" nem "nacional", desperta a atenção do direito sob diversas perspectivas. Do ponto de vista da regulação, contudo, é interessante perceber a proximidade das negociações diplomáticas que, em Genebra, em outubro e em novembro de 2010, respectivamente culminaram na rejeição temporária de uma convenção internacional na ONU e no lançamento de um código de conduta privado. A aproximação que se pode traçar entre os eventos – ou a tensão que se pode observar neles – não é apenas cronológica ou geográfica, mas, sobretudo, ideológica.

Em verdade, parece haver uma tendência à regulação transnacional de empresas militares por meio de códigos de conduta, com uma atuação indireta dos Estados e das organizações internacionais por meio de suas regras internas de contratações. A expressa exigência dos Estados Unidos, do Reino Unido e das Nações Unidas, os principais contratantes, e da Confederação Helvética, referência na elaboração e na divulgação do direito internacional humanitário, de que as terceirizadas por eles contratadas sejam signatárias do ICoC tem representado um dos grandes trunfos da iniciativa regulatória suíça, culminando em um processo que, à guisa de consenso político sobre tratados internacionais, traz uma inovadora vertente regulatória a um mercado que, segundo o próprio código de conduta, traz potenciais riscos à proteção de direitos humanos.

Contudo, como as políticas internas de licitações são mais maleáveis que possíveis obrigações estatais advindas da ratificação de tratados, é evidente que o ICoC deve ser encarado como instrumento de transição, até que haja um consenso para uma convenção no âmbito das Nações Unidas. Além de se reconhecer sua relevância, no momento, como único marco internacional para as empresas militares privadas, deve-se recordar que os mecanismos de certificação e especialmente de sanção, previstos no código, precisam ser aperfeiçoados, a fim de que as condutas do ICoC sejam efetivamente adotadas pelas companhias, em todos os serviços prestados. A participação da sociedade civil na ICoC Association e a manutenção de canais para denúncias de violação a direitos humanos também são trunfos da Iniciativa Suíça as quais merecem ser aprofundados e concretizados.

Enfim, não apenas a conduta das empresas militares, quando prestam seus serviços, deve ser fiscalizada, mas a própria existência de um mercado para a guerra merece uma cuidadosa reflexão política, a fim de que as corporações provejam segurança às populações, sem favorecer a perpetuação dos conflitos, já que, em tese, são eles que lhes trazem lucros. Códigos de conduta devem ser incentivados, porém não podem servir apenas para dar uma neutra legitimidade ao mercado; mesmo a regulação da empresas militares privadas não deve esquecer que não existe mais o direito à guerra, mas unicamente à paz.

Referências

ANNAN, Kofi. *Secretary-General reflects on 'intervention' in Thirty-Fifth Annual Ditchley Foundation Lecture.* Press Release SG/SM/6613, Nova Iorque, 26 jun. 1998. Disponível em: <http://www.un.org/press/en/1998/19980626.sgsm6613.html>. Acesso em: 30 mar. 2016.

AVANT, Deborah D. **The market for force: the consequences of privatizing security**. Nova Iorque: Cambridge University Press, 2006.

BRASIL. **Decreto n.º 19/841**, de 22 de outubro de 1945. Promulga a Carta das Nações Unidas, da qual faz parte integrante o anexo Estatuto da Corte Internacional de Justiça, assinada em São Francisco, a 26 de junho de 1945, por ocasião da Conferência de Organização Internacional das Nações Unidas. Diário Oficial, Poder Executivo, Brasília, DF, 22 out. 1945.

BROWNLIE, Ian; CRAWFORD, James. **Brownlie's principles of public international law**. Londres: Oxford, 2012.

BRUYÈRE-OSTELLS, Walter. **História dos mercenários: de 1789 aos nossos dias**. São Paulo: Contexto, 2012.

BUSINESS & Human Rights Resource Center. General Assembly of Intl. *Code of Conduct for Private Security Service Providers' Association (ICoCA) approves Certification Procedure.* Londres, 01 jul. 2015. Disponível em: <http://business-humanrights.org/en/general-assembly-of-intl-code-of-conduct-for-private-security-service-providers-association-icoca-approves-certification-procedure>. Acesso em: 30 mar. 2016.

CABRERA, Irene; PERRET, Antoine. «Colombia: regulating private military and security companies in a 'host state'». *in*: BAKKER, Christine; SOSSAI, Mirko (ed.). **Multilevel regulation of military and security contractors: the interplay between international, European and domestic norms**. Oregon: Hart, 2012, p. 411-430.

CONFEDERAÇÃO Helvética. *International Code of Conduct for Private Security Service Providers.* Genebra, 09 nov. 2010. Disponível em: <http://www.icoca.ch/sites/all/themes/icoca/assets/icoc_english3.pdf>. Acesso em: 30 mar. 2016.

________. *Loi fédérale sur les prestations de sécurité privées fournies à l'étranger (LPSP) du 27 septembre 2013.* Berna, 27 set. 2013. Disponível em: <https://www.admin.ch/opc/fr/official-compilation/2015/2407.pdf>. Acesso em: 30 mar. 2016.

________. *Missão Permanente da Suíça junto às Nações Unidas.* Letter dated 2 October 2008 from the Permanent Representative of Switzerland to the United Nations addressed to the Secretary-General. Nova Iorque, 06 out. 2008. Disponível em: < https://www.eda.admin.ch/content/dam/eda/en/documents/aussenpolitik/voelkerrecht/Montreux-document-4_en.pdf>. Acesso em: 30 mar. 2016.

CONSELHO DA EUROPA. Assembleia Parlamentar. Recommendation 1858 (2009). *Private military and security firms and erosion of the state monopoly on the use of force.* Disponível em: <http://assembly.coe.int/Main.asp?link=/Documents/AdoptedText/ta09/EREC1858.htm>. Acesso em: 06 jan. 2014.

ESTADOS UNIDOS DA AMÉRICA. Departamento de Estado. State Department to Incorporate *International Code of Conduct into Worldwide Protective Services Contracts.* Washington, 16 ago. 2013. Disponível em: <http://www.state.gov/r/pa/prs/ps/2013/08/213212.htm>. Acesso em: 30 mar. 2016.

GÓMEZ del Prado, José Luis. Report of the Working Group on the *use of mercenaries as a means of violating human rights and impeding the exercise of the right of peoples to self--determination.* Genebra, 02 jul. 2010. Disponível em: <http://www2.ohchr.org/english/issues/mercenaries/docs/A.HRC.15.25.pdf>. Acesso em: 30 mar. 2016.

________. Report of the Working Group on the *use of mercenaries as a means of violating human rights and impeding the exercise of the right of peoples to self-determination* – Addendum: Mission to Peru. Genebra, 04 fev. 2008. Disponível em: <http://daccess-dds-ny.un.org/doc/UNDOC/GEN/G08/104/19/PDF/G0810419.pdf>. Acesso em: 30 mar. 2016.

________. **Why private military and security companies should be regulated**. Reports and Materials of the Business & Human Rights Resource Centre, 03 set. 2010. Disponível em: <http://www.reports-and-materials.org/Gomez-del-Prado-article-on--regulation-of-private-and-military-firms-3-Sep-2010.pdf>. Acesso em: 30 mar. 2016.

________; MATEU, Helena Torroja. **Hacia la regulación internacional de las empresas militares y de seguridad privadas**. Madrid: Marcial Pons, 2011.

GROTIUS, Hugo. **The rights of war and peace**. Indianapolis: Liberty Fund, 2005.

KEEGAN, John. **Uma história da guerra**. São Paulo: Companhia das Letras, 2006.

KISSINGER, Henry. **Diplomacy**. New York: Simon and Schuster, 1994.

INTERNATIONAL CODE OF CONDUCT ASSOCIATION. Complaints Process. Genebra, 2015. Disponível em: <http://icoca.ch/en/complaints-process>. Acesso em: 30 mar. 2016.

______. Draft *ICoCA Certification Principles and Procedure.* Genebra, 2015. Disponível em: <http://icoca.ch/sites/default/files/resources/Final%20Draft%20ICoCA%20Certification%20Procedure.pdf>. Acesso em: 30 mar. 2016.

MACLEOD, Sorcha. «The role of international regulatory initiatives on Business and Human Rights for holding private military and security contractors to account». *in*: FRANCIONI, Francesco; RONZITTI, Natalino. **War by contract**: human rights, humanitarian law, and private contractors. Nova Iorque: Oxford University Press, 2011, p. 343-361.

MAGNOLI, Demétrio. **Relações internacionais**: teoria e história. São Paulo: Saraiva, 2004.

MANCINI, Marina; NTOUBANDI, Faustin Z; MARAUHN, Thilo. «Old concepts and new challenges: are private contractors the mercenaries of the twenty-first century?» *in*: FRANCIONI, Francesco; RONZITTI, Natalino. **War by contract**: human rights, humanitarian law, and private contractors. Nova Iorque: Oxford University Press, 2011, p. 321-342.

MCFATE, Sean. **The modern mercenary**: private armies and what they mean for world order. Nova Iorque: Oxford University Press, 2014.

MELLO, Patrícia Campos. **Paramilitares americanos treinam policiais brasileiros para a Copa**. *Folha de S. Paulo*, São Paulo, 21 abr. 2014. Disponível em: <http://www1.folha.uol.com.br/cotidiano/2014/04/1443261-paramilitares-americanos-treinam-policiais--brasileiros-para-a-copa.shtml>. Acesso em: 30 mar. 2016.

MIALHE, Jorge Luís. «Considerações sobre a história do direito das relações internacionais: *jus in bello*, guerra justa e a ONU». *in*: **Direito das relações internacionais**: ensaios históricos e jurídicos. Campinas: Millennium, 2007.

ORGANIZAÇÃO das Nações Unidas. **A more secure world: our shared responsibility**. Report of the High-level Panel on Threats, Challenges and Change. Nova Iorque, 2004. Disponível em: <http://www.un.org/en/peacebuilding/pdf/historical/hlp_more_secure_world.pdf>. Acesso em: 30 mar. 2016.

________. **Guidelines on the Use of Armed Security Services from Private Security Companies**. Genebra, 08 nov. 2012. Disponível em: <www.ohchr.org/Documents/Issues/Mercenaries/WG/StudyPMSC/GuidelinesOnUseOfArmedSecurityServices.pdf>. Acesso em: 30 mar. 2016.

PORTAL Brasil. **Secretaria de Grandes Eventos promove curso antiterrorismo**. Brasília, 03 abr. 2014. Disponível em: <http://www.brasil.gov.br/defesa-e-seguranca/2014/04/secretaria-de-grandes-eventos-promove-curso-antiterrorismo>. Acesso em: 30 mar. 2016.

QUIRICO, Ottavio. «The criminal responsibility of private military and security company personnel under International Humanitarian Law». *in*: FRANCIONI, Francesco; RONZITTI, Natalino (org.). **War by contract**: human rights, humanitarian law, and private contractors. Nova Iorque: Oxford University Press, 2011, p. 423-447.

REINO Unido. Foreign & Commonwealth Office. Foreign Office Minister Mark Simmonds has updated Parliament on the *launch, governance and membership of the Association*. Londres, 15 out. 2013. Disponível em: <https://www.gov.uk/government/speeches/international-code-of-conduct-for-private-security-providers-association>. Acesso em: 30 mar. 2016.

SIGNATORY Companies of the *International Code of Conduct for Private Security Service Providers*, 2013. Disponível em: <http://business-humanrights.org/en/conflict-peace/special-initiatives/initatives-on-private-military-security-companies/international--code-of-conduct-for-private-security-service-providers-icoc-a-process-aimed-at>. Acesso em: 30 mar. 2016.

SORTO, Fredys Orlando. «O uso da força nas relações internacionais: da Paz Perpétua ao Terceiro Ausente». *in*: TOSI, Giuseppe (org.). **Norberto Bobbio: democracia, direitos humanos, guerra e paz.** V. 2. João Pessoa: Editora da UFPB, 2013, p. 335-361.

SOSSAI, Mirko. «Status of private military and security company personnel in the law of international armed conflict». *in*: FRANCIONI, Francesco; RONZITTI, Natalino. **War by contract**: human rights, humanitarian law, and private contractors. Nova Iorque: Oxford University Press, 2011, p. 197-217.

VITÓRIA, Francisco de; NYS, Ernest (Ed.). ***De indis et de jure belli.*** Nova Iorque: Oceana Publications, 1964.

VON MARTENS, G. F. **A compendium of the law of nations, founded on the treaties and customs of the modern nations of Europe**. Londres: Cobbett and Morgan, 1802.

ZOUCHE, Richard. **An Exposition of Fecial Law and Procedure, or of Law between Nations, and Questions concerning the Same**. Baltimore: The Lord Baltimore Press, 1911.

Da arte da guerra e dos sujeitos privados

António de Sousa Lara[1]

1. A globalização económico-financeira e a decadência da Arte da Guerra

1.1. Das guerras inúteis às guerras caras

Sabem os meus alunos que profetizei o envolvimento norte-americano nas guerras do Iraque e do Afeganistão depois do 11/Set./2001, da inutilidade estratégica de qualquer uma destas guerras, da impossibilidade da vitória ocidental e do termino desses processos, segundo o figurino da guerra do Vietname.

Aquando da campanha eleitoral McCain/Obama, profetizei a eleição do segundo, bem como da inevitabilidade da continuação do mesmíssimo cenário na futura administração Obama, apesar das promessas eleitorais em sentido contrário.

O maior orçamento de Defesa da História da Humanidade que sucedeu ao atentado das torres gémeas do World Trade Center trouxe grandes negócios no sector, extraordinários avanços tecnológicos no armamento de precisão,

[1] Docente do Instituto Superior de Ciências Sociais e Políticas (Universidade de Lisboa), desde 1973. Professor Catedrático de nomeação definitiva e Presidente do Conselho Científico. Senador da Universidade de Lisboa. Tem várias dezenas de obras publicadas nas áreas das Ciências Sociais e Políticas. Exerceu funções de natureza autárquica, parlamentar e governamental durante mais de um decénio. Presidente da Academia de Letras e Artes. Foram-lhe atribuídas, ainda, funções de Embaixador Extraordinário e Plenipotenciário em Cabo Verde (SMOM) e de Cônsul-geral honorário do Reino de Lesoto. Participa em várias academias nacionais e estrangeiras.

e uma forma de fazer a guerra cada vez mais cara e "civilizada", ainda assim incapaz de derrotar uma guerrilha empenhada, e dispondo de santuários internos e externos de difícil acessibilidade e destruição.

A manutenção da lógica da "guerra fria" na contenção da escalada controlada pelas superpotências, de parte a parte, e a forçosa configuração da guerra aos figurinos da "guerra geral" e da "guerra limitada" (no contexto da classificação de Samuel Huntington) torna as guerras internacionalmente aceitáveis, mas irresolúveis e inúteis.

A intervenção na guerra civil da Líbia, configura um sistema de parceria sem baixas de monta, no formato da participação alemã na guerra civil de 1935/39.

Uma futura crise mundial catastrófica, do ponto de vista económico, reconfigurará as guerras necessárias ou incontornáveis para fórmulas mais destrutivas, mais rápidas e com picos mais próximos da figura da "guerra total".

Ironicamente, chamo a este futurível "o regresso da bomba de neutrões".

1.1.1. Mais uma guerra perdida

A NATO retira-se do Afeganistão no dia 1 de Janeiro de 2015. Chegou a ter 150 000 combatentes no terreno. Perderam-se cerca de 3 500 vidas de militares ocidentais. Gastaram-se mais de mil milhões de dólares. Os talibãs sobreviveram e preparam a sua recuperação geopolítica. Já dizimaram cerca de 4 500 soldados polícias afegãos treinados pelo Ocidente, na pendência do "apoio" da NATO, da sua força aérea, da sua logística, do seu apoio técnico, médico, em suma, de tudo o que agora desaparece. A plantação do ópio, destruída pela NATO, viu a sua superfície aumentar em exponencial. Fala-se (ONUDC) de uma superfície que abrange hoje 224 000 ha e 6 400 toneladas de produção (90% do total mundial). A campanha do açafrão, como alternativa, não se conseguiu lograr uma alternativa.

Tal como na Colômbia, a droga financia a insurreição subversiva e a sua acção favorece a droga. Conseguiu-se, afinal, mais um narcotráfico eficiente que acabará por aproveitar o legado material e moral do Ocidente.

Mais uma guerra perdida. Para quê?

2. A reprivatização da guerra e da segurança nacional

Uma das notáveis modernidades de Nicolau Maquiavel foi a proposta da superação da contratação de mercenários de *condottieri* e a constituição de milícias nacionais ou seja, exércitos do Estado, pagos pelo príncipe e sujeitos a ele, com a conscrição de "cidadãos".

Nas guerras do século XXI, Afeganistão e Iraque voltam em força os mercenários com números que se aproximam dos 200.000 "consultores". As empresas de detectives privados de segurança privada concorrem legalmente na prestação de serviços, no contexto da Segurança Interna.

Os condomínios fortificados dos dias de hoje correspondem a uma privatização da segurança, num regresso ostensivo ao medievalismo europeu.

Mas, excepção feita ao modelo norte-americano, e aí tanto por imperativo constitucional como por desígnio cultural, o Estado do século XXI continua a querer desarmar e manter desarmados os cidadãos e a defender uma ideologia idealista, pacifista, contratualista, como se as crises macroeconómicas, a revolta da natureza e o novo caos urbano se confinassem ao velho contrato social e à estatização da Segurança Nacional, ainda que a ameaça interna seja alimentada pelo exterior.

O Estado Moderno de tipo ocidental ainda não se convenceu que além de ter perdido poder, perdeu sobretudo autoridade, a começar pelas suas lideranças que projectam tudo menos convicções e sentido de missão. Alguns são mesmo verdadeiros *gangsters* eleitos!

A classe política deixou de aparecer como exemplar. O século XXI conhece a degradação da qualidade dos parlamentares, dos líderes executivos, a quem vê exibir comportamentos tidos por inaceitáveis há algumas décadas atrás, a degradação do sufrágio universal, da legitimidade vista a partir de uma perspectiva estatística, da sociedade civil que deixou de lutar por causas e passou a lutar por interesses imediatos, o que não reflecte apenas a perda de valores morais em geral, mas a ausência de lideranças fortes e competentes.

Os verdadeiros conservadores são os situacionistas. Ora, os situacionistas são apenas uma grande parte da classe dominante no sentido amplo, ou seja, minoria absoluta. São os gestores da continuidade renovada (ou da "renovação na continuidade" como dizia o *slogan* do marcelismo, na fase final do Estado Novo que ruiu em 1974).

O povo (a multidão) só por inércia se mantém conformado. Trata-se de uma reacção habitual e estudada que os situacionistas exploram *ad nauseam*.

Um sintoma de crise grave é o da conformidade dos intelectuais. Os que parecem mais adular o sistema, acabam por discutir aspectos periféricos do mesmo: os comportamentos individuais deste e daquele agente do poder, variações abruptas e contundentes da continuidade, folclore político, rupturas esmagadoras contra a correcção política.

Muitas das polémicas substantivas fazem-se em jargão técnico para afastar o comum dos mortais. Os jovens empenhados em sobreviver com êxito, não ousam divergir nem sistemática nem acentuadamente da continuidade.

O conservadorismo das massas procura, acima de tudo, a previsibilidade. A confiança resulta da previsibilidade. Os que deixaram de ter religião (o cúmulo da previsibilidade) ficaram órfãos de qualquer coisa que o recurso a videntes, cartomantes e adivinhos mais ou menos bruxos, são incapazes de substituir.

Se a crise se agravar muito e muito mais, vai-se o liberalismo, vai-se a democracia em favor da ordem pública. O Doutor Oliveira Salazar, tal como o generalíssimo Francisco Franco não mantiveram as suas longas e geralmente brandas ditaduras (e estou a excepcionar as vítimas do costume – a oposição clandestina, mórmente de esquerda e dentro dela com clara distinção, os comunistas) pela repressão aguda constante, nem com as dentadas dos cães-polícia, mas através de uma previsibilidade geral (a continuidade) e pela ordem pública das ruas (a segurança concreta), sobretudo nos meios urbanos.

A cada explosão terrorista inconsequente damos mais uns passinhos em direcção às delícias da previsibilidade e aos suspiros almejantes da segurança visível.

Nos dias que correm, grande parte da insegurança que se vive e do crime que nos penaliza a todos, é importada.

Já temos todos os ingredientes necessários para o regresso violento da ordem.

2.1. A reprivatização da guerra dos ricos

O artigo de Alain Deneault, *La guerre privatisée? Multinationales et Mercenariat*[2] lembra que alguns actores internacionalmente relevantes são empresas privadas que, mescladas com Estados, ocupam 58% do top 150 misto. E exemplifica com um dado esclarecedor: a Shell gera mais rendimento que o saldo comercial gerado pelas economias sul-africana, argentina e austríaca somadas.

Ou seja, as macro-multinacionais são actores de facto muito mais poderosas do que a maioria dos quase duzentos Estados que compõem a comunidade internacional.

[2] *In* BADRE, Bertrand et VIDAL, Dominique (coord.). **Nouvelles Guerres – L'État du Monde 2015**. Paris: Ed. La Découverte, 2014, p. 123 e ss. No presente ponto, seguiremos este autor de perto.

Grandes grupos industriais e financeiros identificados pelo autor são os clientes milionários das grandes firmas de segurança do tipo Blackwater[3]. Grandes bancos, como o Barclays ou o Deutsche Bank, são clientes regulares destes serviços, por exemplo. Trata-se de um *outsourcing* de colossos multinacionais que, por não serem Estados, não têm *jus belli*. Faz todo o sentido, numa sociedade globalizada de capitalismo dominante.

O sistema é policêntrico. A França, que tem a tradição mercenária da Legião Estrangeira, a par dos EUA, do Reino Unido ou do Canadá, deixaram criar exércitos mercenários privados em sistema empresarial. Mas não são só multinacionais milionárias, sedeadas em paraísos fiscais que compram estes serviços. Vários Estados e ONGs o fazem sistematicamente. Nos conflitos recentes na Europa de Leste ou no Médio Oriente (Ucrânia, Croácia, Síria, Iraque, Afeganistão) foram contratados exércitos privados para fazer a guerra. Só na 2.ª Guerra do Iraque (2003), estimam-se em mais de 180 000 soldados mercenários combatentes e contratados.

Segundo Alain Deneault[4], a renovação deste sistema veio, recentemente, pelo engenho de militares britânicos como Tony Buckringham e, depois, Tim Spicer e Simon Mann, nos anos 89/90 com uma empresa mercenária composta por sul-africanos para combater em Angola (zona do petróleo do Soyo) e, depois, na Serra Leoa, no Zaire, na Papuásia Nova Guiné, a título exemplificativo. O modelo é p do exército regular profissional, sobretudo o das tropas especiais e tem tido uma enorme eficácia. Não sendo soldados regulares, furtam-se às "leis da guerra" e à contabilidade das baixas, sempre usadas pelos adversários para enfraquecer as contra-partes beligerantes. A legitimação pelo Direito e pelos contratos garante a continuidade deste novo e lucrativo nicho de mercado.

2.2. A reprivatização da guerra dos pobres

Como o Direito é feito pelas elites dominantes, regulou-se e acolheu-se a constituição e a contratação da "guerra dos ricos" de que já falámos. A "guerra dos pobres", muito naturalmente, fica fora da lei.

[3] Há, na actualidade, cerca de 70 empresas de referência de natureza militar e mercenária. A Blackwater teve ganhos, em 2006, de cerca de 300 biliões de dólares. A Halliburton armava, em 2003, cerca de 100 batalhões com aproximadamente 50 000 mercenários activos. A DynCorp actuou activamente nos teatros de operações da Bósnia-Herzegovina. Outras empresas, como a Kellog Buoron and Root, especializaram-se na intendência mercenária.

[4] Op. Cit., p. 125.

A guerra dos pobres não é recente. Basta ver o que escrevemos sobre a teoria da guerrilha[5]. Indiscutivelmente, foi a guerrilha marxista, nas suas múltiplas variantes rurais e urbana, que desenvolveu a guerra que os ocidentais, bem-pensantes, chamaram de guerra irregular e, mais realisticamente, de assimétrica. As guerras da "guerra rica" foram desta natureza (guerra da Coreia, do Vietname, do Laos, do Camboja, por exemplo). As guerras anti-coloniais também. As guerrilhas são, por definição, combatidas por exércitos privados de partidos independentistas subversivos. Com a emancipação colonial e a independência formal das colónias, alguns desses exércitos privados são convertidos ("convolados" não me parece menos adequado) em forças armadas de Estado. O processo é aqui o inverso: trata-se de estatização de exércitos partidários. O sistema tribal faz, frequentemente, sempre novos exércitos privados, irregulares face à nova ordem jurídico-política, reiniciam o processo, reivindicando o poder em áreas determinadas do novo Estado, financiando-se com tráficos criminosos e impondo-se pelo terror. O caso recente mais gritante é o do movimento Boko Haram e do seu "Califado" no Norte da Nigéria. Uma variante deste fenómeno começa por ser marxista e passa, depois, a simples narco-traficante, como aconteceu na América Latina, em particular, na Colômbia e no México. Trata-se de exércitos privados pertencentes a cartéis criminosos que têm um evidente parentesco com os braços armados da máfia italiana exportada para os EUA e daí para outras partes do mundo.

Uma variante que parece estar adormecida é a da tradição das milícias da extrema-direita. Não se iludam os que pensam que esta variante é meramente arqueológica. Se o poder voltar a cair na rua, como aconteceu em Portugal no trampo do PREC, as milícias voltarão a constituir-se. O vazio da autoridade abrirá o espaço para a sua reorganização. Mais uma vez, a História repete-se.

Finalmente, cumpre referenciar a pirataria com base na Somália que leva a guerra privada dos pobres para o mar. Reduzir a pirataria a um crime económico é não perceber a circunstância nem os ventos da História. O combate à pirataria da Somália cabe às armadas de entre as quais brilhou a nossa. Não é uma guerra? Então o que é?

[5] SOUSA LARA, Antonio de. **Ciência Política**: estudo da Ordem e da Subversão. Lisboa: ISCSP, 2013, p. 373 e ss.

2.3. Um macro-sistema insustentável

O absurdo a que chegou a Economia da globalização é fonte de terríveis distorções que cumpre evidenciar. Algumas delas serão as seguintes:

1. O Estado passou a ser considerado um mau administrador e exigida a privatização geral da Economia, a desregulação e a internacionalização da mesma, mantendo aquele, as responsabilidades de sempre;
2. Os fluxos económicos fogem cada vez mais ao controle da soberania estatal, mas é ao Estado que é exigida a justiça social;
3. Quando uma destas economias desreguladas ou subreguladas entra em colapso, ao Estado é exigida a função de Polícia, de Bombeiro e de Seguradora. No final, o Estado deve rebater os custos e os prejuízos nas classes médias em especial e na sua população em geral;
4. Os proventos gerados previamente pela Economia desregulada ou subregulada e os custos gerados, depois, na gestão dos despojos da crise, são afectados de forma muito injusta aos grandes e pequenos beneficiários anteriores, no esforço de financiamento excepcional que o Estado vai exigir aos cidadãos e tecido empresarial;
5. À desregulação formal do Estado corresponde uma regulação informal por via das corporações de interesses, das inúmeras máfias mais ou menos benévolas que agrupam famílias de interesses em última análise corporativos, que se formam no âmbito da Economia;
6. A soma algébrica dos interesses corporativos sectoriais privados, numa Economia desregulada, não se direcciona salvo por acaso pontual, no sentido do interesse geral, nem da vantagem pública;
7. A emergência do agravamento de desigualdades grosseiras no século XXI, significa que o Estado falhou na sua função de Justiça, neste caso distributiva;
8. Um dos paradoxos do capitalismo globalizado é que as vantagens são, na sua maioria, apropriados internacionalmente e as desvantagens e os seus efeitos políticos e sociais têm impactos sobretudo nacionais;
9. A internacionalização da Economia não teve rebatimento na institucionalização internacional do poder político. Para controlar a globalização financeira dos agentes e mercados, só existe o poder dos Estados;
10. Uma das razões da quebra geral da confiança no sistema, reside na convicção cada vez mais difundida nas populações, que os poderes políticos em geral são incapazes de resolver a crise económica e receiam

que a instabilidade e a decadência ocupe grande parte das suas vidas úteis ou mesmo naturais. Mas, pior que isso, começa a instalar-se a suspeita de que os políticos fazem parte do problema e não da solução, ou seja, que a instabilidade da Economia é provocada pelos políticos no poder e pelos especuladores das bolsas internacionais, numa convergência objectiva desesperante. Diz a História e a Política que a degradação progressiva de uma situação com estas características gera, mais tarde ou mais cedo, uma situação de caos e de medo, em sistema de causalidade circular. E Platão ensinou-nos que o caos da Democracia abre as portas ao tirano. O facto de o sabermos, nunca evitou nem minimizou esta sequência fatal. O medo generalizado é o cemitério da prudência.

3. A metamorfose do presente a partir da crise da economia

Paul Jorion, desde 2007, escreve sobre a crise do capitalismo: primeiramente sobre a crise do capitalismo americano (2007 e 2009) sobre a implosão do sistema capitalista por agressão da Finança contra a Economia (2008), bem como pelo alastramento planetário da "crise do subprime" (2008) generalizando para a "agonia do capitalismo" (2011).

Este ilustre sociólogo e antropólogo especializado na área da formação dos preços, previu desde 2005 a crise, então futura, do "subprime".

Segundo este autor com a queda do muro de Berlim o capitalismo triunfou durante escassos 20 anos, começando a colapsar em 2007.

As explicações consistentes são de diversa natureza. Resumindo criticamente, direi:

a) O capitalismo sofre do nível da hiper-complexidade, tal como outrora o socialismo soviético e daí o colapso;
b) O capitalismo devia a sua solidariedade e confiança à existência de um inimigo e rival, a ausência de inimigo e rival geopolítico, fez com que os beneficiários do sistema exagerassem na apropriação de vantagens e desequilibrassem o sistema todo;
c) O capitalismo gera inevitavelmente uma concentração progressiva da riqueza que leva, inexoravelmente, a uma grave avaria na Economia;
d) Não existe realmente uma solução para a crise de 2008 e seguintes "por causa de um círculo vicioso: o reembolso da dívida reclama um aumento

de impostos que reduz o poder de compra, levando a uma queda do consumo, donde decorre um abaixamento do crescimento, que obriga a um relançamento, obrigando a um agravamento da dívida"[6];

e) A especulação e a crise resultaram da adopção da "nova contabilidade" baseada em riqueza futurível que não se materializou, tida por "antecipações racionais" de "ganhos finais em venda", juntamente com um excesso exorbitante de concessão do crédito bancário sem garantias suficientes e a ameaça consequente de insolvência em cascata, prévia das "bolhas imobiliárias".

f) A reacção ao colapso de 2007/2008 que ameaçou o sistema capitalista, provocou que os Estados Ocidentais estão ao serviço do sistema financeiro estruturante, sob o pretexto do "risco sistémico". O custo da crise é repassado primeiramente por via directa para as famílias, depois de novo para as famílias, por via da inflação, e só final e marginalmente para as mais-valias do sistema financeiro e das especulações;

g) Esta crise veio matar as esperanças iniciadas com Thatcher e Reagan, no ultra liberalismo ou anarco-capitalismo ou, ainda, capitalismo de casino;

h) Quando entram em crise simultânea as necessidades absolutas de cidadania e as necessidades relativas da burguesia, para usar a dicotomia de Keynes, a prioridade vital e geral sacrifica a vantagem especial e diferencial até a um restabelecimento satisfatório das primeiras em termos tidos por suficientes, quer vertical quer horizontalmente considerados;

i) A concentração da riqueza num sistema liberal e capitalista é uma regra geral, absoluta e inevitável. A excessiva concentração de riqueza provoca paralisias e disfunções sucessivas no sistema, que conduzem a um bloqueio. Quando isso acontece, ocorrem sistematicamente guerras e subversões internacionais a partir das quais se inicia um novo ciclo histórico;

j) Os limites da política fiscal são balizados pela revolta dos contribuintes e pela emigração massiva de capital;

k) A decadência dos sistemas político-económicos resulta da "perda do sentimento do bem comum como único capaz de assegurar o bem individual"[7].

[6] JORION, Paul. **Le capitalisme à l'agonie**. Paris: Fayard, 2011, p. 17.

[7] *Idem*, p. 312.

l) A decadência do sistema tem como linha de ruptura evidente a proliferação generalizada e polifacetada da corrupção entendida genericamente como qualquer "pacto oculto que implica uma troca, da qual resulta por um lado, um acesso privilegiado um favorecimento ou a uma venda de decisões (a que se tem ou não direito) e, por outro lado, um benefício, impróprio e intencional, imediato ou prolongado, real ou simbólico, pecuniário ou não pecuniário para as partes "contratantes" ou para terceiros[8];
m) Quanto maior o caos, mais avança o mercado negro, a economia paralela, o contrabando, a fuga de capitais e de valores, o que altera a corrupção habitual (a das condições de normalidade).

3.1. As novas artes da guerra

A guerra dos drones e a ciberguerra constituem novas artes da guerra. Curiosamente constituem também novas formas de terrorismo de Estado.

Torna-se imperioso que a Academia e as corporações da segurança elaborem sobre a ciberguerra. É preciso distinguir o cibercrime do ciberterrorismo e da ciberguerra. A distinção não resulta do meio utilizado mas da finalidade principal da acção.

No cibercrime, a finalidade é a obtenção de uma vantagem patrimonial por meios ilícitos, directa ou indirectamente.

No ciberterrorismo, a consequência principal há-de ser, se selectivo, a destruição de um actor político determinante; se indiscriminado, a criação de um ambiente de caos, de pânico social, de medo de descrença nas instituições que exercem o poder, com os propósitos de que trato nas obras da especialidade[9].

Na ciberguerra o ataque insere-se num conflito em curso, declarado ou não, e visa uma derrota holística (militar, mas não só) do inimigo. Numa guerra assimétrica, os Estados são as partes beligerantes, habitualmente vítimas destes ataques, mas nada impede que sejam as únicas. A ciberguerra só pode ser eficientemente combatida em ambiente electrónico e através dele.

[8] SOUZA, Luís de. **Corrupção**. Lisboa: Fundação Francisco Manuel dos Santos, 2011, p. 17.

[9] Como exemplo, considere-se **Ciência Política. Estudo da Ordem e da Subversão**, 7.ª ed., Lisboa: ISCSP, p. 451 e sgs. Pode considerar-se, ainda, **O Terrorismo e a Ideologia do Ocidente**. Coimbra: Almedina, 2007.

Todavia todos estamos dependentes dos grandes servidores que sustentam a internet e esses servidores, sendo físicos, constituem alvos possíveis num cenário de guerra, seja cirúrgica, seja geral, seja total.

A História dos U.A.V. é quase secular. Começa em 1917, com os aviões de tela e bambu aos quais foi aplicado um engenhoso sistema de estabilização giroscópica de origem norte-americana[10]. A guerra dos drones, por seu lado, começou durante a II Guerra Mundial com os famosos FRITZ "X", as Henschel e os V1 nazis que tanta devastação e medo criaram na Grã-Bretanha. Estes foram, depois, complementados com os V2 que abrem o período da guerra de mísseis de alcance internacional e transmarítimo.

Como resposta (fraca, diga-se), os americanos activaram os bombardeiros PB4Y e B17, que tinham a desvantagem de exigir a sequência de outra aeronave, onde o telecomando dos referidos UAV estava instalado e operacional, devendo reduzir perigosamente a sua velocidade em período de bombardeamento. O RQ-1 Predator, operacional desde 1995, entrará em todos os conflitos onde as forças armadas norte-americanas tenham sido intervenientes activas.

Pouco antes, os nazis alemães ensaiaram uma guerra sem baixas, devastadora sim, mas sem arriscar perdas do seu lado. Tratou-se da intervenção aérea na guerra civil de Espanha de 1936-1939. Ora, estas duas novidades da guerra nazi (há outras interessantes, como a Guerra Relâmpago ou a Guerra Total) constituem a essência da nova guerra dos drones: guerra sem baixas do lado atacante, utilizando veículos não-tripulados (aéreos, marítimos ou terrestres).

Esta nova forma de guerra encontra as aplicações clássicas presentes em todos os conflitos militares de grande e média dimensão: obtenção de informações estratégicas e tácticas, ataque cirúrgico, manobra de diversão, criação de pânico no inimigo, desmoralização das suas tropas e da sua rectaguarda. Todos estes propósitos são conseguidos com elevado grau de eficiência e de precisão (alguma imprecisão atacante constitui um conjunto de efeitos colaterais comportáveis, quando não mesmo desejáveis, mas inconfessáveis).

Se tivéssemos dúvidas sobre a existência do binómio esquerda-direita, cá estaria este novíssimo fenómeno a provar-nos a inconsistência de tal interrogação. A esquerda abateu-se num coro de lamúrias e insultos contra a administração Obama pela utilização maciça da guerra dos drones trazendo à colação os danos colaterais infligidos em inocentes vitimizados como se os não houvesse na guerra feita por meios convencionais. A direita, quc costuma

[10] Sobre este tema veja-se o interessante artigo de Francis Fukuyama de 21/06/2012 publicado no *Courrier Internacional* n.º 199 (Setembro/2012) p. 40 e ss.

primar pela lentidão na compreensão de resultados encontrou, desta feita, um filão beligerante de potencialidades quase ilimitadas uma vez que:

a) A guerra dos drones oferece uma relação custo-benefício extremamente favorável, quando comparada com a equação tradicional de guerra de igual âmbito e alcance;
b) Resolve, por via do indiferentismo das massas e pela tendência para o provisório das notícias, a erosão de apoio da rectaguarda. Em democracias liberais[11] os executivos e os orçamentos dependem dos votos. Os votos, em situação de guerra prolongada e inconclusiva, mudam contra os desejos dos executivos. As guerras prolongadas perdem-se, assim, nas rectaguardas. Este novo sistema, se bem administrado, evita o regresso sistemático de cadáveres de jovens e, assim, a causa principal da mudança na opinião pública ao sistema de guerra;
c) Cria novos "micro-equilíbrios de terror" ampliando o protagonismo dos governos sobre os insurrectos;
d) Este sistema, quando conjugado com a privatização da guerra por via de empresas beligerantes, reforça-se, sem se prescindir da indispensável presença da "nova" infantaria mercenária, de *snipers* cada vez mais longínquos e devastadores e das novas tropas de operações especiais. Estranhamente, a privatização das baixas do atacante não tem, nem de perto nem de longe, o mesmo impacto na opinião pública da rectaguarda.

O artigo de Thomas Hippler, *Les Drones: Le Triomphe d'une Nouvelle Arme*[12] refere, muito oportunamente, que um drone Reaper M-9 custa menos de 10% do que um avião de caça F-22. Não é por acaso que o orçamento norte-americano destinado à aquisição, manutenção e *upgrade* de drones tenha decuplicado entre 2001 e 2012.

As duas guerras do Iraque (1990-91 e 2003) foram um campo experimental privilegiado para as bombas inteligentes guiadas por GPS e, ultimamente, para os drones aéreos.

[11] O Estado Novo não era uma democracia. Mas a Guerra do Ultramar, ganha, quanto a mim, militarmente, na maioria dos teatros de operações, sofreu o mesmo efeito. Perdeu-se na rectaguarda.
[12] BADRE, Bertrand; VIDAL, Dominique (coord.). **Nouvelles Guerres – L'État du Monde 2015**. Paris: Ed. La Découverte, 2014, p. 117 e ss.

A palavra *drone* esconde um vastíssimo leque de veículos militares não pilotados por humanos. Há drones terrestres, aéreos e aquáticos, drones de combate, de observação e de reconhecimento, drones tácticos e estratégicos, de grande dimensão (um *global hawk* tem quarenta metros de envergadura e pesa cerca de 15 toneladas); segundo Thomas Hippler, neste momento, investem os norte-americanos em drones de vigilância do tamanho de um insecto.

Há drones controlados pelas forças armadas e drones controlados por corporações de *intelligence* ou por privados. Estes últimos fogem no "escrutínio da guerra" nas democracias liberais. Eis um campo onde a tecnologia vai sempre à frente da compreensão das massas...

Há, neste momento (Agosto de 2013), firmas comerciais que vendem na internet drones aéreos de grande qualidade, preparados para a adaptação de câmaras digitais, incluindo GPS, com parâmetros de voo pré-programáveis e com velocidades de engenho que chegam às 90 milhas por hora, suportando ventos até 50 milhas por hora e temperaturas negativas até menos 40 graus Fahrenheit. As encomendas podem ser pagas a prestações e são entregues por via postal. Posteriormente, entramos na fase tão verdadeira quanto outrora inimaginável de *rent-a-drone*! O sistema não tem regresso, como alguns autores propõem com ingenuidade.

O novíssimo investimento nos drones é o de lhes dar capacidade de decisão autónoma e de comando. A via de saída, numa primeira fase, é a repartição de tal capacidade por um conjunto de drones que actuam como um enxame. A solução política, para contornar a moldura legal imposta às forças armadas (*jus in bello* e *jus ad bellum*) e o controlo parlamentar do Congresso norte-americano, foi o de entregar esta opção à CIA, que é constituída por civis.

A tecnologia é relativamente barata e acessível. Nos EUA fazem-se concursos de drones caseiros, com um limite máximo de orçamento que ronda os 300 dólares, e um programa de tarefas autónomas.

É claro que o terrorismo não tardará em aplicar a mesma tecnologia para atacar as populações civis do Ocidente. Como a caixa de Pandora está aberta, a saída – tal como na ciberguerra – é a de investir mais e mais na tecnologia e na contra-tecnologia. A guerra do futuro já começou[13].

[13] Sobre o tema desta nova operacionalidade de combate, recomendo a leitura cuidada da obra do TCor. Pilav. VICENTE, João P. N.. **A Guerra Aérea Remota** – A Revolução do poder Aéreo e as Oportunidades para Portugal. Porto: Ed. Fronteira do Caos, 2013.

Referências

BADRE, Bertrand; VIDAL, Dominique (coord.). **Nouvelles Guerres – L'État du Monde 2015**. Paris: Ed. La Découverte, 2014.

JORION, Paul. **Le capitalisme à l'agonie**. Paris: Fayard, 2011.

SOUSA LARA, Antonio de. **Ciência Política: estudo da Ordem e da Subversão**. Lisboa: ISCSP, 2013.

________. **O Terrorismo e a Ideologia do Ocidente**. Coimbra: Almedina, 2007.

SOUSA, Luís. **Corrupção**. Lisboa: Fundação Francisco Manuel dos Santos, 2011.

VICENTE, João P.N. **A Guerra Aérea Remota: A Revolução do poder Áereo e as Oportunidades para Portugal**. Porto: Ed. Fronteira do Caos, 2013.

POLÍTICA EXTERIOR DE DEFESA E DE SEGURANÇA COMUM

La PESD: ¿Hacia una nueva organización de las fuerzas europeas?

Manuel Medina Ortega[1]

1. La Política Europea de Seguridad y Defensa

Los Tratados de Lisboa fijan el marco legal para la realización por las instituciones de la UE de las funciones que los Estados miembros han acordado conferirles. La UE no es un Super-Estado, sino una organización internacional formada por Estados independientes y soberanos que tiene como finalidad la integración de los pueblos de Europa. El objetivo último de la plena integración no se ha conseguido todavía. El proyecto integrador formulado en la Declaración Schuman de 9 de mayo de 1950 se ha ido realizando paulatinamente desde el establecimiento de la CECA por el Tratado de París de 1951, pero el proceso entonces iniciado no ha culminado hasta la fecha con la creación de una nueva entidad política que supere la fragmentación de Europa en Estados nacionales. La integración europea, como las catedrales medievales, requiere esfuerzos seculares. La UE es hoy todavía un edificio en construcción con una débil cimentación, expuesto a crisis y vaivenes que pueden derribar su estructura en cualquier momento. La sucesión de crisis de los últimos años en asuntos tan graves como la quiebra de las economías de algunos países periféricos, la presión migratoria sobre sus fronteras externas y la repetición de actos de terrorismo muestran la debilidad institucional de la UE y ponen en peligro su propia existencia.

[1] Catedrático de Derecho Internacional y Relaciones Internacionales, Universidad Complutense de Madrid.

La naturaleza de la UE como organización internacional informa todo el proyecto integrador. Si el art. 2, ap. 1, de la Carta de las Naciones Unidas declara que "la Organización está basada en el principio de la igualdad soberana de todos sus Estados miembros", el art. 4, ap. 2, TUE establece, en paralelo con la Carta de las Naciones Unidas, que "la Unión respetará la igualdad de los Estados miembros ante los Tratados, así como su identidad nacional" y "las funciones esenciales del Estado, especialmente las que tienen por objeto garantizar su integridad territorial, mantener el orden público y salvaguardar la seguridad nacional". El art. 5, ap. 1, TUE, dispone que "la delimitación de las competencias de la Unión se rige por el principio de atribución". Este principio obliga a la UE, de conformidad con el ap. 2 del art. 5 TUE a actuar "dentro de los límites de las competencias que les atribuyen los Estados miembros en los Tratados para lograr los objetivos que éstos determinan" y, además, "toda competencia no atribuida a la Unión en los Tratados corresponde a los Estados miembros" (art. 5, ap. 2, y art. 4, ap. 1 TUE).

Teniendo en cuenta el carácter constitucional y básico de estas disposiciones, es natural que los Tratados de Lisboa intenten delimitar las competencias de las instituciones comunes en un ámbito tan sensible como el de la "Política Europea de Seguridad y Defensa" (PESD), o, siguiendo la expresión literal de los Tratados, la "Política Común de Seguridad y Defensa" (PCSD). El art. 2, ap. 4, del TFUE declara que "la Unión dispondrá de competencia, de conformidad con lo dispuesto en el Tratado de la Unión Europea, para definir y aplicar una política exterior y de seguridad común, incluida la definición progresiva de una política común de defensa". El art. 21, ap. 2, del TUE atribuye a la UE la tarea de definir y ejecutar políticas y acciones comunes y de lograr un alto grado de cooperación en todos los ámbitos de las relaciones internacionales, con el fin, entre otras cosas, de:

> "c) mantener la paz, prevenir los conflictos y fortalecer la seguridad internacional, conforme a los propósitos y principios de la Carta de las Naciones Unidas, así como a los principios del Acta Final de Helsinki y a los objetivos de la Carta de París, incluidos los relacionados con las fronteras exteriores".

En todo caso, "la acción exterior de la Unión en la escena internacional... se basará en los principios, perseguirá los objetivos y se realizará de conformidad con las disposiciones generales contempladas en el capítulo I [del TUE]", que incluyen las disposiciones ya mencionadas del art. 4, ap. 2, relativas al respeto de las funciones esenciales de los Estados miembros dirigidas a garantizar su integridad territorial, a mantener el orden público y a salvaguardar la seguridad nacional, que siguen siendo de la responsabilidad exclusiva de cada Estado miembro.

Aunque las competencias de la UE en materia de Política Exterior y de Seguridad Común (PESC) abarcan "todos los ámbitos de la política exterior y todas las cuestiones relativas a la seguridad de la Unión, incluida la definición progresiva de una política común de defensa que podrá conducir a una defensa común" (art. 24, ap. 1, párr. 1º TUE), la misma "se regirá por reglas y procedimientos comunes" sobre los que el Consejo Europeo y el Consejo deberán pronunciarse por unanimidad salvo cuando los Tratados dispongan otra cosa (art. 24, ap. 1, párr. 2º TUE). La exigencia de unanimidad impide que se adopten decisiones en este ámbito sin el consentimiento, expreso o tácito, de todos y cada uno de los Estados miembros. Una auténtica PESD no es posible sin el desarrollo de una solidaridad real de los Estados miembros en su política internacional, que requiere la identificación de los asuntos de interés común para todos ellos y la convergencia en su actuación en la escena internacional.

"Los Estados miembros apoyarán activamente y sin reservas la política exterior y de seguridad con espíritu de lealtad y solidaridad mutua y respetarán la acción de la Unión en este ámbito" y "trabajarán conjuntamente para intensificar y desarrollar su solidaridad política mutua", absteniéndose de "toda acción contraria a los intereses de la Unión o que pueda perjudicar su eficacia como fuerza de cohesión en las relaciones internacionales" (art. 24, ap. 3 TUE). No cabe ninguna acción en el marco de la PESC sin el consentimiento, expreso o tácito, de todos y cada uno de ellos.

En el ámbito más limitado de la "Política Común de Seguridad y Defensa" (PCSD) se requiere la participación de todos los Estados miembros en las decisiones del Consejo y del Consejo Europeo que la formulen. Cada uno de ellos decide de forma voluntaria si está dispuesto a asumir responsabilidades en la ejecución de las tareas de mantenimiento de la paz, prevención de conflictos y fortalecimiento de la seguridad internacional, y la medida en que estén dispuestos a prestar su ayuda (art. 42, ap. 1, TUE). Aunque los Estados miembros se comprometen a mejorar progresivamente sus capacidades militares los Tratados no imponen el cumplimiento de unas exigencias mínimas a este respecto, como sería, por ejemplo, la fijación de un porcentaje mínimo para gastos de defensa en sus presupuestos nacionales.

La PCSD se basa, así, en la cooperación voluntaria de los Estados miembros en el marco de decisiones que se adoptan por unanimidad en el seno del Consejo o del Consejo Europeo. La UE sólo cuenta con los recursos que los Estados miembros ponen voluntariamente a su disposición. De hecho, los Estados miembros de la UE, incluyendo los que no pertenecen a la Organización del Tratado del Atlántico Norte (OTAN), siguen confiando en los Estados Unidos para la defensa de sus intereses esenciales de seguridad a través de los mecanismos militares de esta última organización. A ella se refiere de modo expreso el TUE (art. 42, ap. 2, párr. 2º), y a ella pertenecen 22 de los 28 Estados que componen la UE[2]. Las instituciones europeas no pueden imponer decisiones vinculantes a los Estados miembros. Los Tratados permiten el establecimiento de una "cooperación estructurada permanente" entre los "Estados miembros... que reúnan los criterios y asuman los compromisos en materia de capacidades militares que figuran en el Protocolo sobre la cooperación estructurada permanente" (art. 46). Se trata de un sistema de "geometría variable" pero, aunque su desarrollo está previsto en el Protocolo 10 anejo a los Tratados de Lisboa, estas disposiciones no han plasmado todavía en un mecanismo estable de cooperación militar entre determinados Estados miembros. Las operaciones conjuntas entre algunos Estados miembros, como las desarrolladas por Francia e Inglaterra para ayudar a derrocar el régimen de Moamer el Kadafi en Libia o en la lucha contra el "Daesh" en Siria, se han realizado fuera del ámbito de la UE, actuando como Estados soberanos e independientes, aunque contando con la cooperación y el apoyo logístico de las fuerzas armadas de los Estados Unidos.

2. De la Cooperación Política Europea (CPE), a la Política Europea de Seguridad y Defensa (PESD), a la Política Exterior y de Seguridad Común (PESC) y a la Política Común de Seguridad y Defensa(PCSD)

La formación de las Comunidades Europeas en la década de los años cincuenta respondía a la necesidad de sentar las bases de una cooperación política que permitiera a los Estados europeos resistir a la presión que ejercía sobre ellos la Unión Soviética. La "doctrina Truman", formulada por los Estados Unidos en 1947, permitió el suministro de ayuda económica y militar de este país a los

[2] No son miembros de la OTAN los siguientes Estados miembros de la UE: Austria, Chipre, Finlandia, Irlanda, Malta y Suecia. Todos ellos, salvo Chipre, participan en la "Asociación para la Paz" (*Partnership for Peace*, PfP), un programa común de la UE y la OTAN que les facilita el acceso a documentos reservados de la OTAN y les da derecho a participar en reuniones oficiales mixtas de ambas organizaciones.

gobiernos de Turquía y Grecia, sometidos a la presión inmediata de la Unión Soviética y los aliados de ésta, el primero por su vecindad directa con la URSS y el segundo por la acción de la guerrilla del movimiento ELLAS dirigido por Markos Vafiadis y apoyado por la Yugoeslavia de Tito. Los Estados Unidos promovieron entonces la creación de organizaciones internacionales para reforzar la estabilidad de la Europa occidental, unas de carácter económico, como la OECE, y otras de carácter militar, como el Pacto de Bruselas de 1948 y el Tratado del Atlántico Norte de 1949. Los Estados europeos habían iniciado ya, por su parte, un proceso de creación de sus propias organizaciones internacionales dirigidas a reforzar la cohesión entre ellos, como el BENELUX, entre los gobiernos de Bélgica, Luxemburgo y Países Bajos en el exilio en Inglaterra durante la Segunda Guerra Mundial, y el Consejo de Europa, en 1949, que surgió de las recomendaciones del Congreso de La Haya de 1948 del Movimiento Europeo. El Plan Schuman, dirigido a sustituir los controles establecidos por los aliados sobre el carbón y el acero en la Alemania occidental al término de la Segunda Guerra Mundial por una administración supranacional, fue la respuesta francesa a las presiones de los Estados Unidos dirigidas a convertir a Alemania en un aliado fiable durante la Guerra Fría y plasmó en la primera Comunidad Europea, la CECA, en el año 1951.

El Preámbulo del Tratado de la CECA firmado en París el 18 de abril de 1951 por los Seis Estados de la "Pequeña Europa" (Alemania, Bélgica, Francia, Italia, Luxemburgo y Países Bajos) expresaba el propósito de superar la división de Europa, y fundamentaba el nuevo acuerdo en las exigencias del mantenimiento de la paz, a pesar de que su objetivo declarado era sólo la regulación del carbón y del acero[3]. El párrafo 1º afirmaba que "la paz mundial sólo puede salvaguardarse mediante esfuerzos creadores proporcionados a los peligros que la amenazan". El párr. 2º afirmaba que los Estados signatarios eran "conscientes de que la contribución que una Europa organizada y viva puede aportar a la civilización es indispensable para el mantenimiento de las acciones a favor de la paz". El párr. 4º consideraba necesario conseguir progresos en las acciones a favor de la paz, y el párr. 5º formulaba el propósito de "sustituir las rivalidades seculares por una fusión de sus intereses esenciales".

La limitación de las competencias de la CECA al carbón y al acero no hacía de ella el instrumento más adecuado para proteger a los Estados miembros frente a las amenazas exteriores, entonces bastante reales. El 27 de mayo de 1952 se firmó en París el Tratado de la Comunidad Europea de Defensa, que

[3] Texto en *BOE*, nº 1, de 1 de enero de 1986, p. 397-475.

se proponía legitimar la reconstrucción del ejército alemán mediante su inserción en un proyecto comunitario que seguiría el modelo de la CECA, pero la Asamblea Nacional francesa rechazó este proyecto de Tratado en el verano de 1954. El veto francés a la CED llevó al establecimiento el año siguiente de una nueva organización internacional, la Unión Europea Occidental (UEO), mediante la ampliación del Tratado de Bruselas firmado originariamente en 1948 entre Francia, el Reino Unido y los tres países del BENELUX, con Alemania e Italia, que eran aceptadas al mismo tiempo como nuevos miembros de la OTAN. El fracaso del proyecto de la CED arrastró al abandono de un proyecto de Comunidad Política Europea presentado igualmente en el año 1952 sobre la base de la eventual fusión de la proyectada CED con la CECA.

La creación de dos nuevas organizaciones supranacionales en 1957, la Comunidad Económica Europea (CEE o Mercado Común), y la Comunidad Europea para la Energía Atómica (CEEA o Euratom) abrió el proceso de integración a formas más ambiciosas de cooperación supranacional que permitirían a los seis países iniciar algo más tarde su cooperación en política exterior.

El parr. 1º del Preámbulo TCEE proclamaba la resolución de los Estados signatarios de "sentar las bases de una unión cada vez más estrecha entre los pueblos europeos". El párr. 7º se refería a "los principios de la Carta de las Naciones Unidas" y a la necesidad de "reforzar la solidaridad de Europa con los países de ultramar" y "asegurar el desarrollo de su prosperidad". El párrafo 8º afirmaba el propósito de los Estados signatarios de "consolidar, mediante la constitución de este conjunto de recursos, la defensa de la paz y de la libertad... invitando a los demás pueblos de Europa que participan en dicho ideal a asociarse a su esfuerzo". En la misma línea, el párr. 1º del TCEEA se refería a la energía nuclear como "recurso esencial para el desarrollo de la producción y el progreso de las acciones a favor de la paz", y el párrafo 6º expresaba el deseo de los Estados firmantes de "asociar a otros países a su acción y de cooperar en el desarrollo pacífico de la energía atómica".

La parte dispositiva de los Tratados comunitarios de 1957 no incluía referencia alguna, sin embargo, a una política exterior no vinculada formalmente al proceso de integración económica. Los seis países miembros de la llamada "Pequeña Europa" no estaban dispuestos a renunciar a la protección que les daba el sistema defensivo de la OTAN. Considerando que esta actitud acomodaticia suponía la aceptación por los europeos de un papel secundario y de sumisión con respecto a la superpotencia norteamericana, el General de Gaulle, presidente de la República francesa desde 1958, lanzó en 1961 el proyecto de una "Unión Europea" como alternativa a la limitación de la

Comunidades Europeas a objetivos meramente económicas. De Gaulle pensaba, en principio, en un directorio tripartito formado por Estados Unidos, Francia y el Reino Unido. Para sacar adelante esta propuesta, se encargó a Christian Fouchet, entonces embajador de Francia en Dinamarca, la elaboración de un "Plan para la Unión de los pueblos de Europa", llamado "Plan Fouchet", para el cual redactó dos borradores sucesivos. De Gaulle acabó renunciando al proyecto debido a sus discrepancias con los restantes dirigentes europeos sobre su concepción de las relaciones con los Estados Unidos y sobre la idea de supranacionalidad.

La integración económica de los seis Estados miembros de las Comunidades Europea suponía el apoyo de éstos a la política exterior occidental dirigida por Estados Unidos. Por otro lado, las instituciones comunes proporcionaban a los gobiernos de los Estados miembros un foro privilegiado para que los Jefes de Estado y de Gobierno y sus Ministros de Asuntos Exteriores pudieran aproximar posiciones y formular declaraciones sobre temas puntuales de política exterior. Coincidiendo con el lanzamiento de su proyecto de unión política, De Gaulle organizó dos cumbres de jefes de Estado y de Gobierno de los países miembros de las Comunidades Europeas en febrero y julio de 1961, en París y Bonn, respectivamente. Tras la retirada de De Gaulle de la presidencia de la República, su sucesor, Georges Pompidou, propuso que los jefes de Estado y de Gobierno de las Comunidades Europeas se reunieran periódicamente para discutir cuestiones relacionadas con la cooperación política. La primera Cumbre de este tipo se celebró en La Haya en 1969. En ella se acordó, además de aceptar al Reino Unido en las Comunidades Europeas, establecer un mecanismo para la cooperación en política exterior. Con la celebración de reuniones entre representantes de los gobiernos en diferentes niveles se inició la llamada Cooperación Política Europea (CPE). Por iniciativa de otro Presidente francés, Valéry Giscard d´Estaing, europeísta convencido, se acordó, a partir de la Cumbre de París de diciembre de 1974, dar el nombre de Consejo Europeo a estas reuniones. El primer Consejo Europeo tuvo lugar en Dublín el 10 y 11 de marzo de 1975, con ocasión de la primera presidencia irlandesa del Consejo de las Comunidades Europeas.

El Consejo se reunía como institución de las Comunidades Europeas, pero sus miembros, Jefes de Estado y de Gobierno o Ministros, podían celebrar al mismo tiempo reuniones o conferencias que abordaban asuntos que escapaban al ámbito competencial de las Comunidades. Se podía pasar de un tipo de reuniones a otro sin solución de continuidad, en la misma fecha, en misma localidad, en el mismo edificio e incluso en la misma sala. En ocasiones se marcaba la diferencia entre los dos tipos de reuniones poniendo punto final a una de ellas en una determinada localidad y celebrando la siguiente, de distinta naturaleza, en una localidad diferente, por ejemplo, en Luxemburgo por la mañana y en Bruselas por la tarde. Tenían particular importancia a este respecto las reuniones de los Jefes de Estado y de Gobierno y las de los Ministros de Asuntos exteriores.

Aunque en esta primera etapa no se podía hablar realmente de una política exterior europea, las reuniones en el seno del Consejo de las Comunidades Europeas dieron lugar al desarrollo de la "cooperación política" entre los gobiernos de los Estados miembros, que se fue desarrollando a través de una serie de declaraciones sucesivas[4]. Las reuniones de Luxemburgo en 1970, de Copenhague en 1973, y de Londres en 1981 establecieron procedimientos dirigidos a institucionalizar la cooperación política. En noviembre de 1981, los Gobiernos de Alemannia e Italia presentaron a los Estados miembros un proyecto de Acta Europea con el propósito de reforzar la integración. El Consejo Europeo de los días 26 y 27 del mismo mes dio un mandato a los Ministros de Asuntos Exteriores para que consideraran la nueva propuesta. Sobre la base de un informe de los Ministros de Asuntos Exteriores, el Consejo Europeo de los días 26 y 27 de noviembre de 1983 concluyó con una Declaración Solemne de los Jefes de Estado y de Gobierno[5] que expresó la conveniencia de hablar con una sola voz en las cuestiones de política exterior y estableció un marco formal para la cooperación en este tipo de asuntos, vinculado a las estructuras institucionales de las Comunidades, es decir, al Consejo, al Parlamento, a la Comisión, e incluso al Tribunal de Justicia. Sobre la base de esta Declaración, el Consejo de las Comunidades Europeas adoptó el 8 de febrero de 1986 el Acta Única Europea[6].

El AUE se proponía apoyar la UE sobre dos pilares: "unas Comunidades que funcionen con arreglo a normas propias" y "la Cooperación Europea entre los Estados signatarios en materia de política exterior" (párr. 2º del Preámbulo). La nueva Cooperación Política Europea (CPE) pretendía confirmar y completar "los procedimientos acordados en los Informes de Luxemburgo (1970), Copenhague (1973) y Londres (1981), en la Declaración solemne sobre

[4] Cabe mencionar las decisiones adoptadas por los jefes de Estado o de Gobierno en los Consejos de París, de octubre de 1972 y 10 de diciembre de 1974, el Documento sobre la Identidad europea de 14 de diciembre de 1973 y la Declaración de La Haya de 30 de noviembre de 1976 sobre la construcción progresiva de la UE.

[5] El texto fue publicado en el Boletín de la Comunidad Europea, junio de 1973.

[6] *Diario Oficial de las Comunidades Europeas*, L 169, de 29 de junio de 1987.

la Unión Europea (1983) y las prácticas progresivamente establecidas entre los Estados miembros" (art. 1, párr. 3º). Las Cumbres de Jefes de Estado y de Gobierno adquirieron a partir de entonces el carácter institucional de Consejo Europeo. La cooperación europea en materia de política exterior quedó regulada en el Título III del AUE, con un único artículo, el 30. La nueva CPE era de carácter voluntario. En su virtud "las Altas Partes Contratantes, miembros de las Comunidades Europeas, procurarán formular y aplicar conjuntamente una política exterior europea" (ap. 1 del art. 30). Pero se limitaba a facilitar intercambios de información y consultas mutuas dirigidas a la formulación de posiciones comunes que pudieran permitir, eventualmente, acciones comunes. Aunque no se excluía el establecimiento de una cooperación más estrecha entre determinadas Altas Partes Contratantes, ésta habría de situarse en el marco de las dos organizaciones ya existentes en este ámbito: la Unión Europea Occidental y la Alianza Atlántica (art. 30, ap. 6-c)).

El Tratado de Maastricht de 1992 dio un empujón definitivo a la Cooperación Política Europea. La Unión Europea se basaría, según el Tratado, en tres pilares, uno comunitario, las Comunidades Europeas, y dos no comunitarios, la Política Exterior y de Seguridad Común (PESC) (Título V, art. J) y la Cooperación en los ámbitos de la Justicia y de los Asuntos de Interior (JAI) (Título V, art. K). El Tratado de Niza de 1997 consolidó las disposiciones del Título V del Tratado de Maastricht en sus arts.11º a 28º, atribuyendo al Secretario General del Consejo las funciones de Alto Representante de la PESC. En los Tratados de Lisboa se acabó de perfilar la figura del Alto Representante, que dejó de ser Secretario General del Consejo para asumir en su lugar la presidencia del Consejo de Asuntos Exteriores.

No es fácil separar conceptualmente la PESC de la PCSD, ya que la segunda está englobada en la primera a la manera de una *matrioska* o muñeca rusa. El lenguaje de los Tratados es alambicado y confuso, al tratar de reflejar la diversidad de puntos de vista de los decisores europeos al respecto. El párr. 11 del Preámbulo del TUE proclama la resolución de los Estados signatarios de "desarrollar una política exterior y de seguridad común que incluya la definición progresiva de una política de defensa común que podría conducir a una defensa común... reforzando así la identidad y la independencia europeas con el fin de fomentar la paz, la seguridad y el progreso en Europa y en el mundo". El art. 3º, ap. 1, TUE, atribuye a la UE la finalidad dc "promover la paz, sus valores y el bienestar de sus pueblos". El ap. 5 de ese mismo artículo, relativo a las "relaciones con el resto del mundo", coloca de nuevo a la paz y a la seguridad en primer lugar, aunque condicionando este objetivo "al estricto respeto y al desarrollo del Derecho internacional, en particular el respeto de los principios de la Carta de las Naciones Unidas". Esta referencia a los principios de la Carta de las Naciones Unidas en el contexto de la política exterior de la UE no es protocolaria, ya que la ONU tiene por misión, precisamente, el mantenimiento de la paz y de la seguridad internacional (art. 1º, ap. 1). La ONU está basada, como ya señalamos al comienzo de este trabajo, "en el principio de igualdad soberana de todos sus Miembros" (art. 2º, ap. 1), recogido igualmente en el art. 4º, ap. 2, del TUE: "La Unión respetará la igualdad de los Estados miembros ante los Tratados, así como su identidad nacional... Respetará las funciones esenciales del Estado, especialmente las que tienen por objeto garantizar su integridad territorial, mantener el orden público y salvaguardar la seguridad nacional. En particular, la seguridad nacional seguirá siendo responsabilidad exclusiva de cada Estado miembro".

La exigencia de la Carta de las Naciones Unidas de que el uso de la fuerza esté sometido al control del Consejo de Seguridad no obsta al mantenimiento del "derecho inmanente de legítima defensa, individual o colectiva, en caso de ataque armado contra un Miembro de las Naciones Unidas hasta que el Consejo de Seguridad haya tomado las medidas necesarias para mantener la paz y la seguridad internacionales" (art. 51º). Esta disposición permite el establecimiento de "acuerdos u organismos internacionales cuyo fin sea entender en los asuntos relativos al mantenimiento de la paz y la seguridad internacionales susceptibles de acción regional, siempre que dichos acuerdos u organismos, y sus actividades, sean compatibles con los Propósitos y Principios de las Naciones Unidas" (art. 52º).

La responsabilidad exclusiva de los Estados miembros sobre su seguridad nacional está, de este modo, condicionada por las disposiciones de la Carta de las Naciones Unidas y por los compromisos asumidos en los acuerdos u organismos regionales de los que formen parte. El reconocimiento por la Carta de los acuerdos regionales legitimó la firma, el 17 de marzo de 1948, del Tratado de Bruselas entre Francia, el Reino Unido y los tres países del Benelux. Además de la "legítima defensa colectiva", el Tratado de Bruselas incluía la "colaboración en materia económica, social y cultural" (Pr., párr. 8º). El pretexto alegado para su conclusión había sido la posibilidad de que la Alemania derrotada en las dos Guerra mundiales volviera al sendero de una política de agresión (Pr., párr. 6º y art. VII). Se apoyaba en los principios de la Carta de las Naciones Unidas en general, y en particular en las disposiciones de ésta sobre el mantenimiento de la paz y de la seguridad internacional (Pr., párr. 5º), sobre todo en lo relativo a la legítima defensa colectiva prevista en el art. 51.º de la Carta (arts. IV). Se estableció una estructura institucional mínima basada en un Consejo consultivo de carácter permanente (art.VI). En septiembre del mismo año se decidió establecer una agencia militar, llamada Organización Defensiva de la Europa Occidental, que contaba con un Comité de Defensa integrado por los ministros de los Estados miembros y con un Comité de Jefes de Estado mayor encargado de dirigir el sistema operativo de la organización. Se encomendó la presidencia del Comité permanente de Comandantes de las fuerzas de Tierra, Mar y Aire, con sede en Fontainebleau, al Mariscal británico Bernard Montgomery, y fueron designados comandantes en jefe el General francés Jean de Lattre de Tassigny para el Ejército de Tierra, el Mariscal inglés Sir James Robb para la Fuerza Aérea y el Almirante francés Robert Jaujard para la Marina. La organización militar no resultó demasiado eficaz. Se la recuerda, sobre todo, por las desavenencias entre de Lattre de Tassigny y Montgomery.

3. El papel de la OTAN y de los Estados Unidos en la defensa de Europa

Ante la necesidad perentoria de establecer una estructura militar creíble frente a la expansión soviética, los Estados Unidos se vieron obligados a intervenir y poner orden en la cacofonía europea en materia de seguridad exterior. El 4 de abril de 1949 se firmó en Washington el Tratado del Atlántico Norte. A diferencia del Tratado de Bruselas, el Tratado de Washington era exclusivamente militar y defensivo. Se refería de modo expreso a los "propósitos y principios de la Carta de las Naciones Unidas" y tenía como finalidad la consecución de la paz.

Las Partes del Tratado de Washington se comprometían, "tal como está establecido en la Carta de las Naciones Unidas, a resolver por medios pacíficos cualquier controversia internacional en la que pudieran verse implicadas de modo que la paz y la seguridad internacionales, así como la justicia, no sean puestas en peligro, y a abstenerse en sus relaciones internacionales de recurrir a la amenaza o al empleo de la fuerza de cualquier forma que resulte incompatible con los propósitos de las Naciones Unidas" (art. 1).

Desde 1949 el número de Estados firmantes ha pasado de 12 a 28. Aunque en mayo de 2016 el número de Estados miembros de la UE coincide con el de la OTAN, seis miembros de la primera no lo son de la segunda (Austria, Chipre, Finlandia, Irlanda, Malta y Suecia), y, a la inversa, seis de la segunda no pertenecen a la primera (Albania, Canadá, Estados Unidos, Islandia, Noruega y Turquía). El 19 de mayo de 2016 los Ministros de Asuntos Exteriores de la OTAN firmaron el Protocolo de adhesión de Montenegro, que no es miembro de la UE y que pasará a ser el número 29 de la OTAN una vez que se complete el proceso de ratificación.

La OTAN está dirigida por un Consejo integrado por representantes de todos los Estados miembros y cuenta con una doble estructura, política y militar. La estructura política está encabeza por el Secretario General, que ha sido siempre una personalidad europea, mientras que en la cumbre de la estructura militar hay un Comité militar del que dependen otros mandos. El más importante de los mandos militares es el Comandante Supremo Aliado para Europa (Supreme Allied Commander Europe–SACEUR), que es a la vez el portavoz del Cuartel Supremo de las Potencias Aliadas para Europa (Supreme Headquarters Allied Powers Europe–SHAPE), y que ha sido siempre un general de los Estados Unidos. La vinculación del mando supremo de la Alianza a la estructura militar de los Estados Unidos ha hecho de la OTAN una organización militar eficaz, aunque con esta identificación se pone de manifiesto el papel hegemónico de este país en el seno de la Alianza.

La eficacia disuasoria de la OTAN durante el período de la bipolaridad quedó fuera de toda duda al no haber sido necesario en ningún momento el despliegue de su maquinaria militar. Sólo tras la desintegración del bloque soviético se produjo la primera intervención militar de la Alianza, en 1999, en Kosovo, a petición de los aliados europeos, incapaces de poner en marcha una operación propia para el mantenimiento de la paz en este territorio perteneciente a Serbia. La OTAN ha supuesto también un ahorro importante para los aliados europeos, al asumir el Gobierno de los Estados Unidos la parte más importante de los costes de las instalaciones centrales de logística y comunicación, además de los de la principal fuerza nuclear.

4. El carácter subsidiario de la PCSD

El papel preponderante de los Estados Unidos en la Alianza Atlántica ha condicionado el desarrollo de la PESD. El art. 42, ap. 2, párr. 2º, del TUE dispone que "la política de la UE con arreglo a la presente sección [Sección 2 del Cap. 2 del Título V, «Disposiciones sobre la Política Común de Seguridad y Defensa»] no afectará al carácter específico de la política de seguridad y defensa de determinados Estados miembros, respetará las obligaciones derivadas del Tratado del Atlántico Norte para determinados Estados miembros que consideran que su defensa común se realiza dentro de la Organización del Tratado del Atlántico Norte (OTAN) y será compatible con la política común de seguridad y defensa establecida en dicho marco". A pesar de la alambicada redacción del texto, queda claro que la PCSD, en la que hoy ha plasmado lo que se llamó en un principio la PESD, está subordinada a las obligaciones que han asumido la mayor parte de los Estados miembros de la UE en el seno de la OTAN. El párr. 2º del art. 42, ap. 6, TUE, relativo al supuesto de agresión armada contra el territorio de un Estado miembro confirma esta subordinación al establecer que "los compromisos de cooperación en este ámbito seguirán ajustándose a los compromisos adquiridos en el marco de la Organización del Tratado del Atlántico Norte, que seguirá siendo, para los Estados miembros que forman parte de la misma, el fundamento de su defensa colectiva y el organismo de ejecución de ésta".

Desde la entrada en vigor del TUE en 1993, la UE ha venido organizando operaciones de policía y apoyo a misiones electorales en colaboración, en un primer momento, con la entonces todavía existente UEO: administración civil de Mostar, en 1993, fuerza de policía para garantizar el suministro de ayuda humanitaria en Albania en el año 1997 (Operación Alba), y misiones de apoyo y observación electoral en Rusia (1993, 1995 y 1996), Bosnia-Herzegovina (1996, 1997 y 1998) y Balcanes Occidentales en general, a partir de 1994, Sudáfrica (1994), Mozambique (1998 y 1999), Palestina (1996), República Democrática del Congo (1997), Yemen (1997), Camboya (1998) y Nigeria (1999)[7]. En el mes de junio de 1992, los Ministros de Asuntos Exteriores de la OTAN reunidos en Oslo habían reconocido a la UEO el carácter de pilar europeo de la Alianza. El 19 de dicho mes, el Consejo de Ministros de la UEO, reunido en Petersberg, localidad situada en las afueras de la antigua capital federal alemana de Bonn, decidió que se pusieran a disposición de esta organización fuerzas militares nacionales que, en cooperación con la OTAN, podrían participar en misiones humanitarias y de mantenimiento y restablecimiento de la paz. Los Tratados de Maastricht, de 1992, y de Amsterdam, de 1997, proporcionaron la cobertura jurídica que este sistema requería para continuar las misiones de paz en los Balcanes occidentales, especialmente en Bosnia-Herzegovina, e incluso enviar una misión de supervisión electoral a Timor Oriental en 1999.

A pesar de que el Tratado de Amsterdam no introdujo modificaciones sustanciales en el TUE, a partir de 1999 se habla de una Política Europea de

[7] *Vid.* BARCELÓ, M. Jilià. **Las misiones de paz de la Unión Europea**. Barcelona: Tirant lo Blanch, 2015, p. 34-54.

Seguridad y Defensa (PESD). El art. 27 A del TUE firmado en Niza en 2002 introdujo la posibilidad de recurrir a modalidades de cooperación reforzada en este ámbito, al objeto de facilitar las operaciones de mantenimiento de la paz. La Misión en los Balcanes Occidentales continuó hasta su finalización en 2007. En 2003 se inició la operación CONCORDIA, en colaboración con la OTAN, para garantizar los acuerdos de paz de Ohrid sobre Macedonia, que fue completada con las operaciones de policía PROXIMA (2003) y EU-PAT (2005). En 2004, la misión EUFOR-ALTHEA sustituyó a la SFOR de la OTAN en Bosnia-Herzegovina. A partir de 2006 se establecieron misiones civiles y de policía para garantizar la seguridad en Kosovo: EPUE, MCI-OCI--REUE y EULEX KOSOVO. La UE ha asumido varias misiones de paz en África: ARTEMIS, EUPOL KINSHASA, EUSEC RD CONGO y EUPOL RD CONGO. Desde 2005 viene apoyando operaciones de la Unión Africana (UA): AMIS II en Darfur, Sudán, y AMISOM en Somalia. Ha desarrollado, igualmente, operaciones en otros países africanos: EUFOR CHAD/RCA y EUSSR GUINEA-BISSAU. En el Cáucaso ha desarrollado las operaciones EUJUST THEMIS y EUMM (GEORGIA). En la zona de Moldavia-Ucrania se desplegó la MAFUE en 2005. En Oriente Medio y Próximo cabe mencionar las operaciones EUPOL, AFGANISTÁN y JUST LEX (Iraq), y en Indonesia la misión MOA[8].

Tras la entrada en vigor de los Tratados de Lisboa en el año 2009 la PCSD ha asumido múltiples operaciones de mantenimiento de la paz, unas como continuación de operaciones ya iniciadas y otras de nuevo cuño, en regiones tan alejadas entre sí como los Balcanes Occidentales, Moldavia-Ucrania, Georgia, Palestina, Congo, Guinea-Bissau, Somalia, Libia, Sudán del Sur, Cuerno de África, Sahel-Níger o Malí. La de mayor perfil e importancia es la Operación Atalanta para la disuasión, prevención y represión de la piratería y el robo a mano armada frente a las costas de Somalia[9].

[8] *Ibidem*, p. 55-99. *Vid.* también FERNANDEZ SOLA, N. **La Política Europea de Seguridad y Defensa en el debate sobre el futuro de la Unión Europea**, *Boletín Europeo de la Universidad de La Rioja*, n.º 11, p. 10-26, 2003; ID., **La política de seguridad y defensa como elemento constitucional de la Unión Europea**, *Revista General de Derecho Europeo*, n.º 2, p. 36, 2003; ID. **Las misiones militares de la UE en el siglo XXI**, en J. ARGUMOSA (Dir.), **Las misiones militares en el siglo XXI**, Documentos Atenea, <www.ateneadigital.es>, 2 de junio de 2011; DARI, E.; PRICE, M.; VAN DER WAL, J.; GOTTWALD M. y KOENIG, N. **CSDP Missions and Operations: Lessons Learned Processes**, Parlamento Europeo, Directorate General for External Policies, Directora B. Policy Department, PE 457.062, Bruselas, 2012.

[9] *Cf.* MEDINA ORTEGA, M., «Problemas jurídicos de la Operación Atalanta». *in*: PUEYO LOSA, J.; BRITO, W. (Dirs.) y PONTE IGLESIAS, M. T., VALE PEREIRA, M. da A. (Coords.). **La gobernanza**

La PCSD está condicionada por la pertenencia de la totalidad o casi totalidad de sus Estados miembros a las dos organizaciones internacionales con competencias en los ámbitos de la seguridad y la defensa, la ONU y la OTAN, como reconocen los textos constitucionales de la UE. En la ONU, Francia y el Reino Unido, como miembros permanentes del Consejo de Seguridad (CS) con derecho de veto, pueden impedir la adopción de resoluciones perjudiciales para la UE. El papel hegemónico de los Estados Unidos en el seno de la OTAN no plantea dificultades especiales a la UE, ya que, como heredera de la UEO, ha sido reconocida por aquella como el "pilar europeo" de la Alianza Atlántica y esta última cuenta con un Secretario General europeo como contrapeso político a la preponderancia militar del aliado norteamericano. Hemos visto, además, cómo la falta de capacidad logística impidió que la UE interviniera en la crisis yugoeslava de los años noventa, por lo que en tuvo que solicitar en 1999 la intervención de la OTAN para el restablecimiento de la paz en Kosovo ante la actitud intolerante y represiva del Gobierno serbio hacia la población albanesa, mayoritaria en la región.

Durante los años noventa se estableció un sistema de colaboración entre la OTAN y la UEO. Tras el traspaso de las competencias de la UEO a la UE, el 16 de diciembre de 2002 se adoptó la Declaración común OTAN-UE sobre la PESD, que estableció una asociación estratégica entre las dos organizaciones y reconoció a la OTAN un papel fundamental en la gestión de crisis y en la prevención de conflictos. En la Declaración común se afirmaba que la OTAN sería la base de la defensa colectiva de sus miembros, incluso en aquellos supuestos en los que esta organización no hubiera asumido un compromiso pleno. La OTAN se obligaba a permitir el acceso de la UE a sus "capacidades de planificación" para el desarrollo de la nueva PESD. Sobre la base de una carta del Alto Representante de la UE de 13 de diciembre de 2002, se garantizaba, además, que los Arreglos de Niza permitirían la participación en la PESD de los Estados de la UE que no pertenecieran a la OTAN, facultad que han aprovechado todos ellos salvo Chipre.

En esa misma fecha se adoptó el Acuerdo Berlín Plus, que incluía un conjunto de arreglos sobre intercambio de información clasificada entre la OTAN y la UE, así como el acceso de esta última a las capacidades de gestión de crisis de la OTAN (Crisis Management Operations o CMO), incluyendo las unidades de comunicaciones y acuartelamientos. Se atendía, así, a la triple exigencia de

de los mares y océanos. Nuevas realidades, nuevos desafíos/A governação dos mares e oceanos. Novas realidades, novos desafios. Santiago de Compostela: Andavira Editores, 2012, p. 391-409.

la anterior Secretaria de Estado norteamericana Madeleine Albright, de que la UE no duplicara el trabajo de la OTAN, de que no se produjera la separación o "desacoplamiento" (*decoupling* es la expresión original inglesa) de la UE con respecto a los Estados Unidos y la OTAN, y de que no se discriminara contra los Estados de la OTAN no pertenecientes a la UE, como Turquía.

5. La PESD en la crisis de la UE

La UE carece de una estructura militar propia y de medios propios para su defensa. Sólo cuenta con las fuerzas que los Estados miembros ponen a su disposición. El desarrollo de la PCSD prevista en los Tratados de Lisboa sólo es posible recurriendo a la estructura de la OTAN, que cuenta con los medios logístico, las instalaciones y los medios materiales y humanos que la dirección militar norteamericana proporciona a esta organización, o con el apoyo directo de los Estados Unidos. La PESD nació, realmente con el Acuerdo Berlín Plus de 16 de diciembre de 2002 y el intercambio de cartas de 17 de marzo de 2003 entre el Alto Representante de la UE para la PESC, Javier Solana, y el Secretario General de la OTAN Lord Robertson. Estos acuerdos permitieron la realización de dos operaciones de la UE. La primera operación de la UE en el marco de la PESD fue CONCORDIA, iniciada el 31 de marzo de 2003 y terminada el 15 de diciembre del mismo año, en colaboración con la OTAN, dirigida a garantizar los acuerdos de paz de Ohrid sobre Macedonia[10]. La segunda operación fue EUFOR ALTHEA, en Bosnia-Herzegovina, en sustitución de la operación SFOR de la OTAN, entre el 2 de diciembre de 2004 y el 14 de noviembre de 2013, en la que han participado 31 Estados, de los que 21 son miembros de la UE y los 10 restantes no lo son, y que empezó con un despliegue sobre el terreno de 6.200 tropas[11].

Aunque la Operación ATALANTA se lleva a cabo bajo la responsabilidad exclusiva de la UE, tiene lugar en paralelo con una operación multinacional, la *Combined Task Force 155*, que forma parte de la gran operación militar norteamericana en el Oriente Medio *Enduring Freedom*.

El resurgimiento de Rusia como potencia militar bajo Putin ha obligado a los Estados Unidos y a la Unión Europea a reforzar sus estructuras militares. Desde el ataque electrónico de origen no identificado contra Estonia en

[10] *Vid.* BARCELÓ, Julià, op.cit., p. 77-78.

[11] *Ibidem*, p. 232-248.

2007, que, con razón o sin ella, se atribuye a Rusia, la UE y los Estados Unidos están trabajando conjuntamente en la defensa preventiva contra una eventual "ciberguerra", y se ha conseguido un aumento de la presencia militar de los Estados Unidos en la Europa oriental. A raíz de la guerra en Ucrania oriental, los Estados Unidos anunciaron el envío de armamento pesado a países de la Europa oriental para contrarrestar la presión rusa sobre la zona. El 11 de febrero de 2016 la OTAN accedió a la petición de ayuda de la UE en el control de la dramática inmigración irregular a través del Egeo. El 12 de mayo de 2016, los Estados Unidos activaron el escudo antibalístico en Rumanía y Polonia. A pesar de que el escudo antibalístico está diseñado en principio contra ataques desde países no europeos, como Irán o China, Rusia considera su despliegue en zonas próximas a su territorio como un acto de agresión injustificado.

6. La Estrategia Europea de Seguridad (EES)

El Consejo Europeo de 12-13 diciembre de 2003 aprobó un documento titulado «Una Europa segura en un mundo mejor», subtitulado *La Estrategia Europea de Seguridad*. El modelo para este documento fue el informe sobre la *Estrategia de Seguridad Nacional* que elabora periódicamente la presidencia federal norteamericana y que analiza las amenazas para la seguridad del país, tanto las que se originan en el interior como las procedentes del exterior. A partir del primer documento del Consejo Europeo, las diferentes instituciones de la Unión se vienen ocupando de forma más o menos regular de los peligros para la seguridad en Europa. En el año 2008, el Consejo Europeo presentó un «Informe sobre la aplicación de la EES», subtitulado *Ofrecer seguridad en un mundo en evolución* (Doc. 407 de 11 de diciembre). Recientemente, la alarma provocada por el terrorismo ha dado lugar a un conjunto de informes y propuestas en esta materia, entre las que cabe destacar las comunicaciones de la Comisión sobre la Agenda Europea de Seguridad[12] y sobre la aplicación de la Agenda Europea de Seguridad para luchar contra el terrorismo y allanar el camino hacia una Unión de la Seguridad genuina y efectiva[13], así como la Comunicación conjunta del Parlamento Europeo y del Consejo sobre las "amenazas híbridas"[14]. La Comisión ha propuesto, entre otras cosas, la creación

[12] COM (2015) 185 final, de 28 de abril de 2015.

[13] COM (2016) 230 final, de 20 de abril de 2016.

[14] JOIN (2016) 18 final, de 6 de abril de 2016.

de una "Guardia de fronteras y de costas"[15]. El Parlamento Europeo adoptó en abril de 2016 una resolución sobre "la Unión en un entorno mundial en mutación"[16]. Se esperaba la presentación por la Alta Representante para la PESC, Federica Mogherini, de un informe sobre la Agenda Europea de Seguridad tras el referéndum británico sobre el BREXIT, pero el resultado negativo de éste obligó a seguir un nuevo curso que culminaría en el compromiso de 25 de los 28 Estados miembros de establecer una Cooperación Estructurada Permanente en materia de Seguridad y Defensa" (PESCO).

"La Agenda Europea de Seguridad carecía de un mecanismo definido de toma de decisiones y de los instrumentos adecuados para llevar a cabo la PCSD, ya que depende de la voluntad de cooperación y de las capacidades militares de los Estados miembros tanto para la planificación como para el desarrollo de las operaciones de mantenimiento de la paz. Estas deficiencias estructurales obligan a la UE a apoyarse los Estados Unidos en el ámbito de la defensa tanto frente a ataques procedentes del exterior como con respecto al control de actividades que afectan a su seguridad interior.

7. Hacia una reorganización de las fuerzas europeas

Como hemos visto en las páginas anteriores, las previsiones de los Tratados de Lisboa sobre el desarrollo de una PCSD son de difícil consecución debido a las deficiencias estructurales de la UE. La PESC es hoy, sobre todo, un mecanismo para la coordinación de las políticas exteriores de los Estados miembros. En situaciones de crisis, la UE ha podido poner en marcha una serie de operaciones de mantenimiento de la paz, pero éstas se basan en la buena voluntad de los Estados miembros, e incluso de terceros Estados, que ponen a su disposición las fuerzas que esa operaciones requieran. La puesta en marcha de las operaciones suele requerir la ayuda logística de la OTAN y de los Estados Unidos.

La propuesta de dotar a la UE de mecanismos propios de seguridad y defensa se encuentra con muchas dificultades. Al estar integrados los Estados miembros en su mayoría en el sistema defensivo y de seguridad de la OTAN,

[15] *Vid.* NEVILLE, D. **Proposal for a European Border and Coast Guard**: The Border and Coast Guard: Evolution or Revolution in External Border Management. Parlamento Europeo, Directorate-General for Internal Policies. Policy Department C. Citizens and Constitutional Affairs, PE 556.934, Bruselas, 2016.

[16] Resolución de 13 de abril de 2016, A8-69/2016.

el desarrollo de un sistema paralelo resultaría costoso e incluso contraproducente. La duplicación de esfuerzos podría generar contradicciones y fricciones entre los dos sistemas de seguridad y defensa. Por otro lado, la crisis económica que atraviesan la UE y sus Estados miembros no invita al aumento del gasto militar. La UE, cuyo presupuesto asciende sólo al 1% del PIB de los Estados miembros, es, ante todo, un organismo de coordinación de las administraciones nacionales y lo seguirá siendo mientras no exista necesidad de emanciparse de la política de seguridad y defensa de los Estados Unidos.

Hemos visto en las páginas anteriores cómo las actuales PESC y PCSD son el resultado de una evolución histórica vinculada al desarrollo del proyecto de integración europea, pero que se basan, al mismo tiempo, en el mantenimiento de unas relaciones estrechas entre la UE y los Estados Unidos. Entre 1950 y 1989, el proyecto de integración europea se apoyaba en una sólida alianza de los países de la Europa occidental con los Estados Unidos derivada de la confrontación con el bloque soviético. La caída del Muro de Berlín en noviembre de 1989 y la posterior desintegración del bloque soviético y de la misma Unión Soviética introdujo un cambio radical en el sistema internacional. La bipolaridad fue sustituida por un nuevo sistema en el que los Estados Unidos han pasado a representar el papel de protagonistas. Los países del centro y del este de Europa integrados hasta 1989 en el bloque soviético fueron admitidos en las organizaciones internacionales occidentales, principalmente en la UE y en la OTAN, con lo que las fronteras de la UE y de la OTAN llegaron hasta las antiguas fronteras de la URSS. Algunas de las antiguas repúblicas soviéticas, concretamente los Estados bálticos de Estonia, Letonia y Lituania, pasaron a integrarse en las dos organizaciones. La OTAN pasó de ser una organización regional dirigida a contener la expansión de la URSS en el espacio geográfico europeo a convertirse en una alianza de ámbito mundial y llegó incluso a establecer una asociación con Rusia. Tras el ingreso en la UE entre 2004 y 2006 de diez Estados de la antigua Europa central y oriental, incluyendo las tres repúblicas bálticas, se contempla la posible admisión de otras antiguas repúblicas soviéticas, lo que no dejará de plantear problemas debido a las sensibilidades rusas.

Desde que Vladimir Putin accedió al poder en 1999, Rusia ha reforzado su papel en la escena internacional. Las sucesivas crisis de la guerra cibernética contra Estonia en 2007, la guerra de Georgia de 2008, y el conflicto ucraniano a partir de 2013, han planteado a la UE nuevos problemas de seguridad en sus fronteras orientales, lo que ha provocado un aumento de su dependencia con respecto a la OTAN y los Estados Unidos. Aunque la UE ha representado en ocasiones una función mediadora entre Rusia y sus vecinos, en crisis como las de Georgia y Ucrania, y ha adoptado por su cuenta sanciones contra Rusia, la responsabilidad principal de un enfrentamiento con Rusia en caso de que este país intente actos de agresión contra los miembros de la UE sigue correspondiendo a la OTAN y a los Estados Unidos, ya que la PCSD carece de medios suficientes todavía. En estas circunstancias no es realista intentar desarrollar una política de seguridad y defensa de la UE con independencia de los Estados Unidos y de la Alianza Atlántica. La falta de capacidad defensiva de la UE ante las amenazas exteriores en este época de crisis en sus vecindades más inmediatas la ha empujado, por ello, a incrementar su dependencia con respecto a los Estados Unidos. Las negociaciones para un ambicioso acuerdo económico con Estados Unidos, el Acuerdo Transatlántico sobre Comercio e Inversiones (ATCI), mejor conocido por sus siglas inglesas como *Transatlantic Trade and Investment Partnership* (TTIP) parecen preludiar, en todo caso una mayor aproximación entre la UE y los Estados Unidos en todos los ámbitos, incluido el de la PESD.

8. La Cooperación Estructurada Permanente (PESCO)

El anuncio del Reino Unido de retirarse de la UE en 2019 en cumplimiento del resultado del referéndum sobre el tema y la errática política del Presidente Trump llevaron en diciembre de 2017 a que 25 de los Estados Miembros (todos menos Dinamarca, Malta y el Reino Unido) notificaran al Consejo y a la Alta Representante su voluntad de asumir compromisos vinculantes para establecer una "Cooperación Estructura Permanente" (abreviadamente, "PESCO") en materia de seguridad y defensa, de conformidad con las previsiones del art. 46, ap. 2, del TUE. Aunque PESCO está todavía en una fase incipiente de su desarrollo, refleja un cambio total de actitud de la gran mayoría de los Estados miembros, que se manifiestan dispuestos a profundizar en la cooperación militar e incrementar sus presupuestos para la defensa y las infraestructuras militares, reduciendo en consecuencia la dependencia de los Estados Unidos en política internacional.

Referencias

BARCELÓ, M. Julià. **Las misiones de paz de la Unión Europea**. Barcelona: Tirant lo Blanch, 2015, p. 34-54.

COMUNICAÇÃO DA COMISSÃO AO PARLAMENTO EUROPEU, AO CONSELHO, AO COMITÉ ECONÓMICO E SOCIAL EUROPEU E AO COMITÉ DAS REGIÕES. **Agenda Europeia para a Segurança – COM** (2015) 185 final, de 28 de abril de 2015.

COMMUNICATION FROM THE COMMISSION TO THE EUROPEAN PARLIAMENT, THE EUROPEAN COUNCIL AND THE COUNCIL – Delivering on the European Agenda on **Security to fight against terrorism and pave the way towards an effective and genuine Security Union** – COM (2016) 230 final, de 20 de abril de 2016.

DARI, E.; PRICE, M.; VAN DER WAL, J.; GOTTWALD, J.; KOENIG, N. CSDP **Missions and Operations: Lessons Learned Processes**. Parlamento Europeo, Directorate General for External Policies, Directora B. Policy Department, PE 457.062, Bruselas, 2012.

FERNÁNDEZ SOLA, N. **La Política Europea de Seguridad y Defensa en el debate sobre el futuro de la Unión Europea**. *Boletín Europeo de la Universidad de La Rioja*, 11, p. 10-26, 2003.

________. **La política de seguridad y defensa como elemento constitucional de la Unión Europea**, *Revista General de Derecho Europeo*, n.º 2, p. 36, 2003.

________. «Las misiones militares de la UE en el siglo XXI». *in*: ARGUMOSA, J. (Dir.). **Las misiones militares en el siglo XXI**. Documentos Atenea. Disponível em: <www.ateneadigital.es>. Acesso em: 2 jun. 2011.

JOIN (2016) 18 final, de 6 de abril de 2016.

MEDINA ORTEGA, M. «Problemas jurídicos de la Operación Atalanta». *in*: PUEYO LOSA, J.; BRITO, W. (Dirs.) y PONTE IGLESIAS, M. T., VALE PEREIRA, M. da A. (Coords.). **La gobernanza de los mares y océanos**. Nuevas realidades, nuevos desafíos/A governação dos mares e oceanos. Novas realidades, novos desafios. Santiago de Compostela: Andavira Editores, 2012, p. 391-409.

NEVILLE, D. **Proposal for a European Border and Coast Guard: The Border and Coast Guard: Evolution or Revolution** in External Border Management, Parlamento Europeo, Directorate-General for Internal Policies. Policy Department C. Citizens and Constitutional Affairs, PE 556.934, Bruselas, 2016.

ORGANIZACIÓN DE LAS NACIONES UNIDAS. Resolución de 13 de abril de 2016, A8-69/2016.

A política exterior de segurança comum: a cooperação da União Europeia no marco das relações com América Latina

Jamile Bergamaschine Mata Diz[1]
Roberto Correia da Silva Gomes Caldas[2]

Introdução

A política exterior de segurança comum (PESC) formulada no âmbito da cooperação e do diálogo teve sua origem no final da década de 60, quando a então Comunidade Econômica Europeia (CEE) decidiu criar um espaço de concertação e informação mútua, visando conciliar a ação diplomática dos países, sem, contudo, estipular efetivamente os critérios para harmonização da política exterior, tal e como já ocorria, naquela etapa do processo integracionista, com a política econômica. Criou-se uma Cooperação Política Europeia

[1] Diretora da Cátedra Jean Monnet de Direito Comunitário. Doutora em Direito Público/Direito Comunitário pela Universidade Alcalá-Madrid. Mestre em Direito pela UAH-Madrid. Mestre em Instituciones y Políticas de la UE-UCJC/Madrid. Professora do PPGD da UIT-MG. Professora da Faculdade de Directo da UFMG. Assessora jurídica do Setor de Assessoria Técnica Secretaria do Mercosul-Montevidéu (período: 2008-2009). Advogada. E-mail: <jmatadiz@yahoo.com.br>

[2] Mestre e Doutor em Direito do Estado, respectivamente em Direito Tributário e Administrativo, pela Pontifícia Universidade Católica de São Paulo. Professor dos Cursos de Mestrado e bacharelado em Direito na UNINOVE. Professor licenciado do curso de bacharelado em Direito da Faculdade Paulista de Direito, da Pontifícia Universidade Católica de São Paulo (período: 1995-2014). Diretor do IASP-Instituto dos Advogados de São Paulo (período: 2013-2015). Advogado no Brasil e em Portugal. E-mail: <robertocsgcaldas@uol.com.br>.

(CPE), espécie de foro de discussão buscando consenso em temas comuns que faziam parte das negociações e agendas internacionais.

A formalização da PESC ocorre somente na década de 80, com a adoção do Ato Único Europeu (AUE) que formula algumas disposições esparsas e vagas sobre o tema da política exterior. Contudo, tal formalização não trouxe, de fato, uma significativa mudança nos procedimentos, princípios e instrumentos que já eram praticados pela CPE. Tanto o quadro jurídico e político, como o processo de tomada de decisão, tais como segurança e organização responsável pela gestão da política externa da UE não foram, decisivamente, fixados pelo AUE.

No Tratado de Maastricht, instrumento jurídico que criou uma união econômica e monetária e preparou o futuro cenário para uma possível constitucionalização da Europa, trouxe algumas novidades no que se refere à PESC ao adotar as "posições comuns" (que serão posteriormente analisadas), de modo a conciliar os diferentes interesses dos Estados nas respectivas atuações perante organizações internacionais, com a necessária unidade da ação comunitária nesta área.

Apesar dos esforços em criar uma política comum, os problemas para implementar a união econômica e monetária pareciam mais facilmente superáveis em relação ao grande obstáculo à realização da PESC, especialmente após o papel desempenhado pela Europa na crise do Golfo, as falhas sucessivas nos Balcãs e as posições irreconciliáveis dos membros no que se referia aos critérios para o desenvolvimento de uma política de segurança, o que tornavam cada vez mais difícil idealizar uma política convergente em matéria de relações internacionais.

No Tratado de Lisboa tampouco conseguiu-se comunitarizar a política exterior, mantendo-se-a à margem do processo de conformação de um substrato jurídico vinculado ao Direito europeu e, consequentemente, sem que a esta política se pudesse aplicar os mesmos princípios e normas vigentes para as demais políticas públicas, chamadas setoriais.

Ademais de explicitar, de forma sucinta, a evolução da PESC no marco do denominado rol competencial da UE, o presente estudo analisará também a influência de questões relativas à segurança no âmbito das relações europeias com a América Latina e Caribe, por intermédio das Declarações oficiais e dos Planos de Ação emitidos por ocasião de cada uma das Cúpulas birregionais, que se iniciaram em 1999.

A necessidade de examinar a relação eurolatinoamericana e sua correlativa aplicação a temas de segurança se justifica na medida em que se faz necessário compreender como a PESC pode ser um fator importante na agenda de ambas as regiões ao envolver elementos que, atualmente, representam significativos investimentos e planejamentos públicos e privados, como é o caso da segurança pública em sentido amplo, do combate às drogas, terrorismo etc.

Portanto, o enfoque do presente trabalho será investigar o desenvolvimento da PESC e sua correlação com as iniciativas tomadas para o fortalecimento da associação birregional América Latina, Caribe e União Europeia (ALC-UE), especialmente no que tange ao reconhecimento de questões vinculadas a política exterior de segurança comum que podem afetar a região latinoamericana e também a caribenha, bem como as ações tomadas pela União Europeia que tangenciam a matéria a partir da concepção de desenvolvimento e cooperação com terceiros países.

A metodologia de trabalho centrou-se, de conseguinte, nos aspectos principais estabelecidos para uma pesquisa interdisciplinar que envolve temas de Direito da Integração e do Direito Europeu, devido especialmente ao caráter específico e singular que deve estar presente em toda análise de um sistema jurídico cujo foco seja a promoção das relações birregionais no marco da segurança como elemento fortalecedor dos valores da paz e da democracia.

Nesse sentido, devem-se utilizar métodos que permitam analisar a evolução das competências na União Europeia e a respectiva consequência sobre as relações com países extrazona. Os métodos histórico e indutivo permitirão estabelecer as premissas conceituais e práticas aplicadas ao tema da política exterior e de segurança e a concretização dos aspectos que podem influenciar os acordos birregionais de integração entre ALC-UE.

1. A política exterior de segurança comum no âmbito das competências da União Europeia: breves notas

A política exterior de segurança comum encontra-se no rol de uma política de cooperação, portanto, não comunitarizada que se consolida com o Ato Único Europeu (1986), desenvolve-se no Tratado de Maastricht, pela estrutura de pilares, e finalmente se insere no Tratado de Lisboa, sem que haja modificação de sua natureza. Portanto, não se encontra no rol de políticas comuns (apesar de assim denominar-se), nem se aproxima das competências compartilhadas e de apoio ou coordenação, tornando-se somente um modo de aproximação dos Estados em prol de atuações comuns em matéria de segurança (POZO; DIZ, 2013).

Vale ressaltar que a PESC insere-se na chamada Ação Exterior da União (AEU) que, por sua vez, engloba também a Política Europeia de Vizinhança

(PEV) e a Política de cooperação e desenvolvimento com terceiros países. No marco de atuação da Estratégia Europeia de Segurança e Defesa, ainda que intrinsecamente mais vinculada à PESD (Política Europeia de Segurança e Defesa) que à PESC, os princípios estruturantes da Ação Exterior, em suas distintas vertentes, são: unidade, compromisso, responsabilidade e colaboração conjunta ou "partenariado" (parceria). Desse modo,

> Por Unidad se entiende que "no debe haber oposición entre los intereses nacionales y los europeos", de ahí el título de la Estrategia Visión Compartida. Y por tanto debe existir unidad de acción entre los Estados miembros y las Instituciones Comunitarias. En cuanto al segundo principio director, se indica que la globalización y la interdependencia no permiten que la Unión se aísle del resto del mundo, los avances tecnológicos o las migraciones son muestra de ello. Por eso la Unión debe comprometerse con el exterior. La Responsabilidad es el tercer principio director. Responsabilidad significa asumir el compromiso para abordar las causas de los conflictos y la pobreza, y defender los derechos humanos de manera global, pero sobre todo en Europa y sus regiones limítrofes. El Partenariado es el cuarto principio director. La Unión Europea como actor global debe colaborar con otros actores para que conjuntamente defender los intereses comunes a escala global. (IZQUIERDO, 2016, p. 16).

Obviamente, que tais princípios também devem ser considerados no momento da adoção, implementação e controle das medidas destinadas ao fortalecimento e funcionamento da PESC.

Conforme se pode depreender do artigo 21.º do Tratado de Lisboa, são objetivos da PESC:

i) Manter a paz e reforçar a segurança internacional;
ii) Fomentar a cooperação internacional com terceiros Estados;
iii) Desenvolver e consolidar a democracia e o Estado Direito, com respeito aos direitos humanos e às liberdades fundamentais.

Assim, nota-se que apesar da evolução trazida pelo Tratado de Lisboa em alguns aspectos inerentes aos procedimentos estabelecidos para a PESC, seus objetivos e princípios praticamente não sofreram alterações desde sua formulação na década de 80 (ou até mesmo antes), segundo manifesta Saraiva (2004, p. 90),

No que diz respeito aos princípios e objetivos dos diálogos, a Pesc, em seu processo de estruturação adotou formalmente e referendou determinados princípios orientadores gerais que já estavam presentes nas atuações externas da CPE, como a salvaguarda e reforço da defesa da União; a defesa da democracia e dos direitos humanos; a manutenção da paz internacional; e a cooperação entre Estados (TUE Título V). Esses princípios formaram a base da atuação da UE e tornaram-se constantes nas declarações, acordos e ações da PESC.

Em relação aos âmbitos de atuação, onde se consolidam efetivamente os valores e as finalidades que devem conduzir os Estados na formação de uma vontade comum em prol de lograr maior concretização e efetividade da segurança, estes podem ser divididos em:

1. Âmbitos de natureza fundamental: referem-se à salvaguarda dos valores, princípios, interesses fundamentais, segurança, independência e integridade. Em relação aos valores, deve-se mencionar que o Tratado de Lisboa estabelece quais são os que devem guiar toda a atuação da União, sempre baseando-se nas premissas que amparam o processo de construção europeu. Assim, o artigo 2.º[3] fixa os valores que devem ser observados conjuntamente com os princípios para que se possa, efetivamente, alcançar os objetivos propostos pela União. Tais valores encontravam-se, em sua maioria,já elencados nos tratados fundacionais anteriores, notadamente Maastricht e Amsterdam, e se repetem em Lisboa – acrescentando-se, ainda, a dignidade humana, a igualdade e os direitos de minoria aos anteriormente previstos (democracia, respeito aos direitos humanos, entre outros). Faz menção o dispositivo, ainda, aos princípios de Direito internacional enfatizando, posteriormente, aqueles que se encontram em conformidade com a Carta das Nações Unidas, a Ata Final de Helsínquia e a Carta de Paris. No caso específico deste último instrumento, firmado em novembro de 1990 – portanto, quando da reconstrução da Europa após a queda do Muro de Berlim –, enfatiza a necessidade de reforçar a paz, a democracia e os direitos humanos a partir do reconhecimento de

[3] Art. 2º. A União funda-se nos valores do respeito pela dignidade humana, da liberdade, da democracia, da igualdade, do Estado de direito e do respeito pelos direitos do Homem, incluindo os direitos das pessoas pertencentes a minorias. Estes valores são comuns aos Estados-Membros, numa sociedade caracterizada pelo pluralismo, a não discriminação, a tolerância, a justiça, a solidariedade e a igualdade entre homens e mulheres.

princípios fundamentais baseados no respeito, na unidade e na cooperação dos Estados participantes[4].

2. Âmbitos de natureza instrumental: propõem à União a fomentar o desenvolvimento sustentável em seus três pilares (econômico, social e ambiental) nos países em desenvolvimento, seguindo os estudos feitos por Elkington (2004) e conforme anteriormente estabelecidos por Brundtland no Relatório da Comissão Mundial sobre Meio Ambiente e Desenvolvimento, Nosso Futuro Comum (ONU, 1987), os quais foram posterior e respectivamente desenvolvidos pelos Objetivos de Desenvolvimento do Milênio (ODM) e pelos Objetivos do Desenvolvimento Sustentável (ODS), e cuja principal meta seria erradicar a pobreza. No que se refere à proteção ambiental, há menção expressa à necessidade de assegurar uma gestão sustentável dos recursos naturais à escala mundial. Neste ponto, deve-se ressaltar os esforços realizados pela União no que se refere, por exemplo, à entrada em vigor do Protocolo de Quioto e suas respectivas revisões. Além disso, a PESC deve atuar comprometida com o sistema multilateral de comércio, garantindo a eliminação progressiva dos obstáculos ao comércio internacional, de forma a promover um intercâmbio comercial livre e igualitário.

3. Âmbitos de natureza internacional: neste sentido, e em consonância com a política de cooperação com os países em desenvolvimento, a PESC deverá prestar assistência a populações, países e regiões confrontados com catástrofes naturais ou de origem humana, mediante uma atuação calcada nos princípios de Direito humanitário e preservando o direito de auto-determinação dos povos. Deve, ainda, fortalecer a cooperação multilateral mediante a utilização de instrumentos de governança que podem aplicar-se a toda e qualquer ação. Nesse sentido, assevera Fuentetaja Pastor (2014, p. 20)

> (...) La formulación de un «derecho a la buena administración» en el artículo 41 de la Carta de Derechos Fundamentales de la Unión Europea supone la aproximación a la Administración europea desde la perspectiva de un

[4] Os Estados que participaram naquele momento da Conferencia sobre Segurança e Cooperação na Europa (CSCE) foram: Alemanha, Áustria, Bélgica, Bulgária, Canadá, República Federativa Checa e Eslovaquia, Chipre, Dinamarca, Espanha, Estados Unidos da América, Finlândia, França, Grécia, Hungria, Irlanda, Islândia, Italia, Liechstenstein, Luxemburgo, Malta, Mônaco, Noruega, Holanda, Polônia, Portugal, Reino Unido, Romênia, San Marino, Santa Sede, Suécia, Suiça, Turquía, União de Repúblicas Socialistas Soviéticas e Iugoslavia.

derecho que las personas pueden hacer valer frente a las Instituciones, órganos y organismos de la Unión Europea para exigir su funcionamiento correcto o adecuado («buena» administración). A tales efectos, la Carta ejemplifica el contenido y el significado de este derecho desglosándolo, a su vez, en otros derechos instrumentales que lo articulan pero que no lo agotan, lo que en última instancia implica el reconocimiento de que lo que los ciudadanos pueden exigir de la Administración europea no se circunscribe a la literalidad del derecho a la buena administración. Es en este punto donde es necesario traer a colación la otra trascendental mención a la «administración europea» que hacen los Tratados: a saber, el art. 298 del TFUE, cuando establece que «en el cumplimiento de sus funciones, las instituciones, órganos y organismos de la Unión se apoyarán en una administración europea abierta, eficaz e independiente», señalando que el Parlamento Europeo y el Consejo establecerán las disposiciones a tal efecto, mediante reglamentos adoptados con arreglo al procedimiento legislativo ordinario.

2. Os meios de expressão e o procedimento de decisão da PESC

A instrumentalidade da PESC concretiza-se por intermédio do que denomina-se meios de expressão, ou seja, os mecanismos que devem ser adotados para que as ações possam ser implementadas por meio de um sistema de atos normativos que podem ou não ter efeito vinculante.

De fato, prevê o Tratado de Lisboa os seguintes instrumentos jurídicos que devem ser observados pelos Estados partícipes quando da elaboração, planejamento e concretização de suas políticas exteriores, de modo que não haja disparidade entre a atuação da UE e dos membros que a compõem:

a) as orientações gerais determinam as diretrizes que deverão conduzir a ação exterior da UE, a partir de posições comuns e das decisões, representando o gênero dos quais os outros instrumentos são espécies. Estabelecem os planejamentos estratégicos para a manutenção dos valores da Europa e para fixar os compromissos necessários para que a UE possa fazer-se representar perante o mundo como um ator global de suma importância para o desenvolvimento das relações internacionais;

b) as decisões que estabelecem uma ação, conforme previsto no art. 28.º Tratado de Lisboa: adotadas a partir de um evento internacional demande uma atuação da UE. As decisões deverão fixar os objetivos, o âmbito, os meios e as condições de execução, bem como sua duração. Conforme estipula o inciso II do artigo 28.º, as decisões têm natureza vinculante e deverão ser observadas pelos Estados;

b.1) decisões que estabelecem posições comuns: aplicam-se no caso de um assunto concreto de caráter geográfico ou temático, devendo os Estados zelar pela coerência de suas políticas nacionais com as da União;

b.2) regras de execução para a implementação das decisões: podem adotar-se mediante uma decisão executiva ou ato administrativo de natureza material ou processual, buscando determinar os meios necessários para a devida consecução das decisões, observando-se, obviamente, os princípios e medidas estipuladas pelo Direito europeu;

c) as medidas de cooperação sistemática: visando estabelecer a coordenação das posições dos Estados nos foros e organizações internacionais, de forma a dar a Europa uma só voz e evitar posições distoantes entre seus membros, fortalecendo a unidade e coerência que são princípios maiores de toda a condução política da UE; não há uma proibição expressa no que tange à participação dos Estados em tais organizações de forma individual, mas segundo o art. 28.º-3, o Estado nacional que pretenda adotar uma posição única, deverá comunicar previamente ao Conselho qual será sua posição (art. 28.º c/c art. 32.º).

Por não se tratar de instrumentos que se submetem ao Direito comunitário, não se pode falar obviamente de aplicação dos princípios que regem as demais normas do Direito europeu (regulamentos, diretivas e decisões), uma vez que estas devem obedecer, em maior ou menor medida, a depender do tipo de ato normativo, à primazia, aplicabilidade imediata e efeito direto.

No caso das decisões emitidas no âmbito da PESC, não há necessariamente que observar-se tais princípios; contudo, uma questão importante deve ser suscitada, especificamente quando uma decisão tomada a partir das diretrizes da PESC afetar, por exemplo, uma norma comunitária, tornando-a sem efeito ou simplesmente derrogando-a diretamente. É uma situação que demanda certo cuidado, uma vez que o Tribunal de Justiça da União Europeia não tem competência para controlar as disposições, atos e medidas relativas à PESC (conforme art. 275.º do Tratado de Funcionamento da União – TFUE), o que pode, portanto, levar a uma situação de "ilegalidade manifesta" de uma decisão PESC contrária a um ato normativo de Direito comunitário (seja diretiva, regulamento ou decisão).

Do ponto de vista formal, o artigo 40.º intenta, de certo modo, evitar que as competências e seu respectivo exercício possam ser afetados por atos da

PESC, uma vez que determina de forma expressa que "A execução da política externa e de segurança comum não afeta a aplicação dos procedimentos e o âmbito respectivo das atribuições das instituições previstos nos Tratados para o exercício das competências da União enumeradas nos artigos 3.º a 6.º do Tratado sobre o Funcionamento da União Europeia." Contudo, não há garantia de que na prática não se possa adotar uma decisão PESC que venha, inclusive, a contrariar as distintas espécies normativas do Direito europeu.

3. As relações europeias com a América Latina

As relações da União Europeia com a América Latina (AL) não formavam parte dos temas de expansão da política exterior comunitária em seus primórdios. Esta situação foi se modificando ao longo dos anos, especialmente a partir da criação de processos de integração e formação de novas alianças pelos países latinoamericanos, como o caso do então Pacto Andino (atual Comunidade Andina de Nações) e do Mercado Comum Centroamericano (DIZ; ORANTES, 2012).

Os primeiros impulsos realizados correspondem às iniciativas que vieram caracterizar a política da União Europeia, com referência à América do Sul, num passado ainda recente, sendo o fortalecimento das relações políticas e o enfoque global das relações, correspondendo, portanto, a uma ideia de "força": a de diferenciar claramente a América do Sul de outras regiões em desenvolvimento, cujos vínculos históricos, sociais, culturais e políticos com a Europa não têm a intensidade nem o potencial que existe em ambos os lados do Atlântico. Também é importante considerar a necessidade de se firmar acordos bilaterais plenamente definidos, vez que os problemas enfrentados pelos países ou pelas regiões são complexos e distintos.

O olhar da Europa para América Latina se vinculava, naquela momento, à ampliação das fronteiras europeas buscando delimitar um âmbito global de atuação, fundado em três pilares: diálogo político, comércio e cooperação. Também a reconfiguração da chamada nova ordem mundial, acentuada pela queda do Muro de Berlim, provocou um redimensionamento da política exterior da União, no intuito de expandir os fluxos comerciais e a influência política em outras partes do mundo.

O reconhecimento da importância de reafirmar as relações com América Latina e de estabelecer laços mais profundos de associação pôde também ser observado na Comunicação da Comissão ao Conselho e

Parlamento Europeo, intitulada "União Europeia–América Latina: atualidade e perspectivas do fortalecimento da Associação 1996-2000"[5] onde se destacava que:

> La Comisión destaca en primer lugar el interés estratégico que reviste para la Unión Europea el estrechamiento de sus relaciones con América Latina, habida cuenta, en particular, de los factores históricos y culturales que aproximan a ambas regiones, del contexto político favorable (retorno a la paz y consolidación del Estado de Derecho y la democracia en América Latina), de la mejora de la situación macroeconómica en los países latinoamericanos, que crea unas condiciones propicias para el desarrollo y el crecimiento, así como del progreso de la integración regional en América Latina. Al hacer balance de las relaciones entre la Unión Europea y América Latina desde 1990, la Comisión subraya que esta región se ha convertido en el mercado más dinámico para las exportaciones europeas y que el diálogo político entre ambas regiones se ha desarrollado considerablemente. En efecto, el diálogo institucionalizado se ha intensificado tanto en el marco del diálogo de San José como con el grupo de Río. La multiplicación de las reuniones interparlamentarias y la celebración de acuerdos de cooperación que incluyen la cláusula relativa a la democracia dan fe de los progresos considerables a este respecto.

Portanto, foi justamente a partir desses pressupostos que lançou-se a ideia de criar um mecanismo permanente de diálogo e concertação voltado para o incremento dos ideais manifestados pela União Europeia com o resto do mundo.

Cronologicamente, apesar das relações UE-ALC remontaram-se à década de 60, foi a partir dos anos 90 que iniciaram-se as rodadas de negociação bianuais que deram origem a distintas declarações, acordos, planos de ação e outras medidas destinadas ao fortalecimento do diálogo e da cooperação. Conforme ressalta Martín,

> Las Cumbres representan un punto de partida, sin embargo, en la búsqueda de mecanismos de largo plazo en las relaciones birregionales. Ellas han demostrado ser una buena oportunidad para desarrollar políticas y compromisos que puedan beneficiar a todos los actores involucrados. En particular desde el punto de vista latinoamericano, las relaciones económicas/comerciales con

[5] Comunicação da Comissão ao Conselho e Parlamento Europeu, de 23 de outubro de 1995: **União Europeia-América Latina–Atualidade e perspectivas do fortalecimento da asociação** (1996-2000). [COM (95) 495 – não publicada no *Diario Oficial*].

Europa son de trascendental importancia. Las tendencias comerciales ente ambas regiones también están en el fondo de la búsqueda de un diálogo, en un sentido general y no solo político, más fluido entre las partes, el cual incluya los mecanismos adecuados para referirse a las importantes disputas en esta materia ente ambas regiones (MARTÍN, 2002, p. 58).

3.1. A associação birregional a partir da concepção das Cúpulas

A primeira Cúpula UE-ALC ocorreu no Rio de Janeiro, em 1999, sendo os principais objetivos: o fortalecimento da cooperação política; a intensificação da expansão e a diversificação do comércio inter-regional; e o estabelecimento das bases de uma cooperação dinâmica entre as regiões, com ênfase para a cultura, a educação e o desenvolvimento humano (DIZ; LUQUINI, 2011). Estreitavam-se, neste momento, os laços entre ambas as regiões a partir da constatação dos fatores que já haviam sido indicados pela Comissão na Comunicação anteriormente citada.

A Declaração do Rio, documento final que sintetizava os âmbitos de negociação, concentrou-se em três áreas prioritárias:

- cooperação política (combate à pobreza, à marginalidade e à exclusão social, luta contra as drogas, o terrorismo etc.);
- cooperação econômica (fomento à integração regional, incentivo aos investimentos estrangeiros etc.);
- cooperação cultural, envolvendo aspectos científicos, tecnológicos e educativos (recuperação e preservação de patrimônios históricos, intercâmbio tecnológico etc.).

Conforme manifesta Sanahuja (2000, p. 12),

> En el plano político, en suma, la "Cumbre" de Río mostró la afinidad de intereses y percepciones y las metas compartidas de ambas regiones, como lo hicieron en el pasado las Conferencias de San José o el Diálogo Unión Europea – Grupo de Río, aunque en este caso el contexto internacional presente notables diferencias y, en consecuencia, se ha renovado la agenda del diálogo birregional.

Em 2002, celebrou-se a a segunda Cúpula UE-ALC em Madrid. As partes negociadoras decidiram pelo fortalecimento do processo de negociação já iniciado anteriormente, com ênfase para os mecanismos de coordenação de posições no âmbito internacional, respaldando de forma contundente o multilateralismo e declarando explicitamente o repúdio às práticas unilaterais.

Na II Cúpula repetiram-se os compromissos que haviam sido fixados na Declaração do Rio, ou seja, com a democracia, a defesa dos direitos humanos, o respeito ao Estado de Direito, o apoio ao desenvolvimento sustentável e o combate à pobreza. Também foram reafirmadas as prioridades definidas na primeira Cúpula, relacionadas à cooperação e à defesa do pleno cumprimento do Consenso de Monterrey, cujas metas principais são a erradicação da pobreza, o crescimento econômico em bases sustentáveis e a luta por um sistema econômico mundial, baseado na equidade, que busque atender a todas as necessidades dos sujeitos envolvidos nesse processo, respeitando seus diferentes graus de desenvolvimento (OCAMPO, 2002).

Durante a Cúpula de Madrid, ocorreram também diversos encontros bilaterais cuja dinâmica reportava ao processo global de associação intercontinental em virtude do enfoque diferenciado que a União Europeia propõe em sua relação com América Latina. Nesse contexto, merecem destaque as negociações com o México, com o Chile, com a Comunidade Andina e com o Mercosul.

A terceira Cúpula União Europeia–América Latina e Caribe aconteceu em Guadalajara, México, em 2004 e concentrou-se em dois temas-chave para as relações birregionais: o multilateralismo e a coesão social. Nesse contexto, foi possível alcançar um amplo consenso político sobre os temas a serem tratados nos foros multilaterais. Foi lançado o programa EUROsocial e teve início o processo de avaliação para uma futura associação entre a União Europeia e a América Central e entre a União Europeia e a Comunidade Andina. A Declaração de Guadalajara destacou a necessidade do fortalecimento das organizações regionais como um meio essencial para o desenvolvimento do multilateralismo. Também se enfatizou a importância de promover avanços concretos relacionados ao desarmamento mundial, sobretudo de armas nucleares, químicas e biológicas, fortalecendo o papel das Nações Unidas, nas ações que a organização desenvolve nesse sentido.

Outro ponto importante a ser destacado nesse Encontro, vinculado à defesa dos direitos humanos, é a condenação a todas as formas de abuso, tortura e tratamentos cruéis, desumanos e degradantes contra as pessoas – inclusive os prisioneiros de guerra – que revelam uma violação expressa das normas de Direito Internacional Humanitário, especialmente, a Convenção das Nações Humanas contra a Tortura e as Convenções de Genebra.

A quarta Cúpula União Europeia–América Latina e Caribe aconteceu em Viena, Áustria, em 2006, com uma agenda extensa de 12 (doze) pontos, com destaque para o compromisso com a democracia, o multilateralismo, o combate ao terrorismo. A esses temas, foram acrescentados energia, crescimento econômico e social, política de migração e meio ambiente.

A Declaração Final da Cúpula de Viena assinalou que não existe um modelo único de democracia, exclusivo de um país ou região, embora seja importante reconhecer que o conceito de democracia, por si só, é único. A inexistência de liberdades civis, de associação, de expressão, de imprensa, assim como o desrespeito às minorias e a impossibilidade de alternância no poder são fatores que não se coadunam com a terminologia clássica de democracia (BADAN, 2006).

Também restou enfatizado que a integração regional é condição prévia para o desenvolvimento do diálogo com Europa, que possui uma forte organização integracionista, contando com uma sociedade politicamente organizada além de um esquema institucional sofisticado, o que não ocorre na América Latina, que conta com uma estrutura institucional no mínimo insuficiente, sobretudo no âmbito do Mercosul.

Outro tema de fundamental importância é o nível de responsabilidade de cada região com a preservação da paz e da segurança. O combate ao terrorismo, ao crime organizado e ao narcotráfico são pontos fundamentais da agenda inter-regional (BADÁN, 2006), conforme será analisado posteriormente.

A inclusão dos debates sobre energia em Viena foi importante não só por tratar-se de um tema estratégico para a Europa e para a América Latina, mas também porque houve um reconhecimento expresso dos projetos de interconexão energética desenvolvidos por vários países latino-americanos e das possibilidades por eles abertas para o investimento nesse campo (PLASA, 2006).

A Cúpula de Viena foi, indubitavelmente, uma ocasião importante para uma análise pormenorizada dos desafios existentes para uma associação estratégica birregional entre a Europa e a América Latina.

Conforme Bizzozero (2007, p. 12),

> La Cumbre de Viena planteó una continuidad en relación a los objetivos definidos en Guadalajara. Sin embargo, los instrumentos para especificar los mismos e ir concretando la Asociación Estratégica con vistas a la gobernanza mundial, resultan insuficientes. Ello surge de algunas manifestaciones de las reuniones paralelas a la cumbre en que se constata la necesidad de profundizar

o de dar más cabida al compromiso con las instancias de participación de la sociedad civil e incrementar la ayuda financiera para canalizar las mismas y otras propuestas vinculadas al compromiso con la Asociación birregional.

A quinta Cúpula União Europeia–América Latina e Caribe aconteceu em Lima, em 2008 e a Declaração Final contém três partes. A primeira faz uma análise da relação inter-regional em geral, reiterando o consenso sobre princípios comuns, como a defesa de um multilateralismo baseado no respeito à democracia, aos direitos humanos e à não intervenção. As outras duas partes fazem referência aos temas principais do encontro: pobreza, desigualdade, inclusão social, desenvolvimento sustentável: meio ambiente, mudanças climáticas e energia (AYUSO, 2009).

Infelizmente, a Cúpula de Lima não representou nenhum avanço significativo nas relações inter-regionais, limitando-se à reafirmação de compromissos assumidos anteriormente e ao intuito de ampliar a agenda de negociações birregionais, o que se revela insuficiente para alcançar o objetivo definido na primeira cúpula, em 1999, de estabelecer-se uma associação estratégica birregional (DEL ARENAL, 2009).

A sexta Cúpula União Europeia–América Latina e Caribe, realizada em Madrid, 2010, parece ter desbloqueado a situação de relativa estagnação em que se encontravam as relações birregionais. Houve avanços em praticamente todas as áreas, acrescentando-se à Declaração Final um Plano de Ação 2010-2012, com a definição de uma cooperação mais específica. Também ficou acordada a criação da Fundação América Latina e Caribe–UE (Fundação UE-LAC), anunciada na Cúpula de Viena, em 2006. Além disso, conforme ressalta Tassara (2013, p. 12),

> La gran importancia de los temas vinculados con la seguridad y la lucha al terrorismo internacional que, después del 11 de septiembre de 2001, contribuyeron a reorientar la priorización de la acción internacional europea hacia regiones distintas a América Latina.

3.2. O relançamento da associação birregional a partir da criação da CELAC

Numa tentativa de remodelar a institucionalidade presente nas Cúpulas anteriores, os países de ambas as regiões decidiram reordenar as tratativas anteriores, criando um espaço de diálogo permanente por intermédio da criação da Comunidade de Estados Latinoamericanos e Caribenhos (CELAC) que, em conjunto com a Fundação UE-ALC, vem representar os interesses dos países desta parte do continente americano e do Caribe.

Na Declaração emitida em Santiago (2013), por ocasião desta Cúpula os temas relativos à segurança, como pontos de especial atenção pelos Estados firmantes foram:

a) Terrorismo: a Declaração enfatiza veementemente o compromisso assumido nas Cúpulas anteriores com o combate ao terrorismo, em todas as suas formas de expressão, afirmando, ainda, que tal combate se dará com base nos tratados internacionais vigentes, com observância aos direitos humanos, aos direitos dos refugiados e às normas de Direito humanitário;

b) Delitos mais graves: neste item, se faz menção aos delitos mais graves, considerados a partir daqueles fixados no Estatuto de Roma do Tribunal Penal Internacional, a saber, genocídio, tortura, crimes contra a humanidade, etc;

c) Tratado de comércio de armas: o documento birregional insta os Estados a participar das negociações do Tratado de Comércio de Armas, conforme a Resolução 67/234 da ONU, ressaltando que a solução para o tráfico ilícito se dará, justamente, por uma regulação internacional que venha a estabelecer os parâmetros mundiais para este tipo de comércio;

d) Drogas: tema de suma importância e que, em conjunto com o terrorismo, vem sendo analisado desde a I Cúpula (1999); nota-se uma transformação paradigmática no tratamento da matéria, pois passa-se de um enfoque eminentemente repressivo para um enfoque preventivo, baseado numa vertente vinculada às questões de saúde pública, assumindo uma concepção mais ampla que se refere às normas internacionais sobre o tema, inclusive fazendo menção expressa ao princípio da responsabilidade comum mas diferenciada. Vale ressaltar que como tema fulcral na associação birregional, a luta contra as drogas sempre representou um diferencial no que tange aos demais componentes da agenda, consoante manifesta Sanahuja e Montenegro,

> En la definición de un nuevo horizonte estratégico para la relación birregional es necesario tener presentes las amenazas o problemas de seguridad que afectan a ambas regiones y en las que la "asociación estratégica birregional" puede ser relevante. A lo largo de esa relación se han identificado en diferentes documentos y declaraciones al menos ocho amenazas de interés común: (i) la proliferación de Armas de Destrucción Masiva, (ii) la reducción de armamentos y desarme, (iii) el terrorismo, (iv) el narcotráfico, (v) el tráfico

> de armas, (vi) el tráfico de personas, (vii) la corrupción y el lavado dinero, y (viii) la delincuencia y crimen organizado. El narcotráfico y el problema de las drogas ,en un sentido más amplio, han sido objeto de mayor atención política, con diálogos subregionales sobre esta materia, y cuentan con programas y mecanismos de cooperación específicos, pero en los otros ámbitos cabe constatar que la asociación estratégica birregional las ha mantenido fuera de su agenda y no ha habido respuestas coordinadas a esas amenazas. (SANAHUJA; MONTENEGRO, 2015, p. 4).

Vale ressaltar também que em relação às drogas, a União Europeia mantém um programa de cooperação denominado COPOLAD, que se baseia na construção e reforço do diálogo birregional para direcionar as políticas de combate às drogas, e que possui quatro componentes: i) consolidação do Mecanismo de Coordinação e Cooperação em matéria de Drogas entre a União Europeia–América Latina e Caribe (MCC); ii) consolidação dos Observatórios nacionais sobre drogas; iii) capacitação para a redução da demanda; e iv) capacitação para a redução da oferta.

Esse Programa que, em sua Fase I (2011-2015), tinha como previsão orçamentária o valor de E$ 6.000.000,00 (seis milhões de euros), no marco da Direção Geral de Cooperação e Desenvolvimento – EuropeAid, subsidiou várias ações, projetos e medidas destinadas ao combate às drogas. De modo ilustrativo, pode-se citar: o estudo sobre as rotas marítimas usadas para o tráfico de cocaína para Europa e, ainda, a criação de um Foro Regional destinado a analisar os entraves e obstáculos para a substituição de plantações de folha de coca – como tradição cultural – mediante a detecção de alternativas no estudo sobre *Cadenas Productivas y Asociaciones de Productores de Desarrollo Alternativo en zonas de cultivo de coca*[6].

Posteriormente, se criou o Programa COPOLAD II, cuja duração é de 48 (quarenta e oito) meses, a contar de 2015, com um orçamento máximo de E$ 10.000.000,00 (dez milhões de euros) para os quatro componentes anteriormente descritos.

Finalmente, apesar dos esforços empreendidos no sentido de reduzir o tráfico internacional de drogas, conforme informações estimadas pelo UNODC – órgão da ONU responsável pelo combate às drogas e o crime organizado – em seu Relatório Mundial sobre Drogas (2016)[7], cerca de 5% (cinco por cento) da

6 Disponível em <https://www.copolad.eu/componente4/productos>. Acesso em: 13 out. 2016.

7 Disponível em <http://www.unodc.org/doc/wdr2016/WORLD_DRUG_REPORT_2016_web.pdf>. Acesso em: fev. 2017.

população adulta, ou 250.000.000 (duzentos e cinquenta milhões) de pessoas entre 15 (quinze) e 64 (sessenta e quatro) anos, usou pelo menos uma droga em 2014, sendo que 29.000.000 (vinte e nove milhões) são considerados usuários crônicos de drogas (e apenas um indíviduo em seis encontra-se em tratamento adequado e eficaz), do que resulta, muitas vezes, infrutífero determinar que haverá redução da oferta e da demanda apenas ante iniciativas baseadas em estudos e criação de foros de discussão, sem que realmente se combata os aspectos resultantes do tráfico, como o caso da lavagem do dinheiro, do tráfico internacional de pessoas, de armas e até mesmo da corrupção enraizada nos governos nacionais, além de sistemas jurídicos que não buscam efetivamente solucionar tal problema.

A II Cúpula CELAC-UE e a Oitava Cúpula ALC-UE ocorreram em Bruxelas, em 2015, com a presença dos Chefes de Estado e Governo dos países europeus e latino-americanos. A Declaração Final desta Cúpula não destoa muito das demais no que se refere aos pontos da Agenda de diálogo birregional em matéria de segurança. De fato, repete-se literalmente, inclusive, o páragrafo sobre o combate ao terrorismo, com uma quase literalidade também se configurando no aspecto relativo às drogas e ao crime organizado. Por uma parte, ainda que a Declaração seja um ato internacional não vinculante, representando somente diretrizes que deverão ser implementadas pelos partícipes, espera-se que haja, em maior ou menor medida, a proposição de ações, projetos e metas mais ousadas e destinadas, efetivamente, a incrementar o papel da UE e da ALC no mundo. Por outra parte, não há na prática qualquer direcionamento no sentido de lograr objetivos mais concretos, pois segundo sublinha Saraiva,

> Em termos do diálogo político, temas como democracia, estado de direito, direitos humanos, desenvolvimento econômico com considerações sociais e meio ambiente foram objeto dos debates, assim como a idéia de uma atuação articulada em organizações internacionais e de uma cooperação política que inclua temas de segurança. No entanto, esses debates não produziram ações concretas. (SARAIVA, 2004, p. 101)

Ainda, manifesta Del Arenal (2009) que a política exterior de segurança comum da UE possui, desde a década de 90, a atenção voltada para conflitos de especial relevância para o continente, como o caso de Kosovo, Balcãs e, mais atualmente, Oriente Médio com a guerra na Síria e os atentados do ISIS. Neste sentido, a "América Latina está ausente de la agenda de la UE y de la de la mayor parte de los Estados miembros, por cuanto no representa en ningún caso una amenaza para la seguridad europea." (DEL ARENAL, 2009, p. 11)

Considerações finais

As relações América Latina e Caribe com a União Europeia, desde o início da década de 90, passaram por um período de intensa aproximação visando consolidar o intercâmbio comercial, o diálogo político e a cooperação para o desenvolvimento, no intuito de forjar laços mais estreitos e promover acordos de terceira e/ou quarta dimensão que fossem, em maior ou menor medida, estruturados sob os três pilares da sustentabilidade mencionados.

A inclusão de temas relativos à política exterior e de segurança sempre esteve presente, uma vez que a União Europeia considera-se como um ator mundial estratégico para a manutenção de seus valores e o compromisso com um sistema internacional baseado no respeito aos direitos humanos, à paz e à democracia. Valores esses que, inclusive, encontram-se fixados nas disposições que regulam a atuação dos Estados membros com relação à PESC, conforme investigado acima.

A agenda de cooperação birregional em matéria de segurança, consoante foi examinado no presente estudo, se refere a pontos específicos vinculados diretamente com: o combate às drogas e ao crime organizado; terrorismo em todas as suas formas e manifestações; regulação internacional sobre o comércio de armas, bem como quanto àqueles atos delitivos que possuem maior impacto nas relações transfronteiriças, e que possam alcançar os países europeus.

Obviamente, dado o cenário atual em que emerge a União Europeia com a crise dos refugiados, a guerra na Síria, os constantes atentados perpetrados pelo ISIS, bem como as questões de política interna que influenciam, em maior ou menor medida, a atenção da Europa para a política exterior e de segurança comum, resta clara a dificuldade para que haja um real interesse em promover uma aproximação em temas mais amplos que aqueles supracitados.

Além disso, há um fator importante que não deve ser menosprezado, qual seja, o fato de que o enfraquecimento dos projetos integracionistas na América Latina, em especial no caso do Mercosul e da Comunidade Andina, a partir do ano 2000, fez com que houvesse um retrocesso ou até mesmo ausência de interesse da UE pela concretização de acordos birregionais, ainda que no caso da Comunidade Andina lograsse instituir um acordo mais voltado para o diálogo político. A estagnação das negociações com o Mercosul, em certa medida, também refletiu-se na possibilidade de formar um pacto que pudesse forjar uma relação mais estreita com a UE.

Ambos os fatores, tanto os problemas enfrentados pela União como pela América Latina e Caribe, resultaram, portanto, num certo distanciamento daquele ideal inicialmente estabelecido no renascer das negociações birregionais, qual seja, realizar acordos de cooperação em matéria econômica e política que englobassem tanto os países da União como da ALC.

Finalmente, espera-se que apesar dos percalços e obstáculos que cercam as numerosas tentativas de firmar uma aliança birregional efetiva que venha a favorecer a paz e a democracia em ambos os continentes, deve-se atentar para a necessidade de reconfiguração da PESC num cenário marcado pelas denominadas novas formas de guerra, bem como pelo incremento das condutas delitivas que ultrapassam as fronteiras nacionais e que devem ser combatidas por todos, como parte essencial do princípio da responsabilidade comum, mas diferenciada. Também espera-se que a UE mantenha um olhar voltado para a região da América Latina e Caribe, em especial no que se refere às medidas destinadas à cooperação técnica e política, garantindo, assim, uma parceria que remonta a tempos históricos e que une as regiões para a promoção de um mundo fundado no respeito à dignidade humana, princípio estruturante de todo e qualquer sistema jurídico.

Referências

AYUSO, Ana. **Encuentros y desencuentros de la asociación estratégica euro-latinoamericana**. Equilibrios y asimetrías. *Revista d'Afers Internacionals,* Barcelona, n.º 85-86, mayo 2009, p. 185-209.

BADÁN, Didier Opertti. «De Viena a Lima: el proceso de cumbres en un escenario cambiante». *in*: CELARE (Ed.). **Las relaciones euro-latinoamericanas**: de la Cumbre de Viena a la Cumbre de Lima. Santiago: CELARE. 2006.

BIZZOZERO, Lincoln. **Las relaciones MERCOSUR–Unión Europea**: La gobernanza europea frente a los cambios en el bloque sudamericano. *Consejo Europeo de Investigaciones Sociales de América Latina*. CEISAL–Réseau Amérique latine, 2007. Disponível em: <www. reseau-amerique-latine.fr/ceisal.../INT-3-BIZZOZERO.pdf>. Acesso em: 10 nov. 2009.

Comunicación de la Comisión al Consejo y al Parlamento Europeo, de 23 de octubre de 1995: **Unión Europea–América Latina – Actualidad y perspectivas del fortalecimiento de la asociación** (1996-2000) [COM (95) 495 – no publicada en el Diario Oficial].

DEL ARENAL, Celestino. **Las relaciones entre la UE y América Latina**: ¿abandono del regionalismo y apuesta por una nueva estrategia de carácter bilateralista? *Real Insti-*

tuto El Cano, Documento de trabajo, núm. 36, Madrid, 2009. Disponível em: <http://biblioteca.ribei.org/1756/1/DT-36-2009.pdf>. Acesso em: 12 mar. 2011.

DIZ, Jamile Bergamaschine Mata; LUQUINI, Roberto de Almeida. **As relações exteriores do Mercosul: análise das negociações com a União Européia**. Universitas: Relações Internacionais, v. 9, 2011, p. 103-130.

________; ORANTE, Pedro Noubleau. **Direito da integração regional**. Curitiba: Juruá, 2012.

ELKINGTON, John. «Enter the Triple Bottom Line». *in*: HENRIQUES, Adrian; RICHARDSON, Julie. **The Triple Bottom Line, Does It All Add Up?**: Assessing the Sustainability of Business and CSR. London; Earthscan Publications Ltd., 2004, cap. 1, p. 1-16. Disponível em: <http://kmhassociates.ca/resources/1/Triple%20Bottom%20Line %20a%20history%201961-2001.pdf>. Acesso em: 20 de jun. 2016.

FUENTETAJA PASTOR, Jesús Angel. Del "derecho a la buena administración" al derecho de la Administración europea. Cuadernos europeos de Deusto, n. 51, p. 19-43, 2014.

IZQUIERDO, Javier de Carlos. **La nueva Estrategia de Seguridad Europea 2016**. *Instituto Español de Estudos Estratégicos*. Documento Marco 16/2016, oct 2016, disponível em <http://www.ieee.es/Galerias/fichero/docs_marco/2016/DIEEEM16-2016_EstrategiaSeguridad_DeCarlos.pdf>. Acesso em: 01 fev. 2016.

MARTIN, Carlos D. **Las relaciones América Latina-Unión Europea**: antecedentes de la importancia e institucionalización del diálogo político. *Revista de Ciencia Política*, volumen XXII, n.º 2, 2002, p. 46-64.

POZO, Carlos F. Molina; DIZ, Jamile Bergamaschine Mata. **La distribución de competencias en el nuevo diseño de la Unión Europea**: del Acta Única Europea al Tratado de Lisboa. *Revista de la Facultad de Derecho y Ciencias Politicas*, v. 43, n. 118, p. 15-59, enero-junio, 2013. Disponivel em: <http://www.redalyc.org/pdf/1514/151429053002.pdf>. Acesso em: 10 abr 2017..

OCAMPO, José Antonio. **La Cumbre de Monterrey**. *Foreign Affairs LatinoAmerica*, v. 2, n.º 2, jun. 2002.

PLASA, Wolfgang. **Las relaciones eurolatinoamericanas**: de la Cumbre de Viena a la Cumbre de Lima. Santiago: CELARE, 2006.

SANAHUJA, José Antonio. **Asimetrías económicas y concertación política en las relaciones unión Europea América Latina**: un examen de los problemas comerciales. *Revista electrónica de Estudios Internacionales*, núm. 1, p. 22-48, 2000.

________; MONTENEGRO, Francisco J. Verdes. **Nuevos instrumentos de cooperación en gestión de crisis entre América Latina y la Unión Europea**: riesgos y oportunidades. Instituto Español de Estudos Estratégicos, Documento de Opinión 118/2015, disponível em <http://www.ieee.es/Galerias/fichero/docs_opinion/2015/DIEEEO118-2015_AmericaLatina-UE_Oportunidades_Sanahuja.pdf>. Acesso em: 12 mar. 2016.

SARAIVA, Miriam Gomes. **A União Européia como ator internacional e os países do Mercosul.** *Revista Brasileira de Política Internacional*, Brasília , v. 47, n.º 1, p. 84-111, jun 2004. Disponível em: <http://www.scielo.br/scielo.php?script=sci_arttext&pid=S0034-73292004000100005&lng=en&nrm=iso>. Acesso em: 10 abr 2017.

TASSARA, Cario. **Diálogo, cooperación y relaciones euro-latinoamericanas. Investigación & Desarrollo**, vol 21, n.º 01, jan-jul 2013. Disponível em: <http://rcientificas.uninorte.edu.co/index.php/investigacion/article/view/5476/4138>. Acesso em: 22 fev. 2017.

União Europeia. Comissão Europeia. **União Europeia-América Latina–Atualidade e perspectivas do fortalecimento da asociação** (1996-2000). [COM (95) 495 - não publicada no *Diario Oficial*].

UN – United Nations. World Commission on Environment and Development. Our common future. Oxford; New York : Oxford University Press, 1987.

GOVERNANÇA E DEMOCRACIA:
INSTRUMENTOS PARA O FORTALECIMENTO DA PAZ

Democracia global e instituições internacionais: questões conceituais e operacionais

Dawisson Belém Lopes[1]
João Paulo Ferraz Oliveira[2]

Introdução

A partir dos anos 1970, tornou-se lugar comum nas reflexões acadêmicas sobre a política internacional a interpretação do mundo amparada pela premissa da anarquia sistêmica (BULL, 1977; WALTZ, 1979; KEOHANE, 1984; WENDT, 1996). A premissa da anarquia sistêmica (ou estrutural) consiste no reconhecimento de que, num ambiente em que os Estados soberanos encarnam a autoridade suprema nos limites dos seus respectivos territórios, não poderá haver um governo mundial. Trata-se de um desdobramento do princípio moderno da igualdade soberana entre as nações. Por isso, se não existe uma instância de poder acima ou além dos Estados, imperará (estruturalmente) a anarquia. Competirá a cada Estado o monopólio jurisdicional, e do recurso legítimo à força, dentro de suas fronteiras, nas interações regulares com os de mesmo estatuto.

[1] Professor do Departamento de Ciência Política da Universidade Federal de Minas Gerais (UFMG), Brasil.
[2] Doutorando do Programa de Pós-graduação em Ciência Política da Universidade Federal de Minas Gerais (UFMG), Brasil, e do Departamento de Ciência Política e Social da Université Catholique de Louvain (UCL), Bélgica.

Esse sistema internacional moderno (também dito "vestfaliano"[3]), fortemente baseado na noção de soberania territorial e no relacionamento horizontal entre os Estados nacionais (em oposição à relação "vertical" que se observa no plano doméstico, entre os governantes e os governados), teve a sua própria natureza *política* contestada. Kenneth Waltz (1979) postulava que o sistema internacional moderno era resultado não de opções políticas deliberadas, e sim de um equilíbrio tênue atingido entre os Estados – que se lançariam em esforços pela sobrevivência nacional e se constrangeriam uns aos outros em função de suas necessidades básicas. Daí a origem da dinâmica denominada pelos realistas[4] de "balança de poder".

Essa compreensão da política internacional foi matizada ao longo dos anos, no bojo das reconfigurações profundas por que passou o campo dos estudos internacionais. Embora ainda não se reconheça instância de poder acima dos Estados, hoje já é possível identificar focos de autoridade que concorrem com a soberania territorial, injetando conteúdos políticos e interferindo no rumo das relações internacionais. Autores empregam a expressão "governança sem governo" (ROSENAU; CZEMPIEL, 1992; YOUNG, 1999) para descrever a fluidez da autoridade política no mundo contemporâneo. Por *governo*, faz-se referência às atividades sustentadas por uma autoridade formal, pelo poder de polícia que garante a implementação das políticas devidamente instituídas; por *governança*, faz-se alusão às atividades apoiadas em objetivos comuns, que podem ou não derivar de responsabilidades legais e formalmente prescritas e não dependem, necessariamente, de poder de polícia para que sejam postas em prática. A governança é – conforme esclarecem James Rosenau e Ernst-Otto Czempiel (1992) – um fenômeno mais amplo do que o governo, não estando a ele circunscrita.

A complexidade desse quadro de governança global sem o aparato de um governo mundial é agravada pelo debate que tem sido promovido sobre a legitimidade política nas relações internacionais. Eis a questão que se impõe nas discussões: se há, de fato, traços de uma "governança sem governo" em escala global, de onde ela retira a sua autoridade legítima? Pois, objetivamente, o diagnóstico é de que, se a democracia se afirmou como regime político preferencial e fonte de legitimidade processual no interior dos Estados, ainda

[3] Referência à Paz de Vestfália (1648), que encerrou a Guerra dos Trinta Anos na Europa, lançando as bases do moderno sistema de Estados territoriais e soberanos.

[4] Escola das Relações Internacionais para a qual as questões militares e de segurança nacional levam precedência sobre as demais agendas da política internacional, por estarem diretamente relacionadas com a meta primária de todo Estado soberano: sua continuidade no tempo e no espaço.

existem sérias dificuldades, no âmbito do sistema moderno de Estados, para operar com a fórmula democrática.

Dada a "anarquia sistêmica" – e as ausências de um regime democrático global e/ou de um governo mundial –, fica evidente a dificuldade de "democratizar a política internacional". No âmbito deste texto, nossa pergunta de partida é a seguinte: afinal, há como conceber interações *políticas* democráticas em um sistema de Estados *territoriais* e *soberanos*?

No atual estágio das relações internacionais, a emergência de temas globais, que afetam potencialmente toda a superfície do planeta, passou a demandar um novo tipo de política pública, que os tradicionais Estados territoriais têm dificuldade de realizar a contento. São questões que requerem abordagem transfronteiriça, uma vez que as suas causas e os seus efeitos já não mais se restringem a um ou outro Estado, região ou conjunto de Estados. Em síntese, a problemática contemporânea assim se enuncia: os temas globais constituem realidade com a qual poucos agentes internacionais conseguem lidar isoladamente; dessa constatação derivam as reivindicações por uma governança global compatível com a fórmula democrática.

Este artigo discute, inicialmente, os temas e as abordagens em torno do conceito de governança, bem como a sua interação, ao longo do tempo, com o campo cognitivo da democracia, culminando com a cunhagem da noção de "boa governança". Num segundo momento, discutem-se as teorias que buscam operacionalizar institucionalmente a democracia no plano global, o que está dividido entre vertentes tradicionais e contemporâneas de análise. Na última parte do capítulo, apresentam-se algumas das controvérsias conceituais, teóricas e operacionais envolvidas na tentativa de levar a fórmula democrática à política internacional.

1. Governança: conceitos e adjetivações

Como visto, a complexidade das relações internacionais em um sistema anárquico direcionou as reflexões sobre a ordem global contemporânea para o conceito de governança. Jim Whitman (2005) discute suas características, reconhecendo que governança pode ser uma função social centrada na tomada de decisões coletivas sobre dilemas comuns. Essa governança engloba atividades de governo, mas não deve ser resumida apenas a elas; inclui outros canais para a produção de resultados, sendo, para tanto, necessária a emergência de atividades administrativas (*governing*) de atores políticos, sociais, administrativos, econômicos, sempre como produtos da deliberação pública ou privada. Governança também pode ser entendida como uma série de atividades sociais, políticas e administrativas cujos objetivos são guiar, gerenciar e controlar sociedades. Essa perspectiva abrange mais do que uma lógica meramente estatista, estando, ao cabo, ontologicamente distinguida do conceito de *governo* (WHITMAN, 2005).

Em todas as perspectivas visitadas, os problemas relacionados à governança consistem no aumento do número de atores independentes e com poder de veto. A necessidade, portanto, de requisitos comuns e de regras é fundamental para a produção de bens coletivos, mesmo diante da diversidade de demandas possíveis. Nesse sentido, Whitman (2005) reconhece que a governança tem, primeiramente, uma característica multifacetada; e, segundo, ela não pode estar contida no Estado-nação, o que faz com que se volte para "fora", em interações globais, nas redes transnacionais.

1.1 Globalização, governança global e instituições internacionais

Muitos teóricos e tomadores de decisão reconhecem a necessidade de uma governança global. Dentre eles, James Rosenau argumenta que a governança ocorre no nível global através da coordenação de Estados, por uma vasta rede de sistemas que exercem autoridade, perseguindo objetivos além das jurisdições soberanas (ROSENAU, 2000). A governança global não deve ser restringida aos Estados, ao reconhecer o aumento dos focos de poder e de atores nos processos de decisão internacional. Entende-se que as complexidades levam à governança por setores, com mais coerência e efetividade na produção de políticas dedicada a uma atividade especifica.

Outro aspecto fundamental da governança global é a importância dada às organizações internacionais multilaterais[5] (WHITMAN, 2005). Para autores como Cooper et *alii.* (2008), o desenvolvimento de instituições de cunho multilateral é a representação do triunfo da perspectiva *trans-soberana*. Se o contexto é de interdependência, então as organizações internacionais são a resposta para os desafios acarretados, principalmente pela promoção de cooperação e coordenação política. Para entender a questão da governança global institucionalizada, é necessário olhar para os desenhos institucionais

[5] "Organização internacional multilateral" é entendida aqui como o conjunto de "arranjos explícitos, negociados entre atores internacionais, que prescrevem, proíbem e/ou autorizam comportamentos" (Koremenos *et al*, 2001, p. 762).

e, principalmente, verificar se essas instituições promovem responsividade, participação e incentivos às práticas da governança acordada (KEOHANE, 2002).

A exortação ao papel das instituições internacionais aprofunda-se em tempos de globalização. Segundo Keohane e Nye (2002), a globalização corresponderia à fase mais denso do chamado "globalismo". Como aponta John Ruggie (apud COFFIN, 2002), a globalização envolve a multiplicidade dos sistemas integrados, atuando em tempo real e abrangendo o globo em graus variados. Para Keohane e Nye (2002) a globalização significa diferentes relações de interdependência que interagem em diferentes áreas geográficas e afetam distintas dimensões, fazendo-se eminentemente transnacional.

O fato da globalização exige melhor governança. Nessas tentativas de melhorar os processos de coordenação e cooperação no ambiente internacional, as organizações internacionais mostram-se agentes fundamentais no gerenciamento global. A capacidade de criar arcabouços institucionais que produzem informação, padronizam comportamentos e promovem interações entre temáticas (*issue-linkages*) transforma essas OIs em variáveis intervenientes importantes para a convergência de expectativas e centralização de políticas supranacionais (BOTCHEVA; MARTIN, 2001; ABBOTT; SNIDAL, 1998; AXELROD; KEOHANE, 1985).

Ao pensar em melhores mecanismos de gestão da governança, busca-se uma adjetivação do conceito, que estabelece como padrão normativo a relação entre a questão internacional e a democracia. A temática da "boa governança" surge em um relatório de 1989 do Banco Mundial, intitulado *Sub-Saharan Africa: from crisis to sustainable growth*. Essa série de discursos políticos e ideológicos esteve associada com os ajustes estruturais da economia, advogando em favor da redução da intervenção estatal no âmbito econômico, da redução do tamanho dos setores públicos, e em favor de uma maior eficiência gerencial, espelhada nas práticas de livre mercado (NAJEM; MARTIN, 2003).

Havia uma pretensão universalista dos processos de governança nos Estados, traduzida principalmente pela ênfase na liberalização econômica e política, as quais estariam orientadas em prol da democracia liberal. Isso é confirmado pelo que o então Secretário-geral das Nações Unidas, Kofi Annan, conceituava sobre a boa governança. Segundo ele, boa governança significaria "assegurar o respeito aos direitos humanos e o império da lei, o fortalecimento da democracia, a promoção da transparência e a capacidade de administração pública" (*apud* WEISS, 2000, p. 797). Nesse sentido, a preocupação da governança não está associada apenas à eficiência de suas políticas em âmbito global; a sua legitimidade também importa, o que viria com uma maior participação de atores transnacionais e a expansão da democracia nos Estados nacionais (esta entendida como fórmula normativa necessária à construção do bem-estar e do desenvolvimento). Se a governança global perpassa então a democratização das mais diversas instâncias de decisão política, a próxima seção apresenta os arcabouços conceituais e os ensaios procedimentais relativos à democratização no âmbito internacional. Para efeito didático, a próxima seção propõe uma divisão dessas vertentes analíticas da democratização global em tradicionais e contemporâneas.

2. Abordagens tradicionais e contemporâneas sobre a democracia global

Pensar fórmulas de operacionalizar a democracia no âmbito internacional rendeu divisões importantes no campo teórico e conceitual. Susan Marks (2001), por exemplo, apresentou divisão tripartite dos projetos para democratização da governança global, agrupando-as em: (a) governo mundial, (b) democracia pan-nacional e (c) democracia cosmopolita. Enquanto a primeira categoria refere-se, literalmente, à possibilidade de constituição de um Estado democrático global e a segunda, ao somatório (*pool*) de todos os regimes democráticos existentes no mundo, a terceira combina elementos de (a) e (b), associando a crescente democratização no nível doméstico dos Estados à emergência de instituições transnacionais e supranacionais com capacidade de democratizar a política internacional contemporânea.[6] Já Raffaele Marchetti (2012) desmembrou as abordagens contemporâneas em *transnacionais* e *cosmopolitas*[7], reconhecendo ao menos três modelos normativos de aplicação da fórmula democrática à política internacional (ver Tabela 1).

[6] Instituições transnacionais são capazes de contemplar e integrar agentes estatais e não estatais em seu interior. Já as instituições supranacionais têm como traço distintivo a superação do estatuto intergovernamental, na medida em que buscam descolar-se dos referenciais dos Estados territoriais modernos. Bons exemplos de instituições supranacionais na contemporaneidade seriam as cortes internacionais de direitos humanos e o Banco Central Europeu.

[7] O cosmopolitismo, também chamado de "kantismo" nas relações internacionais, remete às propostas de cidadania global e de um mundo sem fronteiras nacionais.

Tabela 1: Modelos de aplicação da fórmula democrática à política internacional

Abordagem	Modelo	Escopo democrático	Princípio democrático	Desenho institucional
Tradicional	Intergovernamental	Demoi nacionais	Associação simétrica	Multilateralismo interestatal
Contemporânea (1)	Transnacional	Demoi transnacionais	Inclusão de posições sociais representativas	Redes híbridas (com atores estatais e não estatais)
Contemporânea (2)	Cosmopolita	Demos global	Inclusão universal	Federação mundial

Adaptado de Marchetti (2012, p. 12).

Para este artigo, desenvolvemos abaixo os argumentos das abordagens que chamamos de *tradicional* e *contemporânea*, contemplando diferentes perspectivas que relativizam a questão do Estado nacional na concretização da democratização da política internacional.

2.1. Abordagens tradicionais

Abordagens tradicionais do fenômeno da "democratização da governança mundial" enfocam o aspecto da pluralização dos atores estatais com comprovada capacidade de participar em *arranjos multilaterais formais*, elaborar e vocalizar as suas preferências (em condições de igualdade formal com os demais atores) e tomar decisões referentes às diversas agendas das relações internacionais. São derivadas de um diagnóstico de que os Estados territoriais e soberanos importam e, mais do que isso, ainda são necessários para conceber a possibilidade de uma administração pública global (mais ou menos) poliárquica.[8] Para Archibugi *et alii* (2012), esse modelo estaria associado ao chamado *confederalismo*, isto é, aos arranjos deliberativos multilaterais que, apesar de admitirem decisões substantivas colegiadas e pautadas pela maioria, primam

[8] *Poliarquia* é expressão cunhada pelo cientista político Robert Dahl para referir-se a manifestações empíricas da democracia contemporânea, enfatizando-se duas dimensões do fenômeno: a capacidade de inclusão dos cidadãos ao processo político-eleitoral e a possibilidade institucional de fazer oposição ao regime doméstico (ou ao líder político, ou à coalizão dominante etc.).

pela conservação das prerrogativas soberanas de todo Estado nacional. Guy Hermet (2002) entende que, embora submetido às tendências da globalização em uma coleção de novos temas, o Estado territorial permanece como o único ator capaz de dar um encaminhamento, ao menos provisório, aos confrontos que paralisam as agendas políticas mundiais, regionais e nacionais. Trata-se, por assim dizer, de uma referência incontornável na "gestão do espaço" (p. 44). Logo, qualquer medida para estabelecer a governança (democrática) do sistema internacional dependerá da capacidade efetiva de os Estados soberanos formularem e inscreverem nos procedimentos do direito internacional público os chamados *regimes internacionais*.[9]

A abordagem tradicional da democratização da governança mundial demandará de seu adepto, por suposto, uma ênfase no conceito de *sistema de Estados*.[10] Ela aproxima-se, em matéria de método, da concepção representativa/constitucional de democracia, segundo a qual um cidadão poderá influir em assuntos internacionais apenas indiretamente, por intermédio das eleições nacionais de que venha a participar. Como resume Susan Marks (2001), é como se a democracia somente pudesse materializar-se por meio do "contêiner" do Estado-nação (p. 50). Além disso, observa-se maior atenção às formalidades da participação política internacional, a qual será protagonizada (e, recorrentemente, monopolizada) por Estados soberanos (Bexell, Tallberg e Uhlin, 2010).

Se Estados são "terminais" (*hubs*) das lealdades políticas por excelência, como imaginar uma instância legítima de poder que esteja acima e além dos soberanos? Para Robert Howse (2001), a operação mental é relativamente simples: faz-se uma analogia entre a delegação formal de autoridade que os Estados promovem em relação às organizações internacionais,[11] por um lado,

[9] Por *regime internacional*, faz-se referência ao conjunto de normas, princípios, regras e procedimentos de tomada de decisão em torno dos quais convergem as expectativas de diferentes atores, em relação a agendas específicas (*issue-areas*) das relações internacionais (KRASNER, 1983).

[10] Conforme sugere Esther Barbé (2008), o *sistema de Estados* consiste nas redes de interações que se estabelecem entre os Estados soberanos (ou seja: as relações interestatais propriamente ditas), ao passo que o *sistema internacional* engloba também as interações entre Estados soberanos e atores não estatais, bem como as relações transnacionais, sendo mais abrangente no seu escopo. Já o conceito de *sociedade internacional*, associado às produções da Escola Inglesa das Relações Internacionais, remete, basicamente, ao sistema de Estados em que se observa efetivo compartilhamento de metas e instituições por parte dos Estados nacionais (por exemplo: manutenção do sistema de Estados, dos acordos internacionais e da soberania territorial) (BULL, 1977). Trata-se, pois, de uma categoria analítica mais "espessa", em termos históricos e sociológicos, que a noção de "sistema".

[11] Cabe lembrar que uma organização internacional (ou intergovernamental) requer, para que venha a existir, o consentimento explícito de dois ou mais Estados, geralmente expresso sob a forma da assinatura (com ulterior ratificação) de um tratado internacional.

e a atribuição de autoridade (real ou presumida) dos indivíduos em relação aos representantes dos Estados, por outro. O multilateralismo interestatal é representado, nessa imagem, como o artifício pelo qual se legitimam as relações no interior do sistema de Estados, à sombra da fórmula contratualista liberal na teoria política moderna.[12]

2.2. Abordagens contemporâneas

Em uma direção praticamente inversa à dos tradicionalistas, as abordagens contemporâneas indicam a incorporação (formal ou informal) de atores não estatais – quais sejam: governos locais, organizações não governamentais, redes de *advocacy*, movimentos sociais, associações partidárias, corporações transnacionais, entidades filantrópicas etc. – aos processos decisórios globais antes dominados pelos Estados (ALGER, 2010; BEXELL, TALLBERG E UHLIN, 2010; KEOHANE, MACEDO E MORAVCSIK, 2009). Trata-se, pois, de reconhecer o traço *transnacional*[13] que a democracia adquiriu no bojo de um processo amplo e abrangente de globalização das relações sociais e humanas (MARKS, 2001; HELD, 2004; ZWEIFEL, 2006).

As interpretações contemporâneas sobre a democratização (em curso) da governança global tomam como modelo as formatações institucionais que permitem um exercício mais *direto* da democracia por parte dos "cidadãos globais" (aqueles diretamente envolvidos no processo político), mesclando ingredientes de representação, participação e deliberação (BEXELL, TALLBERG E UHLIN, 2010). A suposta vantagem embutida no método está na inclusão promovida, uma vez que a participação de atores transnacionais (para além e aquém do Estado) expande e melhora o acesso ao poder público de estratos significativos da população mundial que, muito provavelmente, permaneceriam marginalizados pelos canais representativos costumeiros (MARKS, 2001). Perceba-se, porém, que o argumento não é livre de controvérsia. Conforme Margaret Keck

[12] *Grosso modo*, se os Estados são soberanos, eles adquirem prerrogativas de uso e de posse sobre o território. Comportam-se, afirma Nicholas Onuf (1998, p. 131), como se fossem "indivíduos portadores de direitos, em circunstâncias liberais".

[13] Nesse sentido, a *transnacionalidade* pode ser caracterizada como condição para a interação de atores estatais e não estatais no âmbito das relações internacionais, pois pressupõe e integra ontologias diversas, não se limitando à forma dos Estados territoriais modernos. As abordagens transnacionais diferenciam-se, em termos de escopo, das interpretações clássicas da disciplina de Relações Internacionais, as quais tendem a analisar apenas os contatos oficiais estabelecidos entre agentes governamentais – sejam diplomáticos, sejam militares.

(2004) chamou a atenção, o ativismo da sociedade civil transnacional que se faz presente nas organizações internacionais representa *posições*, e não *populações*; *ideias*, e não *eleitores*. Assim, a inclusão promovida pode gerar, colateralmente, problemas de seletividade na representação do *demos*.

Atacando os referidos problemas da seletividade e da exclusão, Rafaelle Marchetti (2008) radicaliza a perspectiva de "democracia global", aceitando a validade do termo apenas quando todos os cidadãos têm voz na formulação e nas decisões de escopo público, num sistema de diferentes níveis, com ampla participação popular e mudança na concepção de cidadania, pensada transnacionalmente, através de uma federação global (*world federalist system*). Para Marchetti (2008), portanto, o *cosmofederalismo* supõe um arcabouço institucional capaz de incluir os diferentes *demoi* e garantir a participação na escolha direta dos formuladores de políticas. O federalismo é defendido como estrutura institucional por sua capacidade de centralização e descentralização, aplicando-se o princípio de autogoverno (*self-governing*) para a pluralidade de centros autônomos de poder, democraticamente coordenados. Tal estrutura, segundo o autor, seria capaz de uma inclusão total e em múltiplos níveis, assegurando o principio de "não exclusão", fundamental para a construção da democracia global de fato.

Em face das dificuldades teóricas e dos problemas morais postos, autores como David Held, Peter Singer e Jürgen Habermas tentaram imaginar possibilidades de inclusão e de conciliação entre o tradicional método democrático de tomada de decisão (que supõe representação e/ou participação de todo e cada cidadão) e a desejável eficácia das políticas externas e internacionais dos Estados. Como primeiro passo, Held (2004) propôs uma reforma no atual modelo de governança global que se estabeleceu ao longo dos anos 1990. "A possibilidade de uma politeia social-democrática global" – analisa – "está ligada a um quadro expandido de Estados e agências vinculados pelos princípios do império da lei, da democracia e dos direitos humanos" (p. 108). Ao rechaçar a proposta de uma evolução gradativa, dentro da institucionalidade já vigente, Held sugeriu a criação de uma rede ampla e interligada de fóruns públicos, cobrindo cidades, Estados, regiões, enfim, a ordem transnacional. Nos domínios locais, dar-se-iam os processos participativos do demos, e nos domínios mais remotos, ocorreria a mediação por mecanismos representativos. Nesse contexto, pode-se vislumbrar a formação de uma assembleia mundial, abarcando todos os Estados e agências. O foco dessa assembleia seria o exame das questões que ocupassem o centro das preocupações globais (questões de saúde e doença, suprimento e distribuição alimentar, instabilidades financeiras, dívidas externas, aquecimento da biosfera, desarmamento, riscos nucleares, químicos e bacteriológicos etc.).

Em discordância, Ali Kazancigil (2012) opina, a respeito desta visão (que rotula de "kantiana") da democracia global, que "ela exige que todos os Estados e nações compartilhem visões semelhantes de mundo, princípios e sistemas políticos, uma condição que provavelmente nunca será atendida em nível mundial" (p. 61). O autor denuncia a inviabilidade de uma análise calcada no conceito de "*constituency*[14] de escala global", por se tratar de "uma perspectiva distante, quase utópica" (Kazancigil, 2012, p. 62). Ele admite, na hipótese mais otimista, vestígios de governança democrática regional no mundo de hoje (nomeadamente, em uma parte da União Europeia), atingindo um número bastante limitado de atores estatais e não estatais.

Singer (2004) afirma que, se o grupo diante do qual temos de justificar nosso comportamento é a tribo ou a nação, nossa moralidade tende a ser tribal ou nacionalista. Se, no entanto, a revolução nas comunicações criou um público global, podemos sentir a necessidade de justificar nosso comportamento perante o mundo inteiro. Tal mudança, para o autor, cria a base material para uma nova ética que alcance todos os habitantes do planeta. Donde se pode derivar que os indivíduos devidamente adaptados à nova dimensão global das decisões políticas serão capazes de pensar a inserção social para além do bairro, da cidade ou do país. Requer-se contemporaneamente a virtude de pensar "o político" para além das fronteiras territoriais do Estado.

No tocante às possibilidades de processamento democrático das questões internacionais do Estado, Habermas (1998) expõe que uma comunidade política deve, se se entende como democrática, poder distinguir os que dela são membros e os que não o são. O conceito autorreferencial de "autodeterminação coletiva" aponta o espaço lógico que ocupam os cidadãos reunidos como membros de uma comunidade política particular (em face de outras comunidades políticas, agrupadas sob outros Estados). Essa comunidade política particular configura-se democrática na medida em que se mostra capaz de elaborar a própria norma de conduta para as interações que promoverá com as demais comunidades políticas ao redor do mundo. A solidariedade forjada pela população no interior de um Estado está fundada em uma identidade coletiva particular, escorada em referências históricas e pessoas morais. É isso o que conforma a nação e estabelece o seu potencial de autogestão.

[14] Expressão inglesa de difícil tradução, cujo sentido se relaciona com "aqueles que constituem a autoridade democrática".

3. Limites operacionais para as concepções de democracia global

É óbvio que as tendências teóricas e a operacionalização do arcabouço conceitual acerca da democratização global apresentam limitações. Anthony Langlois *et alii* (2009) argumentam que o processo de transição da concepção democrática forjada no interior do Estado-nação para o âmbito internacional não é operada em um vácuo político e simbólico. Para os autores, a prática da transformação democrática perpassa também uma transformação do próprio ambiente internacional. O primeiro ponto é a dificuldade de se pensar, ainda, mesmo em processos de governança sem governo, as soluções para além do Estado e a distribuição equitativa das decisões. O argumento realista ainda persiste, sobretudo quando se resgata o papel das assimetrias entre os Estados e a política de poder presente nas interações diplomáticas ou militares, tornando a arena internacional também em espaço de combates ideacionais e de poder. Nesse sentido, ignorar ou subestimar o papel o Estado é complicado, dado que ainda é difícil conceber outras avenidas para a democratização. Um segundo ponto concerne à relação entre democracia e soberania. Isso porque, para desenvolver efetivamente um arcabouço institucional em torno da noção de "soberania popular", exigir-se-á do proponente a desconstrução, seguida por uma reinterpretação, da lógica de poder. A viabilização dessa possibilidade ainda permanece coberta por ceticismo e desconfiança.

Argumento similar ao de Langlois et alii é oferecido por Robert Howse (2001), para quem ainda permanece dúbia a adequação do emprego do termo *demos* para fazer referência a questões pertinentes ao domínio do sistema moderno de Estados. O autor elucida a sua objeção: "como não existe *demos* transnacional, a sociedade civil transnacional continuará a derivar a sua legitimidade da capacidade de representação de interesses, de valores e de *stakeholders* que tenham alguma saliência doméstica" (Howse, 2001, p. 362). Ademais, o argumento do "multilateralismo como extensão da democracia doméstica" resultará invariavelmente falacioso, pois uma parcela considerável dos membros de organizações internacionais globais sempre será composta por Estados não democráticos. Adicionalmente, como já demonstrado de modo convincente pela literatura disponível,[15] quanto maior o número de membros de um arranjo formal multilateral, maior será a tendência de se

[15] Este argumento está bem apresentado, sob a ótica liberal da teoria da ação coletiva de Mancur Olson, no artigo **Multilateralism with small and large numbers**, de autoria de Miles Kahler (1992).

incorrer em práticas "minilaterais" (isto é, a formação de pequenos "clubes" de atores, com interesses próximos ou compatíveis entre si, no âmbito das grandes instituições internacionais) (KAHLER, 1992).

Considerações finais

Nossa avaliação é de que o debate sobre a *democratização da política internacional* é, decididamente, algo que se impõe nos dias correntes, não nos sendo facultada a opção de passar-lhe ao largo. Susan Marks (2001) expôs, com grande poder de síntese, as motivações para tal: por um lado, o compromisso com a democracia nunca foi tão disseminado pelo mundo; por outro lado, nunca antes foi tão aguda a consciência de suas limitações empíricas.[16] Em vista do acumulado na literatura, insistiremos na necessidade de avaliar o fenômeno da democratização da política internacional a partir de diversos prismas analíticos, tanto tradicionais quanto contemporâneos. Isso permitirá compreender como os Estados soberanos e outros importantes atores não estatais formulam e reformulam os caminhos institucionais para uma gestão mais plural e aberta – e, num sentido bastante peculiar, mais "democrática" – da governança global que se estabelece na atualidade, em condições de "anarquia estrutural".

Referências

ABBOTT, K.; SNIDAL, D. **Why states act through formal international organizations?**, *Journal of Conflict Resolution*, 42, 1997.

ALGER, C. **Expanding Governmental Diversity in Global Governance**, *Global Governance*, 16, p. 59-79, 2010.

ARCHIBUGI, Daniele; ARCHIBUGI-KOENIG Mathias, MARCHETTI, Raffaele. **Global democracy: normative and empirical perspectives**. Cambridge: Cambridge University Press, 2012.

AXELROD, Robert; KEOHANE, Robert. **Achieving Cooperation under Anarchy**: Strategies and Institutions. *World Politics*, v. 38, n. 1, p. 226-254, Oct. 1985,

BEXELL, M., TALLBERG, J., and UHLIN, A. (2010) Democracy in Global Governance: The Promises and Pitfalls of Transnational Actors. Global Governance: A Review of

[16] Dahl ilustra o afirmado por Marks (2001), ainda que não tivesse a expressa intenção: "[m]esmo os ditadores mais repressivos se dizem favoráveis, hoje em dia, ao legítimo direito do povo de participar do governo, isto é, de participar da 'administração', ainda que não na contestação pública" (Dahl, 2005, p. 25).

Multilateralism and International Organizations. January-March 2010, Vol. 16, No. 1, pp. 81-101.

BOTCHEVA, Liliana; MARTIN, Lisa. L. **Institutional Effects on State Behavior**: Convergence and Divergence. *International Studies Quarterly*, v. 45, n. 1, p. 1-26, 2001.

BULL, H. **The Anarchical Society**. Londres: Macmillan, 1977.

COFFIN, Barbara Emadi. **Rethinking international organization:** deregulation and global governance. New York : Routledge, 2002.

COOPER, Andrew F; CHRISTOPHER, W. Hughes; LOMBAERDE,Phillipe de.Introduction: «Regionalisation and the taming of globalisation?» *in*: COOPER, Andrew F; CHRISTOPHER, W. Hughes; LOMBAERDE, Phillipe de. **Enhancing Global Governance through Regional Integration**. Oxford: Routledge. 2008.

HABERMAS, J. **La Constelación Posnacional**. Barcelona: Paidós, 1998.

HELD, D. **Global Covenant**. Oxford: Polity Press, 2004.

HERMET, G. (2002) "A democratização dos países emergentes e as relações entre o Estado, as OIGs e as ONGs" In: Milani, C., Arturi, C. & Solinís, G. (org.), Democracia e Governança Mundial: que regulações para o século XXI? Porto Alegre, Ed. Universidade/UFRGS/UNESCO, pp. 33-46.

HOWSE, R. «The legitimacy of the World Trade Organization». *in*: COICAUD, J.; HEISKANEN, V. (org.). **The legitimacy of international organizations**. Tokyo: United Nations University Press, 120 p., 2001, p. 355.

KAHLER, M. **Multilateralism with small and large numbers**, *International Organization*, v. 46 (3), p. 681-708, 1992.

KAZANCIGIL, A. (2002) "A regulação social e a governança democrática da mundialização" In: Milani, C., Arturi, C. & Solinís, G. (org.), Democracia e Governança Mundial: que regulações para o século XXI? Porto Alegre, Ed. Universidade/UFRGS/UNESCO, pp. 47-62.

KECK, M. «Governance Regimes and the Politics of Discursive Representation». *in*: PIPER, N. e UHLIN, A. (org.), **Transnational Activism in Asia**. Londres: Routledge, 2004.

KEOHANE, Robert O. **After Hegemony**. Princeton: Princeton University Press, 1984.

________; MACEDO, S.; MORAVCSIK, A. **Democracy-Enhancing Multilateralism**, *International Organization*, n.º 63, p. 1-31, 2009.

________. «Introduction: from interdependence and institutions to globalization and governance». *in*: KEOHANE, Robert. O. **Power and Governance in a Partially Globalized World**. Londres: Routledge, 2002.

________; NYE, Joseph N. «Governance in a globalizing world (2002.)». *in*: KEOHANE, Robert. O. **Power and Governance in a Partially Globalized World**. Londres: Routledge, 2001.

KOREMENOS, Barbara, LIPSON, Charles, SNIDAL, Duncan. **The Rational Design of International Institutions**. *International Organization*, v. 5, n. 44, 2001.

KRASNER, S. (org.). **International Regimes**. Stanford: Stanford University, 1983.

LANGLOIS, Anthony J; SOLTAN, Karol Edward. **Global democracy and its difficulties**. Londres: Routledge, 2009.

MARCHETTI, Raffaele. **Global Democracy**: for and against ethical theory, institutional design and social struggles. London: Routledge, 2008.

________. **Modeling Transnational Politics.** Paper apresentado no *22º Congresso Mundial da Associação Internacional de Ciência Política* (IPSA). Madrid, Espanha, julho de 2012.

MARKS, Susan. «Democracy and international governance» *in*: COICAUD, J-M.; HEISKANEN, V. (org.). **The Legitimacy of International Organizations**. Tóquio: UNU, 2001.

NAJEM, Tom Pierre; MARTIN; Hetherington. **Good Governance In The Middle East Oil Monarchies**. London: Routledge Curzon, 2003.

ROSENAU, James N. (2000) "Governança, Ordem e Transformação na Política Mundial". In: Rosenau, James N. e Czempiel, Ernst-Otto. Governança sem governo: ordem e transformação na política mundial. Brasília: Ed. Unb e São Paulo: Imprensa Oficial do Estado, pp. 11-46.

ROSENAU, J.; CZEMPIEL, E-O. **Governança sem Governo**. Brasília: Editora UnB, 1992.

RUGGIE, J. **International Regimes, Transactions, and Change**: Embedded Liberalism in the Postwar Economic Order. *International Organization*, v. 36 (2), 1982.

SINGER, P. **Um Só Mundo**. São Paulo: Martins Fontes, 2004.

WALTZ, K. **Theory of International Politics**. New York: McGraw Hill, 1979.

WEISS, Thomas G. **Governance, Good Governance and Global Governance**: Conceptual and Actual Challenges. *Third World Quarterly*, v. 21, n.º 5, p. 795-814, Oct., 2000.

WENDT, A. **Social Theory of International Relations**. Cambridge: CUP, 1996.

WHITMAN, Jim. **The Limits of Global Governance**. Londres: Routledge. 2005.

WOODS, N. **The Globalizers: The IMF, the World Bank, and their Borrowers**. Ithaca and London: Cornell University Press, 2006.

YOUNG, O. **Governance in World Affairs**. Ithaca: Cornell University Press, 1998.

Democracia, participação e *recall*: para uma sociedade mais justa e globalizada – o caso brasileiro

Rubens Beçak[1/2]

Introdução: o princípio democrático e a necessidade de seu aperfeiçoamento

Preliminarmente, em linhas gerais, é possível asseverar como ponto de partida que, em meio a debates sobre o fim ou anacronismo de certas instituições, mormente o modelo democrático, o evolver dos debates vai se dar, comumente, no sentido de apontar necessário aprofundamento dos meios de participação.

Certo ainda que a globalização[3] vai apresentar desafios cada vez maiores às sociedades democráticas para assim se afirmarem, na exata medida dos questionamentos advindos pela rápida expansão do capitalismo internacional, em qualquer de seus vieses, somado às demandas por mais e mais especialização nos direitos humanos, a ampliação da conectividade mundial num nível jamais

[1] Mestre e Doutor em Direito Constitucional e Livre-docente em Teoria Geral do Estado pela Universidade de São Paulo – USP. Professor Associado da Universidade de São Paulo – USP. Secretario Geral da Universidade de São Paulo (2010-2014). Professor visitante da Universidad d Salamanca.

[2] Este trabalho contou com a expressiva e indispensável colaboração do Doutorando João Victor Rozatti Longhi, aluno do Pós-graduação da FD-USP.

[3] É claro que aqui, particularmente, estamos a nos referir à última "onda" de globalização, aquela experimentada desde o derradeiro quartel do século XX, sem desconhecer que a mundialização é fenômeno que, em outras velocidades, vêm sendo experimentado desde a Antiguidade.

antes experimentado e a revalorização do "caldo" de diversidade cultural; tudo isto com reflexos diretos na discussão sobre a forma de exercício do poder.[4]

Não se trata, por óbvio, de preconizar a supressão ou mesmo alterações estruturais nos alicerces do modelo de democracia, o que poderia sugerir hiatos no sistema de tripartição de poderes formalmente adotado. Tampouco se advoga a supressão dos partidos políticos, mas eventualmente sua convivência com outras esferas de representatividade presentes na sociedade civil. Ainda, e não menos importante, questionar o processo de criação da norma jurídica.[5]

Como se vê, são muitas as considerações acerca do princípio democrático na contemporaneidade. Sabe-se que, mesmo em análise na perspectiva evolutiva, é possível demonstrar que o princípio democrático na Teoria do Estado deve ser compreendido de modo a abarcar os avanços científicos obtidos especialmente pela ciência política em diálogo com a filosofia política. Daí porque asseverar-se que, entre os modelos democráticos direto, semidireto e representativo, assim como as compreensões aprofundadas dos modelos participativo e deliberativo, "não há como prescindir-se da democracia representativa (realizada pelos partidos políticos) pois, mesmo com todas as críticas, não se inventou sistema que a substituísse satisfatoriamente[...]"[6]

Não obstante, salienta-se também que o processo de evolução democrática vai no sentido da necessidade de construção de um modelo teórico unificado que abarque experiências de alhures que propiciam maior participação: "na medida em que uma série de mecanismos surgidos nos últimos anos procura aproximar o polo da tomada de decisões daquele diretamente aonde ele aproveita."[7]

Nesta senda, é possível elencar algumas das premissas acerca do princípio democrático na contemporaneidade, tais como o fortalecimento de meios de verificação da vontade popular por mecanismos semidiretos (vindo

4 Isidoro Cheresky trabalha o fenômeno no seu **El nuevo rostro de la democracia**. México: Fondo de Cultura Económica, 2015. Cf. passim e sobretudo p. 16-17.

5 Este poderia ter sido um dos possíveis indicativos de rumo das inúmeras tentativas de reforma política já tentadas em nosso país. Nesse sentido, Fábio Konder Comparato: "Infelizmente, continuamos a crer que uma simples reforma do sistema político brasileiro bastaria para colocá-lo nos eixos, quando, na verdade, são esses próprios eixos que necessitam ser mudados." COMPARATO, Fábio Konder. Sobre a mudança do regime politico no Brasil. In: ARANTES, Aldo; LAVENÈRE, Marcello; SOUZA NETO, Cláudio (Org.). **A OAB e a reforma política democrática**. Brasília: OAB, Conselho Federal, 2014. p. 113.

6 BEÇAK, Rubens. **Democracia**: hegemonia e aperfeiçoamento. São Paulo: Saraiva, 2014. p. 83.

7 *Idem*. p. 84.

a caracterizar, segundo alguns, a presença de outro modelo democrático), uma vez que o atual não tem sido suficiente para colmatar déficit reclamado.

1. Parlamento, atuação dos grupos de interesses e a "última" reforma política

> "[...] a 'democracia política' é um bem adquirido a defender, a democracia-participação é um bem a cultivar, isto é, a promover e a desenvolver."
>
> Joaquim José Gomes Canotilho e Vital Moreira.[8]

As palavras dos mestres portugueses revelam a importância do fortalecimento das instituições democráticas e da necessidade de adaptarem as estruturas institucionais às demandas contemporâneas. Dessa forma, feitas algumas asseverações acerca do princípio democrático, avança-se na análise de alguns pontos atinentes à sua estrutura normativa.

Trata-se, assim, de se expor brevemente conceitos chaves da Teoria Geral do Estado e do Direito Constitucional, com destaque em dois pontos: o sistema de governo – e a compreensão do papel atual dos parlamentos; e o conceito, papel e perfil da representação política contemporânea, perquirindo-se qual o papel dos grupos de interesse nesse processo.

Acerca do primeiro, sabe-se que o Parlamento é tradicionalmente conhecido por ser o locus de representação política. Nesse sentido, Monica Herman Salem Caggiano, destacando que "tem sabor de lugar-comum, porém nos parece importante frisar que a primeira das atribuições parlamentares foi a da representação política, cuja relevância permanece até os nossos dias por todos assinalada, [...]"[9]. Ainda que muitos questionem hoje este primado, mesmo os mais moderados, que reconheçam um certo "cansaço" do Parlamento[10], o Legislativo é ainda um elemento chave na sistemática de tomada de decisão

[8] CANOTILHO, Joaquim José Gomes; MOREIRA, Vital. **Constituição da República portuguesa anotada**. Arts. 1.º a 107.º. 4. ed revista. v. I. Coimbra: Coimbra editora, 2007. p. 278.

[9] Cf. CAGGIANO, Monica Herman Salem. **Direito parlamentar e direito eleitoral**. Barueri: Manole, 2004. p. 13. Urge salientar nesse sentido ser um dos elementos da chamada poliarquia de Dahl.

[10] Expressão usada por Hans Kelsen: "Hoje – não se pode esconder – há um certo cansaço do parlamento, embora ainda não seja o caso de falar atualmente – como fazem alguns autores – de uma "crise", de uma "falência" ou, diretamente, de uma "agonia" do parlamentarismo." KELSEN, Hans. **A democracia**. 2. ed. Trad. Vera Barkow, Jefferson Luis Camargo, Marcelo Brandão Cipolla e Ivone Castilho Benedetti. São Paulo: Martins Fontes, 2000. p. 45.

política, gozando de todo um arcabouço normativo que historicamente tenha tido o parlamento como ponto de partida.

Nesta esteira, o exercício do sufrágio, os sistemas eleitorais, que, embora por si só não sejam sinônimo de democracia sejam um forte indício de sua existência.[11/12] Contudo, desgastado ou não, pressionado pelo papel hipertrófico do Executivo,[13] o Parlamento é ainda um ponto importante na compreensão do princípio democrático hoje, o qual, embora ante a necessidade de *aggiornamento*, nem sempre ruma nesse sentido.

Avançando-se, é possível afirmar que a disciplina constitucional que dá base à democracia representativa aloca-se na normativa sobre os direitos políticos, ainda que a Constituição lhes atribua capítulos diversos.[14] Ao passo que a Carta Magna da República atribui o poder ao povo, dispõe que seu exercício se dá através de seus representantes eleitos, estruturando o poder estatal em "dois *locus* ou esferas distintas da vida política, mas que guardam um alto grau de interação: uma esfera de origem do poder, que, a princípio, funciona como potência, o povo, e outra de exercício contínuo do poder, os representantes eleitos."[15]

[11] CAGGIANO, Monica. **Direito Parlamentar e Direito Eleitoral**. São Paulo: Manole, 2004. p. 75-76.

[12] Sinteticamente, são requisitos da poliarquia de Dahl: 1. Funcionários eleitos e investidos constitucionalmente; 2. eleições livres e justas; 3. Sufrágio inclusivo; 4. Direito de concorrer a cargos eletivos; 5. liberdade de expressão; 6. fontes de informação alternativa; 7. autonomia associativa. Cf. DAHL, Robert. A. **A democracia e seus críticos**. Trad. Patrícia de Freitas Ribeiro; rev. de trad. Aníbal Mari. São Paulo: WMF Martins Fontes, 2012. p. 360-361. O autor é um importante baluarte da teoria democrática contemporânea, indicando que, se não há democracia perfeita, há os requisitos acima que denotam maior ou menor grau de evolução das instituições.

[13] Cf. BEÇAK, Rubens. **A hipertrofia do executivo brasileiro**: o impacto da Constituição de 1988. Campinas: Millenium, 2008. passim.

[14] A Constituição de 1988 divide os direitos e garantias fundamentais em cinco capítulos: I. Direitos individuais e coletivos (art. 5º); II. Direitos sociais (arts. 6º a 11); III. Nacionalidade (arts. 12 e 13); IV. Direitos Políticos (arts. 14 a 16); V. Partidos Políticos (art. 17). Acerca, leciona André Ramos Tavares: "Os direitos políticos perfazem o conjunto de regras destinadas a regulamentar o exercício da soberania popular. Com isso quer-se significar que a expressão "direitos políticos" é utilizada em sentido amplo, para designar: A) o direito de todos participarem e tomarem conhecimento das decisões e atividades desenvolvidas pelo governo; B) o Direito Eleitoral; e C) a regulamentação dos partidos políticos. Em síntese, pode-se afirmar que é o conjunto de normas que disciplinam a intervenção, direta ou indireta, no poder." TAVARES, André Ramos. **Curso de Direito Constitucional**. São Paulo: Saraiva, 2012. p. 814.

[15] SOARES, Alessandro. **Processo de cassação do mandato parlamentar por quebra de decoro**. São Paulo: Saraiva, 2014. p. 23.

Sendo assim, o instituto jurídico do mandato tem sua gênese relacionada a essa distinção. Por isso, conclui que no sistema representativo os representados estão condenados a ser (meras) "potência do poder", uma vez que as decisões políticas concretas realizadas no cotidiano são de competência de representantes eleitos. "Não seria absurdo dizer, nesse caso, que de fato a Constituição com uma mão atribui o poder ao povo e com a outra o retira."[16]

Maurice Duverger, por sua vez, destaca a diferença entre as duas teorias da soberania dos cidadãos que embasam o sistema político constitucional francês (e por sua clara influência, também o brasileiro). Trata-se da distinção entre soberania popular e soberania nacional.

A primeira, fruto do desenvolvimento teórico refletido na obra de Jean-Jacques Rousseau justifica a titularidade do poder pelo povo. Como o cidadão não pode exercer individualmente sua parcela no poder, elege representantes com mandato imperativo. Por seu turno, a segunda é fruto da desconfiança dos "revolucionários moderados" da revolução francesa quanto ao sufrágio universal já que a massa era analfabeta. Daí porque atribuir a soberania à França e não ao francês tendo por consequência a restrição do sufrágio.

A conciliação entre ambas veio meio século depois, desdobrando-se na ideia de representação da nação ao parlamento e de soberania popular aos mecanismos jurídicos de limitação do poder parlamentar como o *recall* americano – fruto de análise mais detida a *posteriori* – e, já na V República, com o recurso ao referendo.[17]

Hoje, por sua vez, é possível asseverar que o princípio fundante da soberania popular se revela na disciplina jurídica dos direitos políticos e os instrumentos constitucionalmente eleitos para estruturá-los normativamente. No que concerne à Constituição brasileira, afirma-se que o modelo democrático adotado é o da democracia semidireta ou semi-representativa, com base no disposto no art.º 14 e incisos. Porém, a soberania popular é exercida através de sufrágio universal; voto universal, secreto, periódico e igualitário e; os instrumentos da iniciativa popular, referendo e plebiscito.

Entretanto, destaca-se que o recurso aos meios de participação direta é tão diminuto na história recente do Brasil que é possível questionar até que ponto se trata de uma democracia semidireta ou participativa e não de um regime tipicamente representativo. O que se pode afirmar com clareza é que desde

[16] *Ibidem*. p. 24.

[17] Cf. DUVERGER, Maurice. **Le système politique français: droit constitutionnel et système politique**. Paris: Presses Universitaire de France, 1990. p. 193-194.

a redemocratização, o ponto marcante vem sendo a realização de eleições periódicas para Executivo e Legislativo.

Portanto, a restrição constitucional da participação política do cidadão ao sufrágio e, por seu turno, a redução do seu papel ao voto em períodos eleitorais caracteriza um ambiente de quase nenhuma participatividade.[18]

Como salientado, o veículo jurídico da representação é o mandato, que abandonou sua raiz do direito privado e suas origens imperativas para constituir a justificativa normativa que dá autonomia ao representante com relação aos interesses do representado. A limitação ao poder dos representantes como asseverado deve ser exercido no âmbito da própria representação. Tanto que os mecanismos de perda de mandato no Brasil não são atribuídos à soberania popular, mas ao poder dos representantes. É o caso dos crimes de responsabilidade do chefe do Executivo e da perda de mandato parlamentar, além das hipóteses decorrentes de decisão judicial.

Entretanto, identifica a doutrina que o papel de limitação do poder dos representantes não está somente nos mecanismos jurídicos previstos na Constituição. Conforme leciona Maurice Duverger esta é uma das funções contemporâneas dos partidos políticos que compõem a oposição nos sistemas multipartidários. A oposição exercida dentro do Parlamento tem o papel de frear os anseios da maioria, exercendo um papel fiscalizador. Contudo, no que concerne aos regimes presidencialistas e multipartidários, o autor faz duas ressalvas. A primeira diz respeito à tendência de aumento do poder nas mãos do Executivo, personificando-o em seu líder.[19] A segunda diz respeito ao fato de que as coalisões de partidos podem exercer juntos o papel de oposição e sua coesão pode aproxima-la do formato existente nos sistemas bipartidários, onde detêm mais força.[20]

No sistema brasileiro, presidencialista e multipartidário, é possível notar que foram dados instrumentos jurídicos de atuação à oposição, *verbi gratia*, as

[18] "O questionamento encontrou campo fértil particularmente nos EUA, onde, sobretudo após a emblemática convenção democrática de 1968, plantou-se a máxima "a cura para os males da democracia é mais democracia." Papel importante neste processo todo é o do incremento do pluralismo, com toda gama de diversidades dos mais variados aspectos sendo cada vez mais valorizada. Numa sociedade em que tudo assume o valor de importante, com a exacerbação exponencial dos individualismos e idiossincrasias, natural a percepção de que um sistema fundado na verificação do bem comum pelo critério da maioria seria contestado. BEÇAK, Rubens. Democracia (cit.). p. 72.

[19] Cf. DUVERGER, Maurice. **Los partidos políticos.** México: Fondo de Cultura Económica, 1996. p. 438.

[20] Cf. *Ibidem*, p. 444.

Comissões Parlamentares de Inquérito. Não obstante, são diversas as críticas à atuação dos partidos políticos na contemporaneidade e, no que concerne à oposição, ao menos em âmbito federal, nosso chamado presidencialismo de coalisão acaba por sufocá-la em sua atuação hipertrófica.[21]

Revelando outro ponto sensível na crítica aos partidos políticos e ao regime multipartidário atual, no que tange àqueles que compõem a situação, popularmente conhecida por base governista, é cada vez mais crescente a afirmação sobre sua falta de coesão, tendo o governo que compor interesses muiltifacetados que levam sua atuação a se distanciar profundamente do plano traçado previamente às eleições.

Este é um dos exemplos que ilustra o perfil da representação no Brasil ou, mais precisamente, a distância entre a função em abstrato dos institutos normativos elegidos para compor o modelo democrático nacional e o caminho percorrido pelos partidos na prática.

Assim sendo, se o partido outrora foi (e ainda vem sendo) o veículo para a definição dos interesses em cena no jogo político, hoje se busca compreender em que medida os agentes que formulam essas demandas se agrupam e agem para concretizá-la. Em uma perspectiva multiculturalista procura-se compreender como os agentes coletivos, agora sujeitos de direitos, influenciam no poder. Eis o (possível) papel da sociedade civil, a ser analisado a seguir.

Em linhas gerais, Paulo Bonavides define oposição política e indica sua função primordial: "O que é oposição? Conceito histórico-político, [..] a Oposição representou em distintas épocas um esforço ou ação dirigida contra determinado sistema de autoridade. Busca o acesso ao poder ou procura, de certo modo, exercitar sobre ele alguma parcela de controle ou influência."[22]

Nos regimes representativos contemporâneos, especialmente os presidencialistas como o Brasil, a oposição exerce papel relevante de manutenção do equilíbrio entre o poder governista e dever de atribuição de responsabilidade política, posição em grande parte atribuída ao Parlamento, dentre suas outras funções. Algo que não ocorre apenas dentro dos parlamentos – algo intermediado pelas chamadas bancadas – ou outras instituições constituídas, mas também parte de fora dela por intermédio da atuação de grupos de interesses,

[21] Cf. BEÇAK, Rubens. «Governability and government systems: the Brazilian presidencial experience after 1988». In: **2009 Joint Meetings of the Law and Society Association and The Research Committee on Sociology of Law, 2009. Law, Power, and Inequality in the 21st Century**, 2009. passim.

[22] BONAVIDES, Paulo. **Constituinte e constituição**: a democracia, o federalismo e a crise contemporânea. 3.ª ed. Malheiros: São Paulo, 2010. p. 149.

os quais muitas vezes se valem da advocacia de interesses por intermédio da pressão política. Ou também do *lobby*, prática inclusive regulamentada em diversos países, à distinção do Brasil, onde a questão ainda gere controvérsias, malgrado seja prática corriqueira.[23]

Ao traçar uma tipologia dos modelos normativos de democracia, J. J. Gomes Canotilho elenca como "democracia corporativista" aquela que "pretende recortar um modelo pluralista-cooperativo ou negociador". Assim, o passo que o modelo representativo se centraria na figura do parlamento e outros órgãos de representação, o modelo corporativista reconhece no Estado o papel

[23] Acerca, Alexandre Sanson destaca, entretanto, que não somente dentro do Parlamento se realiza a função de oposição. Trata-se da distinção entre oposição parlamentar e extraparlamentar. (Cf. SANSON, Alexandre; MAZOTTI, Marcelo; FAGUNDES, Tatiana Penharrubia. «A Oposição na Política». In: TORRES, Vivian de Almeida Gregori; CAGGIANO, Álvaro Theodor Herman Salem (Org.). **Estudos de Direito Constitucional**: homenagem à Professora Monica Herman Salem Caggiano. São Paulo: IELD, 2014. p. 60-61.) Sobre a atuação de tais grupos, o autor salienta de antemão que expressões como "grupos de interesses", "grupos de pressão", *lobby* têm cada qual seu significado distinto. Para o autor, grupo de interesse é aquele correspondente ao aspecto subjetivo, ou seja, que o agrupamento se fortalece de acordo com a natureza e intensidade do interesse que advoga. SANSON, Alexandre. **Dos grupos de pressão na democracia representativa**: limites jurídicos. Tese (Doutorado) – Faculdade de Direito, Universidade de São Paulo, São Paulo, 2013. p. 93.). há aqueles de interesse público e os de interesse privado, segundo relata. Ao recorrer à pressão política, deixam de ser "grupos de interesse" para se tornarem "grupos de pressão" com o objetivo "proteger ou promover" seus interesses pleiteando "uma decisão ou medida estatal específica." (Cf. Idem. p. 112-113.) Já a a expressão *lobby*, embora semelhante não se confunde com a simples advocacia de interesses. Oriunda da língua inglesa, significa antessala, corredor, e sugere se tratar de um "caminho" mais curto para a consecução de um interesse específico. Nesse sentido, Cláudio Lembo, que considera se tratar de uma decorrência do direito de petição. (LEMBO, Cláudio. **A pessoa**: seus direitos. Barueri: Manole, 2007. p. 206.) O *lobby* é, assim, apenas uma das possíveis formas de exercício da pressão política e seu exercício pressupõe uma série de estratégias ostensivas que dependem, em sua maioria, do fator humano, ou seja, dos lobistas. (SANSON, Alexandre. op. cit. p. 202.) Embora o tema seja controverso, diversos países que contemporaneamente regulamentam práticas de *lobby*. (*Idem*. p. 259 e ss.). Não obstante, Manoel Gonçalves Ferreira Filho, tem opinião diversa: "por ser não oficial, e geralmente clandestina, a ação de grupos pode ser daninha e é sempre perigosa para a comunidade". A clandestinidade, conforme destaca, facilita o emprego de meios condenáveis e leva a vantagens desproporcionais. (FERREIRA FILHO, Manoel Gonçalves. **Do processo legislativo**. São Paulo: Saraiva, 2012. p. 119--121.). Mesmo assim, embora não seja o objeto deste excerto, o *lobby* é um tema intimamente ligado aos mecanismos de democracia semiparticipativa como o *recall*, razão pela qual parece que sua regulamentação pareça ser uma saída viável. (Nesse sentido, LEMBO, Cláudio. op. cit. p. 207.) Embora deva-se salientar que, nos EUA, exemplo sempre lembrado haja vista seu modelo político de aceitação e regulamentação do *lobby*, este por si só não seria o único fator de tomada de decisão política pelos órgãos constituídos. (TUSHNET, Mark. **The constitution of the United States of America: a contextual analysis**. Hart Publising: Portland, 2009. p. 68-69.).

de mediador ou árbitro entre grupos de interesses econômicos. E, embora se saiba que os interesses em jogo não são apenas os econômicos, é válida a menção de Canotilho, que vê no modelo corporativista um indicativo do papel dos grupos de pressão hoje.[24] Em igual medida, Jorge Miranda, que vê como desdobramento do princípio constitucional da democracia participativa as regras que preveem a necessidade de participação de determinados grupos e organizações da sociedade civil na elaboração de certas normas, sob pena de inconstitucionalidade.[25]

Portanto, ainda que criticada a atuação de determinados na disputa por maior influência frente ao poder estatal, sua presença é inegável. Seja oficialmente ou não, na caracterização de agrupamentos ocasionais inclusive dentro dos Parlamentos, como nas bancadas parlamentares (cujos interesses geralmente se sobrepõem aos partidos), e outras formas de atuação, a democracia contemporânea deve aprender a conviver com eles. Daí porque regulamentar sua atuação, impondo transparência na gestão de recursos como forma de rastrear os interesses reais em jogo no cenário político parece ser a saída para a compreensão da real dimensão e complexidade da democracia deliberativa hoje.

[24] Cf. CANOTILHO, J. J. Gomes. **Direito Constitucional e Teoria da Constituição**. Coimbra: Almedina, 2003. 7. ed. p. 1.417.

[25] O autor elenca vários dispositivos constitucionais que decorrem do principio da democracia participativa, presente expressamente na parte final do artigo 2.o da Constituição da Republica Portuguesa. São exemplos: as comissões de trabalhadores e das associações sindicais na legislação do trabalho (art. 54.o, n.o 5, alínea d), e 56.o, no 1, alínea a)); organizações representativas de trabalhadores na elaboração de planos, através do Conselho Econômico e Social (art. 92.o, n.o 2); participação de consumidores (art. 60.o, n.o 3); organizações representativas de trabalhadores das associações de beneficiários da segurança social (art. 63.o, n.o 2); associações representativas das famílias (art. 67.o, n.o 2, alínea f)), associações de professores, pais e alunos, das comunidades e das instituições de caráter cientifico (art. 77.o, n.o 2) em definições e politicas públicas setoriais MIRANDA, Jorge. **Manual de Direito Constitucional**. v. III. t. V. Coimbra: Coimbra Editora, 2014. p. 205-206. Embora ressalte que a democracia participativa no sistema constitucional português seja setorial e que somente o sufrágio universal seja capaz possa atribuir legitimamente aos representantes o papel de tomada de decisões, pois "o principio da maioria não e absoluto, mas, em ultimo termo, deve prevalecer", ressalta o autor sobre o papel dos grupos de pressão na democracia contemporânea: "A democracia participativa imbrica-se, alias, com determinados dados das sociedades contemporâneas: a inelutabilidade dos grupos de interesses; a necessidade de lhe dar voz e de os conciliar, a irrupção de formas ditas corporativas ou neocorporativas; a consequente inserção no processo legislativo, formal ou informalmente, de elementos de concertação, negociação e auxiliariedade, o dialogo dentro e fora do parlamento." *Idem*. p. 206.

Tais são os fatores que deveriam ser levados em conta na "última" das reformas políticas intentadas em nosso país[26], aquela que comtemplasse a diversidade e complexidade da democracia brasileira contemporânea. Entretanto, e conforme salientado, os rumos foram em outro sentido, mais preocupados com questões internas ao funcionamento dos parlamentos, das eleições e, claro, reforçando elementos criticados por muitos, como a doação privada por pessoas jurídicas[27] etc. Este é apenas um exemplo do sentido e complexidade da democracia brasileira contemporânea. Entretanto, e conforme salientado, os rumos foram em outro sentido, mais preocupados com questões internas ao funcionamento dos parlamentos, das eleições e, claro, reforçando elementos criticados por muitos, como a doação privada por pessoas jurídicas etc. Este e apenas um exemplo do sentido da reforma politica brasileira de hoje, certamente muito distante das necessidades clamadas no debate contemporâneo.

Destarte, a discussão sobre a transposição de outros paradigmas é o que se segue.

2. O aprofundamento da participação democrática e o *recall*

Preliminarmente, salienta-se em linhas gerais que recall, também conhecido como revogação de mandato, é o instrumento pelo qual, individualmente, um mandato público concedido a um representante é revogado por iniciativa popular e deliberação popular. No plano coletivo, seu correspondente é o *Abberunfungsrecht.*[28]

Sabe-se que a ideia de representação inicialmente é importada do direito privado, especialmente do direito contratual, materializada no conceito de mandato.[29] Entretanto, há significativas diferenças hoje entre o mandato privado e o público.

[26] Refere-se aqui, à época da elaboração do trabalho, à Reforma Eleitoral de 2015, consistente na Lei 13.165/15.

[27] Declarada inconstitucional pelo STF, retomada de maneira inócua pelo Legislativo, obrigando o Poder Executivo a exercer o poder do veto.

[28] O primeiro tem origem norte-americana e o segundo Suíça. BEÇAK, Rubens. ob. Cit, p. 33. Para análise mais detida do tema, vide BEÇAK, Rubens; LONGHI, João Victor Rozatti. «Instrumentos de implementação da democracia participativa e o uso das tecnologias da informação e da comunicação para sua realização». In: **Anais do XX Encontro Nacional do CONPEDI** – Conselho Nacional de Pesquisa e Pós-graduação em Direito. (Belo Horizonte, 22-25. jun. 2011).

[29] Para uma análise mais detida acerca da questão, BEÇAK, Rubens; LONGHI, João Victor Rozatti. «Tendências da democracia participativa: a influência da Internet no perfil da representação e

Sinteticamente, Paulo Bonavides enumera quatro características do mandato público que: generalidade, liberdade, irrevogabilidade e independência.[30] As duas últimas interessam diretamente à questão do *recall*. Para que seja garantida a liberdade do representante em relação ao representado, o mandato é tido por irrevogável. Logo, leciona o autor "no sistema político que o adota [princípio da irrevogabilidade] não há lugar para aqueles instrumentos do regime representativo semidireto, como o *recall* dos americanos ou o *Abberufungsrecht* dos suíços."[31] Igualmente no caso da independência, que impede a vinculação do mandatário a qualquer conteúdo, ou seja, fazendo que, uma vez investido, não se vincule a quaisquer outras vontades mas somente à sua. Nem tampouco a programas partidários ou políticos. Logo, a independência é a que gera a vedação do chamado mandato imperativo.

Entretanto, nos sistemas onde se adota os mecanismos analisados, segundo ressalta Bonavides, o mandato não é totalmente independente, já que o mandatário está vinculado à vontade popular, que pode destitui-lo da função que exerce.[32]

Nula ou não, a possibilidade de revogação do mandato pela vontade popular, conforme conceituado, tem fundamento na soberania popular e origem fática na iniciativa popular. Ligada ao exercício dos direitos políticos, a soberania não se exaure pelo sufrágio. Nesse sentido a doutrina de Jorge Miranda, quem enumera uma série do que denomina de direitos políticos "menores", ou seja, diversos direito de do sufrágio. Dentre eles o "direito político de iniciativa", que se subdivide, por seu turno, nos direitos de ação popular, de iniciativa em sentido estrito, ou seja, perante o parlamento, e iniciativa referendária, seja com vista à sujeição de proposta ou projeto de lei de referendo, à não entrada em vigor ou cessação de vigência de lei, ou à revogação de titular de cargo eletivo (*recall*).[33]

evento do orçamento participativo». In: **Anais do XX Congresso Nacional do CONPEDI** – Conselho Nacional de Pesquisa e Pós-graduação em Direito. (Vitória, 16-19. nov. 2011). p. 3550-3574.

[30] BONAVIDES, Paulo. **Ciência Política**. São Paulo: Malheiros, 2000. p. 338 e ss.

[31] Id. p. 339.

[32] BONAVIDES, Paulo. op. cit, p. 341.

[33] Além do direito de sufrágio, são os direitos de: petição; informação política; participação em atividades subordinadas de Estado; iniciativa, com várias subespécies, acima analisadas; candidatura; acesso a cargos políticos, direito de eleger ou ser eleitos; participação em assembleia popular ou de governo direto – art. 169.º, CRP – pequenas freguesias, menos de 150 eleitores. MIRANDA, Jorge. **Manual de direito constitucional**. v. III. Coimbra: Coimbra editora, 2014. t. VII. Estrutura Constitucional da Democracia. 2007. p. 108-09. Nesse sentido também GOUVEIA, Jorge Bacelar. **Manual de direito constitucional.** 5. ed. v. I. Coimbra: Almedina, 2013. p. 212.

No que toca à origem fática, a revogação, portanto, nasce como um projeto de lei de iniciativa popular. Embora não tenha consagrado o *recall*, a Constituição brasileira de 1988 elenca a iniciativa popular de leis nos incisos do art.º 14. Entretanto, é consabido que se trata de um instituto de diminuta incidência prática,[34] levando Manoel Gonçalves Ferreira Filho adjetivá-lo de "instituto decorativo."[35]

A iniciativa popular no Brasil tem sua regulamentação, em nível federal, nos artigos 12.º e 13.º da Lei n.º 9.709/98, os quais se limitam a facilitar seu trâmite no parlamento, desconsiderando-se aspectos formais. Nada consta sob qualquer prioridade de tramitação nem tampouco limitação à promoção de emendas durante o processo legislativo. Daí porque há críticas ferrenhas, além do plano fático, à estrutura normativa da iniciativa popular.[36] Isto sem considerar o fato de que, hoje, mesmo com todo o apelo cidadão, nada impede que um projeto de iniciativa popular, seja "engavetado".[37]

[34] Neste sentido, Maria Garcia: "Pode-se deduzir da sua dicção que se demonstra dispositivo destinado a parco uso, francamente impossibilitador do exercício desse direito de iniciativa popular, proclamado já no art. 14, da CF/1988, entre os direitos políticos. É um texto que merece integral reforma, para permitir, tão-somente, que um grupo determinado de cidadãos, como único requisito exigível, possa detonar o processo legislativo perante o Congresso Nacional, concretizando a vontade constitucional." GARCIA, Maria. «O processo legislativo e os sentidos da liberdade». Participação exercício da cidadania. In: **Doutrinas Essenciais de Direitos Humanos**, v. 2, p. 869 – 872, Ago. 2011 (DTR\1995\59).

[35] FERREIRA FILHO, Manoel Gonçalves. op. cit, p. 230.

[36] Nesse sentido, o projeto de lei trazido à lume por Comparato, que veda emendas e dá prioridade de tramitação aos projetos de lei de iniciativa popular. COMPARATO, Fábio Konder. «Sobre a mudança do regime politico no Brasil». In: ARANTES, Aldo; LAVENÈRE, Marcello; SOUZA NETO, Cláudio (Org.). **A OAB e a reforma política democrática**. Brasília: OAB, Conselho Federal, 2014. p. 120. Outrossim, retornando-se à iniciativa popular, a dificuldade se dá especialmente pelo número de assinaturas e pela necessidade de que sua verificação se dê em cruzamento de dados com a justiça eleitoral, já que se exige a assinatura física de eleitores. Algo que, em tempos de Internet, soa anacrônico. Algo recentemente superado no plano estadual (V. SANTA CATARINA (Estado). Lei estadual n.º 16.585/15. Disponível em: <http://200.192.66.20/alesc/docs/2015/16585_2015_Lei.doc>. Acesso em: 05 mar. 2016.). Mas que, no plano federal, ainda não goza de previsão de recurso eletrônico na colheita de assinaturas. Há, contudo, projetos de lei que visam alterar a Lei n.º 9.709/98, (Cf. BRASIL. Câmara dos Deputados. Projeto de Lei n. 2024/2011 – Autor: Dep. Felipe Maia DEM/RN. Disponível em: <http://www2.camara.leg.br/proposicoesWeb/prop_mostrarintegra?codteor=908714&filename=PL+2024/201>. Acesso em: 1 mar. 2016.) bem como do regimento interno da Câmara, visando propiciar tal possibilidade. (BRASIL. Câmara dos Deputados. Projeto de Resolução n. 1/2015 – Autora: Dep. Carmen Zanotto PPS/SC. Disponível em: <http://www2.camara.leg.br/proposicoesWeb/prop_mostrarintegra?codteor=1296782&filename=PRC+1/2015>. Acesso em: 1 mar. 2016.

[37] Daí porque ser necessário um repensar no sentido de se contar com mecanismos que promovam

Mesmo assim, nascido em um projeto de iniciativa popular, o próximo passo na convocação do *recall* é a realização de uma consulta popular. José Ribas Vieira e Raphael Ramos Monteiro de Souza, ao analisarem o instituto, lembram que tal fato gera uma riqueza grande de terminologias adotas para o instituto do *recall*. São exemplos: "direito de revogação individual e coletivo", "plebiscito de confirmação de mandato", "referendo revocatório", e "plebiscito destituinte". Os autores enumeram, no Brasil, diversas Propostas de Emenda Constitucional que procuram consagrar o instituto. Embora na visão dos autores todas contenham pontos a serem aprimorados, na esteira do que fora dito anteriormente, não foram retomadas nos clamores pela reforma política.[38]

Em língua espanhola, é recorrente a expressão *revocatoria de mandato*. Recorrendo-se brevemente ao direito estrangeiro, as constituições latino-americanas, dentre outros, de Colômbia, Bolívia, Equador e Venezuela são exemplos de consagração de *recall*, havendo inúmeras tentativas de implementação também em outros países.[39]

Já os Estados Unidos são o local ao qual se atribui a origem do *recall* individual, que remonta aos primórdios do surgimento do país. Entretanto, salienta Marc Stears que na primeira metade do século XX houve uma grande demanda por participação democrática no país.[40] Razão pela qual, dentre outras, é

não só a iniciativa legislativa, mas o que a doutrina portuguesa denomina de impulso legisferante. GOUVEIA, Jorge Bacelar. **Manual de direito constitucional**. v. II. 5. ed. Almedina: Coimbra, 2013. p. 1.143. O autor se vale das lições de Canotilho e Jorge Miranda. Cf. Idem. p. 1.144.

[38] VIEIRA, José Ribas; SOUZA, Raphael Monteiro de. ***Recall*, democracia direta e estabilidade institucional**. in *SENADO FEDERAL. Revista de informação legislativa*. Ano 51 Número 202 abr./jun. 2014 Disponível em: Acesso em 25 fev. 2016. p. 51. Os autores ainda elencam as PECs sobre o *recall*, sendo algumas arquivadas e outras, à ocasião do texto, pendentes de análise pela CCJ. PEC n. 80/2003 (Sen. Antônio Carlos Valadares – PSB/ SE); PEC nº 82/2003 (Sen. Jefferson Peres – PDT/AM); PEC n. 73/2005 (Sen. Eduardo Suplicy – PT/SP); PEC n. 477/2010 (Dep. Rodrigo Rollemberg – PPS/DF).

[39] É o que consta do quadro comparativo traçado por José Ribas Vieira e Raphael Monteiro de Souza, que elencam os procedimentos, quóruns e limites formais e materiais para a realização do *Recall*. Cita-se também como exemplo a Argentina, onde se provocou movimento social de derrocada do prefeito de Córdoba, porém sem sucesso. Cf. Idem. p. 50. ASTARIA, Martín (et al). **Gobierno local, transparencia y participación ciudadana**: seguimiento del cumplimiento de los acuerdos de discrecionalidad cero en los municipios de Córdoba. Buenos Aires : Fund. Poder Ciudadano., 2006. p. 41. Outro exemplo é o do México, que prevê o instituto no plano regional. Nesse sentido CAMPOS, Alán García. **La revocación del mandato: Un breve acercamiento teórico**. Biblioteca Jurídica de Universidad Autónoma de México (UNAM). Disponível em: <http://www.juridicas.unam.mx/publica/librev/rev/qdiuris/cont/1/cnt/cnt3.pdf>. Acesso em: 25 fev. 2016.

[40] Cf. STEARS, Marc. **Demanding democracy**: American radicals in search of a new politics. Princeton: Princeton University Press, 2010. p. 45.

possível notar a presença de inúmeras iniciativas das chamadas *recall elections* em planos constitucionais estaduais.[41] Fora dos Estados Unidos, há exemplos, mas são mais pontuais.[42]

Sem a pretensão de exaurir o tema, alguns questionamentos ainda são possíveis como problematização no plano das regras.

No tocante ao mandatário, relevante salientar que alguns sistemas estrangeiros proporcionam a possibilidade de destituição não só de membros do Executivo e Legislativo mas também de outros agentes públicos, como juízes, membros do *Parquet* e outros servidores ocupantes de funções administrativas de liderança – diretores de empresas públicas, escolas, conselhos tutelares e posições análogas.

Passada a fase de convocação via iniciativa popular, o Parlamento faz verificação dos requisitos formais e materiais – quando houver – e convoca a consulta popular. No que concerne aos formais, vai-se desde a verificação da autenticidade das assinaturas – o que, frise-se poderia contar com o auxílio de meios tecnológicos, economizando esforços – até a distribuição adequada do eleitorado de acordo com as regras constitucionais. Além disso, no

[41] Exemplificativamente, no Estado da Califórnia, por exemplo, o *recall* é previsto nas seções 13 a 15 do art. II da Constituição Estadual Cf. CALIFORNIA (State). Leginfo. *Constitution of the State of California*. Disponível em: <http://www.leginfo.ca.gov/.const/.article_2>. Acesso em: 25 fev. 2016. A última experiência recente de *recall* de um governador no Estado foi a que culminou na convocação simultânea de eleições, onde fora eleito o Governador Arnold Schwazenegger.. ZIMMERMAN, Joseph. «*Recall*» (verbete) in KURIAN, George Thomas (Ed. Chf). **Encyclopedia of political Science**. Washington (DC): CQ Press, 2011. p. 1.430. Mas, conforme salientado, o *recall* está presente em diversos textos normativos estaduais. É o que ocorre também no estado da Lousiana (Art. X, § 26.) Cf. LOUISIANA (State). *Luisiana State Senate. Constitution of the State of Louisiana*. Disponível em: <http://senate.legis.state.la.us/documents/constitution/>. Acesso em: 26 fev. 2016. Em igual medida no art. 8, Seções 1 a 5, da Constituicão do Estado do Arizona. ARIZONA (State). *Arizona State Constitution*. Disponível em: <http://www.azleg.gov/FormatDocument.asp?inDoc=/const/8/1.pl.htm>. Acesso em: 26 fev. 2016. Para visualizar todos os estados que prevêm o *Recall*, V. *Ballotpedia: the encyclopedia of american politics. Recall*. Disponível em: <https://ballotpedia.org/Recall#cite_note-ncsl-1>. Acesso em: 26 fev. 2016.

[42] ÁVILA, Caio Márcio Brito. ***Recall*: a revogação do mandato político pelos eleitores**: uma proposta para o sistema jurídico brasileiro. Tese (Doutorado) – Faculdade de Direito, Universidade de São Paulo, São Paulo, 2009. p. 123 e ss. Na Europa, lembra o autor apenas da Bielorrússia. Entretanto, sabe-se da previsão em vários cantões suíços, além do recente caso romeno, em que o presidente foi alvo de uma consulta popular de revogação de mandato, a qual restou infrutífera. Acerca da Suíça, vide KAUFMANN, Bruno; BÜCHI, Rolf; BRAUN, Nadja. **The IRI guidebook to direct democracy initiative & referendum**. 4. ed. Berna: Institute Europe, 2010. *passim*. Por último, elenca o autor também a província canadense de *British Columbia*. ÁVILA, Caio Márcio Brito. op. cit. p. 130 e ss.

concernente aos materiais, frise-se que o *recall* pode ter como condições a demonstração da prática de determinados atos, dentre outras possibilidades. Embora deva ser salientado que, quanto mais requisitos deste jaez, a importância da participação popular é diminuída.

Outros pontos dizem respeito à possibilidade ou não de reconvocação da consulta em caso de rejeição, bem como eventual prazo para sua realização, seja inicialmente ou após a rejeição. Bem como aos requisitos para convocação, geralmente importados ou análogos à iniciativa popular, bem como o coeficiente para a aprovação em caso de realização da consulta.

Por último, algumas indagações acerca do cabimento do instituto em todas as esferas da federação, e, ainda, a quais agentes públicos deveria se aplicar. Neste último caso, gize-se que o Brasil adota a regra do concurso publico para a ocupação da maioria esmagadora das funções publicas. Mesmo assim, ha cargos que são considerados de natureza politica e gozam de garantias diversas das dos demais servidores públicos, tais como vitaliciedade, inamovibilidade e irredutibilidade de subsídios. Resta saber se o problema reside em poderem ou não ser destituídos por *recall* ou se, na verdade, não deveriam ser investidos pelo voto popular e, ai sim, passarem a exercer a função publica através do meio mais tradicional e imediato de exercício da soberania popular, o voto.

Considerações finais

Neste trabalho, procurou-se, para além de evidente homenagem à democracia representativa, aquela que "tendo em vista o dizer coletivo de que, apesar de todas as suas imperfeições, até hoje não se inventou regime de governo melhor, (...)"[43] trabalhar a perspectiva da necessidade de ampliação do debate com a eventual mudança de paradigma, uma vez considerada a insuficiência (mas não a superação...) da representação.

A percepção de que, por mais importantes que se façam as reformas políticas usualmente objeto dos projetos apresentados em nosso Legislativo nos últimos tempos, mormente as que foram objeto da última leva examinada naquele foro privilegiado, somente uma discussão mais profunda, aquela que possibilite a alteração do vetor em análise, considerando a necessidade de alargamento da participação, possibilitará um incremento da legitimidade. Esta, tão necessária à certeza de que os destinatários das deliberações – os representados – poderão

[43] BEÇAK, Rubens. **Democracia**: hegemonia e aperfeiçoamento. São Paulo: Saraiva, 2014, p. 13-14.

ter peso real não somente na escolha dos seus governantes como na própria governabilidade, trará frescor ao sistema, incrementando a própria aceitação do sistema, tão atacado e desacreditado nos dias atuais.

Assim, a retomada do debate sobre a necessidade do adensamento da participatividade, no qual o reexame do instituto do *recall*, como aqui proposto, afigura-se como muito importante. Para tal, procuraram o estudo da doutrina a justificar a sua utilização e discutir, mesmo que em breve relato, as experiências no direito comparado.

Certamente assim, pretendemos, verdadeiro *gap* de legitimidade do modelo democrático restará superado; podendo, eventualmente, esta proposição contribuir para o aperfeiçoamento de uma forma de exercício do poder que tem se mostrado boa alternativa à proposições menos conhecidas, sem deixar de fornecer as necessárias respostas aos questionamentos advindos.

Referências

ARIZONA (State). *Arizona State Constitution*. Disponível em: <http://www.azleg.gov/FormatDocument.asp?inDoc=/const/8/1.p1.htm.> Acesso em: 26 fev. 2016.

ASTARIA, Martín *et al.* **Gobierno local, transparencia y participación ciudadana**: seguimiento del cumplimiento de los acuerdos de discrecionalidad cero en los municipios de Córdoba. Buenos Aires: Fund. Poder Ciudadano, 2006.

ÁVILA, Caio Márcio Brito. ***Recall*: a revogação do mandato político pelos eleitores: uma proposta para o sistema jurídico brasileiro**. Tese (Doutorado) – Faculdade de Direito, Universidade de São Paulo, São Paulo, 2009.

BALLOTPEDIA: the encyclopedia of american politics – *Recall*. Disponível em: <https://ballotpedia.org/Recall#cite_note-ncsl-1>. Acesso em: 26 fev. 2016.

BEÇAK, Rubens. **A hipertrofia do executivo brasileiro**: o impacto da Constituição de 1988. Campinas: Millenium, 2008.

________. **Democracia: hegemonia e aperfeiçoamento**. São Paulo: Saraiva, 2014.

BEÇAK, Rubens. «Governability and government systems: the Brazilian presidencial experience after 1988.» *in*: **2009 Joint Meetings of the Law and Society Association and The Research Committee on Sociology of Law**, 2009. *Law, Power, and Inequality in the 21st Century*, 2009.

________; LONGHI, João Victor Rozatti. «Instrumentos de implementação da democracia participativa e o uso das tecnologias da informação e da comunicação para sua realização.» *in*: **Anais do XX Encontro Nacional do CONPEDI** – Conselho Nacional de Pesquisa e Pós-graduação em Direito, Belo Horizonte, 22-25 jun. 2011.

________; LONGHI, João Victor Rozatti. «Tendências da democracia participativa: a influência da Internet no perfil da representação e evento do orçamento participativo.»

in: **Anais do XX Congresso Nacional do CONPEDI** – Conselho Nacional de Pesquisa e Pós-graduação em Direito, Vitória, 16-19 nov. 2011, p. 3550-3574.

BONAVIDES, Paulo. **Ciência Política**. São Paulo: Malheiros, 2000.

________. **Constituinte e constituição: a democracia, o federalismo e a crise contemporânea.** 3.ª ed. Malheiros: São Paulo, 2010.

CAGGIANO, Monica Herman Salem. **Direito parlamentar e direito eleitoral**. Barueri: Manole, 2004.

CALIFORNIA (State). Leginfo. *Constitution of the State of California*. Disponível em: <http://www.leginfo.ca.gov/.const/.article_2>. Acesso em: 25 fev. 2016.

CAMPOS, Alán García. **La revocación del mandato: Un breve acercamiento teórico**. *in*: Biblioteca Jurídica de Universidad Autónoma de México (UNAM). Disponível em: <http://www.juridicas.unam.mx/publica/librev/rev/qdiuris/cont/1/cnt/cnt3.pdf>. Acesso em: 25 fev. 2016.

CANOTILHO, Joaquim José Gomes; MOREIRA, Vital. **Constituição da República portuguesa anotada**. Arts. 1.º a 107.º. 4.ª ed rev. v. I. Coimbra: Coimbra editora, 2007.

________. Direito Constitucional e Teoria da Constituição. 7.ª ed. Coimbra: Almedina, 2003.

CHERESKY, Isidoro. **El nuevo rostro de la democracia**. México: Fondo de Cultura Económica, 2015.

COMPARATO, Fábio Konder. «Sobre a mudança do regime político no Brasil.» *in:* ARANTES, Aldo; LAVENÈRE, Marcello; SOUZA NETO, Cláudio (Org.). **A OAB e a reforma política democrática**. Brasília: OAB, Conselho Federal, 2014.

DAHL, Robert. A. **A democracia e seus críticos**. Trad. Patrícia de Freitas Ribeiro; rev. de trad. Aníbal Mari. São Paulo: WMF Martins Fontes, 2012.

DUVERGER, Maurice. **Le système politique français: droit constitutionnel et système politique**. Paris: Presses Universitaire de France, 1990.

________. **Los partidos políticos**. México: Fondo de Cultura Económica, 1996.

FERREIRA FILHO, Manoel Gonçalves. **Do processo legislativo**. São Paulo: Saraiva, 2012.

GARCIA, Maria. «O processo legislativo e os sentidos da liberdade. Participação exercício da cidadania». *in*: **Doutrinas Essenciais de Direitos Humanos**. v. 2, p. 869-872, Ago 2011 (DTR\1995\59).

GOUVEIA, Jorge Bacelar. **Manual de direito constitucional**. v. I. 5.ª ed. Coimbra: Almedina, 2014.

________. **Manual de direito constitucional**. v. II. 5.ª ed. Coimbra: Almedina, 2013.

KAUFMANN, Bruno; BÜCHI, Rolf; BRAUN, Nadja. **The IRI guidebook to direct democracy initiative & referendum**. 4.ª ed. Berna: Institute Europe, 2010.

KELSEN, Hans. **A democracia**. 2.ª ed. Trad. Vera Barkow, Jefferson Luis Camargo, Marcelo Brandão Cipolla e Ivone Castilho Benedetti. São Paulo: Martins Fontes, 2000.

LEMBO, Cláudio. **A pessoa: seus direitos**. Barueri: Manole, 2007.

LOUISIANA (State). Luisiana State Senate. *Constitution of the State of Louisiana*. Disponível em: <http://senate.legis.state.la.us/documents/constitution/>. Acesso em: 26 fev. 2016.

MIRANDA, Jorge. **Manual de direito constitucional**. v. III. t. VII. Coimbra: Coimbra Editora, 2014.

________. **Manual de Direito Constitucional**. v. III. t. V. Coimbra: Coimbra Editora, 2014.

SANSON, Alexandre; MAZOTTI, Marcelo; FAGUNDES, Tatiana Penharrubia. «A Oposição na Política». *in*: TORRES, Vivian de Almeida Gregori; CAGGIANO, Álvaro Theodor Herman Salem (Org.). **Estudos de Direito Constitucional**: homenagem à Professora Monica Herman Salem Caggiano. São Paulo: IELD, 2014.

________. **Dos grupos de pressão na democracia representativa**: limites jurídicos. Tese (Doutorado) – Faculdade de Direito, Universidade de São Paulo, São Paulo, 2013.

SOARES, Alessandro. **Processo de cassação do mandato parlamentar por quebra de decoro**. São Paulo: Saraiva, 2014.

STEARS, Marc. **Demanding democracy**: American radicals in search of a new politics. Princeton: Princeton University Press, 2010.

TAVARES, André Ramos. **Curso de Direito Constitucional**. São Paulo: Saraiva, 2012.

TUSHNET, Mark. **The constitution of the United States of America: a contextual analysis**. Portlande: Hart Publising, 2009.

URBINATI, Nadia. **O que torna a representação democrática?** *Lua Nova*, n.º 67, p. 191-228, 2006. Disponível em: <http://www.scielo.br/scielo.php?script=sci_arttext&pid=S0102-64452006000200007&lng=en&nrm=iso>. Acesso em: 25 fev. 2016.

VIEIRA, José Ribas; SOUZA, Raphael Monteiro de. ***Recall*, democracia direta e estabilidade institucional**. *in SENADO FEDERAL. Revista de informação legislativa*. Ano 51 Número 202 abr./jun. 2014 Disponível em: Acesso em 25 fev. 2016. p. 51

ZIMMERMAN, Joseph. «*Recall*» (verbete). *in*: KURIAN, George Thomas (ed. chf). **Encyclopedia of political Science**. Washington (DC): CQ Press, 2011.